建构新时代文艺评论的话语体系

第五届全国文艺评论骨干专题研讨班论文集

中国文联文艺评论中心
中国文艺评论家协会 编

中国文联出版社

图书在版编目（CIP）数据

建构新时代文艺评论的话语体系：第五届全国文艺评论骨干专题研讨班论文集 / 中国文联文艺评论中心，中国文艺评论家协会编. -- 北京：中国文联出版社，2021.12

ISBN 978-7-5190-4819-8

Ⅰ.①建… Ⅱ.①中…②中… Ⅲ.①文艺评论－中国－当代－文集 Ⅳ.①I206.7-53

中国版本图书馆 CIP 数据核字(2022)第 006356 号

编　　者	中国文联文艺评论中心，中国文艺评论家协会
责任编辑	阴奕璇
责任校对	祖国红
装帧设计	吉　辰

出版发行	中国文联出版社有限公司		
社　　址	北京市朝阳区农展馆南里 10 号	邮编	100125
电　　话	010-85923025（发行部）	010-85923091（总编室）	
经　　销	全国新华书店等		
印　　刷	中煤（北京）印务有限公司		

开　　本	710 毫米 x 1000 毫米　　1/16
印　　张	26.75
字　　数	428 千字
版　　次	2021 年 12 月第 1 版第 1 次印刷
定　　价	79.00 元

版权所有·侵权必究
如有印装质量问题，请与本社发行部联系调换

目　录

试论沈从文对启蒙主义女性观的反思与突破　　马新亚 / 001

国产电视剧"创意点"与"商业化"类型化复制浅析　　马薪蕊 / 014

守正创新，兼容优长　　王　俊 / 028
　　——深化新时代中国舞剧美学精神的象征和意象表达

论文学的价值与价值文学　　王海东 / 038

微信公众号软文的审美性与商业性　　王　焱 / 052

20世纪50年代末的"民族形式"探索与文化主导权的建构　　朴　婕 / 063
　　——以话剧《关汉卿》为中心的反思

西部以西的大风之歌　　刘大伟 / 073
　　——《巴音河》2017年散文专号简论

地域写作与21世纪诗歌的美学空间　　刘　波 / 085

撷微以建宏：口述叙事与中国当代美术史建构研究　　刘艳卿 / 095

从生命本真出发：新中国成立70年来儿童诗的新突破　　刘　慧 / 104

新媒体技术与作家的人生经验　　刘　巍 / 114

论新主流军事电影的类型惯例与文化逻辑　　齐　伟 / 123

"家园意识"观照下的生态诗学建构　　许陈颖 / 132
　　——论谢宜兴的诗歌创作

文字因缘非偶然	苏　迅	/ 142
——从陆游的《入蜀记》到范成大的《吴船录》		
从动迁焦虑到融入城市生活共同体	苏喜庆	/ 150
——新中国成立70年来文学中进城意识的流变		
做一个永不倦怠的旅行者	李海音	/ 160
——论邱华栋的历史小说		
中国当代先锋小说艺术中的本土因子	李彬彬	/ 171
文学观念的嬗变：重评20世纪80年代关于内容与形式问题的讨论	邹　军	/ 188
当前文论话语建构中的"艺术感"与"现实感"问题	汪余礼	/ 198
——兼评"君子曰话语"		
从身份缺失到话语回归　由历史膜拜到文化思考	张妙珠	/ 209
——论新中国成立70年来蒙古族题材电影对草原文化的表达		
西方绘画中圣母形象的"异变"及其美学意义	张富宝	/ 218
——以拉斐尔、蒙克、达利、奥菲利为中心的考察		
媒体与传统艺术的互动性生成	张　毅	/ 228
新中国成立70年来中国钢琴音乐的审美阐释	武　宁	/ 237
网络小说改编影视剧"刷新"中国影视生态	易文翔	/ 252
苏州滑稽戏的艺术传承及当代文化适应	周　晨	/ 262
任颐画作"诗词破绽"例探	郑志刚	/ 273
文学研究的图像转向与大文化史观	郑珊珊	/ 282
道德前提牵引下的中国现象级动画电影叙事机制	赵贵胜	/ 295
乡村文学家园图景的裂变与重塑	赵　娜	/ 305
——以《陌上》《圐圙记》等为例		
先秦言意观与中国传统艺术精神谫论	胡远远	/ 316

《文心雕龙》批评陆云研究 　　　　　　　　　　　　　胡　辉 / 329

观念创新、范式变迁与话语建构 　　　　　　　　　　　　夏　强 / 343

　　——新中国成立 70 年来戏曲评论的总结与展望

管窥新中国成立 70 年来新编昆曲剧目评论 　　　　　　　倪金艳 / 354

现代性的发掘与民族性的坚守 　　　　　　　　　　　　　徐芳芳 / 363

　　——论当代剧作家陈涌泉的美学思想和淑世精神

一次被忽视的本土西行 　　　　　　　　　　　　　　　　唐　波 / 379

　　——张大千对西康山水的发现与表现

底层叙述、人民性与文学良知 　　　　　　　　　　　　　彭正生 / 391

　　——许春樵长篇小说论

陕西鲁迅文学奖作品获奖原因和问题探究 　　　　　　　　韩红艳 / 402

杨绛散文中的生命哲学 　　　　　　　　　　　　　　　　黎秀娥 / 412

试论沈从文对启蒙主义女性观的反思与突破*

马新亚**

摘　要：启蒙理性一方面为"妇女解放"提供理论依据、方向，另一方面却因其非历史性而使"妇女解放"难以在现实层面展开。沈从文能够在启蒙主义的立场之外，关注到女性日常生活的具体性和历史性，认识到"权利"和"义务"在"妇女解放"中的意义；他能够在主张生命的超越性的同时，站在女性本位主义的立场上，体察女性的生理与心理本体。沈从文的女性观对"国民性改造"思想传统的深化与发展、对中国现代女性性别主体性的建构都有一定的价值。

关键词："妇女解放"；生理本体；心理本体；性别主体；沈从文

沈从文的女性观（包括他在议论性文章中对妇女问题的看法和小说中流露出的对女性的情感倾向和价值选择），在学界一直是个颇有争议的话题。有的学者认为沈从文的"女性观"是"男性中心主义"的，缺乏"五四"新文学中的民主思想。[①]更多的学者则站在折中主义的立场之上，将他在这个方面的思想分为进步与落后两个方面。[②]总体来说，以往有关沈从文女性观的论述多见于零星的散论，缺乏系统性和完整性，且往往止于就事论事，缺乏对中国现代文学史以及中国现代女性主义思想史的参照。本文一方面力图从比较宏观的视野出发，来全面探究沈从文女性观的具体内涵，并由此分析沈从文

---

* 本文系湖南省社会科学成果评审委员会课题"人学视域下的沈从文思想研究"（项目编号：XSP18YBC178）的阶段性成果。

** 马新亚，博士，湖南省文联文艺创作与研究中心调研部主任，研究方向为中国现当代文学。

① 赵园：《沈从文构筑的"湘西世界"》，《文学评论》1986年第6期。

② 孙丽玲、向亿平等学者都持这种观点。

的妇女观在"国民性改造"思想传统、中国现代女性主义思想传统中的地位与局限性，另一方面也尝试避免"大一统"——能纳入其中的则显，不能纳入其中的则隐——的研究方式，力图以尽可能完整的文献资料为依据，按照由文本表层到文本深层的逻辑顺序，将沈从文女性观的全貌还原出来。

一

联大时期，由于民族生存危机的日益加重，知识分子的忧患意识也随之达到了一个新的顶点。沈从文就是在这个时期写下了大量杂文，披露了战时知识分子阶层的群体性堕落，并从他一贯的"人性"疗救者的立场，提出了"文运重建""国民品德重造"等主张，将"五四"新文化运动以来由鲁迅所开启的"国民性改造"传统进一步深化和发展。其中，其对"妇女解放"的个体化认识就是一个典型的例子。这里仍有两点需要说明：首先，本文以这个时间节点来开启全文，并不意味着沈从文对"妇女解放"的思考起始于这个阶段，在更早的20世纪二三十年代，他的妇女观已初步形成，经过相当长时间的蛰伏，终于在这个节点得到了相对集中的、文本显示层面的展现；其次，沈从文对"妇女解放"问题的认识，是与他的"国民性改造"思想相伴而生的，我们不能离开进化论、民族国家意识来谈这个问题，而也恰恰正是这个阶段，沈从文的以"生命""人性"为核心的一系列思想观念与民族国家意识联系得最为密切。汤尼·白露的《中国女性主义思想史中的妇女问题》一书的导论中有这样一段话："近代中国历史中的女性主义思想，是关于当代民族及其发展研究的一个重要的组成部分。……无论其问题是纯正民族文化还是对自然文化观的响应，无论关切的是资本和劳动力的动员还是种族改良、国际竞争、全球公平或对'性别消费主义'的批评，女性主义意识和关注的问题一直都是民族思想批评传统中的一部分。"[1] 由这句话，我们可以得到的启示是：研究沈从文对"妇女解放"问题的认识，首先要厘清他究竟在哪些方面与"五四"以来的女性主义思想传统有交汇之处，又在哪些方面有所突破并进而丰富和深化了这一思想传统的内涵。

翻开沈从文在这个时期的文章，其中对"时髦女郎"的批判可谓比比皆

---

[1] ［美］汤尼·白露：《中国女性主义思想史中的妇女问题》，沈齐齐译，上海人民出版社，2012年，第4页。

是。例如：在《真俗人和假道学》中，沈从文对单纯追逐表面时髦而忽视内心修养的女子给予了讽刺；在《烛虚》中，沈从文继续将批判的矛头指向新式的"太太""名媛""贵妇"等上流社会的妇女，指陈她们用赌博来消磨生命、用"太太"名分在社会上讨生活的行为，并指出这种行为缺乏对国家和人的思考，缺乏人之为人的社会属性。沈从文对"太太""名媛""贵妇"等上层妇女的批判，可以追溯到其更早之时所写的《绅士的太太》。如果说在《绅士的太太》阶段，沈从文主要是站在"城""乡"互参的道德立场之上，为"上等人""造一面镜子"，照射出他们在"名""实"之间的悖谬的话，那么在联大阶段，沈从文则跨越了"城""乡"之间、"苗""汉"之间的界限，将上流社会的面影与国族寓言相联系，将上流社会妇女身上的庸俗主义人生观与国民劣根性相参照，并由此展开了对中国庸众文化所产生的社会历史根源的深入挖掘。而"太太""名媛""贵妇"这一阶层在中国现代化进程中有何文化意义上的标本价值呢？从外在文化层面来讲，她们接受了新思想，业已成为"新女性"；但从内在修养上讲，她们不学无术、庸俗无聊、唯实唯利，是十足的"寄生虫"。她们既不受"妇德""妇道"等封建文化观念的束缚，又缺乏现代女性应有的独立人格与高雅情趣，是不折不扣的、现代中国文化断层下的典型性病例。在中国现代文学史上，我们不难看到子君、丽石、莎菲、孙舞阳、章秋柳等具有性别觉醒意识的独异者形象，也不难看到她们介于亲情与爱情、传统与现代、情感与理智之间的挣扎与徘徊，但我们很少看到一个男性作家能够站在生活的内部，从文化惰性这一独特的视点来披露常态下的女性及整个民族的生存现状，这不能不说是沈从文对"国民性改造"传统的一份独特的贡献。

  妇女问题的终极解决还有待于国民品德的重塑，关于这一点，沈从文的认识是相当深刻的。他说："谈起妇女问题时，问题或许在彼而不在此，在两性对于'家'的看法，由义务感与生命稳定安全感而变为享乐感自私成分增多，似进步实退化，从期望说为日益贴近事实，从生活说为日益违反自然。……由'家'而引起个人对于'人'的印象与感想，认为很是一个问题，即无论男女，'热情'的缺乏是种普遍现象。"① 沈从文进而将这种观念与时下

---

① 沈从文：《谈家庭》，载《沈从文全集》（第14卷），北岳文艺出版社，2009年，第153页。

大多数人的生命观相联系，找出了病根所在，他说："许多人活下来生命都同牛粪差不多，俨然被一种不可抗拒的命定聚成一堆，燃烧时无热又无光。……因为在政治上或男女关系上，目下似乎都流行一种风气，即用一个宦寺阴柔风格来活动，从阿谀、驯顺、虚伪、见技巧，为时髦人生观。"① 沈从文对上流社会婚恋观的批判是以他的"生命"观、"人性"观为参考依据的。他主张"生命"要贴近"土地"，接近"生物"，契合自然，更强调"生命"对"生活"、"神性"对"人性"的超越。沈从文的这些观点，并未脱离"五四"以来的启蒙主义思想的藩篱。用"抽象观念"代替"生活经验"、用"神性"代替"人性"、用"超我"代替"自我"，在一定程度上可以为个体与民族的进步与发展提供一种短暂性的、超自然的力量；但长久来看，"启蒙"始终要降落到现实中来，要面对男女的自然属性、社会分工等具体性问题，而以种族进化论为基点的启蒙主义的一大陷阱就是用"男女平等"的观念淡化和漠视两性的生理差别，以及在这种差别基础上形成的社会分工，造成"妇女解放"的悖论性处境。也就是说，被启蒙运动奉为圭臬的笛卡尔的身体–心灵、理智–情感二元论以及被中国启蒙先驱视为金科玉律的进化论一方面为"妇女解放"提供了理论依据、方向，但在另一个方面却限制了"妇女解放"在现实层面的展开。

二

在西方启蒙运动中，启蒙者大多并不关心将对男人进行启蒙的可能性与对女人进行启蒙的可能性两者区分开来，这也正是启蒙为女性主义者所诟病的一大原因。女性主义者用经验的真实强调女性在生理基础、社会分工等方面的具体性和历史性，而男性启蒙者则认为启蒙的对象是一个普遍的对象。"虽然康德说'要有勇气运用你的理性'，但这个勇气究竟从何而来，它在个人生活中碰到了什么冲突，什么因素干扰它的实现，对这些问题，康德漠不关心。"② 换句话来讲：启蒙运动的对象是真实的、具体的、有差别的个体，而

---

① 沈从文：《谈家庭》，载《沈从文全集》（第14卷），北岳文艺出版社，2009年，第152—154页。
② [美]詹姆斯·施密特编《启蒙运动与现代性：18世纪与20世纪的对话》，徐向东、卢华萍译，上海人民出版社，2005年，第480页。

启蒙者却无视这种差别；理性的运用是有条件的，而启蒙者却把理性看作一个普遍的、非历史的才能。这一理论与实践相脱节的缺陷不可能不影响到"五四"启蒙运动。其实上溯到维新派知识分子，用"天赋人权"的观念解释"男女平等"，本身就有无视男女差别的倾向。康有为在《大同书》中说："男与女虽异形，其为天民而共受天权"[①]，"其聪明睿哲同，其性情气质同，其德义嗜欲同，其身首手足同，其耳目口鼻同……其能游玩作止同，其能执事穷理同。女子未有异于男子也，男子未有异于女子也"[②]，在肯定妇女在"天赋人权"方面拥有和男子一样的权利时，并没有对妇女的特长和优势做出说明，也没有对男女的具体"权利"和"义务"做出界定。与之相承，"五四"启蒙知识分子将"妇女解放"纳入"人的解放"中，这就不可避免地在操作层面出现了以"男女平等"观念置换女性解放具体内涵的功利化倾向。这种功利化倾向呈现出两大弊端：一是在如何重新做人、重新做怎样的人方面标准不明确；二是男女对立观念的形成。

关于第一个弊端，姜义华在《理性缺位的启蒙》一书中指出："《新青年》对民主的内涵做了多重阐发，大多目标明确，但是，如何实现却常常流于空洞化。《新青年》要求人们能够确立'自主自由之人格'，却未指明如何在实际生活中打破家族宗法制度的枷锁，如何切实改变落后分散的自给自足的小生产方式；《新青年》要求人们都有思想与言论的自由，却未指明如何使人们摆脱愚昧状况，能够思想，能够表达自己的要求。"[③] 这就出现了启蒙目标的明确性与具体方案的模糊性之间的矛盾、口号的简陋粗疏与现实的复杂具体之间的矛盾，这些矛盾也预示着"五四"启蒙运动的不彻底性。《伤逝》就讲述了"启蒙"面对具体生活的尴尬处境以及"启蒙之父"的深深忏悔。一开始，涓生对子君"谈家庭专制，谈打破旧习惯，谈男女平等，谈伊孛生，谈泰戈尔，谈雪莱"，子君"总是微笑点头，两眼里弥漫着稚气的好奇的光泽"，她似乎也的确受到了新思想的感染，否则不会毅然决然地说出那句："我是我自己的，他们谁也没有干涉我的权利！"然而子君似乎并没有做好迎接新生活的准备，与涓生同居后的她整日忙于家务，"似乎将先前所知道的全都忘掉

---

① 转引自李泽厚《中国思想史论》，安徽文艺出版社，1999年，第471页。
② 转引自李泽厚《中国思想史论》，安徽文艺出版社，1999年，第471页。
③ 姜义华：《"理性缺位"的启蒙》，上海三联书店，2000年，第89页。

了"，甚至变得与一个庸俗无聊的家庭主妇没有什么两样。因此当涓生遭受失业的打击，当他们的爱情无所附丽的时候，涓生选择了分手，同时也把死亡带给了子君。以往人们多从女性成长的角度来解析《伤逝》，认为女性不应把家庭生活当作人生的全部意义，要时刻更新自己，与男性并肩作战，方能立于不败之地。但其实《伤逝》又何尝不是涓生自己的忏悔呢？如果说子君没有做好踏入新生活的心理准备，那么涓生一样没有。接受新思想，独立于庸众和世俗之外，只是启蒙的第一步，启蒙还需要从云端降落下来，面对具体的人与事，这样才能真正在现实层面展开。涓生的问题在于，他对后者的思考并不深入。虽然他知道"人必须活着，爱才有所附丽"，知道"人的生活的第一着是求生"，但他对求生路上男女两性的分工并没有太多的认识，对子君在家庭生活中扮演的角色并不认同，特别是在失业的重压之下。当他高举"人生要义"的旗帜，将"真实"的重担卸下给子君的时候，其实也就是用进化论的优胜劣汰来掩盖自身的爱的能力的匮乏以及因袭的男权意识。《伤逝》其实是在拷问如何将启蒙与现实生活相接轨、如何重新做人的问题。其实关于这一点，沈从文深有体会。他说："'重新做人'虽已成为一个口号，具尽符咒的魔力，可是，如何重新做人，重新做怎样的人，似乎被主持这个运动的人，把范围限制在'争自由'一面，含义太泛，把趋势放在'求性的自由'一方面，要求太窄。初期白话文学中的诗歌、小说、戏剧，大多数只反映出对两性问题的重新认识，重新建设一个新观念，这个观念就侧重在'平等'，末了可以说，女人已被解放了。可是表示解放只是大学校可以男女同学，自由恋爱。"[1]在《长河》中，沈从文对所谓的"妇女解放""自由恋爱"做了更加细致的描摹，并表露出对"摩登""爱情""创造""解放"等名词的怀疑。在沈从文看来，这些名词无异于现代文明包裹之下的新的"愚昧"，要打破这些新式"愚昧"，使"妇女解放"落到实处，就需要对妇女输入"比当前更进步更自重的做人知识"[2]和"更美丽更勇敢的人生观"[3]，用"改造运动"代替"解放运动"，用"做人运动"代替"做事运动"，用人的主观能动性和知行合一的方式消化、吸收、利用新兴名词，最终完成启蒙理念与启蒙实践的统一。

---

[1] 沈从文：《烛虚》，载《沈从文全集》（第12卷），北岳文艺出版社，2009年，第6—7页。
[2] 沈从文：《烛虚》，载《沈从文全集》（第12卷），北岳文艺出版社，2009年，第9页。
[3] 沈从文：《烛虚》，载《沈从文全集》（第12卷），北岳文艺出版社，2009年，第9页。

关于第二个弊端，沈从文认为："男女平等"的观念忽略了男女在根本上的"不同"，只争取生活上的机会均等，按照这样的目标，妇女必然以目下能得到为满足，以得不到为受压迫，"自然产生对立感觉"①；但妇女一旦像男子一样得到了知识、权力和地位，不平等事实依然会存在。所以沈从文认为求"男女平等"要另想办法。他给出的方案是"让几个通人性、有知识的专家，来从男女性心理方面入手，假定男女实需要'合作'，不必'对立'"②，并使男女"在分工合作情形上各自产生一种尊严感，这尊严感中实包括了'权利'和'义务'两种成分"③。沈从文的这种观点与梁启超的观点十分相似，梁启超说："男女的聪明才力，不能认他有差等，却不能不认他各有特长……教育的目的，总要使受教育的人各尽其性，发挥各人最优长的本能，替社会做最有效率的事业。"④

在"知识""理性"高度发达的现代，事物的本真性已被遮蔽，人与人之间的关系也被简化，男女之间的对立、阶级之间的对立、敌我之间的对立……对立无处不在，然而除去原则性的分歧，这种不必要的对立和人与人之间关系的简化，"必然会形成一种不健康的隔阂，猜忌，消耗"⑤，于解决实际问题无益，沈从文主张男女要从"对立"转向"合作"就是从这个立场出发的，在可资借鉴的"重新做人"标准还未出台之际，在"妇女解放"运动在实践中仅落实到"性自由"层面的时候，承认男女之别，并主张在具体分工中体现"尊严感"，在"尊严感"中享有"权利"并承担"义务"，这种观点应该说是务实和稳健的。需要指出的是，这种承认男女两性的性别差异并提倡在尊重性别差异的基础上进行分工与合作的观点，其实依然是一种折中主义的女性观，是一种"在旧传统的掣肘下不得不为之的循序渐进"⑥。一方面，这种观点将妇女的劳动纳入民族国家建设之中，使沉潜于历史地表之下的中国妇女开始以与男性并驾齐驱的姿态进入历史；另一方面，这种分工合作的观点尽管不乏现代启蒙主义的色彩，但其仍旧未脱中国传统文化的窠

---

① 沈从文：《男女平等》，载《沈从文全集》（第14卷），北岳文艺出版社，2009年，第156页。
② 沈从文：《谈家庭》，载《沈从文全集》（第14卷），北岳文艺出版社，2009年，第149页。
③ 沈从文：《男女平等》，载《沈从文全集》（第14卷），北岳文艺出版社，2009年，第156页。
④ 梁启超：《梁启超全集》（第13卷），北京出版社，1999年，第3958页。
⑤ 沈从文：《抽象的抒情》，载《沈从文全集》（第16卷），北岳文艺出版社，2009年，第534页。
⑥ 刘慧英：《女权、启蒙与民族国家话语》，人民文学出版社，2013年，第41页。

曰——男耕女织的性别社会分工，带有强烈的一主一附的意味，"它暗示了男性在社会生产中所占据的主导地位以及女性在其中的附属或辅助角色"①。也就是说，以梁启超为首的中国启蒙先驱在一种貌似"公平"与"自然"的法则之下界定了妇女的职责，其实却掩盖了数千年延续下来的性别压迫与性别歧视。启蒙主义再次以民族国家、家庭的名义，征用了女性解放应有的现代内涵。现代意义上的女性解放：首先是群体意义上的性别自觉，即女性作为一个普遍的生物事实以及性别二元模式的基础性地位，这是女性解放的前提；其次，女性解放最终还要落实到个体意义的性别自觉上，即女性独立于民族国家、家庭宗族、男性群体的个体真实性。这就要求启蒙者能够站在女性本位的立场之上建构现代女性的特别主体性。然而，现代中国的女性解放仅仅是附属于富国强民的民族国家话语建构的子课题，强烈的民族危机意识使启蒙先驱只能以民族国家为本位思考女性解放，从而偏离了女性解放的原初话题。

三

在沈从文的思想世界中，"各尽其性"的观念不仅是他看待"男女平等"的一个尺度，而且是他看待女性个体真实性的一个尺度。除了在性别二元模式之内讨论女性解放之外，沈从文还从女性所处的社会阶层，文化状况，生理、心理本体出发，把她们看作具体的、历史的、鲜活的生命个体，而不是普遍意义上的被启蒙者。

对于上流社会的妇女（包括中层知识女性），沈从文的眼光是相当严苛的，他曾多次抨击上流社会妇女虽然接受现代教育，但做人标准、行为方式却依然守旧，循着"太太""贵妇"的名分，追求生物欲望的满足，过着无光无热的人生。而对于下层妇女，甚至吊脚楼上的妓女，沈从文的眼光又是相当温厚的，他不仅认为她们从事的职业与道德无违，而且还善于从她们身上发现道德的光辉，甚至对下层妇女敬天礼地、信天委命的生活方式都给予了极大的肯定。例如在《长河》中，沈从文在批判所谓的进步人士对"现代"的浅表化理解的同时，就肯定了"常识"与"迷信"对农村妇女身心健康的

---

① 孟悦、戴锦华：《浮出历史地表——现代妇女文学研究》，河南人民出版社，1989年，第5页。

益处。再如，对存在于湘西下层妇女中的放蛊、行巫与落洞等行为，"读书人"一般都嗤之以鼻，而沈从文却用现代生理学、病理学、心理学的方法分析了这种"迷信"的合理性依据。

为什么沈从文评判上流社会妇女和下层妇女的标准有这么大的区别呢？难道是"乡下人"立场掩盖下的双重标准使然吗？非也。原因就在于"各尽其性"这四个字。沈从文认为"蒙庄齐物，所证即为物之不齐，乃物之性"[1]，"各尽其性"就是要承认阶层差别，并在承认阶层差别的基础上确立启蒙对象在整体结构中的位置。"中层分子"接受过良好的教育，是社会的中坚力量，也是启蒙运动的中坚力量，正如沈从文所言："新的文学观，毫无疑问，它应当在启迪征服社会中层分子着眼。"[2] 与此相对，沈从文认为用文学观念来教育群众，"远不如运用法规教育群众，又简便又能得用"[3]。沈从文将社会中层分子与群众区别对待，其着眼点就在于启蒙对象的认知差异，这是一种重实效的思维方式。例如，面对北平的"看客"，沈从文说："似乎是鲁迅先生，写了一篇文章，就北平羊肉铺杀羊时许多人围看情形，说北平市民极残忍，这批评不公平。就我经验说来，事实上不受教育的人看杀人时，同读书人看一本书情绪受刺激相差不多。"[4] 在沈从文思想逻辑的起点，"读书人"和"群众"是分属于不同的世界的，所以，以"读书人"的眼光来看，"群众"的围观是精神麻木，而以"群众"的眼光来看，"围观"不过是打发时间的一种方式而已，因为许多群众无事可做，街头自然成了他们的学校，"他们缺少机会在书本上搜索知识同趣味，便只好到街头发现那个"[5]，"认清这一点，能够想办法，来把报纸当作一个教育机关，在给他们趣味以外还同时输入一点有用知识，实在是一件好事情！"[6] 同样的道理，"读书人"对下层人民的同情和怜悯，在沈从文眼中也是廉价和徒劳的。他说："读书人的同情，专家的调查，对这

---

[1] 沈从文：《吃大饼》，载《沈从文全集》（第14卷），北岳文艺出版社，2009年，第207页。
[2] 沈从文：《新的文学运动与新的文学观》，载《沈从文全集》（第12卷），北岳文艺出版社，2009年，第51页。
[3] 沈从文：《新的文学运动与新的文学观》，载《沈从文全集》（第12卷），北岳文艺出版社，2009年，第51页。
[4] 沈从文：《北平的市民》，载《沈从文全集》（第14卷），北岳文艺出版社，2009年，第85页。
[5] 沈从文：《北平的市民》，载《沈从文全集》（第14卷），北岳文艺出版社，2009年，第85页。
[6] 沈从文：《北平的市民》，载《沈从文全集》（第14卷），北岳文艺出版社，2009年，第85页。

种人有什么用?若不能在调查和同情以外有一个'办法',这种人总永远用血和泪在同样情形中打发日子。地狱俨然就是为他们而设的。他们的生活,正说明'生命'在无知与穷困包围中必然的种种。读书人面对这种人生时,不配说'同情',实应当'自愧'。正因为这些人生命的庄严,读书人是毫不明白的。"①

对女性的生理本体与心理本体,理性与非理性,沈从文同样给予了高度的重视。在《水云》《摘星录(绿的梦)》中,作者以主客反复辩诘的形式,将"理性"与"情感"并置,强调了非理性因素在女性生命中的重要作用——生命需要"神性",需要"纯粹的诗",但生命依然是一个朴素的过程,需要由"一种较复杂又具体的生活"来稳定和满足。在《一个女剧员的生活》《如蕤》《都市一妇人》三部女性婚恋题材的作品中,沈从文运用故事情节的突转,来说明具体生活场景中的女性生理、心理的复杂性以及非理性因素对女性命运的深刻影响。在"五四"婚恋题材作品中,如果说子君的"我是我自己的,他们谁也没有干涉我的权利"这句话中的"我"是从具体的个性和同一性中抽象出来的理性的"自我"的话,那么这个"自我"必然是把欲望、情感等非理性因素和女性的具体生活场景排除在外的,也正是这样的原因,子君和涓生无法面对启蒙降落到现实后的具体生活而最终使"启蒙"以失败而告终。而沈从文则往往将其笔下的女性塑造成理性与非理性、"神性"与"人性"的统一体。他主张"生命"对"生活"、"神性"对"人性"的超越,更主张"情感"与"理性"、"生活"与"生命"的平衡。

总之,沈从文笔下的女性并不是一个抽象意义上的被启蒙者,而是一个具体的、历史的、处于一定的文化氛围和现实境遇之中并与她的全部神秘性与可疑性紧密联系在一起的"人"。如果再从更深的层面来分析,这种思维方式还与沈从文的整体论人性观有关。在沈从文看来,孤立的、抽象的人是不存在的,人是一个具体的、历史的概念,总要与自然本性、族群风俗、文化本根在内的社会历史性联系在一起并构成一个整体。例如:提倡科学反对迷信,提倡新思想反对旧思想,这是新文化运动以来思想文化界所形成的共识,是"现代性"进程中所必须遵循的核心理念;但对于湘西妇女来说,"常识"

---

① 沈从文:《辰溪的煤》,载《沈从文全集》(第11卷),北岳文艺出版社,2009年,第381页。

和"迷信"却与她们的生活经验密不可分,是经过了时间检验的人类智慧的结晶。这些"常识""迷信"与人、天、地相契合的自然本性密不可分,它们与仪式、风俗、文化一道,构成了人的根系,而要彻底铲除这些根系,就必然会使人的整体性受到损伤。这一点让人联想起鲁迅在《破恶声论》中提出的"伪士当去,迷信可存"的主张。鲁迅主张"迷信可存",原因有二:一是迷信可以使"向上之民"内心有所依靠;二是宗教所显现的形上追求,和人与自然契合的自然本性并行不悖,是人安身立命的根本所在。鲁迅在这里既是论证"迷信"存在的必然性与合理性,也是在论证人的完整性——人与自然本性、风俗、文化根基是一个整体,单纯依附于"现代"的理论,而将人连根拔起,必然导致"本根剥丧,神气旁皇"。人如是,"国"亦然,任何将思想、制度当作可以从"文明的整体性(也可以叫作历史的结构性)"[1]当中任意分割出来的想法都是荒唐可笑的。

当然,现代化进程是一个不可逆的过程,以进化论为主导方向的现代启蒙运动以摧枯拉朽之势全面带动了整个社会的发展,在这个过程中任何固守和回望都会显得不合时宜。但我们也必须正视这样一个事实——启蒙运动所推动的社会发展,在一定程度上是以牺牲进化论链条上的弱势群体的利益为代价的。此外,"理性对社会生活的全面控制和操纵,一方面是理性文化的巨大成就,但同时又造成了人同自然、人同上帝的疏离,造成了人同社会、人同自己的疏离,使人'三重'地异化了"[2],这也正是世界范围内的启蒙运动饱受存在主义、女权主义诟病的一大原因。因此,存在主义将"完整的人——整个日常生活场景里具体的个人,连同他的全部神秘性和可疑性——带进哲学"[3];女权主义者则将女性的具体生活境遇以及其生理、心理本体纳入性别主体建构的系统之中,借以弥补启蒙运动对女性个体真实性以及生命完整性的漠视。而在"主义""名词"横飞,"进化论"居于主导地位的现代中国,沈从文对包括女性在内的启蒙对象的个体真实性的关注,对"人"的整体性的

---

[1] [日]伊藤虎丸:《鲁迅与终末论——近代现实主义的成立》,李冬木译,生活·读书·新知三联书店,2008年,第120页。
[2] [美]威廉·巴雷特:《非理性的人——存在主义哲学研究》,段德智译,上海译文出版社,2007年,第296页。
[3] [美]威廉·巴雷特:《非理性的人——存在主义哲学研究》,段德智译,上海译文出版社,2007年,第296页。

观照，都以一种复古的形式表现出超越时代的前瞻性。他的这些观点，给优胜劣汰的启蒙强势理念提供了一个伦理维度的参考，给浮泛化、浅表化、口号化、激进式的"人"的解放与发展提供了一个更为切实和稳健的思考方向。

结　语

"启蒙"（enlightenment）的词根为"发光"（light），加上前缀"en"，有使动化的意味，意思就是"使发光"，也就是摆脱愚昧、无知的黑暗状态而走向光明，那么按照这种解释，"启蒙"的作用也应包括如何"去蔽"，如何还原事物的本真存在。存在主义认为，事物的本真性存在从柏拉图、亚里士多德开始就一直处于被"遮蔽"的状态，特别是到了启蒙理性高度发达的现代社会，我们看到的只是被"知识""理性"重新编码后的图像，并不是事物的原本面貌，因此海德格尔曾用"世界图像化的时代"来为"现代"命名。被中国启蒙先驱视为金科玉律的进化论一方面为"妇女解放"提供理论依据、方向，但另一方面却以国族、家庭的名义，征用了女性解放应有的现代内涵。与此相应，女性性别主体的建构在现代文学史上也是个未完成的课题。子君的死"宣告了一代人在妇女解放（以及人的解放）问题上的思想疆域或思维极限"[①]——女性只是刚刚脱离了玩偶阶段的"非男性"，而非一个可以拥有精神生路的性别群体。"五四"一代的女作家例如冰心、庐隐、冯沅君等都未能冲破这个局限，她们淹没在诸如人生意义、爱与美、亲情与爱情、传统与现代、情感与理智等时代语汇之中，忽略了对女性独特经验的体察与描摹。再往后说，与沈从文同时代的丁玲，虽然在其前期作品如《梦珂》《莎菲女士的日记》中触及了女性群体的精神文化处境，但后来逐渐舍弃这种立场，将"个体解放"融入"集体解放"中，将主导意识形态表现为具体可感的人物形象，从而偏离了女性生存的真相与实景。再看男性作家，如果说浪漫派的郁达夫以"他者本位"的立场将女性塑造为时而"欲女"、时而"圣女"、时而兼而有之的形象的话，自然写实派的茅盾则反转了这个模式，将女性塑造成果敢、坚强、具有现代意识的新人类，男性则成为因循守旧、优柔寡断、人

[①] 孟悦、戴锦华：《浮出历史地表——现代妇女文学研究》，河南人民出版社，1989年，第11页。

格萎缩的代名词，这与20世纪二三十年代中国女性的真实生存境遇显然是有所出入的。在这种语境之下，沈从文的女性观对女性性别主体性的建构还是有一定价值的。他能够在启蒙主义的立场之外，关注到女性日常生活的具体性和历史性，并且从生理、心理本体的角度，还原出了女性个体生存的真实性与生命的完整性，也许这才符合"启蒙"的本义。

国产电视剧"创意点"与"商业化"类型化复制浅析

马薪蕊*

摘　要：习近平总书记在第十次文代会、第九次作代会开幕式上的讲话，给中国电视剧的发展提供了非常宝贵的启示和建议，引发业内人士思考。现今，在激烈的市场竞争环境下，各行各业都以"创意"取胜。或许这是一个"创意独尊"的时代，正如约翰·哈特里所指出的，"创意，现在早已成为竞争优势的决定性因素"。纵观近些年收视率高、口碑好、深入人心的国产热播剧，除了它们都具有亲民、接地气等特征外，更重要的一点是它们在视角与题材上都具有"创意性"。

关键词：国产电视剧；饮水机效应；精神商品；类型化复制

一、国产热播剧成功的创意之道

从创意学角度看，热播剧的成功很大程度上都是一种创意的成功。不难发现，一旦一个创意点被发掘，紧接着就会袭来更多类型化复制，也就是说，一个创意点的成功，会引发一系列想成功的商业化跟风案例。

1. 国内第一部情景喜剧——《我爱我家》

如今，每当《我爱我家》在各电视台重播时，依然会使已收看多遍《我爱我家》的观众将遥控器再度锁定，继而是按捺不住的笑声，这就是这部剧的惊人魅力。

---

* 马薪蕊，双硕士，博纳影业集团股份有限公司项目研发总监，主要从事剧本开发与项目评估，以及影视文化研究等。

借鉴之作：

《家有儿女》是中国内地的一部情景喜剧，讲述了两个离异家庭结合后，发生在父母和三个孩子间的各种有趣故事。在形式风格上，该剧喜剧色彩浓郁，人物语言幽默诙谐，富有个性；在剧情方面则让人忍俊不禁，令观众捧腹大笑。

2. 国内首部移民题材剧——《北京人在纽约》

1993年，中国第一部"移民题材"电视剧《北京人在纽约》引发轰动效应。纵观中国改革开放以来的流行文化史和电视剧传播史，《北京人在纽约》与其说是一部电视剧作品，不如说是一部个人奋斗史，是20世纪90年代初"出国热潮"的写照。

借鉴之作：

《俄罗斯姑娘在哈尔滨》是中国内地1993年发行的电视剧，讲述来到中国的俄罗斯姑娘，讲着一口不太流利的东北话，遇到了中国青年和情敌的故事。

3. 国内家庭暴力题材剧——《不要和陌生人说话》

在中国电视剧发展史上，《不要和陌生人说话》首次将"家庭暴力"题材搬上荧屏，引起社会广泛关注。电视剧播出以后，国家还特地制定了一些相关法律法规，有关保护妇女儿童的法规条例相继出台。

借鉴之作：

电视剧《今夜无人作证》以婚内强奸为主题先声夺人，来自深夜的尖叫声不断吸引观众，直击绝密隐私，拷问人性善恶，聚焦家庭暴力中最不愿为人所道的冰山一角。

4. 编年体叙事结构电视剧 ——《金婚》

电视剧《金婚》定位在"凡人小事"上，极具历史深度又具有现实情怀。该剧将一对夫妻的命运纳入当代中国 50 年的政治、经济与文化的历史框架里，以编年体的叙事结构，探索婚姻与家庭、个人与国家的关系，不仅是一部时代巨变年代里普通人的婚姻史，同时也折射出那段过往岁月里的婚姻社会学。对于什么是幸福婚姻，《金婚》给出的答案其实很简单：平平淡淡才是真，婚姻的最高境界是平淡、是奉献、是忍让、是坚守。当最后一组镜头，老两口相互搀扶，走在茫茫人海中，回味当年结婚时老婆定下的家规，观众深刻领会爱情的真谛便是"执子之手，与子偕老"。

1998 年出品的电视剧《一年又一年》，开创了电视剧编年体的叙事风格，在不经意的叙述中将中国 20 年间的种种变化呈现在观众面前：平反昭雪、知青返城、恢复高考、下海经商、出国热潮、股市风云、下岗再就业等，再现 20 年间百姓生活的迅速改善、思想的种种变化，令观众如同穿梭时光隧道，再回首，不胜感慨。

借鉴之作：

如果说《金婚》是着重讲述一对平民夫妻吵吵闹闹的婚姻生活的话，那么电视剧《金婚风雨情》则讲述了一对出身不同的夫妻风风雨雨的坎坷人生。该剧不仅用同样细腻感人的情节，讲述两人 50 年的婚姻生活史，同时更突出展现出新中国 50 年的历史。与《金婚》中平民夫妻佟志与文丽相比，耿直与舒曼的婚姻更带浪漫传奇色彩，时代烙印更加明显，社会变化投射到家庭内部，并影响着家庭关系。

5. 谍战剧的扛鼎之作——《潜伏》

国产谍战剧曾一直处于不温不火的尴尬局面，直到 2005 年播出的《暗算》，瞬间把谍战剧带向新高度。《暗算》剧中增加斗智戏份，摆脱以往依靠暴力和惊悚来赚取眼球的模式。但紧跟其后出炉的电视剧作品相继模仿与复制，将谍战剧带入死胡同。2009 年《潜伏》的横空出世以及后续掀起的收视狂潮，给原本呈现低谷态势的国产谍战剧重新注入一支强心剂。该剧采用了浪漫爱情与惊险事业线双线搭配的结构方式，情节扣人心弦，张弛有度。通过环环相扣的小悬念揭示整体悬念，使得观众在总体期待中，感受此起彼伏的快感。

借鉴之作：

几年后的《借枪》与《黎明之前》在创作上都不自觉地引入美剧元素，将关键人物设定和心理分析引入情节描述中，为观众奉献出两部堪称美剧本土化样本的佳作，这两部剧也被认为是继《潜伏》之后最好的谍战剧。多层次的镜头切换,让观众陷入一种"紧迫"的情绪当中。该剧创作成功的巧妙之处还在于,将"个人信仰"植入"主旋律"表现中,展现剧中人物对于信仰的坚守。

6. 新时代"饮水机效应"电视剧 ——《士兵突击》

所谓"饮水机效应",是指上班族在办公室经常喜欢围绕着饮水机聚在一起,就前晚热播的电视剧或其他电视节目等展开热烈的讨论与评价。"饮水机效应"原本是个经济学范畴的名词。

电视剧《士兵突击》讲述的是当代中国军人的传奇故事和普通士兵的心路历程,以及男人的情感世界,向观众传达了一种百折不挠、奋发向上的中国力量。这种力量的精髓就是许三多反复强调的"不抛弃,不放弃"的坚定人生态度,这也正是当下人们所需要的励志精神。

借鉴之作:

电视剧《我的团长我的团》以独特视角展现军民共同抗击日本侵略者、承受战争苦难的历史全景图。

7. 社会问题剧 ——《蜗居》

对于很多在大城市生活的人来说,拥有一套房子是自己的梦想。在房价猛涨的现状下,买房已成为老百姓最关心的话题。导演滕华涛

对《蜗居》很满意，称其是记录时代的作品。由于是直面当下社会热点问题，讲述普通人在都市生活中历经的种种波折，该剧引起广泛共鸣。该剧2009年在上海电视台播出后，仅用4天便创收视率历史新高。大结局播出当晚，创下7%的高收视率。创作者更抛出有意要留给观众后续讨论的问题：嫁人是嫁给小贝，还是宋思明？

早在十几年前，电视剧《贫嘴张大民的幸福生活》可谓家喻户晓，同样是围绕住房展开叙事，大民永远笑呵呵地贫嘴，却反映出在面对无尽苦水与生命不能承受之重时，他依旧苦中作乐，过着自己的小幸福生活。该剧播出走红的意义，早已突破电视剧本身，而是折射出"民生热点"的社会文化现象。

借鉴之作：

电视剧《裸婚时代》完全贴近"80后"的生活，真实反映他们的婚姻状态。在当今时代，究竟是爱情至上还是金钱至上，该剧给出了自己的回答。

8. 以苦情剧写喜剧的婆媳剧 ——《媳妇的美好时代》

还没嫁入夫家就要开始面对两个未来婆婆的争夺和挑剔的毛豆豆，多次相亲的对象都是同一人，机缘巧合下两人打算试着相处下去。兄嫂、弟妹、小姑子、三个媳妇、婆婆、继母和老妈等一箩筐的女人共同经历酸甜苦辣后，终于走进她们的美好时代。

借鉴之作：

电视剧《岳母的幸福生活》同样是以苦情剧写喜剧，讲述了一个早年守寡的妈妈与三个未出嫁的女儿之间的故事。母亲如老母鸡护小鸡般地呵护着自己的宝贝，生怕孩子受一点委屈，她又当爹又当妈地维系着整个家庭，在婚姻上帮女儿打抱不平，最终三个女儿都得到幸福美满的婚姻，自己却竹篮打水一场空。

9. 军旅题材电视剧 ——《激情燃烧的岁月》

这部立体而气势恢宏的电视剧表达了对战争与和平、生命与死亡、婚姻和家庭、军队传统等主题的追问，洋溢着对英雄主义的崇敬，该剧在人物及情感上的描绘独到细腻，让人强烈地感受到一种久违的生活真实并普照出时代之光。

借鉴之作：

那婉转悠扬的大提琴主题曲一响起，就立即把人带入那段激情燃烧的岁月，包括随后的《历史的天空》与《亮剑》，都突破了以往部队军人戏里的高大全形象——从石光荣到姜大牙再到李云龙，英雄似乎也变得越来越人性化，他们都有普通人的缺点，但在人物形象上，又都具有超出常人的亮点与性格——塑造出智慧与勇气的力量，谱写出新时代的浪漫主义英雄赞歌。

有人评价说，《激情燃烧的岁月》可以被认为是《巴顿将军》的中国版，也可以被认为是一个"老粗"和一个"小资"家庭生活的写照，主角石光荣更是让观众读懂父亲。《亮剑》则是一部战争艺术和传奇色彩融会贯通的主旋律作品，爱国精神与英雄主义、铁血丹心与人世常情、斗智与斗勇、友情与爱情交相辉映，塑造出李云龙这位"战神"式将军叱咤风云的一生。

10. 育儿题材剧——《小儿难养》

2013年的春节档，打着"中国首部育儿题材剧"旗号播出的《小儿难养》，带给观众全新思考，该剧呈现的焦点不仅集中在生育和如何挑选性价比高的月嫂上，还涉及女性在有宝宝后如何兼顾事业，以及成为父母后夫妻性生活能否和谐等敏感话题，并生动展现出"都市大小孩们"在身份升级后的喜怒哀乐。

《夫妻那些事》将女大当孕的心态剖析得淋漓尽致，在众多电视剧中脱颖而出。故事讲述了一对夫妻在做试管婴儿过程中所历经的各种苦难。生理与心理的较量，一次次失望的折磨，坚持还是放弃的纠结，终于听到胎儿心跳的热泪盈眶等，可以说，它是一部大龄女通过科学手段生育的百科全书。

借鉴之作：

怀孕成为少女和大妈的分水岭，《辣妈正传》正是围绕此展开故事，剧中展现了年轻女孩由"闪怀"导致不得不闪婚的各种仓促。没做好任何准备的年轻女孩，在升级为孕妇与母亲后的各种蜕变与角色转变，于是乎……且看"辣妈是怎样炼成的"，奶爸们又该如何做好各种储备。

之后热映的《宝贝》凸显两代人理念上的冲突，更有强迫女婿验精子的尴尬场面。《断奶》中什么都是由父母一手包办的"80后"小夫妻，看似断奶，实则是暗含未断干净奶后所涉及的啃老、房奴等问题。有评论者指出："育儿题材剧更像是家庭婆媳剧的一个变种，只是变化的对手多了。不变的是斗争，其实还是吵架秀。小三变后妈，房奴兼孩奴，育儿剧看上去就像婆媳剧的续集。"

《孩奴》中，"80后"妈妈望子成龙，对儿子进行恶魔般的教育。为了不让孩子输在起跑线上，她不惜卖掉旧房争取学区房，对儿子进行"压迫式教育"，一定要让儿子进重点中学，做起漂妈的她牺牲工作，甚至忽略家庭所有成员的存在，进行半陪读式监管，无视丈夫，致使夫妻感情危机频频爆发。这部电视剧也折射出众多家庭在教育问题上的迷茫与困惑。如果说男人此生最大的奢侈品是女人的话，那女人此生最大的奢侈品，一定是孩子。

《小爸爸》上映后遭到专家炮轰，"'80后'的年轻父母们，千万别跟着育儿剧学育儿"。剧中提出如此观点："把儿子当动物养，该锁的锁，该拴的拴。"这语出惊人的话一抛出，激起千层浪，"育儿究竟是应该圈养、放养还是群养呢"。当然更有网友表示："看家庭剧让人恐爱、恐婚，看育儿剧再让人恐生、恐养，还不如直接去看恐怖片。"专家也称："请编剧、导演们手下留情，改一改将矛盾扩大化的毛病，别把育儿剧拍成恐怖片。"别让婆婆妈妈剧吓坏了未婚青年，更别让育儿剧吓坏了准父母，因为每个孩子的诞生都是天使降临，正如《今夜天使降临》里林婷医生所说："女人一辈子能够排出的卵子只有四五百个，我那颗卵子是必定在这12小时内突破种种避孕防线，最终成功受精了。每次怀孕都是上天赐给我们一个可爱的天使，他是独一无二的，一定是历尽千辛才来到我们身边。你可以选择不要他，以后再生，可是无论你生多少回，都不会再是他了。"当然，该剧的成功之处还在于，把孕妇生活与女性职场打拼、夫妻情感巧妙结合。

眼下"80后"正经历生育高峰和是否要二胎的问题，"90后"则是到了逐渐谈婚论嫁的年龄，育儿剧或许为我们开启了"预见要趁早"的启蒙模式。

过去老百姓看电视剧，是要在其中找到自己生活中的影子，现如今更多的是要通过接地气的各种剧，看到自己在生活中遇到的问题该如何解决。

创作者应把握好"度"，在反映现实的同时，更应传递社会正能量，给受众以积极向上的科学引导，寓教于乐，正面回应青年人的烦恼，弘扬健康的人生态度和价值取向。对于剧情中的冲突与悬念，切忌一味极端化处理，避免给受众不良影响，以避免其走入误区。

二、目前的国产电视剧现状：剧 N 代系列化开发的利与弊

1. 电视剧系列开发已到 3.0 时代：头部剧获胜，剧情延伸到再创作

"小系列"之《小欢喜》播出后，曾以平均每天两条话题的频率，登上微博热搜，话题点频频引发热议；再往前看"致我们"系列之《致我们暖暖的小时光》，并未达到前作《致我们单纯的小美好》的热度；"三生三世"系列之《宸汐缘》则低开高走，用另类"土味"增强大众观剧黏性。这其中不难发现，电视剧的系列化开发产品，已占据剧集市场头部内容，并且愈加能迅速扩张受众影响力，进阶到 3.0 时代。

所谓系列化 3.0 时代，并不仅仅是拍续集，而是通过同样主题、相同人物或聚焦同类事件，进行新故事的二度开拓和延展。应该说，系列化开发是在前作基础上进行的简单剧情延伸，最终变为：在仅保留某种勾连的故事的基础上，进行再加工和创作。

举例来看，热播的《小欢喜》与前作《小别离》，同样聚焦家庭教育题材，而《小欢喜》将镜头瞄准三组家庭的高考时间段，人物同时也产生较大变化。接下来的作品是《小舍得》，讲述的是"小升初"等现实话题故事。另一部作品《宸汐缘》也是只有励志、成长等正能量主题相同，故事剧情和人物设定均有所改变。

如今，知识迭代更新、时代加速变迁、现实生活节奏变快，若仅是依赖前作热度进行简单故事延续，早已不能满足年轻化的受众。再有就是创作作品的时间差问题，创作阶段以为是绝好的点，很有可能在播出时已经过时失效（剧本创作就需要至少一年的时间，再加上拍摄及后期半年等）。

当处在这种"笑点"不再、IP"不灵"的尴尬状态下，系列剧的打造在充分利用首部作品热度的同时，更要加大故事的原创力、贴近当下生活的

"时代力"以及找准与受众的契合点,让观众产生现实关联,才能实现在情感上达成最大程度的共鸣。

2. 进行"原创"与"现实"的合理布局：反对流水线生产和急功近利的剧本创作

"剧 N 代"受到众多制作机构青睐的原因,据大数据等资料分析,主要为已有制作基础、启动成本相对较低、热度延续较易这三大因素。

这其中可寻的规律是：第一部作品获胜后,系列化开发就比重新创作的难度要小,当然,风险性更小,可操作性强,创作时间会明显缩短。最重要的是,头部剧的热播成功,故事中的人物形象、人物关系变化导致的剧情发展,已给观众留下深刻印象,意犹未尽的受众定对留白和所抛出的悬念有所期待。后续作品再创作时,观众接受程度较高,同时,也会比重新开发新的题材类型制作难度和成本降低很多。

据相关考证,此类型的众多系列作品,都是在筹备之初便已设定好"系列开发"模式,制作的布局也会对应缩减后续剧集的启动成本。例如,《欢乐颂》从开始就按照季播剧的方式编排策划,与刘涛、杨紫、王凯、靳东等主要演员签订的都是连续三季的合同,不仅让观众有自然的视觉连续感,也会让演员的片酬固定,杜绝大咖位猛涨和一线档期难协调等棘手问题,从而节省成本。但另一方面,也有部分作品缺乏对系列剧的合理规划与重组布局,为盲目蹭热度而提速,从而对故事进行"不动脑子的流水线加工和顺拐式的写作",粗制滥造的后果便是前功尽弃,劳民伤财,还毁了头部剧。

综上所述,无论何种题材,盲目跟风的创作现状,只会让此类剧的题材出现透支,没有哪类题材、哪种类型,能成为荧屏上"永不消逝的电波"。

三、创意取胜的时代,该如何打造精神商品？

1. 从卖牛排的"滋滋声"到引发受众的"饮水机效应"

20 世纪 30 年代,广告界泰斗赫尔曼·乌尔斯坦就告诉我们：不要兜售书籍,而要兜售文化；不要叫卖衣服,而要叫卖时髦；不要出售眼镜,而要出售好的眼睛；不要出售紧身胸衣,而要出售苗条；不要卖洗发水,而要卖漂亮的头发；不要卖香槟,而要卖欢乐；不要卖房子,而要卖生活方式……从产品特征的内在戏剧性中,把它的卖点挖掘出来,不是卖你所有的,而是卖他们所想要的，不是卖牛排，而是卖牛排的滋滋声。

如果你单独去推销牛排，不如去展示它的滋滋声。因为滋滋声，会让人有幻想和回味。试想，人们听到滋滋声的时候，会感觉牛排做得很到位，很香，很温馨。所以从侧面来介绍牛排，效果更佳。同理，可以将其应用在电视剧的创意点上。电视剧是一种具有特殊性的精神商品，以上所罗列的成功案例，都是经过大浪淘沙以及岁月洗礼后仍旧被人们记住的经典，它们所引发的饮水机效应，从电视剧创作的意义层面提醒我们，无论时代怎么变革，无论科技如何创新，人的审美愉悦、人文精神永远是超脱物质及金钱的。优秀的、有创意的作品，就是要塑造具有生命力的、耐人寻味的、经得起时间检验的人物形象。

唯有创新，国产电视剧才能满足受众现阶段的精神诉求，才能占领大众心灵。

2. 电视剧创作者所肩负的社会责任

在不同题材电视剧的创作上，现实题材的电视剧创作难度最大，它对创作者提出更高要求，需要创作者密切关注现实中人们的生存状态，准确把握时代脉搏，及时反映当下主要矛盾，恰当引导社会话题，尽可能地预示社会历史的可能走向与必然趋势。很多时候，人们不只满足于看到他们的生活再现。电视剧等艺术作品给予人们的，应该是更高层次的审美和思索。或许可以这样理解，我们在诉说过去完成时的同时，也在演绎着现在进行时，更重要的是我们还要预测着将来进行时。

四、未来可期的国产电视剧需掐准时代脉搏，做到"创意取胜"

1. 类型化复制的原因

"大众文化"理论的土壤，是现代工业社会高度发达的市场经济，伴随高科技生产而呈现纷繁的物质文化消费。文化消费是现象，不是文化本身；文化是精神产品，不是具体的物质。"大众文化"的倡导者显然忽略了这个简单的事实。社会生产所追求的是物质的丰富性和多样性，并尽可能为人类提供丰富多彩的消费构成。"大众文化"的平面化、批量复制，是以消解文化个性和创造性为前提的，这显然构成了一个人类生存的悖论。

追求商业利润的最终结果是导致规模化的批量复制，使得电视剧生产有效地降低成本，以适应信息爆炸的当今社会。直接从走红的电视剧中"克隆"文本结构、人物设置、情节安排等，被看作有效降低成本、低投入高产出的捷径。类型化直接暴露了电视大众文化个性的薄弱、模糊。

批量复制的直接后果是电视剧的平庸，从而导致人们欣赏的价值尺度也变得模式化，在看过千篇一律的电视剧后，大众的思维变得机械，成为商家牟利的载体。

数据显示：国产电视剧年产1.5万集左右，99%的作品是在已有空间里打转。创新度不超过1%，国产电视剧题材创新力极度匮乏。像中国电视剧这样频繁重复再重复的创作和制作过程，也是罕见的。中国式资本和思维捆绑的逻辑不支持创新，狭隘经验主义的购片逻辑也导致不愿意创新，从而导致投资者和创作者们更不愿去承担任何创新的风险。创新是少数大咖在连续成功几个案例后所保有的特权，若有一次失败，这种曾经的特权便立即失去。

"创作跟风"和"扎堆拍摄"是国产电视剧一直以来的弊端，市场资源调节的盲目性和滞后性，导致了题材不断重复、创意雷同的现象。长期同质化和低水平重复，势必会导致国产剧整体质量的下滑，这对国产剧市场今后的发展非常不利。它折射出中国电视剧市场艺术原动力的严重匮乏。唯有"艺术创新"才能让国产剧立于不败之地。

2. 从电视剧人物设置的变化看剧本创作的预见性与前瞻性

（1）女性角色的演变过程：小女人—大女人—女权主义者—宝藏女孩。

早年间那部家喻户晓的电视剧《渴望》，塑造出一个在中国电视剧发展史上非常经典的女性人物形象——刘慧芳。一时间，"娶妻就娶刘慧芳"传成佳话。而今，社会经济的高速发展，女性思想与地位的不断提升，助推了大女主电视剧的盛行，接力刘慧芳的是一个叫"毛豆豆"的小媳妇，她来自电视剧《媳妇的美好时代》。把悲剧过成喜剧的新时代女性，不再逆来顺受、委曲求全，而是更有主见，更向往该属于女性的一片天空。而后出现的宫廷剧《甄嬛传》淋漓尽致地演绎出一个"傻白甜"如何步步惊心、步步谋略且自我保护地最终走到熹妃女王位。

生活节奏的不断加快，人们碎片化时间的与日俱增，让受众审美近几年更倾向于电视剧的强情节与人物设置的极致化，从而对创作者提出更大挑战。就在此时，宫斗剧《延禧攻略》应运而生，女一号带着强烈的复仇心态进入皇宫大内，玩起杀人游戏，最终不但俘获皇帝的真心，还能扬扬得意地耍皇上，成为现实版的甄嬛（不露声色的宝藏女王）+ 李子柒（无所不能、无所不会的网红），这更符合当下女性的收视需求。

这种反常规的设计思路，反倒让人耳目一新。在越来越多的影视作品中，我们逐步发现并深切体会到，当代女性在不断追求力量感，追求自我价值和女性魅力的实现，早已摆脱那种被保护的弱者形象，逐渐从"以退为进"的"傻白甜"，进化到稳扎稳打的"大女主"，从而实现了在创作观念上的进步，她们已从表面"大女主"进化到内核"真独立"的可能性。

（2）男性角色的演变：高大全（刚性男人）— 大丈夫（刚柔并济）— 霸道总裁（狼性男人）— 小丈夫（注重生活流）— 暖男（果郡王）— 备胎（温太医）— 男闺蜜（护花使者）等社会男性的多重角色互换，专供荧屏前的女性挑选与评价。

说完大女主，再来说说男主的人物设置变化。从最早的英雄大无畏、奥特曼式的人物出场，到霸道总裁最终拜倒在少女的石榴裙下，发展到今天，都市剧里的大暖男、备胎型等受女性欢迎的男性角色数不胜数。温实初、果郡王等，早已成为女孩子们在办公室里调侃的高频词汇。所以说，时代变迁对编剧等创作者们提出更高要求，那就是创作者既要有创作的预见性与前瞻性，更要掐准脉搏，深入生活，创作出与百姓生活息息相关的社会问题剧。

3. 新政策的出台与实施：更加重视剧本源头的内容生产

2020年2月，国家广播电视总局发布了《关于进一步加强电视剧网络剧创作生产管理有关工作的通知》（以下简称《通知》），内容涵盖完善申报备案公示、反对内容"注水"、演员片酬比例等内容，引导规范电视剧行业。

《通知》要求：一是加强源头引导，在申报备案公示时，制作机构须向有关广播电视主管部门承诺已基本完成剧本创作。二是反对内容"注水"，电视剧和网络剧拍摄制作提倡不超过40集，鼓励30集以内短剧创作。

前几年，某些影视公司在仅有"创意"的情况下就报备立项，又通过立项签到演员合同、投资合同甚至销售合同等，之后再回过头来仓促创作剧本。这种盲目追赶进度、急功近利的行为造成了市场秩序的混乱，《通知》的出台有效提高了行业门槛，鼓励原创，避免资源浪费，引导行业将注意力集中到创作上来。电视剧创作挤掉水分，将会给观众带来更好观感，让作品的口碑成为取得收益的法宝，并将带动整个市场趋于理性。

五、对未来国产电视剧发展的美好设想

畅想一下未来国产电视剧的发展模式：也许它们的篇幅会变得越来越短，也许只有 8~12 集，每集 30 分钟，却采用的是电影化的拍摄和制作手法，呈现出更加烧脑精良的画面质感……

随着中国影视行业的发展以及观众收视习惯的变化，无论是平台方、制片方还是主创都在思考创新，思考怎样能够以最经济的成本呈现更为优质的内容。相对于传统的长篇影视剧制作而言，短剧的风险更可控，进行创新尝试的余地也更大，同时，也有利于提高行业生产效率，提升作品质量。

否则，在未来发展中，电视剧的制作可能会变成麦当劳或肯德基这种快餐式生产，除了包装不同，口味实质是相似的。在文化想象和接受中满足类型化复制生活的人类，还有多大可能在现实生活的衣食住行中发挥出更大的创造力？而当人类的独创性萎缩，人类的未来又会是什么样子？

我们在享受大众文化给我们带来审美愉悦的同时，更应该呼唤"精英文化"，愿更多高水准、高品位、深层次的精品国产电视剧不断涌现，也愿国产电视剧的"新创意"不断涌现。

参考文献

张宗伟、卢蓉：《五年剧变（2006~2010）：国产电视剧的可持续发展之路》，中国广播电视出版社，2011 年。

守正创新，兼容优长

——深化新时代中国舞剧美学精神的象征和意象表达

王 俊[*]

摘 要：改革开放40多年来中国舞剧讲述了许多体现中国精神的中国故事和塑造了许多脍炙人口的舞台艺术形象，犹如一幅幅意境悠远、气韵生动的中国画，对当今国人的人格塑造、道德养成以及内在精神生活和精神境界的建构产生了积极的影响。站在中华民族伟大复兴和世界百年未有之大变局的历史起点上，中国舞剧守正创新，发挥好文化引领时尚、教育人民、服务社会、推动发展的作用，继承古今中外艺术精粹，牢牢树立戏剧和舞蹈本体意识，兼容中国美学精神的意象，世界三大戏剧体系中中国戏曲艺术的虚拟性、假定性、程式性，西方的象征主义戏剧等不同艺术样式的表达方式，认真梳理中国舞剧的发展规律和美学价值，深入挖掘中国优秀传统文化、革命文化和社会主义先进文化这些艺术创作不竭的思想源泉和精神标志，不断开掘和深化中国故事的社会主义核心价值观，牢固树立人类命运共同体意识，不忘初心、牢记使命，让舞剧的思想、主题和意象、象征紧紧相扣、交相辉映，大大拓展中国舞剧美学程式的视野和场域，创造出兼容优长、形神兼备、情景交融、意象万千、富有国际视野和中国精神的舞剧艺术意境，淬变为看得明白、感受强烈、回味无穷的新时代中国美学经典艺术形式，持续推动中国舞剧向艺术高峰迈进。

关键词：舞剧；美学；意象表达

---

[*] 王俊，新疆艺术剧院木卡姆艺术团编剧，主要从事戏剧理论评论、电影评论、西域歌舞文化研究。

改革开放 40 多年来，中国舞剧《丝路花雨》《大梦敦煌》《水月洛神》《沙湾往事》《朱鹮》《恰同学少年》《赵氏孤儿》《孔子》《李白》等讲述了许多体现中国精神的中国故事和塑造了许多脍炙人口的舞台艺术形象，犹如一幅幅意境悠远、气韵生动的中国画，对当今国人的人格塑造、道德养成以及内在精神生活和精神境界的建构产生了积极的影响。如今站在中华民族伟大复兴和世界百年未有之大变局的历史起点上展现这个时代的波澜壮阔和历史巨变，发挥文化引领时尚、教育人民、服务社会、推动发展的作用，中国舞剧责无旁贷，这就需要中国舞剧继承古今中外艺术精粹，牢牢树立戏剧和舞蹈本体意识，兼容中国美学精神的意象，世界三大戏剧体系中的中国戏曲艺术的虚拟性、假定性、程式性，西方的象征主义戏剧等不同艺术样式的表达方式，认真梳理舞剧发展规律和美学价值，不断开掘和深化中国故事的社会主义核心价值观，牢固树立人类命运共同体意识，不忘初心、牢记使命，持续推动中国舞剧向艺术高峰迈进。

舞剧本身的表达有着其他艺术形式不可比拟的艺术优势，舞剧艺术具有贯通古今、丰富时空的表现力和想象力，具有突破空间和时间的局限性、赋予肢体语言时代灵魂和精神气质的艺术魅力。但舞剧毕竟不同于语言艺术，其他舞台艺术如话剧、音乐剧、歌剧、中国戏曲通过语言可以清晰地交代时代背景，构建强烈的戏剧冲突，推动剧情发展，揭示人物内心世界，能够充分地表达作品的思想性和艺术性，而舞剧既不能唱也不能念台词，也不能把舞剧的肢体语言当哑剧去演，一旦涉及复杂的剧情该怎么去处理，怎么能充分地表达好舞剧的思想性和艺术性，这是摆在舞剧艺术面前需要解决的问题。因此中国舞剧应扬长避短，尽展所长，避免在语言表达上的短处，不断强化舞蹈本体的象征和意象表达的时空，不断拓展和开掘主题思想，守正创新，见人、见事、见精神，深化提炼中国精神的内涵底蕴，才能真正让中国舞剧淬变为看得明白、感受强烈、回味无穷的新时代中国美学经典艺术形式。

对于舞剧而言，一个好的开场是一部舞剧成败的关键和要义。我们看到有些舞剧时代背景和外部冲突交待不清楚，人物形象模糊不清，舞蹈程式过于概念化、形式化、动作化。人物重动作、轻内心，人物像是提线木偶，内心冲突单薄，缺乏靠内心驱动的外部动机。毕竟有关舞剧的时代背景不能让观众去恶补，剧情和人物塑造不能靠观众去猜，外部冲突是故事的基石，驱使剧情发展，内部冲突则赋予角色和故事以深度。可见对于舞剧而言，开场必须有一个强有力的意象和象征表达，交代清楚时间、地点、社会背景、人物以及人物之间的关系和冲突，所有的舞剧意象和象征必须在舞台上立体地呈现出来，做到简约而不简单、意象而不抽象。亚里士多德谈到"一桩不可能发生而可能成为可信的事，比一桩可能发生而不可能成为可信的事更为可取，因为可能有许多事违反可然律而发生"。①换言之，在戏剧的选材上，内在的必然性和可能性，比已发生的事实现象重要得多。这也是莱辛提到的，人物性格的内在真实性比历史上的确实存在更重要。正如李渔主张"立主脑，减头绪""一人一事，且最好是一事"，通过把复杂的剧情运用一系列凝练的象征和意象符号删繁就简，把人物放在更广阔的社会视野和背景下，在时代背景和外部冲突的深度和广度方面做到准确、鲜明、生动，在塑造人物形象中提炼出真实可信的中国精神。

中国经典文本是中国精神的载体，对中国经典文本的改编是中国舞剧的一大特色。改编经典剧目要突破原有剧目的局限性，真正体现创造性转化和创新性发展上的时代要求，让观众能更正确地看到历史发展的本质，延伸出更深刻的思想内涵，使改编后的作品更富有真理价值。夏衍说过，"改编前人的作品肯定应该力图用历史唯物论的方法，使改编后的影片思想性能够有所提高……改编过去作品要用今天的世界观去分析，给历史人物以应有的、正确的评价，或者把被歪曲了的人物形象纠正过来，并不是说把历史人物'现代化'，赋予今天的思想感情，要是这样，那就是反历史主义。因此如果原著者是进步的革命家，你就应该多尊重他，如果是中间的，你可以在发挥他原著的基础上，发展一些，如果原作既有精华又有糟粕，那就有一个去芜存菁的问题，像古代名著之类的，就应该发挥其进步因素，改掉它落后的东西，如果原作者的世界观是反动的，那么就根本不去改编它"②。这就需要在守正创新的基础上对经典文本进行一个重新再认识的一个过程，真实再现历史典型环境中的典型人物。

当前有些舞剧改编经典原作时代感不强，传递出的时代氛围和特征不够

---

① [古希腊]亚里士多德：《诗学》，罗念生译，人民文学出版社，2002年，第85页。
② 夏衍：《写电影剧本的几个问题》，中国电影出版社，1980年，第109页。

客观、全面、真实。外部冲突不足，舞者的内心动机历史依据不足，没有能够充分进入时代的规定情景中，历史上的人物活动过于"现代化"，主题思想、人物性格乃至故事情节的发展与原作精神有一定差距，真实可信度有待商榷，夏衍讲道"历史剧中的人物思想感情、行动、语言不能现代化，人物不能离开他的典型环境，在每一个人物身上，不可避免地有他自己的时代和阶级的烙印。哪个时代的人只能做哪个时代的事，说哪个时代的话。违反这些就不是提高而是反历史"①。20世纪50年代，根据南北朝时期的《木兰辞》创作的豫剧《花木兰》，把一个"谁说女子不如男"、替父从军、具有家国情怀的女子刻画得淋漓尽致，这对新中国成立后提倡妇女解放运动和妇女能顶半边天，起到很好的社会宣传效果。而好莱坞版的《花木兰》因为文化差异以及对中国文化的错位认知和有意无意的偏见，并未得到中国观众的认可。当代我们在挖掘花木兰新时代的精神价值。芭蕾舞剧《花木兰》开头只是展现花木兰拿着弓箭忧郁的神情，然后转到代父从军，没有精准地把握最能戳中观众灵魂深处的冲突点，在精神和主题内涵方面尚未突破豫剧《花木兰》的精神价值，人物的内心动机模糊，缺乏内在的驱动力。如果开头通过边关鼓鼙、金戈铁马、羌笛、胡笳等战场意象描写南北朝时期战争的残酷，摧毁了美好家园宁静的生活，她未来的战友们因为战争来到村子里疗伤，让她看到"古来征战几人回""不破楼兰终不还"的边塞征战的外部冲突，随后她的年迈多病的父亲应征要去前线打仗，这一切构成了她保家卫国、热爱和平的人物动机，舞剧的精神表达就会变得清晰可见。体现抗战精神的芭蕾舞剧《八女投江》，讲的是东北抗日联军女战士与日寇斗争的故事，剧情一开始一连串男女双人舞、东北大秧歌、朝鲜阿里郎似乎冲淡了人们对战争残酷性的理解，而真实的历史场景应该展现"九一八事变"东北沦陷，日本侵略者对东北老百姓的残暴压迫和剥削，东北抗日联军奋起抵抗不甘做亡国奴的悲愤之情，作品要把真实可信的抗日意象和象征准确地传达给观众，避免成为抗日浪漫神剧。

反映人类命运共同体的舞剧《记忆深处》，表现战争在方方面面对人类文明的摧残和毁灭，舞剧主题直击强势的西方话语体系，直面对日本军国主义

---

① 夏衍:《写电影剧本的几个问题》，中国电影出版社，1980年，第106页。

的控诉，一开始枪的象征显然不如一个警钟长鸣的象征更有警示意味。剧情从张纯如看图片展直接进入南京大屠杀的场景，外部冲突还是铺垫不够，大家都看了这个图片展，为什么她偏偏关注这个事情，而其他人没有关注，没有去调查，她为什么会著书立说主动去揭露日军的暴行，显然我们要把它上升到人类命运共同体高度，上升到对人类战争罪行的反思。剧情开始可以加入第一次世界大战、第二次世界大战、奥斯维辛集中营、德国时任总理道歉、南京大屠杀、日本时任首相等参拜靖国神社等场景以表达对人类的肉体和精神摧残。她的父亲是一个侥幸逃过南京大屠杀的见证者，因而设计一个中国老人痛苦流涕握着女儿的手讲述那一段惨绝人寰的历史细节，展现表示西方媒体话语体系长期对南京大屠杀失语的符号的报纸，以及她作为一个历史学家的责任感和使命感，诚如张纯如所言："作为一个作家，我要去拯救那些被遗忘的人。为那些不能发声的人发言。"这一切复合象征和意象表达构成了她必然去勇敢地揭露南京大屠杀真相的动机，而她的自杀正是中华民族苦难深重的一个缩影，警钟长鸣告示着我们跟西方争夺话语主动权和维护人类和平仍然任重道远。

新中国的工业发展史是一部不断突破外国技术封锁的历史，大型原创民族舞剧《红旗》讲述投身并见证中国汽车工业发展的一家两代人的感人故事，并将这两代人对历史、对工作、对生活、对周围人事的情感通过数个精彩细腻的舞段呈现出来。剧情以父亲接过老班长抗美援朝的遗志开始，弘扬独立自主、艰苦创业的红旗精神。但是这部舞剧的时代背景和外部冲突可以做更深的延伸，剧情开端可以展现新中国成立初期百业萧条，百废待兴，没有工业体系，根本生产不了汽车，甚至连汽车零部件都是进口的历史现状，西方敌对势力利用一切手段对我国实行全方位的技术封锁，想方设法要困死新中国，新中国迸发出不畏艰难险阻、艰苦奋斗、自力更生、战天斗地、破釜沉舟的豪情和勇气，打破了帝国主义的层层封锁。如今我们的工业科技发展诸如华为科技再次遭到西方国家"卡脖子"的时候，回首当年一穷二白、自力更生的情况下搞工业建设的这种精神，一代代中国人的命运一定要掌握在自己手里，绝对不容许被任何势力"卡脖子"，这才是舞剧所要达到的象征意义之所在。

挖掘红色经典作品的时代意义和价值是舞剧创新的时代要求。舞剧《永不消逝的电波》改编自20世纪50年代的经典电影《永不消逝的电波》，不仅仅是定义为敌我双方斗智斗勇的谍战故事,更是对革命者李侠不忘初心、牢记使命的理想信念的弘扬。即便是反映革命题材的也要站在人类发展进步的高度,站在代表着最广大人民的根本利益的历史高度上去诠释。20世纪50年代的电影距离新中国成立前的40年代很近,当时的观众在不需要着重交代人物历史背景的情况下,可以很容易看懂电影的故事情节,而现代观众距离那个时代比较远,在理解时代背景、人物性格、信仰信念方面有一定困难,因而对人物的姓名、职业、性格特点、习惯动作、与别人的关系等,都应该通过符合时代精神的形象和动作向观众交代清楚。李侠走向革命道路的时代背景、身世应该有所交代,我们要深刻理解他为什么对自己的信仰具有坚定的信念,一定要把党交给的任务完成好,理解他将个人生死置之度外的家国情怀。剧情开头应该用反映当时国家和民族存亡的社会背景和外部冲突的图片和视频资料,揭示人物当时所处的时代动荡,在隐蔽战线危险始终围绕在身边。由于共产党揭露了国民党投靠日本人的内幕,我党在上海隐蔽战线的谍报机关被破坏,毛泽东形容对敌谍战是千里眼、顺风耳,影响着革命战争胜负进程,从而突显出谍战工作的历史使命。由此感受到革命先烈不再是一个个抽象的概念,革命理想不再是高调大论,它是由一个个具体而又鲜活的事件和人物构成,历史在我们面前顿时变得鲜活立体起来,历史向我们打开它瑰丽而斑斓多彩的丰富场景,在历史中,不是我们党说我们行就行,而是历史的必然,这个历史必然的合力在不断地筛选,大浪淘沙,不管你是什么主张立场,历史是公正的角力场,而最终历史选择了中国共产党成为中华民族的领路人,从这些历史中深深地感受到中国现代美好生活的来之不易,感受到中国共产党为什么能够带领全国人民把一个积贫积弱的旧中国变成一个富强民主、屹立于世界民族之林的强国。

  象征和意象是精神的外化表现,中外艺术对其都有其独到的阐释,"中华美学讲求托物言志、寓理于情,讲求言简意赅、凝练节制,讲求形神兼备、意境深远,强调知、情、意、行相统一,在美学表达上,讲究感觉经验的贯通和沉淀式的经验回味,讲究意象、意境、以物比兴、托物言志、情景交融,推崇情、趣、境、韵、味、品等格调神韵"[①]。"法国哲学家保罗·里柯认为,

---

[①] 《习近平总书记在文艺工作座谈会上的重要讲话学习读本》,学习出版社,2015年,第114—115页。

象征是与宇宙万物的交流，这种交流将使现实上升到象征的高度，所以从这个意义上讲，象征从戏剧起源开始就渗透在戏剧中。如果说古典戏剧是一种戏剧的象征的话，那么现代戏剧则是象征的戏剧"①。象征主义剧作家强调在舞台上揭示的应该是人的本质，强调要表现人的直觉和幻想，追求内心的真实。他们希望运用联想、想象的戏剧手段，实现对人生意义和命运不可知的哲理思考，从而诠释人的精神存在和物质存在、生与死、生命的短暂与宇宙的永恒之间的关系。象征主义戏剧在艺术表现上的最大特点就是它的象征性暗示，即用象征性的物象暗示主题，暗示各种事物，暗示作者的思想情感等。同样，"中国戏曲表演中所追求的'真'，并不是人们实际生活中所说的'真'。它是在尊重生活真实的基础上，是在演员体验（包括直接体验、间接体验）、感受生活真实的基础上，以假若我是角色与剧中的人物，经换位思考、体验、领悟人物的真情实感，经神形兼备的表演手段，在破和立的反复实践中，创造出舞台上既能表现生活真实感，又具有艺术性质、气质的人物形象，再加上利于观众接受的舞台象征性环境，达到'无中生有'的艺术效果。戏曲先辈们创造的这种假定性舞台及程式化的虚拟表演，化解了生活与舞台艺术之间的矛盾，实现了戏曲舞台表演中'真与假''虚与实'的辩证统一，从而创造人物的审美形象，创造出表演艺术的最高境界——意境之美。也就是说戏曲表演是通过审美意象，显示客观事物的内在规律，揭示生活的本质真实，达到对角色的社会评价、道德评价和审美评价，实现了以'情'致'理'的目的"②。中外艺术本体通过创造丰富的象征和意象来激发观众的自由联想，展现对人和现实社会生活本质的思考，达到对人和现实社会生活的价值和意义的终极探寻。当代戏剧戏曲在表现艺术本体的同时不断延伸象征和意象手法，在表现形式上不再是静止不变的艺术形态，而是连续的、递进的、反复的，甚至是激变的、焦灼的，呈现出交错反复、激烈碰撞、迂回曲折、回味悠长的情感状态，不断开掘和深化作品的思想内涵和主题，抵达作品的真理彼岸。比如：话剧《桑树坪纪事》中当众人围看村子的傻子打老婆散去后，出现在地上那个残缺不全的菩萨雕像象征着几千年来中国妇女的悲惨命运。话

---

① 詹虎、赵学斌、于立得：《尤金·奥尼尔戏剧象征艺术研究》，中国戏剧出版社，2013年，第58页。

② 王泰来：《中国戏曲表演体系初探》，河北美术出版社，2017年，第107—108页。

剧《兰陵王》讲述了长相俊美的兰陵王高长恭每当打仗时戴着奇丑狰狞的大面，与敌鏖战，所向披靡，勇冠三军。在这里美与丑两相对比"不经意地完成了一项美学使命。它'否定'了长恭真实的相貌之美，'否定'的理由来自一种与血火刀兵相伴随的历史力量，更来自人们勇对危难、不避邪恶的自身力量"①，这种对比既有象征性又有戏剧性，美国著名戏剧家尤金·奥尼尔指出"面具显然不适用于以纯现实主义术语构思的戏剧""面具是人们内心世界的一个象征""面具本身就是戏剧性的，它从来就是戏剧性的，并且是一种行之有效的进攻性武器。使用得恰到好处，它比任何演员可能做出的面部表情更微妙，更富于想象力、更耐人寻味、更充满戏剧性。那些怀疑它的人尽可以研究一下日本能剧中的面具、中国戏剧中的脸谱或非洲的原始面具"②。评剧《红高粱》中红高粱和高粱酒的意象和象征无处不在，它们是红高粱地里野性男子的象征，是丰收的喜悦，是结婚时的喜庆，更是点燃反抗日本侵略者的怒火，九儿形象地比喻要用小酒碗砸日本侵略者这个大酒缸，蓬蓬勃勃、充满野性、有着旺盛生命力的红高粱和浓烈的高粱酒的意象性和隐喻性贯穿全剧，表达了醇厚浓烈的家园情怀，张扬了自由放达的民族生命力，挥洒出国人面对民族危难时向死而生的悲壮之美。

　　他山之石，可以攻玉，古今中外的艺术精华为中国舞剧美学精神的表达提供了丰富的滋养和借鉴，让舞剧的思想、主题和意象、象征紧紧相扣、交相辉映，大大拓展了中国舞剧美学程式的视野和场域。舞剧《丝路花雨》和《大梦敦煌》很好地诠释了"和平合作、开放包容、互学互鉴、互利共赢"的丝绸之路精神。舞剧《朱鹮》的整体意境的营造深得中国山水画之"虚实相生，无画处皆成妙境"的精髓，"远山一起一伏则有势，疏林或高或下则有情"，远山、乔木之蕴味超旷空灵，羚羊挂角、无迹可寻，灯光效果极富中国传统水墨画色彩象征意味，缥缈、辽远、灵动的音乐情绪显得"有意无意，若淡若疏"，简约而不简单的舞台效果打造出所谓"超以象外，得其环中""大象无形，大音希声"的艺术效果，让人不觉"会心处不必在远，翳然林水，便自有濠濮间想也，觉鸟兽禽鱼自来亲人"。剧中朱鹮的造型飘逸、灵

---

① 余秋雨：《中国戏剧史》，长江文艺出版社，2013年，第38页。
② [美]尤金·奥尼尔：《关于面具的备忘录》，转自余秋雨《中国戏剧史》，长江文艺出版社，2013年，第39页。

动、写意，把朱鹮矜持、典雅、洁净、高贵、敏感、脆弱、多疑的特性呈现得惟妙惟肖，舞蹈融芭蕾与中国民族民间舞于一体，淋漓尽致地展现了朱鹮"涉、栖、翔"三种优美风姿，朱鹮像掉落人间的仙子，羽化成仙，鹮仙与人类和谐相处，袅袅婀娜，翩若惊鸿，悠然自得，相拥相惜，体现了人与自然那种愉悦亲切和牧歌式的宁静，一派画中有舞、舞中有画、气韵生动、古典浪漫的景象，绿水青山就是金山银山的时代精神跃然于前。同时剧情把主题上升到生态文明的时代高度，剧中舞者用形象的肢体语言演绎了工业化步伐的加快，生态恶化，对资源的掠夺式开采，环境破坏日益严重，朱鹮在工业化潮流下的苦苦挣扎、哀怨、凄婉、抗争、绝望、无助、死亡，深深揭开了人类对生态破坏的伤疤，诠释了"生态兴则文明兴，生态衰则文明衰"的时代命题。舞剧《赵氏孤儿》中对"虎毒不食子"这个社会人伦纠结在创造性转化和创新性发展上做了艺术化的处理，毕竟程婴拿自己的孩子交换别人的孩子这是封建社会下产生的社会道德悲剧，有悖于当代社会伦理道德，舞剧《赵氏孤儿》在结尾给了程婴一个忏悔的结局，设计面对怀孕的妻子，他对孕中的妻子、孩子百般疼爱，拿出一把长命百岁锁放在妻子的肚子上象征着自己对孩子的期许和忏悔，大大消解了当代观众在剧中对程婴交换亲生孩子的不满。舞剧《花木兰》运用铜镜作为贯穿始终的意象和象征，从一开场舞台的大铜镜圆形背景，随着剧情变化有时是铜镜，有时是圆月，有时变化为残月，舞台中间装置了正方向的两个圆环形可移动转台。这些舞美和道具灯光的设置呈现了一种典型的东方美感，还因为变化结合、动静结合制造出一种非常简约而唯美的影视画面效果，象征着中国人追求家庭团圆、圆满的文化情结。舞剧《恰同学少年》中毛泽东慷慨陈词地面对着代表着旧势力的清朝帝王、旧时秀才、旧时私塾先生、军阀，这一幕极具象征意味，深刻地揭示了旧社会中国所面临的社会矛盾和民族危机，表现出毛泽东誓与他们斗争到底的决心和意志，展现出"为有牺牲多壮志，敢教日月换新天"的雄心壮志。舞剧《家》很好地演绎了"家"与"枷"的关系，厚重的舞美设计给这部剧定下了基调，音乐融入川剧的元素，使作品富有了四川本土戏曲的色彩。剧中，无论是婚丧嫁娶的习俗还是服装饰物，观众都可以从中窥探到那个年代属于老成都的风貌。"家"和"枷"始终是困扰着高家的命运主题，家中的每个人都在无形中受着家的桎梏和束缚，就是在这种追求自由的抗争中演绎出了爱与恨的悲剧。这种悲剧是具有现代意义的，无论在什么时代，人们生活总是受着种种无形的枷的束缚，人类追求自由的天性引领着人们不断抗争，直至冲破枷锁的那一天。在剧中我们仿佛看到随着大色块舞美的切换，人物命运的改变。庄重威严的大门，深宅大院的冷色调，像牢笼一样罩在每个人的头上，压得喘不过气来，门更像是给囚犯出入的牢门，而所有外面社会的变化只能从这个具有象征意味的牢门向外管窥一二。高老太爷的葬礼，被抛弃郊野的瑞珏，高大的太师椅，即便是拜堂成亲时大大的"囍"字也是冷色调的暗红。这些冷色调的舞美共同构成了封建家长制权威的象征，它们的每一次出现都能让人感受到那种压抑和不自由，很好地营造出那个时代的家庭氛围和社会风貌，深刻揭示了那个时代封建礼教、封建家庭的状况和挣脱封建思想的巨大阻力，更多地体现了我们传统文化中的糟粕思想对人们的迫害和压制，展现了封建家庭内部的罪恶、倾轧和迫害，热情讴歌青年一代在"五四"新思潮下的觉醒和对封建势力不妥协的斗争。

"凡作传世之文者，必先有可以传世之心"（李渔），作为新兴艺术形式的中国舞剧艺术所背负的传统束缚最少，它可以汲取以往各种艺术的营养，它在艺术表达上有着更为广阔的时空，在思想性和艺术性上需不断融合中国古代诗歌、书法、绘画艺术的意境表达，融合中国戏曲艺术凝练的舞台叙事艺术，戏剧、小说、电影、电视剧的叙事艺术等，借鉴西方象征主义戏剧。深入挖掘中国优秀传统文化、革命文化和社会主义先进文化这些艺术创作不竭的思想源泉和精神标志，在浩如烟海的历史文化典籍、历史文物、历史图像、乐舞、民俗、服饰、器皿、壁画、建筑中凝练舞台艺术的情景化、情节化、叙事化、典型化和象征化，不断诠释出推陈出新的艺术理念，从而创造出兼容优长、形神兼备、情景交融、意象万千、富有国际视野和中国精神的舞剧艺术意境。

论文学的价值与价值文学

王海东*

摘　要：在西学东渐的大潮中，中国的文学理论建构显然缺乏自主性，更没有贡献世界性的文学理论知识，而近年兴起的文学价值论，则有着理论的自觉性和担当意识。所谓价值即善，包含着外在价值与内在价值及涨溢价值。前者是文学的工具性价值，而内在价值则是文学性，或纯文学，是确立文学的根据。文学价值源于三个方面：一是作者的选择与创造；二是读者的理解与诠释；三是社会的运用与操作。文学性暗藏着审美性、无功利性、合目的性、自由、形式、内容、情感和意境等必要的元素，从而使文学自立。合理地吸收价值哲学、结构主义、现象学和诠释学等方法，由之所构建的理论，可称为价值文学。

关键词：价值文学；文学性；纯文学；现象学

一、引论

西学东渐 200 年，对我国影响甚大，成绩斐然，然而我国的人文学科领域却少有创新，文学理论界亦是如此，"有一种深感某种理论原创力不足的焦虑"，依旧"靠着东渐之西学度日"。[①] 各种文学理论，如过江之鲫，闪现于文坛，忽然火爆，瞬又没落，看似辉煌，并未扎根，更无硕果。时至今日，我国文学界，仍旧没有贡献出重要的文学理论知识。所幸一些有识之士不甘东

---

* 王海东，云南大学马克思主义学院研究员，主要从事西方马克思主义、比较哲学和文艺理论研究。

① 周宪：《文学理论的创新问题》，《中国社会科学》2015 年第 4 期。

施效颦，竭力构建中国文学理论体系。①

以往的文学理论，更多的是追问文学的本质，力求揭示"文学是什么"。这种本体论和本质主义思维方式，早已遭到现代哲学的批判和扬弃。文学与哲学一样，无论如何追问，都找不到一个能够尽善尽美的对应物，也觅不到终极答案。这是思想物的一个表征，即没有可感的实体与之对应。因而现代哲学便抛弃这种视域，尤其是以维特根斯坦为代表的语言哲学，改变提问的方式——什么是文学？这才是合理的思路，不暗含任何前提，更没有本体论思维。

然而，什么是文学？这是文学的始基性问题，也是一个"非饱和性问题"——不断被追问，不断有新的答案，却没有终极答案，理论不会饱和。也就是说，不同的文学家，都会给出自己的方案，认同与反对者皆有，因而答案不断增多，文学理论纷呈，文学史不断增厚，且没有结点，犹如一场没有终点的思想马拉松赛事。

面对纷繁复杂的思想战场，无休止的争论无法解决问题，因而思想家的策略——以退为进，从事实转向价值研究，不再纠结文学本体论，经由认识论而转向语言论、方法论和价值论，以求寻找新的出路。

然而，文学到底有何种价值？历来的研究者从多种角度进行了阐述，笔者在此不再列举，不过大多是从功能方面阐发文学的价值，显然是外在论的观点，很少触及文学自身的价值。当然，与之相应的问题，就是对"价值"的理解存在着分歧。"价值"这一经济学的概念，早已涨溢到各个领域，不再局限于使用价值和交换价值，可以涵摄更为广阔的有益性与意义，而更为惊人的理解——价值与"善"具有相似性——追求普遍的价值就是善。"一切技术、一切规划以及一切实践和抉择，都以某种善为目标"②，既包含外在的目的，也包含着内在的目的，即以自身为目的，"这一为自身的目的也就是善自身，是最高的善"③。

---

① 近年来，董学文教授、张炯研究员和蔡毅研究员等人，在文学价值论方面有着不凡的研究，成果亦丰。
② ［古希腊］亚里士多德:《尼各马可伦理学》，载苗力田主编《亚里士多德全集》(第八卷)，中国人民大学出版社，2012年，第3页。
③ ［古希腊］亚里士多德:《尼各马可伦理学》，载苗力田主编《亚里士多德全集》(第八卷)，中国人民大学出版社，1992年，第4页。

面对"价值"难题，哲学家杜威系统地阐释了其内涵，从六个维度进行分析：第一，具有直接性和孤立性的直接善和好。表明价值的实在性与真理性，不依存于他者，而具有善。第二，与效用或有用性相同的贡献性善和好。价值是有用性这种含义广为人知，认可度最大。第三，在判断结果中认可和发现的善和好。这是一种判断的依据和规范。第四，与效用价值或贡献价值相同。这指事物的价值，而不是属性，包括经济学意义的价值。第五，一种直接的好与善，这最初是由判断决定的，除此之外还以先前判断或反思性探究之成果作为其性质典型特征的一部分。第六，与直接的效用相同，这种直接的效用承载着其目的与直接善和好的整合。①若进一步将这些"价值"概括，则是外在价值或终极价值和内在价值或工具价值。

故而价值不仅是外在的有益性——对人类和他物具有的积极意义，而且还有内在性——对该物自身具有积极的意义，促使其不断完满，是一种内在的动力机制。

依此而论，价值是善的一种表征，可以分为外在价值和内在价值。前者为外在的善，即工具性的价值，对他者有益。后者为内在的善，不依存于他物，以自身为目的，促进自身的完满。"说一种价值是内在的，仅仅意味着一个事物是否具有它，在什么程度上具有它这样的问题，只取决于所谈及的事物的内在性质。"②这种性质具有实在性，但并不是实体物。刘易斯（C. I. Levis）则明确阐述二者的差异：外在的价值被描述为作为工具对别物有价值；内在的价值通常被描述为自身是善或为了自身是善的。③换言之，外在的价值是工具性，而内在价值就是"文学性"。所谓文学性，就是使文学成为文学的东西。因此，价值是文学的灵魂。"价值决定着文学的目标、方向与本质，关乎着文学的内容、形式、立场、方法与路径的选择，亦关乎着文学的感染力、影响力和生命力，价值凝聚、开发和洗涤心智，给作家带来及时的思想提醒和精神领航。"④此外，还有涨溢价值，也就是文学在传播的过程所出现的价

---

① 冯平主编：《现代西方价值哲学经典：经验主义路向》，北京师范大学出版社，2009年，第157页。
② 参阅 G. E. Moore *Philosophical Studies*, Harcourt, Brace & Co.Inc., 1922, p. 260。
③ 参阅 C. I. Lewis *An Analysis of Knowledge and Valuation*, Irving Lewis Press, 1946, p. 382。
④ 蔡毅：《文学创作活动中价值观的指引和主宰作用》，《中华文化论坛》2016年第5期。

值，特指内在与外在价值之外的附加价值。

文学的外在价值、内在价值和涨溢价值有机结合，才能形成结构完整的价值文学。因此，下文将分别阐述文学价值的生成，文学的外在价值与内在价值，进而阐明一种新的价值文学。

二、文学价值的源泉

毫无疑问，研究文学的价值及价值文学，必须探究文学价值是如何形成的，这是一切文学理论的前提。只有文学作品自身，才能含藏文学价值，也是文学诠释价值的起点。文学的价值离不开作品，这是文学现象学的重点所在——没有一个客观的价值能够独立于作品而存在，回到作品，朝向事实，文学与作者、读者及世界共同在场。这近似于中国古代哲学道器一体与体用不分的观点。摆脱本体论和本质主义的困境，文学价值的形成是蕴含在作者、作品、读者及生活世界彼此间的关联性之中的。

文学价值源于何处？一般而言有三个维度：一是作者的选择与创造；二是读者的理解与诠释；三是社会的运用与操作，包括涨溢价值。而与之相关的一个重要因素就是作者、读者及操作者的人生观和世界图景会间接影响文学价值的形成，同时，社会整体的世界观与时代潮流也会影响文学价值的样态。

由于后两重因素的模糊性，难以做普遍性的量化分析，故而只能以个案研究，表明其重要性。因此，我们先分析时代使命、社会观念、思想潮流及商业化操控所形成的价值。对于中国人来说，100多年前的屈辱是刻骨铭心的，那时的文艺作品就具有非常鲜明的特色——时代的使命就是救亡图存，保家卫国。于是涌现出大量的政治文学，尤其是抗战文学——以各种文学形式，展现中国人民保家卫国、浴血奋战、英勇无畏的爱国精神，直至打败侵略者，赢得独立的主权，获得新生。不仅是作者、读者和社会各界形成救亡的共识，文学创作也与当时的时代任务及思潮高度统一，那时整个中华民族的当务之急就是保国保种。所以文学作品的时代价值和民族价值也尤为集中，就连科学与艺术都围绕着这一中心，力求化解时代危机。抗日战争后期，不光是爱国人士，就连艺术界甚至是商业界的人士都联合起来，通过各自的途径贡献抗日力量，以至于商业化炒作文艺作品都是爱国行为，充满着爱国精神。

这样的间接影响，时重时轻，但却不可忽视，大多数作品都难以摆脱时代的痕迹。商业时代，流行拜金主义，因而不少作品散发着铜臭味，甚至就是为钱而生，又经商业炒作，更是暴利盈筐。这也是不容忽视的经济价值。时下互联网时代，催生了网络文学，许多网络文学虽然缺乏文学性和艺术性，难以成为时代的经典之作，但是却能够满足读者的需求，市场占有量极大，经济价值很高，爆红一时，穿越小说便是其范例。这表明时代性和世界观对文学的影响已达到不可轻视的地步。可见社会观念、读者需求和商家操控也是文学价值的一种来源。

但是文学价值的最重要来源就是作者的创作。关于创作的问题，限于篇幅笔者在此不展开讨论。作为精神性的生产，文学创作具有多重意义，"一切真正的文学创作，既是一种思想、情感和审美的建构活动，又是一种精神价值的生成、创造活动。创造价值等于创造新的意义世界，营造人诗意栖居的精神家园，满足人的情感需要，实现人的自我价值。"① 而在创作的过程之中，作者的选择与创造，才是作品价值的源泉。

无疑，就作者与作品的关系而言，作者是主体，犹如上帝，设计着作品的所有环节和细节。作者的选择与创造，不仅蕴藏着难以估量的价值，而且还是与众不同之处。"价值即选择与创造"的内容包括两个层次。先是选择，"选择是包括对材料、内容、形式和方向、道路、方法等各方面的选择，选择是确定思想即将对何物何事进行加工创作的基础。具有一个好的基础，一切才有可能"②。在写作的准备工作之中，作者必须面对写什么、如何写、取材、方向等诸多问题，这是进一步创作之基。准备停当，便进入创作阶段，文本不断诞生，文学的原初价值逐步形成。

作者的创作过程就是一种赋意的活动，创造新的符号世界、艺术世界和意义世界。他们所构建的世界是一个新世界，与现实世界不同——正因如此不同而又美好，人们心生向往。韦勒克便言："伟大的小说家们都有一个自己的世界，人们可以从中看出这一世界和经验世界的部分重合，但从它的自我

---

① 蔡毅：《文学创作活动中价值观的指引和主宰作用》，《中华文化论坛》2016年第5期。
② 蔡毅：《文学创作活动中价值观的指引和主宰作用》，《中华文化论坛》2016年第5期。

连贯的可理解性来说，它又是一个与经验世界不同的独特世界。"①这个独特世界充满着诱惑，读者从中难以自拔，越是伟大的作品，越是令人沉迷其中。因而，希利斯·米勒便言文学语言改变轨道，不是实指，而是虚指，指向想象世界："文学作品并非如很多人以为的那样，是以词语模仿某个预先存在的现实。相反，它是创造或发现一个新的、附属的世界，一个元世界，一个超现实。这个新世界对已经存在的这一世界来说，是不可替代的补充。"②构造一个超越现实的新世界，文学创作能够化腐朽为神奇，创造出各种匪夷所思的文本，令人耳目一新，为之动情。

在创造之中，现实与虚构、生活与想象、规则与自由、经验与灵感、习惯与超越、技法与道艺的完美结合，才能产生出优秀的作品。"创造是自由艰苦的思想创新，是顽强意志的努力，它要挑战难度，向束缚自己的习惯开战，与自己为敌，不重复自己；它要进行技法、艺术与美学的冒险，挣脱各种社会文化的规范与限制，冲破一切阻碍，开发自己完全陌生的创造领域，向着更广大的天地迈进。"③不断超越现实和自我，不断寻求突破与创新，才能创造出超越一定时空的文学价值。

文本一经诞生，也意味着作品及其初始价值的形成。这种价值可称之为原初价值，以文学自身内在价值为主，辅以外在的价值与涨溢的价值。此时，作品的优劣是由其内在价值决定的。然而文本形成后，则会随之出现一个新的群体，即读者群。没有读者的文本，不能称其为文学作品。文学不是一个单一的维度，作者、作品和读者形成一个共同在场的整体。海德格尔对艺术的本源性分析，就是现象学意义上的共在，艺术家、艺术品、艺术鉴赏者及生活世界共同在场。也就是文学作品，不仅与作者关联，还与读者及生活世界关联。他们共在，才能构成一个完整的文学。

因而，作品还向人们昭示着读者的在场，且不只是读者的阅读和感受，还有读者的意义世界。正是读者的世界观、文化素养、个人爱好及性格气质，决定其阅读作品的经验与体会。而读者在阅读的过程之中，不断理解作品，

---

① ［美］勒内·韦勒克、［美］奥斯汀·沃伦:《文学理论》（修订版），刘象愚等译，江苏教育出版社，2005年，第249页。
② ［美］希利斯·米勒:《文学死了吗》，秦立彦译，广西师范大学出版社，2007年，第29页。
③ 蔡毅:《文学创作活动中价值观的指引和主宰作用》,《中华文化论坛》2016年第5期。

甚至是诠释作品，将自己的体会书写出来，则又形成了新的价值。这一价值可称为读者的理解与诠释价值。人们耳熟能详的"一千个人眼中就有一千个哈姆雷特"，就是读者的理解与诠释带来的结果。

与之相随的问题是，读者的理解和作者的本意如何保持一致性呢？常见的情形有三种：读者的见解低于作者的、读者的见解高于作者的以及二者基本一致。这样一来，便产生不可避免的新问题，即如何实现解释的真理性。古希腊人早就意识到这类问题，因而诠释学得以诞生。Hermeneutics 源自希腊语 ἑρμήνευω，意为"理解"。这是从希腊神赫耳墨斯（Hermes）的名字演变而来。德国哲学家伽达默尔建立方法论上的诠释学，他认为，人文科学不可避免地具有历史相对性和文化差距性，并以美学、历史与语言三个领域为对象，分别对这一主题进行了研究。其研究表明人的存在局限于传统之中，其认识会携带不可避免的"先见"，而人类历史则是由传统的各种力量积累而成，即"效果史"，在"效果史"中，过去与现在相互作用，当前的认识受制于过去的传统因素，所谓的真实理解乃是各种不同的主体"视域"相互"融合"的结果。[①]

所以在读者的阅读过程之中，也是多种视域的融合，不可避免地形成新的价值。但是，读者的理解与诠释必须以文本为准则，不能脱离文本自由发挥，既不能过度诠释，也不能诠释不足。诠释是有边界的，不能像后现代主义那样消除一切规范，过度诠释，甚至还要消除作者及其意图，其后果难以预测——诠释的随意性和强制性凸显，无限的诠释导致无意义的争论。这不仅无益于文学评论，反倒会带来更多的问题。诠释不能任自漂移，不能没有界限，"文本阐释的有效性应该约束于一定边界之内，有效边界的规定是评估阐释有效性的重要依据"[②]。不但作者不能"死"，其意图也不能抹去，这是诠释应有的原则，否则就不成其为诠释。文本的先在性是理解的基础，理解必须以文本为前提，而不是读者的理解，"存有在先，理解在后；存有生发理解，理解依附存有；失去存有就失去理解"[③]。也就是诠释和表达的界限不能混

---

① 参见［德］伽达默尔《诠释学Ⅰ、Ⅱ真理与方法（修订译本）》，洪汉鼎译，商务印书馆，2010年。
② 张江：《阐释的边界》，《学术界》2015年第9期。
③ 张江：《强制阐释论》，《文学评论》2014年第6期。

淆，文本是读者阅读、理解和诠释的基础。

故而诠释只有在文本的前提下进行合理阐发才有意义，当然，这种阐发能够创造出新的价值。因此，解释不仅寻找意义，还创造意义，即创造新的价值。

三、文学的外在价值

文学因其独特的魅力而经久不衰，成为人类精神生活不可或缺的部分。其重要性自不待言，《尚书》有言："诗言志，歌永言，声依永，律和声。八音克谐，无相夺伦，神人以和。"古中国诗乐一体，不仅便于促进社会和谐，还能减少有悖伦常的行为。孔子极为重视文艺的价值："小子何莫学夫诗？诗，可以兴，可以观，可以群，可以怨。迩之事父，远之事君；多识于草木鸟兽之名。"[1] 系统地确立了文学的价值。

曹魏曹丕从国家政治的视域阐释文艺的重要性："盖文章，经国之大业，不朽之盛事。年寿有时而尽，荣乐止乎其身，二者必至之常期，未若文章之无穷。"文章不仅有益于国计民生，还是不朽之业。"文之为德也，大矣！与天地并生者，何哉？"[2] 与天地并生，可见文艺的重要性。T. S. 艾略特也不断强调文学不可替代的作用："一个不再关心其文学传统的民族就会变得野蛮；一个民族如果停止了生产文学，它的思想和感受力就会止步不前。一个民族的诗歌……代表了它的意识的最高点，代表了它最强大的力量，也代表了它最为纤细敏锐的感受力。"[3] 因而文学是人类必不可少之物，且是塑造健康的心灵、文雅的行为、敏锐的感受力和至高的意识必要的元素。

探讨文学的价值，古今中外皆已有之。由于文学艺术生发早，对人类日常生活影响大，故而研究也深入。梁启超先生将文学的价值概括为四点：一曰熏。一种潜移默化的影响力，也是一种教化的价值。二曰浸。长时间的浸染，能够使人洗心革面，塑造出新的灵魂。三曰刺。"刺也者，刺激之义也。……刺也者，能使人于一刹那顷忽起异感，而不能自制者也。"犹如禅宗

---

[1] 杨伯峻译注：《论语译注》，中华书局，2012年，第258页。
[2] （南朝梁）刘勰：《文心雕龙》，上海古籍出版社，2015年，第3页。
[3] ［英］T. S. 艾略特：《诗的效用与批评的效用》，杜国清译，纯文学出版社，1972年，第12页。

之顿悟,使人豁然开朗,焕然一新。四曰提。"提之力,自内而脱之使出。"①这是由内而外的变化,形成稳定的性格与气质。由此足见文艺的力量,故而梁任公倡导文艺变革首推小说之功,亦在于此。

综合前人的研究成果,笔者将文学的外在价值总结为:一是增智长识的功能与价值。文学的博大精深,能够使人增加知识与才华,有助于读者对世界的深入认识,走上真理之路,不断抵达真理。二是教化劝善的功能与价值。优秀的文学弘扬正能量,能够劝民为善,助人树立正确的人生观、价值观和世界观,进而积极地生活。三是文化传承的功能与价值。文学的发展具有地域性、民族性和历史性,传承保护优秀的文学并不断发展与创新,也是文学的组成部分。四是情谊交往的功能与价值。中国古代文人喜以文会友,相互切磋,不断增进友情、知识和创作技艺;通过文学的互动,也能促进文人与大众之间的相互理解,加深情谊。五是娱乐怡情的功能与价值。通过阅读文学作品,陶冶情操,或是共鸣,或是宣泄,可以怡情自乐,自净其意。于是希腊人将文艺列入能够"净化灵魂"的清单之中。六是经济交换的功能与价值。在商业时代,文学作品在交换之中能够产生经济利益,甚至是巨大的经济价值。每年的诺贝尔文学奖得主的作品,一经商家、媒体的炒作,就成为畅销书,风靡全球,商家猛获暴利。七是虚拟互动的功能与价值。在互联网大数据时代,网络文学乘势而起,文本、作者和读者都虚拟化,成为数字与符号,而在这样的虚拟世界之中,依然能够形成良好的互动,除了经济纽带外,还有精神纽带,也能够促进虚拟社区的健康发展。

文学的目的在人,文学使人活得更有尊严、更为健康、更加幸福、更具超越性,从而不断完满自我。文学不仅能够塑造至善的人类灵魂,还能够铸造至上的时代灵魂。于此而言,文学也是人学,使人回到自性,走向圆满,而又不失诗意之美。

四、文学的内在价值

文学理论研究无法回避的一个理论困境就是纯文学或文学性的问题。这既是使文学得以确立的根据,又是逻辑和语言无法确证的东西,却又不得不

---

① 梁启超:《论小说与群治之关系》,《新小说》1902年创刊号。

探究。所以对该问题，历来争议大，莫衷一是，却又引人入胜，欲探究竟。

较早提出"纯粹文学"（简称"纯文学"）观点的学者是德国哲学家康德，这也是其批判哲学的一个组成部分。所谓"纯粹"，他认为是一种先验的为自身确立根据的能力。他将自己所构建的哲学命名为纯粹批判哲学，即纯粹知性批判、纯粹理性批判和纯粹判断力批判，"这些能力之所以是纯粹的，是因为它们是先天地立法的"①。在人的诸种能力之中，有一种关乎感性和愉悦的能力，即审美与鉴赏的能力。康德在《判断力批判》中，阐释纯粹形式的审美判断何以可能："美的艺术是这样一种表象方式，它本身是合目的性的，并且虽然没有目的，但却促进着对内心能力在社交性的传达方面的培养。……审美的艺术作为美的艺术，就是这样一种把反思判断力而不是感官感觉作为准绳的艺术。"②康德为文艺立法，认为审美是无目的的合目的性，即没有任何功利目的，亦与政治道德无涉，审美性的愉悦感才是其目的。

康德不仅将审美性、非功利性、无目的的合目的性确立为文学艺术的内在要素，还把自由纳入其中，认为这是一切精神活动必不可少的元素。"自由是全部精神存在的类的本质"，也是"人类精神的特权"，还是"伟大的天赋特权"，更是"理性的晨光所赐的自然礼物"。③ 审美是自由的象征，自由是审美的前提，也是美的内在规定。自由是无规定的规定性，即自由没有任何规定性，犹如一棵玫瑰，它自由地生长、抽芽、冒刺、开花、结籽。而所谓的规定性，便是作为某物不可摆脱的天性而已。玫瑰，不可能如车厘子那般结出鲜红甜美可口的果实来。故而，自由又与自然近似，但却不是中国古代社会中的"宿命论"。作者的想象、构思、取材和创作都是自由的，文学本身就是一种自由意志的感性呈现，一种赋意、抒情、言志的精神活动。如苏珊·桑塔格所说："文学是进入一种更广大的生活的护照，也即进入自由地带的护照……文学就是自由。"④自由是文学的灵魂，文学是自由的创作，彰显自由的场域。

---

① 陈国恩：《"纯文学"究竟是什么》，《学术月刊》2008年第9期。
② ［德］康德：《判断力批判》，邓晓芒译，人民出版社，2002年，第149页。
③ 《马克思恩格斯全集》（第1卷），中共中央马克思恩格斯列宁斯大林著作编译局编译，人民出版社，1997年，第74页。
④ ［美］苏珊·桑塔格：《同时：随笔与演说》，黄灿然译，上海译文出版社，2009年，第213页。

为了探寻纯文学，文学理论家们前仆后继，相关理论迭出不穷。康德以降，各种文学流派都要在此问题上发表自己的观点，以表明其纯正性。俄国形式主义流派不但高举"形式"的大旗，还革新问题的面向——由追问纯文学，转为探究文学性。罗曼·雅各布森在《现代俄国诗歌》中言明：文学学科的对象不是文学，而是"文学性"，也就是说使一部作品成为文学作品的东西。①此后，文学理论的提问内容也随之改变。然而这种"东西"到底是什么？他言：如果文学科学想要成为一门真正的科学，它就必须把"手段"（device）看作是它唯一的"主角"。"手段"可理解为技巧、方法和程序等义。因此，雅氏的文学性是指同一类文学作品中的普遍构造原则与一般表现手段，其中包括结构、韵律、节奏和修饰等，是文学在语言、结构及形式方面的特点，但不含文学的素材与内容。②这就是形式主义的核心主张，将文学性化约为语言形式、特性和功能，有缩小文学性的倾向，不过为文学性确立一个不可缺少的要素，那就是形式。对于诗歌而言，就是无法言说的"诗性"，但丰富的审美性却蕴含其间。

而浪漫主义为削减"理性"对文学的约束，就在情感主义的基石上提出"为艺术而艺术"，既消除世俗的功利目的，又唤回文学的情感因素，认为没有动人之情的文学作品，很难成为优秀的作品。文学经典离不开伟大的内容，真挚感人之情、生动活泼的内容也是不可缺少的内在要素。

语言哲学集大成者维特根斯坦，在后期，对基础主义与本质主义文艺观进行了深入的批判，以家族相似性理论消解本质主义，反对将美学概念化、知识化、科学化和心理学化，主张在语言游戏与生活意义之中厘清美的问题，申明美学不是一种理论，更不是一种用来学习的知识，而是一种人类审美实践，一种人类自由的赋意活动。③文学也是这种自由的赋意活动彰显其自身的特质——独具特色的意境，使其区分于诸种学科与艺术门类。这是语言、自由、美、技艺、情感和精神的完美融合而构造出来的精妙之境。

这种精妙之境在中国古代诗词中尤为突出。如唐代诗人柳宗元《江雪》

---

① ［法］茨维坦·托多罗夫编选：《俄苏形式主义文论选》，蔡鸿滨译，中国社会科学出版社，1989年，第24页。
② 杨矗：《文学性新释》，《上海师范大学学报》（哲学社会科学版）2010年第2期。
③ 王海东：《后期维特根斯坦美学观探析》，《烟台大学学报》（哲学社会科学版）2015年第2期。

一诗：千山鸟飞绝，万径人踪灭。孤舟蓑笠翁，独钓寒江雪。仅20个字，空灵之境凸显，令人惊叹。其运用"航拍"的手法，描绘出一个无比空旷而又寂寥的世界，千山和万径的宏大与孤翁独钓形成强烈的反差，然而这种鸟飞绝与人踪灭的孤寂，并没影响老翁的心境，他淡然地垂钓寒江之上，不畏风雪酷寒，更不惧孤独，足见其精神之自足，心态之平和，绝世而独立的世外高人形象矗然而立，与陶渊明的"采菊东篱下，悠然见南山"相得益彰。

宋末元初词人蒋捷《虞美人·听雨》一阕词，道尽人生家国的变迁无常之苦，却现淡然平和之境。"少年听雨歌楼上，红烛昏罗帐。壮年听雨客舟中，江阔云低、断雁叫西风。而今听雨僧庐下，鬓已星星也。悲欢离合总无情，一任阶前、点滴到天明。"词人以听雨为主线，展现不同时间地点的听雨心境，少时的放荡生活，纸醉金迷，反衬晚景的孤苦凄凉之境，中年的奔波劳碌与离别之苦，全在"断雁叫西风"之中。国破家亡，离愁别恨，皆是非常之苦，皈依佛门才能解脱。随着年老体衰，对佛法的参悟，知晓人生无常，诸行皆苦，也就能够释怀了——"一任阶前、点滴到天明"，一种更高的意境呈现，即主人公获得解脱，诸法空相，不再受红尘的牵绊，坦然面对一切。正是这种高超空灵的意境，不仅体现作者思想水平，还使得作品呈现较高的水准。

由于理性、逻辑和语言有着自身的界限，无法言明界外之物，所以维特根斯坦一再告诫：对于能够说清楚的，就说清楚；对于不可说的，就保持沉默。禅宗亦有不立文字、教外别传、以心传心的传法之道。密宗则更重视导师的传承，否则法脉难续。这表明"界限"的确存在，尽管找不到"实体"。

而对于文学性或文学内在价值来说，也面临着这样的问题，即无法通过理性、逻辑和语言说清楚文学性或纯文学，更找不到一个"实体"或"文本"与之对应。即便是伟大的莎翁和曹雪芹的名作，也只能看成最接近纯文学的作品，而不能等同纯文学。文学性或纯文学，是语言无法表达清晰的东西，但并不意味着必须保持沉默，我们依然能够通过系统结构的方法，寻找一些必要元素，进而使其呈现一个相对清晰化的轮廓。经过探究，我们得知，无功利的美感、自由、合目的性、形式、动人的内容与情感以及空灵高超的意境是文学的内在价值，使文学成为文学的一个有机结构。

五、论价值文学

由于文学性具有不可言说性，且是非饱和性问题，因此其结构不是一个封闭性的组织，而是一个开放性的结构。随着文学理论研究的深入，进而不断增补新的必要元素，各元素共同形成一个内在结构，从而确立文学的自身形态。各元素的重要性并非一成不变，而是根据时代、民族、国家及社会审美观的变化而有所变动。如形式主义会格外强调形式的重要性，研究唐代文学则会更关注"诗性"，以凸显其价值。

所以，只有保持其结构的开放性，才能永葆理论的活力。这样的内在结构就是文学自身的价值，直接决定着文学作品能否成为经典。经典因其原创性、典范性、恒久性和诠释空间的无限性而成为经典。它所创生的空间前所未有，其所构建的生活世界具有示范性。"经典"是由多幅经典的生活图景交融而成，它囊括了作者所处时代的生活图景、作者本人的生活图景、文本所构建的生活图景以及读者所诠释的生活图景。而其目的就在于构筑新的生活世界，即由这四种生活图景与时代所共建的生活世界——一个值得人们渴求并不懈追寻的生活世界。

因此，这种内在的文学性——结构，就是价值文学的内核，而外在的价值则是外围结构，涨溢价值则属辐射区域。内在价值不仅是文学自立的依据，还是文学作品能否成为经典的必要条件。通过系统结构的方法，将"文学性"当成一个结构，对其进行要素分析，则可以确立其必要的元素，即审美性、非功利性、合目的性、自由、美的形式、动人的内容与情感和高超的意境，且随着研究的深化，还可能探索出更多的要素，但其宗旨在于使文学更具有自身的特色，以区分于其他学科，而不是与其他学科融合，以致彼此难辨。

当然，外在的价值亦不可忽视，其重要性同样无法估量。佛经的读者，不仅能够感受到经文的形式美和意境的妙不可言，也能感受到佛陀的加持力、教化意义和劝导的力量。很难判别究竟何者更为重要，内外价值与涨溢价值不分不离，合为一体，缺一不可，这样才能理事无碍，圆融通达。外在价值不仅使文学对社会的影响不断扩大，还能够促进文学和其他学科的融合，形成新的交叉学科。如当今生态环境问题已然成为人类共同的公共危机，文学与之结合，便形成生态文学，既可以从生态的视域解读很多文学作品，又能将生态问题融入文学创作之中，二者互融，以唤醒人们的环保意识，从而积极应对这一公共危机，实现生态环境善治的目的。

价值文学，不仅统摄着内在价值和外在价值，还涵摄着涨溢价值，即前两种价值之外的价值，它是文学在社会化过程之中出现的随附性价值，类似于经济学中的"边际效应"。这种价值难以意料，往往是由时代性、民族性和地域性决定的。因为当前环境问题的突显，一般读者能够接受从生态学的角度诠释梭罗的《瓦尔登湖》，却难以接受对爱伦·坡作品《厄舍府的倒塌》的生态学解读。但是由于生态环境问题已成燃眉之势，故而有人就会"过度诠释"，模糊边界，超出文学范畴，跨界解读。正如鲁迅先生评价《红楼梦》一样："经学家看见《易》，道学家看见淫，才子看见缠绵，革命家看见排满，流言家看见宫闱秘事。"作品的价值不断涨溢，四处流淌，超出作者的意图，也超出诠释者的意图，生成更宽泛的意蕴。这是经典一个极为重要的表征，即越是经典之作，其涨溢价值越宽泛，阐释空间无限。鲁迅笔下的"孔乙己"，不仅是一个经典的人物形象，还能够涨溢到心理学之中，成为普通人自我调适的心理方法。

这三重价值构成文学的完整价值，内在价值为文学确立边界，以免其越轨，而外在价值与涨溢价值，则不断扩张文学的领域，促使文学与其他学科融合，生成新的理论、方法和领域。

而在方法论上，价值文学则不断吸收各学科的方法，如价值哲学、结构主义、现象学和诠释学的方法，形成理论自足、方法灵活、系统完备的知识论，进而有效推进文学的研究及创作。

微信公众号软文的审美性与商业性 *

王 焱 **

摘　要：审美性前所未有地凸显，是微信公众号软文产生巨大商业效用的重要原因，却尚未得到学界的充分阐发。优质公众号软文具备鲜明的审美风格，高阶植入式软文在"泛文学内容＋商业广告"的创作模式中，更好地保全了审美性。公众号软文基于目标受众的符号价值观发起消费行为，通过泛文学的内容创作，将符号价值嫁接到商品之上进行精准营销。公众号软文通过审美性为商业营销开辟了一条高效触达的道路——打动而非打扰，从而具备了受众、广告主和媒体三赢的可能性。但审美性与商业性之间的矛盾，并未在公众号软文中得以彻底解决。

关键词：微信公众号软文；审美性；商业性；符号价值；高阶植入式软文

广告，被视为媒体效应的晴雨表。2015 年后，传统媒体的广告收入急转直下，就连 20 多年持续增长的电视广告收入也开始快速下滑，更遑论在此以前就已经腰斩的报纸和杂志广告收入。与此同时，互联网媒体包括 PC 和 App，也出现了流量大面积流失和广告业务增速减缓的状况。[①] 2015 年究竟发生了什么？原来这是微信公众号爆发性增长的一年，各行各类的优质公众号不断涌现，吸引了资本的正式进驻和广告的大规模投放。微信公众号的出现改变了中国广告业的版图，公众号软文爆发出前所未有的生产力。依据阅读量和在看量的不同，公众号软文报价在数千元到上百万元不等。2018 年，公

---

* 本文系国家社科基金艺术学重大项目"'微时代'文艺批评研究"（项目编号：19ZD02）的阶段性成果。

** 王焱，博士，广东外语外贸大学中国语言文化学院教授。

① 黄永轩等：《公众号思维》，广东经济出版社，2017 年，第 39 页。

众号"GQ 实验室"一篇软文广告价格高达 100 万元,通过投放广告,公众号营收近 2 亿元。[1] 为何公众号软文会产生如此巨大的商业效用?这一方面得益于微信异常发达的媒介连接功能,另一方面,亦源于公众号软文自身的文本特点,那就是其审美性前所未有地凸显。

胡惠林指出:无论是文化生产还是文化消费,本质上"都是一种情绪和情感的意义或审美倾诉"[2],深刻表明了审美性之于文化产品的重要性。然而,目前围绕微信公众号软文虽有不少研究成果,多侧重于分析公众号软文的营销特征、传播原理,很少关注到公众号软文内容创作的审美属性。基于此,本文将公众号软文置于美学、传播学、经济学等多学科视野的网络中加以观照,对公众号软文审美性凸显的文本特征、社会心理以及商业效用等问题进行考察,该研究有助于揭示媒介、美学与营销之间深度的互动关系,呈现软文的审美性与商业性互利冲突的复杂结构,以及在新的媒介形势下把握软文创作模式的变革趋势。

一、审美性凸显的文本特征

从传统软文到公众号软文,可以看到一种非常清晰的发展态势,那就是审美性的日益凸显与商业目的的日益隐蔽。正如《故事经济学》一书中所说:随着自吹自擂和夸大承诺的"推"式策略逐渐失去吸引力,越来越多的广告从业者转向"拉"式叙述[3]。而审美性正是"拉"式叙述的尚方宝剑。

传统的软文广告一般都是发布在报刊等平面媒体上,称为平面软文。中国真正意义上的现代平面软文可追溯到 20 世纪 90 年代,当时,以脑白金为首的医药保健行业利用平面媒体发表了一系列软文广告,如《人类可以"长生不老"?》《98 全球科技最受关注的人》《两颗生物原子弹》《宇航员服用脑白金》等,形成了爆炸式的全民购买保健品的浪潮。此类软文虽然主要还是在推广商品的功能性,但由于采用了故事性、情感性等具有文学性的新颖形式,满足了很多消费者的功能期待与心理共鸣,所以在当时取得了巨大成功。

---

[1] 吴启萌:《微信公众号软文广告特征研究》,《传媒论坛》2019 年第 13 期。
[2] 胡惠林:《作为公共领域的文化市场》,《探索与争鸣》2014 年第 8 期。
[3] [美] 罗伯特·麦基、[美] 托马斯·格雷斯:《故事经济学》,陶曚译,天津人民出版社,2018 年,第 2 页。

然而随着时间的推移，大众并没有看到产品所宣传的成效，软文广告的欺骗性日益显现，加上许多软文内容套路陈旧，大众的审美疲劳和抵触情绪日益加重，软文一度发展滞缓。

自微信公众号代替纸质报刊成为内容的主要生产平台之一之后，软文呈现新的面貌，强化了软文作为"广告文学"的文学性，审美性前所未有地得以凸显，主要表现在两个方面：一是大批具有较高审美素养的内容生产者进入软文创作的行列，使得软文具备了鲜明的审美风格；二是具有审美属性的所有泛文学文本成为软文的载体，在"泛文学内容+商业广告"的创作模式中，公众号软文有效降低了泛文学文本与广告文本的摩擦，比以往的软文更好地保全了审美性。

就第一个方面而言，微信媒介极大地扩充了软文写作的群体，公众号软文的写作者，已由以前专门的广告从业人员，扩展为公众号内容生产的创作者，因此囊括了全社会的内容原创能力。

广告主所青睐的公众号大号，其运营者通常具有深厚的文字功底、审美素养和丰富的媒体从业经验，注重在文字的美感度和思想的纵深度上下功夫，公众号也具有鲜明的审美风格。审美风格是指创作者的创作个性在作品的有机整体中显示出来的、能引起受众持久审美享受的艺术独创性，是创作者独特的艺术创造力稳定和成熟的标志，其实，也就是公众号业界人士常说的"调性"。如：黄佟佟是专栏作家，其公众号"蓝小姐和黄小姐"则以生活哲学的方式评说娱乐时尚；顾孟劼是漫画家，其公众号"顾爷"以调侃的笔法漫谈世界名画家及艺术史；刘黎平是暨南大学的古代文学硕士，曾任《广州日报》国学版主笔，其公众号"刘备我祖"以"史记体"书写当下热点话题。

在前微信媒介上，软文可采用通告模式；而在微信媒介上，通告模式已行不通，同一个商品在不同公众号平台的软文都不一样。由此，受众聚焦的也从"某某品牌"的软文如何，演变成了"某某公众号"的软文如何。所以相对于前微信软文而言，公众号软文更强调突出的是平台的审美风格，其次才考虑将商品的品牌理念融入这种风格之中。换言之，就是让商品的品牌理念适应平台的审美风格，而不是相反。

就第二个方面而言，微信媒介极大地扩充了软文的文本体裁，公众号软文由以前的新闻报道、文学故事等较为单一的文体，扩展到具有审美属性的所有泛文学文本，比如娱乐评论、时评杂文、影视评论、旅游札记、育儿心得、职场分享等。而这些泛文学的文本成为了优质公众号软文的内容主体。

公众号软文主要可分为主体式软文和植入式软文两大类。主体式软文，通常以"独立第三方"的立场，以新闻报道、深度文章、案例分析等表现形式，着重描述所推广的商品，所推广的品牌即为软文文案的主体与主题。主打主体式软文的公众号平台，不少本身就是电商，通过推送软文进行宣传推广和线上销售服务。这种软文与前微信时代的软文并无大的差异。

植入式软文又有低阶和高阶之分，而充分体现了微信媒介特色的则属高阶植入式软文。低阶植入式软文即根据需要，将广告不固定地安插在内容当中。此类软文的文案主题通常与广告商品的特点有直接关联。比如：美食类的公众号，会在美食制作过程的文案中，植入某个厨具的广告；时尚类的公众号，会在化妆教程的文案中，植入某个美妆品牌的广告。这种软文的套路在前微信时代比较常见，受众对此也有较强的防备意识。

高阶植入式软文则遵循"泛文学内容+商业广告"的创作范式，通常保持公众号的一贯风格，开篇时与日常发布文章无异，直至文章的后部，引出植入品牌广告，读者这才发现原来文章在为某商品进行推广。此类软文的文案主题与广告商品的特点并无直接关联，从文案的标题上看通常也看不出这是一篇软文，软文只是找到一个合适的点，实现意义的嫁接，将原生文案与商品的卖点关联在一起，将广告主的品牌理念、受众的价值诉求和文章的主旨融为一体，达到消费者自取的效果，化营销于无形。此类代表性公众号有"蓝小姐和黄小姐"等，通常以输出内容累积了一定流量后吸引资本入驻与广告邀约。

高阶植入式软文又被戏称为"脑洞软文""神软文"。因为受众在阅读软文的内容时，并未感觉到这是一篇软文，而是把它当作一篇具有泛文学意味的文章在阅读，沉浸于文章的叙事铺垫或情感氛围中，直至读到后部抖出的"包袱"，才意识到植入了广告。而当受众终于明白这就就是一篇软文时，也大多不会产生排斥心理。一方面，受众已从前部分内容的阅读中，获得了一种情感上、趣味上、道德上或智识上的满足；另一方面，受众也大多能对公众号承接广告以实现盈利的需求报以理解，并对该公众号植入广告的方式表示接受，甚至出于粉丝心理，对阅读到被推广的商品甘之若饴。

公众号高阶植入式软文不同于一般软文的高明之处就表现为：后者的植入方式往往是零散、分割的，广告突兀地分散在软文中，对内容的整体性构成破坏；而前者植入方式往往是后置的、委婉的、自然的。在"内容+广告"这一植入模式中，"内容"通常是具有泛文学意味的文本。优秀的公众号软文会尽量坚守"内容为王"的黄金准则，保持内容的高质与独立性。内容虽然是为后面的植入商业广告做铺垫，但广告植入并不会明显损害内容的独立性和整体美学风格。于是，高阶植入式软文在"泛文学内容+商业广告"的模式中，有效缓解了商业性对审美性的干扰。

二、审美性凸显的社会心理

当今社会的消费模式，正在经历从理性消费到感性消费的变迁。人们进行线下消费或采用传统的网上购物方式时，其消费行为往往是一种"货架式消费"，消费者会对商品的性价比进行理性比较，从而决定是否购买，这便是理性消费。与之相对，感性消费则是指消费者依据感性原则而进行消费，注重商品对消费者品位、趣味、身份、个性等满足所带来的精神愉悦。理性消费在传统社会占主导地位，而在消费主义盛行的当下，感性消费则成为新的消费趋势。在剩余生产力与剩余购买力日益充足的现代社会，产品的过度供给为消费者提供了无数替代性选择。随着生产技术的不断成熟，同类商品在功能性方面日趋同质化，往往难分高下，于是，越来越多的消费者所看重的，已不是商品的性价比和使用价值，而是商品的个性化符号内涵。

消费模式由理性消费到感性消费的转变，也导致了广告创作模式的改变：即广告从商品功能的广而告之，逐步转变成为商品添加"符号附加值"[①]。一种商品要在感性消费时代从琳琅满目的商品中脱颖而出，它便不能只是某种物，而是某种能满足消费者隐秘欲望的精神符号。正如尚·布希亚所言："要成为消费的对象，物品必须成为符号，也就是外在于一个它只作意义指涉的关系——因此它和这个具体关系之间，存有的是一种任意偶然的和不一致的关系，而它的合理一致性，也就是它的意义，来自它和所有其他的符号——物之间，抽象而系统性的关系。这时，它便进行'个性化'，或是进入系列之

---

① 饶广祥：《广告符号学》，四川大学出版社，2014年，第12页。

中，等等：它被消费，但（被消费的）不是它的物质性，而是它的差异。"[①] 鲍德里亚所说的差异，就是彰显消费者尊贵、有趣、时尚、浪漫、独立、先锋、小众等精神优越性的符号价值。

在理性消费时代，广告的表述方式是"人—商品"；而在感性消费时代，广告最基本的表达是"人—符号—商品"。公众号软文在感性消费大潮中应运而生，自然要处心积虑地在受众与商品之间加入符合受众欲望的符号价值。那么，如何加入这种符号价值，并让受众接受这种符号价值？泛文学的内容创作就是被广泛采用的叙事方式。

优质公众号软文创作与接受的过程一般会经历以下几个阶段。第一个阶段，定位目标受众。公众号会依托具有特定审美风格的泛文学内容创作，比如娱乐评论、时评杂文等吸引受众聚集，然后在后台数据与留言互动的信息中，把握受众的符号价值，并据此对自身的审美风格进行调整，对目标受众进行明确定位。第二个阶段，吸引目标受众。持续输出符合受众的符号价值的泛文学内容，吸引更多的目标受众，并充当这一群体的意见领袖。第三个阶段，为目标受众量身定制软文。承接不会与自身调性产生冲突的商品广告，创作与其审美风格相一致的泛文学内容，将目标受众推崇的符号价值，嫁接到其要推广的某种商品身上，进行精准的产品营销。第四个阶段，受众在阅读了符合自己符号价值的泛文学的文本之后，基于对公众号的认可与信任，在相近的价值理念与稳定的黏性情感的驱动下，省去了以往货架消费性价比对比的艰难理性思考环节，产生购买冲动，完成消费行为，获得这一群体所追求的符号价值。

娱乐时尚类公众号"蓝小姐和黄小姐"在创立之始对目标受众进行了清晰的定位，即"经济独立，同时也人格独立，或者说渴望人格独立的一群人"，后台数据显示"女性粉丝高达 80% 以上"[②]。可见，该公众号的目标受众就是拥有一定经济实力且追求时尚品味的独立女性，而其软文就为此群体量身定制。

该公众号曾推出一篇"泛文学内容＋商业广告"的高阶植入式软文，所

---

① ［法］尚·布希亚：《物体系》，林志明译，上海人民出版社，2001 年，第 224 页。
② 《相识 10 年，相差 12 岁，谁说闺蜜不能一起创业？》，蓝小姐和黄小姐，http://dy.163.com/v2/article/detail/CS4IHCU105179PE6.html。

推销的商品是某零食品牌与大都会博物馆合作推出的礼盒,软文的题目是《如今最时尚的人,都是行走的博物馆》,该文的泛文学内容秉持了该公众号一贯的时尚评论风格,先从敦煌博物馆赠送滑板给明星王一博的热点事件切入,然后列举了时尚界从博物馆取经以及与博物馆联手的诸多案例,比如YSL向抽象艺术大师蒙德里安取法的"robe Mondrian"(蒙德里安裙),Louis Vuitton 和波普艺术家 Jeff Koons 推出的大师系列,最后对接了礼盒的商业广告。

该文渲染零食口味的文字甚少,而是着力将大都会博物馆所代表的高雅、诗意、时尚、精致、美好、底蕴、小众等符号价值,其实也正是该公众号目标受众所期盼拥有的符号价值,附加到该零食之上。类似这样的暗示反复出现:"那些教科书上的创世名作,竟可以直接背在身上出街,让你变身成行走的'博物馆',这样独特时髦又有文化内涵的单品,提升格调不只一点点"——将消费某种商品与提升文化格调等同起来,诱导消费者通过拥有商品将博物馆肉身化;"这只烫金的马克杯很合我心意,印的是我最喜欢的《麦田和柏树》。如果凡·高将自己的一生都浓缩在自己的画里,那么我觉得百醇这个礼盒则是将他的那份炽热、孤独与美好沉淀在这只杯子之中"——将艺术家的生命抽象为一种高贵小众的符号价值,并嫁接到商品上。

于是,在这篇软文的引导下,消费这种零食,成为了一种高品位的、具有艺术感和仪式感的生活美学。而完成购买行为的受众也幻想自己在享用这种零食时,就能拥有他们向往的艺术人生,获得他们自我期许的、与他人相区隔的符号价值。有读者在评论区留言:这篇软文"让吃格力高也成了一件蛮艺术蛮小资的事",正代表了众多消费者的心声。该公众号也通过高超的符号操纵能力,产生了可观的营销效应。据第三方监测机构数据,该公众号软文"阅读原文"打开商品购买链接的跳转率高达6%,远高于行业内大号跳转率0.1%的标准。①

公众号软文迎合了受众的感性需求,基于目标受众的符号价值观发起消费行为,通过泛文学的内容创作,将符号价值嫁接到商品之上,并将商品的符号价值作为最大的卖点进行精准营销,从而成为微信平台最重要的推广利

---

① 《"蓝小姐和黄小姐"如何读懂女人心?》,http://www.sohu.com/a/122490124_226049。

器。其推广优势在于，不像以往的软文泛泛地影响大基数群体，而是分众化传播，深度地影响有着共同符号价值观的较小基数目标群体。

三、审美性凸显的商业效用

审美性与商业性存在尖锐冲突，是当今美学界的主流观点。这种观点深受德国古典美学与西方马克思主义的影响。康德、席勒、黑格尔等德国古典美学家将审美性视为一种超越性和无功利性，认为审美是引领人抵达自由王国的必经之路。黑格尔指出："审美带有令人解放的性质，它让对象保持它的自由和无限，不把它作为有利于有限需要和意图的工具而起占有欲和加以利用。"① 马尔库塞、阿多诺等西方马克思主义者继承了德国古典美学关于审美自律性的认识，也将审美性视为抵抗资本主义异化社会的一种策略。

然而，审美性与商业性格格不入的关系在商业经济高度发达的21世纪发生了重大转变。在这个被阿苏利等学者称为"审美资本主义"（Aesthetic Capitalism）的新时代，审美已被商业网罗吸收，成为当代经济增长的强劲动力。审美与商业的紧张对立得以缓解，更多地显现出来的是合谋与共生。我们可以清晰地看到公众号软文中审美性与商业性之间相互依附依托的关系。一方面，商业依附于审美，商业广告只是作为泛文学内容的尾题出现，商业依托审美实现利益增值；而另一方面，审美又依附于商业，广告收入是维持公众号进行泛文学内容推送的重要经济来源，审美依托商业获得支撑。

不少学者都已注意到审美性所产生的商业效用。韦尔施曾说："一旦同美学联姻，甚至无人问津的商品也能销售出去，对于早已销得动的商品，销量则是两倍或三倍地增加。"② 阿苏利也指出"审美资本主义说明了一种经济的变革，这种经济在本质上不是有用的商品流通和购得的问题，而是一个服从于审美判断的吸引力和排斥力的审美空间"③，这也从大的理论背景论证了优质公众号软文制胜的关键，那就是审美性的凸显带来了巨大的商业效用。

---

① ［德］黑格尔：《美学》（第一卷），朱光潜译，商务印书馆，1979年，第147页。
② ［德］沃尔夫冈·韦尔施：《重构美学》，陆扬、张岩冰译，上海译文出版社，2006年，第6—7页。
③ ［法］奥利维耶·阿苏利：《审美资本主义：品味的工业化》，黄琰译，华东师范大学出版社，2013年，第201页。

公众号依托具有鲜明审美风格并符合受众符号价值的泛文学内容聚集粉丝。粉丝们阅读公众号推送的文章，就像是在看一本正在连载的书，他们像期待一部未完成的作品一样期待它的更新，希望从推文中获得情感的慰藉、思想的指引、审美的愉悦或者快意的感觉，并希望这种感觉一直延续下去。公众号推出的软文与公众号日常推送的文章在审美风格上保持一致。有学者指出："微信公众平台发布软文广告始终需要遵循的原则就是与公众号的定位和风格相一致，否则广告效果不会好，还会伤害公众账号的影响力和形象。"[1]公众号要爱惜自己的羽毛，就必须尽量抵抗商业企图的干扰，以一贯的审美风格打造软文。

虽然商业推广是软文最终的功能旨向，但优质公众号软文通常把广告不露痕迹、不动声色地放在最后，而且广告并不会明显减损泛文学内容的独立性和审美风格，广告的隐蔽性、柔软性、迂回性，最大程度地弱化了商业目的的压迫性。在阅读此类软文时，受众感觉自己阅读的并不是广告，而是能触动和感染他们的趣味、观点、故事、分享。于是这些泛文学内容便成为没有明显直接利害关系的审美对象，与受众建立起比较纯粹的审美关系。当受众认为这些泛文学内容与他并没有明显直接利害关系时，隐藏在内容背后的符号价值就更容易对受众产生诱导，使其产生消费冲动。在审美愉悦的驱动下，受众甚至还会主动将软文在朋友圈和微信群中分享出去，间接为商业推广助力。

可见，公众号软文是以一种表面上弱化商业目的方式实现了商业目的，通过"随风潜入夜，润物细无声"的传播效果，实实在在达到了推广商品的目的，产生了良好的广告效益，软文广告的到达率与接受度达到了前所未有的高度。这也正应验了广告届的一句名言："不像广告的广告才是好广告。""微信之父"张小龙曾阐述了微信媒介的四大核心价值观之一："商业化存在于无形之中""好的商业化应该是不骚扰用户，并且是只触达它需要触达的那一部分用户"[2]。高阶植入式软文与微信的价值观高度吻合，它通过审美性为商业营销开辟了一条高效触达的道路，那就是打动消费者，而不是打扰消

---

[1] 董春艳：《微信公众平台软文广告的传播效果研究探析》，《传播与版权》2016年第11期。
[2] 微信张小龙：好的商业化应该是不骚扰用户，https://tech.qq.com/a/20160111/035538.htm。

费者。

有学者指出:"用中国古典美学术语说,艺术在广告中相当于促销的'起兴'手段。广告中的艺术成分首先使公众兴腾起来,进入想象的世界,进而在这货在哪个想象中与商品实现无意识认同。"[1] 这一观点用于对高阶植入式软文的分析尤其适用。由于此类软文的风格、理念与受众的期待视野和情感诉求高度契合,能够对受众产生很强的诱导性,受众往往会在无所防备的情形下,发自内心地去接受软文的趣味与价值观,并对与软文内容对接的推广商品产生品牌认同感,进而产生强烈的消费冲动,去获得附加在商品之上的符号价值。

在人类广告发展史上,从整体上而言,还没有哪种形式的商业广告能比公众号软文更称得上是广告文学,能通过文学为广告带来如此巨大的商业增值。公众号软文,尤其是高阶植入式软文顺应了感性消费的大潮,凸显了广告文学的审美性,比以往的软文更好地实现了审美性与商业性的互利,从而具备了受众、广告主和媒体三赢的可能性:不仅给广告主带来了可观的商业利益,给公众号带来内容变现的同时,尽可能地保持了平台自身的美学追求,同时也给受众提供了优质的内容创作,应和了受众的审美需求。这些优质的公众号软文商业效用的节节攀升,也表明了未来软文的发展趋势。

尽管审美性与文学性在公众号软文中前所未有地得以凸显,但其仍与真正的"美"的文学有所区别,因为广告文学本质上仍然是广告。现代广告大师大卫·奥格威毫无遮掩地指出了被全球广告人奉为经典的座右铭:"我们的目的是销售,否则便不是做广告",公众号软文的广告营销属性,使得软文创作者不得不以一种"顾客就是上帝""甲方就是爸爸"的心态来进行创作。软文的审美性再高,广告主也具有一票否决权。公众号软文最终受制于商业逻辑支配,很难拥有独立的审美逻辑。当然,也有一些粉丝甚众的公众号,因其对粉丝有极强的号召力,广告主对内容创作的干扰会降到最低,这些公众号推出的软文,能够在更大程度上保全自身的审美性,但毕竟是很少数。

整体上而言,审美自由性与商业功利性之间的矛盾,并没有在公众号软文中得以彻底解决。审美性如何呈现要受到商业性的制约,审美性凸显和商

---

[1] 王一川主编:《大众文化导论》,高等教育出版社,2004年,第171页。

业性隐退其实是为了更好地实现商业效用。公众号软文通过泛文学内容所着意附加的符号价值都是虚拟的，而把商品推销贩卖出去的商业企图才是真实的。商业性在表象上的隐退，并没有让受众获得不被商业企图左右的自由，从消费欲望中解放出来，反而诱使受众对商品消费甘愿就范，在消费欲望中更加沉溺。从表面上看，审美性在广告中的话语权提高了，但实际上这仍只是为商业效用加密的糖衣。

20世纪50年代末的"民族形式"探索与文化主导权的建构

——以话剧《关汉卿》为中心的反思

朴 婕*

摘 要：田汉于1958年创作的话剧《关汉卿》，融合传统戏曲元素于现代话剧中，体现出西方现代文艺与中国传统文艺在内容和形式层面的多重碰撞。该剧作为"纪念世界文化名人"活动而作，表明当时中国能够接触到多种文化，并能够自觉考察全球文化格局和文化资源，在与世界交流中审视和改造利用自身文化传统，建立中国文艺的主体性并探索"民族形式"。这不仅体现出20世纪50年代至70年代中国文艺在"一体化"之外的另一面相，也提示当下中国反思自身文艺的内在传承性，挖掘社会主义文艺探索所遗留下来的经验，从而真正认清自己而后推进文化主导权的建构。

关键词：话剧《关汉卿》；民族形式；文化主导权；"古为今用"；中外文化交流

一

1958年初，田汉接到创作话剧《关汉卿》的任务，于3月完成剧作初稿，4月间三易其稿，5月发表该剧剧本，随后吸取各种意见并反复推敲修改，于6月由北京人民艺术剧院将该剧搬上舞台。该剧自上演便好评不断，获誉为"田汉创作中最好的一个"（欧阳予倩）、"他众多好剧本中的瑰宝"（曹

---

* 朴婕，武汉大学文学院特聘副研究员，主要从事中国现当代文学、近代以来东亚文学交流研究。

禺)、"近年来话剧创作中令人满意的作品之一"(戴不凡),且被改编为越剧、粤剧等多个剧种,也在朝鲜、日本等多个国家排演,均取得佳绩。直到今日文学史,它也被视为田汉剧作的大成之一。[①]

该作的诞生,缘起于当时的中外文化交流。1952年世界和平理事会发起"世界各国都庆贺并纪念人类的伟人"倡议,主张各国加强文化纪念活动以增进联系,并于此后开展了"纪念世界文化名人"活动。中国也积极参与这一活动,直到1967年中国因中苏关系破裂而退出世界和平理事会为止,已介绍数十位文化名人。活动期间,以《人民日报》《文艺报》《文汇报》《戏剧报》为代表的报刊对该年度的名人生平和创作状况进行介绍;郭沫若、李健吾等相关领域的专家撰写人物评价,田汉也为这个活动撰写过契诃夫、阿里斯托芬、萧伯纳、易卜生、哥尔多尼、席勒、比昂森的介绍和评论;相关出版单位组织出版当年纪念名人的作品集或作品选;并有各地文艺团体创作排演名人代表作,如纪念易卜生时排演了《玩偶之家》、纪念约·卡·代尔时排演了《仙笛》等。[②] 1957年,世界和平理事会确定了次年的纪念对象包括中国戏曲家关汉卿,中央将此纪念和创作任务交给田汉负责,由此诞生了《关汉卿》。

这样的历史背景提示出,中国社会主义探索时期同样能够广泛接触到多国文化,在与其他文化对话之中丰富和发展自身文艺,并探索自身文化特性,向世界传播和展示。这并非文学史一贯概述的故步自封或者"一边倒"地学习苏联。同时《关汉卿》备受好评之处,在于它不仅成功塑造了刚正不屈且为民请命的关汉卿以及敢爱敢恨的朱帘秀等形象,融合历史人物与现代革命精神,从而使历史与革命斗争的当代现实结合起来,还融合传统戏曲元素于现代话剧中,实现了从内容到形式层面的古今、中西结合,体现出既富于中国性又富于现代性的形态,这也反映出这一时期中国文艺有着融合多种文艺要素的追求。因此《关汉卿》可以成为一个切口,展示出20世纪50年代至70年代的中国如何面对自身和外来的多种文化资源,探索"民族形式"。本文

[①] 参见陈思和、刘志荣《寻求历史与现实的呼应——试论五六十年代的历史题材创作》(《当代作家评论》1999年第5期)、胡星亮《老舍和田汉:1957—1958年的戏剧使命》(《文艺研究》2005年第11期)、陈晓明《中国当代文学主潮》(北京大学出版社,2009年,第205—206页)等。

[②] 参见《北京各界纪念三位世界文化名人》(《戏剧报》1956年第6期)、《上海外文学会作协上海分会纪念世界三大文化名人》(《学术月刊》1959年第7期)等。

将以《关汉卿》为抓手,从它吸收了怎样的文艺要素着手,厘清这些文艺要素是在怎样的历史语境下得以投入应用和改造,汇合成一种新的样式,从而理解 20 世纪 50 年代至 70 年代中国文艺的多元图景。这不仅可以体现出中国文艺"一体化"过程中仍然存在多样的文化元素,修正至今为止的中国文学史对这一时代的简化,从而反思社会主义文艺资源对当下的影响,对中国文化的主体特性形成更加清晰的自觉,也可以挖掘中国文艺吸收和转化多样资源的方法及其思路,吸取经验与教训,为当下中国文艺发展和文化主导权的建构提供启示。

二

《关汉卿》虽是因"纪念世界文化名人"活动而出现,但它诞生的时期也正值新编历史剧勃兴的关口:1958—1962 年涌现了大量历史剧,如郭沫若的《蔡文姬》《武则天》、田汉的《关汉卿》《文成公主》、曹禺与梅阡、于是之合著的《胆剑篇》、陈白尘的《大风歌》、老舍的《神拳》等。历史题材的勃兴固然受到此前"双百"方针的失败与反右斗争扩大化的影响——它导致很多文人不敢碰触现代题材,开始转向历史题材创作,但也是官方积极推进的结果。当时周扬表示"表现新时代和继承老传统不能偏废""一方面提倡戏曲反映现代生活,一方面重视传统,一方面鼓励创造新剧目,一方面继续整理、改编旧有剧目",[①] 可见是有意识地推进对中国历史叙述的整理,使之成为当代中国文艺的资源。这表明对历史的重述也是当时中国内发的需求。

随后发生的"历史剧论争"更直接地体现了历史题材创作所承载的功能和使命。这一论争最初是针对文艺创作上如何平衡历史真实与艺术真实的问题,直到历史学家吴晗发表《论历史剧》[②],认为"既然是历史剧,必然要受历史真实性的约束,在时代背景、主要人物和事件等方面,决不能凭空捏造","违反了这一点,即使文艺价值极高,戏剧性很强,叫什么剧都可以,却不大

[①] 江东:《戏剧一定要表现新的群众时代——记周扬同志和演员们的一次谈话》,《戏剧报》1958 年第 9 期。不过此后一段时间又出现了"以现代剧目为纲"的回流,到 1959 年文艺政策明确提出"现代戏、传统戏、新编历史剧三者并举",历史题材的合法性才算正式确立,但 1958 年已经有一部分历史题材的创作出现。

[②] 吴晗:《论历史剧》,《文学评论》1961 年第 3 期。

好称为历史剧",激起了文艺界的巨大反响。辛宪锡发表《简谈历史剧》[①],窄化了吴晗的意思,认为吴晗是说历史剧必须受到历史事实限制,不能以作家世界观来创作,反驳说历史剧应当包含基于历史材料而创造了虚构人物的作品。吴晗此后发表《再谈历史剧》纠正了对自己意思的歪曲,但对于虚构人物事件的作品提出了反对意见。李希凡随即发表《"史实"和"虚构"——漫谈历史剧创作中的历史真实与艺术真实的统一》回应吴晗,认为历史剧是艺术而非历史,应当允许在真人真事之外创作虚构的历史题材剧。[②] 此后王子野、王毅、沈起炜、朱寨、马彦祥、齐燕铭等人纷纷发表意见。中间一度出现"历史剧是艺术,不是历史"(王子野)和"历史剧是艺术,也是历史"(吴晗)[③] 这样针锋相对的状况。

若历史剧创作只是为了繁荣文艺,则按照吴晗的要求将这些作品称为"故事剧"也没有关系。一定要强调它们是"历史剧",意味着承认这些作品与"历史"紧密相关这一点至关重要。梳理参与论争者的基本理念和基本思路,可以发现他们共享很多前提:首先,他们都承认艺术创作必然无法完全呈现历史真实,所以历史剧只要是艺术创作,就不可能完全做到历史事实的程度;其次,历史剧应该起到帮助民众了解中国历史真实的作用,绝大多数支持历史剧进行虚构的评论者都要求通过虚构来展现尚未被史料证实的历史真实,但不可歪曲历史事实。造成冲突的关键在于吴晗为代表的观点将立足点放在了历史所在的时刻,他要求历史剧以还原历史原本的状态为出发点。而强调艺术性的一方则是立足于历史剧要服务于现实,尽管要尊重符合历史原貌,但"原貌"是从当代中国的现实需求出发所还原出的历史,因此只要没有出现严重违背历史史实,便可以视为符合历史真实。从这一点看,"历史剧是历史"和历史剧"不是历史"的冲突点在于什么可以视为"历史"。对于"历史剧必须是历史"的一方来说,历史是从历史发生之时发展到当下的叙述;对于"历史剧不必是历史"的一方来说,历史是从当下现实追溯出来的

---

① 辛宪锡:《简谈历史剧》,《文汇报》1961年1月12日,第3版。
② 李希凡:《"史实"和"虚构"——漫谈历史剧创作中的历史真实与艺术真实的统一》,《戏剧报》1962年第2期。
③ 分别出自王子野《历史剧是艺术,不是历史》(《戏剧报》1962年第5期)、吴晗《历史剧是艺术,也是历史》(《戏剧报》1962年第6期)。

过往。对照之下便可看出历史题材创作强调的是重塑历史认同，以唯物主义史观重新挖掘出历史题材中合乎当代意识形态的部分再加以重新阐释，换言之，它要求为当代中国找到它的历史依托，因而历史题材勃兴可谓当时中国进行历史建构的文化工程。最典型的代表是郭沫若的历史剧创作，他直白地说"我写《蔡文姬》的主要目的就是要替曹操翻案"。田汉的关汉卿形象也有其明显的虚构性，他虽然也查阅了大量资料，营造贴近历史的时空感，不过就其创作目的而言，他关注的仍是为现代以来人的独立自由精神找到历史依据。《关汉卿》围绕关汉卿基于小兰冤案而创作《窦娥冤》展开，剧中关汉卿和朱帘秀还讨论提出"杂剧不就是你的刀吗""一定得把朱小兰这件案子写成一个杂剧，一定得把这些滥官污吏的嘴脸摆在光天化日之下示众"①，引出对艺术与现实生活关系的探讨，正呼应当时"文艺为政治服务"的要求。这些叙述都在为当代中国构造出一种历史认同，让当代精神成为中华文明已有的精神，从而确认中国拥有足以贯穿古今的文化主体。

由此回到《关汉卿》的创作，尽管这一创作任务源于具体的纪念活动，但面对世界而讲出中国文化名人的故事，表明了中国在此刻需要确认自身文化主体的需求。且纪念关汉卿是以纪念"戏剧创作七百年"为名目，目的在于以关汉卿为代表来奠定中国话剧的历史源头，所以在纪念关汉卿的同时，中国也伴随介绍了王实甫、王和卿等。田汉在《在关汉卿学术研究座谈会上的发言》中也提出这次活动"不仅关系关汉卿一个人的估价，而更关系着对元曲的整个估价"②，表明纪念关汉卿是要强调中国戏曲的历史，挖掘它可以为当代中国戏剧乃至世界戏剧提供的经验。当代中国通过对历史的重新讲述，建立起独立自主的文化脉络，这既是当时即将迎来中华人民共和国成立10周年的中国讲述自身独立历史的需求，同时从当时的国际局势来说，中国不仅因两大阵营对立而受到美国势力的包围，也和苏联陷入了僵局，因而重建中国的历史脉络，也是确认文化能够自主发展的必需。这些都体现出当时中国在尝试建立自己的独立文化主体，在吸收自身和他者文化的基础上确认自身的文化发展方向。

---

① 田汉：《关汉卿》，载《田汉全集》（第6卷），花山文艺出版社，2000年，第117—118页。
② 田汉：《在关汉卿学术研究座谈会上的发言》，载《田汉全集》（第16卷），花山文艺出版社，2000年，第393页。

三

要确认中国文化的特性，也意味着要将传统文化要素活用到当下创作中，所以仅仅是内容上的征用是不够的，还需要在形式层面上吸收传统要素，《关汉卿》的成功之处还缘于它融传统戏曲于现代话剧。剧中田汉借谢小山和玉梅之口说出"宫调是跟着情感走的，情感变了，宫调当然应该变""杂剧的规矩就是应该变一变了"①，有意识地提出了古今、中西文化结合。从人物形象的塑造也可以看出融合传统戏曲和现代话剧的特征。一方面关汉卿形象体现出现代戏剧人物的特征，较之传统戏曲中的人物多以自我身份的介绍和豪情为主，关汉卿多有内心独白，仿佛莎士比亚剧在中国人身上的显影。另一方面朱帘秀"你敢写，我就敢演！"②的表达带有豪杰气，闪烁着杨门女将的影子，相较之下田汉此前的话剧创作如《丽人行》中的女知识青年虽独立自主，但多数还是温柔而拘谨的。朱帘秀最后追随关汉卿而走，也重演了戏曲中常有的儿女故事。周翌评价《关汉卿》时觉得关汉卿和朱帘秀的恋爱关系看起来很不舒服，"好像卿卿我我的才子佳人味过于浓重了一些"③，周怀疑这是演员表演出了问题，但这"才子佳人"其实是戏曲影响的结果。

这两者能够得到结合，固然有赖于田汉在传统戏曲和现代文艺上的文化积累和创作经验，但若非时代背景的支持，田汉的创作理念和才华也无从施展。吸收利用传统形式本就是社会主义文艺探索中的自觉环节，戏曲作为广受大众欢迎的艺术样式也是改造重点。党在延安时期就成立了和平剧院，至1948年前后旧戏改造的浪潮推向全国，《人民日报》发表社论《有计划有步骤地进行旧剧改革工作》，随后在1951年，周恩来基于当时各地戏曲改革实践以及毛泽东为戏改提出的"百花齐放，推陈出新"方针，做出关于戏曲改革工作的指示④，提出戏曲工作者进行世界观改造、戏曲团体进行体制改造、戏曲作品进行艺术改造的"三改"方针（通常简称为"改人，改制，改戏"）。

---

① 田汉：《关汉卿》，载《田汉全集》（第6卷），花山文艺出版社，2000年，第128页。
② 田汉：《关汉卿》，载《田汉全集》（第6卷），花山文艺出版社，2000年，第118页。
③ 周翌：《话剧〈关汉卿〉观后》，载上海戏剧学院戏剧文学系编《中国当代文学研究资料·田汉专集》（上），1980年，第523页。
④ 周恩来：《政务院关于戏曲改革工作的指示（一九五一年五月五日）》，载中共中央文献研究室编《建国以来重要文献选编》（第二册），中央文献出版社，2011年，第225页。

改革着重调整了传统戏曲行业以"角儿"为中心的管理方式,强调剧本与内容改进。目前研究界通常认为戏改在改善戏曲工作者的文化程度与社会地位、改善剧团管理制度等方面起到了积极作用,而旧戏曲艺人在艺术权威性上的降低、以政治要求来改革戏曲的标准都损害了戏曲的艺术性。[1]但戏改是一个渐进的过程,期间虽然出现过过激现象,戏曲改进局也都迅速采取措施,"反对单纯的行政命令禁戏",并通告全国"禁戏问题由文化部统一处理,各地不得擅自禁演"[2]。针对历史剧为突出英雄人物而存在神化倾向,违背历史真实等问题,戏曲改进局提出这符合戏曲创作时代的艺术特征,应逐步加以调整,不能一概否定。这些举措表明旧戏改造固然在构想上要求各剧目聚焦于阶级意识和人民力量,但具体实践中决定禁戏和大范围修改的要因是作品涉及封建迷信、淫毒奸杀、丑化劳动人民等,阶级意识反倒是可以将原本需要禁的戏抢救出来的一个要素,即如果该作符合阶级斗争的要求,可以在修改违背现代科学或伦理的内容后予以保留。从张炼红对20世纪五六十年代鬼戏"李慧娘"修改状况进行的细致剖析,可以看到当时改戏第一要务是"澄清舞台形象",去除淫秽等有害内容,第二是区分"迷信"要素和"神话",第三是丰富情节结构和舞台表现等艺术层面。虽然评论文章会提到该作具有"人民性"等特征来予以赞誉,但在剧本改编中强调出政治性的内容是接近20世纪60年代的事。[3]这意味着戏改的大方向还是要基于旧戏原有的内容和形式逐渐变化,并未要求旧戏一夕之间合乎新的意识形态。

戏改工作也吸收了多种经验和建议。李伟、贾志刚指出当代中国戏改包含"三种模式"或者"三种传统":以梅兰芳为代表的京剧艺人,强调保留千年来戏曲艺术的基本形式,在守成前提下进行必要革新;以田汉、欧阳予倩、焦菊隐为代表的新文化文人,主张以现代文化为基础对传统戏剧进行思想内容的改造,但注重利用传统技艺形式;以延安文艺为代表的张庚等人,挖掘

---

[1] 参考张艳梅《新中国"戏改"与名角的消亡》(《文艺研究》2012年第4期)、张艳梅《新中国"戏改"与地方戏生态——以越剧为个案》(《文学评论》2012年第3期)、张炼红《"禁戏"问题与新中国戏改运动初期的政策实践》(《社会科学》2016年第6期)。

[2] 周恩来:《政务院关于戏曲改革工作的指示(一九五一年五月五日)》,载中共中央文献研究室编《建国以来重要文献选编》(第二册),中央文献出版社,2011年,第226页。

[3] 张炼红:《"幽魂"与"革命":从"李慧娘"鬼戏改编看新中国戏改实践》,《中国现代文学研究丛刊》2013年第5期。

民间艺术来服务于政治军事宣传。① 这一论述区分出了戏改的多种思路，修正了此前仅关注从延安戏改到新中国成立初期戏改再到样板戏的单线条叙述。不过这些论述过度强调不同路线间的差异，过度强调田汉的艺术性，也将延安路线简单化。在 20 世纪 30 年代就利用旧戏进行抗战宣传的田汉，已经带有吸收旧戏中有利于阶级斗争的自觉，不能说毫无文艺为政治服务的认同；而延安文艺虽然提出"文艺为政治"，但也同样重视形式与内容的结合，找到既能够宣传意识形态又能够为民众喜闻乐见的样式，从戏改要求将现实和政治理想化的角度来说，它更是将政治加以文艺化了。戏改运动中也充分调动了各类文艺工作者参与，除了延安时期就参与戏改的张庚等人在当时进入文化管理部门，1949 年 11 月文化部成立戏曲改进局，邀请在大后方工作的田汉担任局长，1951 年中国戏曲研究院成立时，则邀请梅兰芳、程砚秋分别任院长、副院长，可见旧戏的传统艺人、从事过旧戏改编工作的"五四"现代文人，还有在延安从事过人民文艺工作的工作者们，均被吸收进来，合作推进戏曲改革。从这样的时代关系来看，田汉自身在中国传统文艺、西方现代文艺上的素养以及左翼时期的创作经验能够得到充分发挥，恰恰反映出这一时期的中国文艺对自身文化传统以及左翼文艺、外来文艺的吸收和转化。因而《关汉卿》虽然是一例个案，但它在 20 世纪 50 年代末的出现，可谓中国社会主义文艺探索成果的总体展现。

四

《关汉卿》作为一个切口，显示出 20 世纪 50 年代末 60 年代初的中国是基于建立自身文化主导权的需求，来吸收转换包括苏联在内的外来文化资源，以及本国的传统文化资源。首先，这说明了中国文艺"一体化"的时代并不意味着文艺只有独一，需要"化"恰恰说明当时文艺存在多元多样的面貌；其次，这表明中国社会主义文艺的探索道路是具有主体自觉的，它时刻应对具体的时代问题来激活各种资源。《关汉卿》并非孤证，在它的同一时期文学、摄影乃至建筑等各个领域均出现了对"民族形式"问题的探讨。如：茅

---

① 李伟：《再论京剧改革的田汉模式》，《同济大学学报》（社会科学版）2005 年第 6 期；贾志刚：《选择传统 贯通古今》，《民族艺术研究》2014 年第 1 期。

盾在《人民日报》发表《漫谈文学的民族形式》①，围绕语言和体裁两个方面分析文学的民族形式；焦菊隐在《略谈话剧的民族形式和民族风格》②一文中也从具体的表演、布景、灯光等方面探讨了话剧应当学习戏曲经验，建立中国特色的戏剧样式。这都反映出当代中国文艺自觉寻找中国文化的独特样式。

同时，认清自身并不意味着故步自封，《关汉卿》是在"纪念世界文化名人"的语境下产生的，这恰恰提示出，要激活自身的传统也需要与世界文化展开对话，在文化对话中唤醒对自身的自觉，有机地吸收和转化他者的资源。当下中国早已进入全球化时代，在面向世界来表达中国上，有着更强的可能性和必要性，而传统资源也只能在不断对话中更加适应现实语境，从而精进自身。

在当下中国反思自身文化传统、重建自身文化主导权的过程中，文艺工作者作为将文化理念落实到实际创作中的载体和媒介，其文化积淀也是不可或缺的。田汉作为中国现代话剧的奠基者之一，其现代文艺功底自不待言。一方面，他在日本留学阶段就接触到易卜生、莎士比亚、歌德、席勒、厨川白村等的文艺作品和文艺思想，其二三十年代的话剧创作也有鲜明的西方演剧痕迹：《灵光》明显源自《浮士德》，《湖上的悲剧》混合了《牡丹亭》与《罗密欧与朱丽叶》的特征，还有一批涉及青年自戕的故事也均有莎翁和当时一些日本演剧的印迹。另一方面，田汉又自幼热爱传统戏曲。他15岁便改编创作京剧《新教子》，两年后又改编创作《新桃花扇》，在此之后5年他才开始话剧创作。到20世纪20年代末，他又重拾旧业，改编创作了《林冲》《雪与血》等作品。新中国成立初他向周扬寄去《怎样做戏改工作》的信，强调禁戏不宜过于强硬，并针对传统戏剧中围绕民族抗争和民族问题展开的几个主题，以及神话传说的主题进行分类和解说，逐一筛选出可以为革命意识宣传和生产宣传所用的内容。他也继续工作在旧戏改编的一线，创作了《白蛇传》《谢瑶环》等剧作。这样的积累才让田汉可以既尊重旧戏规律，又不同于"移步不换形"的传统戏曲艺术家那样强调拘泥旧形式。他驳斥了很多旧戏曲的拥趸认为中国曲艺已足够完善的观点，指出"到今天为止的旧戏，是已经

---

① 茅盾：《漫谈文学的民族形式》，《人民日报》1959年2月24日，第7版。
② 焦菊隐：《略谈话剧的民族形式和民族风格》，《戏剧研究》1959年第3期。

过无数改革、溶汇的，因此不必害怕改革，不要拒绝溶汇，只有更大胆更细心的改革、溶汇，才是保存旧有艺术的最好的方法"[1]。他也指出话剧与戏曲的兼容性：话剧虽然一般不唱，但"念白也应当有精美的节奏性"[2]；而戏曲本就有话剧要素，"中国的传统戏曲有它的话剧要素，传统戏曲的表现方式有许多是可以批判地吸收到话剧表演上来的。特别是表演历史戏，传统戏曲有其极为精美丰富的经验。话剧工作者通过演历史剧更便于去接受传统，便于向传统表现方法学习，这样会使表现力更丰富，也帮助我们创造新的方式"[3]。这些具体经验进而启发出他在吸收中外资源基础上探索中国文艺特性的自觉。他在50年代中期中国戏剧家协会上海分会成立大会上提到，即便是苏联文艺也存在发展水平不均衡的问题，不能盲目学习现代文艺，需要有主见地做出决断，"根据自己的民族特点、人民的要求来接受"新文艺思想，"不能够无理由地牺牲自己的民族特点"[4]。

所以《关汉卿》的诞生表明中国文艺是在对话各种资源中传承并发展，当下中国文艺也同样需要对话20世纪50年代至70年代的文艺，才能确认自身的文化源流，厘清自己可以利用的资源，而唯有认清自身，才能重建中国的文化主导权。就像田汉通过书写700年前的文人关汉卿，打开了别开生面的古今对话，今日中国也可以通过对话田汉，钩沉出文化传承的潜流。

---

[1] 田汉：《我们需要这样一种"票房"——期待"艺社"的成立》，载《田汉全集》（第17卷），花山文艺出版社，2000年，第88页。

[2] 田汉：《话剧要有鲜明的民族风格》，载《田汉全集》（第16卷），花山文艺出版社，2000年，第76页。

[3] 田汉：《话剧要有鲜明的民族风格》，载《田汉全集》（第16卷），花山文艺出版社，2000年，第76页。

[4] 田汉：《在中国戏剧家协会上海分会成立大会上的讲话》，载《田汉全集》（第16卷），花山文艺出版社，2000年，第44—45页。

西部以西的大风之歌

——《巴音河》2017年散文专号简论

刘大伟 *

摘　要：本文对文学期刊《巴音河》2017年第2期散文专号进行了全面评述，认为拓荒者、西行之路、柴达木盆地和人与自然的关系是这期散文所要表达的重要主题。这些散文的集中刊发，为学术界研究西部作家及其作品提供了重要的文本资料。

关键词：拓荒者；柴达木；西部作家；散文；《巴音河》

瑞典文学院宣布美国民谣艺术家鲍勃·迪伦摘得2016年诺贝尔文学奖后，学界普遍认为，这位会写诗的民谣歌者丰富了诗歌的内涵，甚至拓宽了文学的边界。消息传来，鲍勃·迪伦本人也深感意外，他甚至怀疑自己所写的这些歌是不是文学。事实上，他的创作就是超越了世俗判断和功利目的的文学，他在一首歌里这样唱道：一个人要走多少路，才能成为一个男人。一只白鸽要翱翔多少海洋，才能在沙滩安息。啊，我的朋友，答案在风中飘……之所以引述鲍勃·迪伦和他的歌谣，是因为笔者在细读了《巴音河》2017年第2期散文专号后内心产生了某种隐秘的联想，这种联想是基于柴达木这片热土产生的——有那么多开拓者不远万里来到青海，扎根西部，用他们无悔的青春和执着的信念，写下了有关生命的赞歌和柴达木的荣光。阅读他们，笔者似乎能够找到鲍勃·迪伦歌谣里所诘问的一种现实印证。

---

* 刘大伟，青海师范大学文学院副教授，主要从事民俗学及中国现当代文学研究。

一、守望或拓荒者的背影

该期《巴音河》散文作品中塑造了许多拓荒者形象，这些勇敢的前行者由多种身份的人组成——中央首长、著名将军、地方干部、文化学者、作家诗人、摄影人、记者、画家、战士、工人、司机和诸多无名建设者。他们虽身份不同，却有着近乎一致的梦想和追寻；他们形象各异，却在西部以西的征途上留下了耕耘者美丽的背影，那背影就是一种执着的守望。

王宗仁的《彭德怀昆仑山之行》记述了时任国防部长的彭德怀同志，因收到来自格尔木纳赤台硼砂厂的一封来信而西行昆仑的事迹。尽管书信内容是一些生活中极为琐碎的烦扰之事，但彭德怀还是记住了这个硼砂厂，并认为工厂职工的生活是需要领导去关心的。因此，他来到昆仑山下，走访了硼砂厂，一番肺腑之言融化了大漠初雪："我是国防部长，你们是退伍军人，咱们都是兵，革命战士。我了解你们。谁能没牢骚，谁能没怪话，说出来比憋在心里好，发泄一下就轻松了。"[①] 尽管这是一次普通会面，但对于身处大漠腹地的建设者而言，这样的会面是刻骨铭心的，首长之言宛若春水，滋润着大家干涸的心田。

《大漠深处》中的小金是一位护林员，有人迷路时他会毫不犹豫地充当向导，并绘声绘色地讲起当地的人文地理和民间掌故，那份憨厚与热情透着泥土和阳光的味道，令人心悦。小金的主要工作是昼夜巡逻，保护红柳不被砍伐，保护这里的黄羊、狗熊、狼、兔子、狐狸、野鸡、天鹅等动物不被猎杀。很多时候，护林员都是一人巡逻，或步行，或骑马，手中只有一个手电筒。万一遇到野兽怎么办？拿小金的话来说："夜里遇到最多的是狼，它们成群结队，但是我不害怕它们，因为我是保护它们的。我不伤害它们，它们也不会向我进攻，它们好像知道我们之间的关系。"（王仲刚《大漠深处》）最可怕的反倒是人——那些疯狂的盗猎者，他们在物欲的驱使下，往往会轻易夺走这里的一些珍稀物种包括护林员的生命，那种对人性的深度体察被作者不动声色地表达了出来，虽寥寥数语，却直抵本质，王仲刚的笔下功夫可见一斑。

作家和谷的《怀念》以深情之笔记述了中国石油勘探和西部文学的一位先行者——李若冰。这位来自大山深处的孤儿因偶然之机参加了流浪剧团，

---

① 王宗仁：《彭德怀昆仑山之行》，《巴音河》2017 年第 2 期。

随后来到延安，考进鲁迅艺术文学院。新中国成立后的最初几年间，李若冰跟随石油勘探者的脚步，踏上了高原和戈壁，中国石油勘探和西部文学的序幕也由此拉开。从此，他的文艺事业就和西部产生了紧密的关联。在勘探工作的间隙，他写出了《在柴达木盆地》《勘探者的足迹》《在严寒的季节里》《戈壁滩上的勘探姑娘们》等散文和报告文学作品，发表在《人民文学》等报刊上，这些作品结集为《在勘探的道路上》，由作家出版社出版。后来，很多单位集中精力"反右"时，他潜心写成了《柴达木手记》一书，好评如潮。改革开放以后，李若冰再次进入石油勘探区塔里木盆地，完成系列散文《塔里木书简》，被评论界公认为是作家文学生命中的又一高峰。不得不说，这些文字的表达和文学的书写，是作者深深体察了西部大漠以及生活、工作在这里的人们的地理和文化语境后所得的心灵结晶，其在当时承载着重要的社会意义，也充满着文学和社会意义上的深层内涵。

从叙事层面来看，肖复兴的《今朝有酒》和韩怀仁的《我与酒的故事》都写到了"酒事"和与之相关的人物，然而读完全篇才能领悟到酒在高原的特殊意义。尤其对于那些孤独的西部建设者而言，喝酒对于他们已经是一种享受，三年的时光，水滴也能石穿，酒不知多少次穿肠而过，已经和他们成为难舍难分的朋友。肖复兴对其弟喝酒的神态之描摹非常精彩：秋日的阳光，暖洋洋、懒洋洋地洒进窗来，注满酒杯，闪着柔和的光泽，他将这一杯杯热辣辣的阳光一口一口抿进肚里，脸上泛起红光和一层细细的汗珠，惬意的劲儿难以言传……是啊，只有长期坚守在荒僻边缘之地的人，才能将这简单的、细微的幸福如此生动地表达出来，而这样的场景也让身处繁华都市的人们读出了怜惜和感动。对许多外来者而言，生活和工作在青海的人大多是海量，那高举过肩的酒杯常常盛满了热情和真诚。来青海，你得喝酒，到海西更要喝酒，因为那里高寒，因为离家遥远而使人孤独。

孤独如郭建强《诗人记》中的海子和昌耀，又似金光中《藏区曼巴》里的陈家懋。年轻的诗人海子只身来到德令哈，见到的是一座被雨水打湿的荒城。而精通中西医学、藏医学、兽医学、中草药理、藏文、英文的陈家懋，曾写下血书要求从浙江到青海工作，谁也不知他的此举为何，"西进！西进！我们是勇敢的马郎中！"人们只能从他自编的歌谣中感受他的孤独理想，又从他的书房猜测他化解孤独的奇特方式——那书房可不是等闲之地，他是轻易不让人进去的，因为时常摊着满地的卡片和标本，连他自己都很难在其中举步，不得不手足并用，在卡片和标本的空隙间爬来爬去……然而，又有谁的孤独能胜过《世界小说 100 篇》的译者陈登颐先生呢？"在物质与精神同样荒寂的高原小镇，他整日踽踽独行，心游八极，每每午夜梦回，椎心泣血的孤独如影随形，有谁能解其胸中块垒之万一？"（梅朵《达肯达坂山上的雪》）

青年作家甘恬的《爷爷在父亲心中》融历史、地理和文化于一体，为读者讲述了一位普通而又不凡的英雄，一位老石油地质勘探队员，充满理想信念和人道主义情怀的父亲的故事。这位慈祥的老者曾发出这样的感慨：如果你不曾住过四面透风的帐篷和房顶在地面的地窝子，如果你不曾被困九天而只靠半桶水度日，如果你不曾有过文明被野蛮战胜时撕心裂肺的痛苦，那你如何把握西部之西人们的艰辛和神圣呢……诚如斯言，西部的荣光一定与像作者的爷爷这样的拓荒者们无悔的青春紧紧相连。

笔者曾有一种猜想，那就是一个内心怀有隐秘情愫的人，只要来到西部以西，多少可以获取某种心灵的抚慰和超越。海子来到西部，完成了他的名作《日记》；张承志来到西部，完成了其长篇小说《心灵史》的修补；甘建华来到西部，文坛就有了散文集《冷湖那个地方》《柴达木文事》。无论是雪夫、曹随义、甘恬的深情回忆，还是赵淮青和张珍连笔下的人物深描，可以肯定的是——那些西部拓荒者的背影非常高大，他们的守望大多含有形而上的精神意味，他们用青春的笔墨勾画出的这些拓荒图，无不展现着"思想的太空，生活的陆地，进取的瀚海，认识的王国"[①]。

二、方向或西行之路

不到东部以东，难知大海之浩瀚；不到西部以西，难知道路之遥远。这是笔者一路行走，东至青岛、西至格尔木后得到的感性体验。然而，如果将时光倒回到 30 年前，东部之海依旧是浩瀚的大海，而西部之路除了遥远，恐怕更多的是崎岖与艰险。纵然如此，依然有无数年轻的拓荒者怀揣滚烫的热情和开发西部的理想，毅然踏上西去的征途。对于很多人而言，这条布满荆

[①] 杨 牧：《致拓荒者》，《上海文学》1982 年第 9 期。

棘的西行之路就是他们人生未来的方向，赤子的情怀让他们知难而进，生命的意义由此得以彰显。

陈长吟的《一日四季走戈壁》让读者深深体会到"冰火两重天"的自然况味，一位孤独的旅人，置身于浩渺的天地之间，难免产生"独怆然而涕下"的情绪："我背起行李，走出汽车站；看到一个不大的小镇，几分钟就可走完。街上行人寥寥无几，地卷风刺人脸颊，商店纷纷关门，镇内安静异常。于是，一阵萧杀零落的秋意和孤独冷清的感觉涌上心头。这仅仅是西行之路上的一道冰凌，它透明、具体、寒冷，有可能让人就此摔倒，也有可能使人望而却步。"然而，作家在文尾袒露了这样的心迹："回想这一天走州过县度过的春秋冬夏四个季节，回想这一天旅程上的坎坷乘车际遇，回想一个个陌生而又熟悉的朋友面孔，我觉得自己强壮了许多，坚毅了许多，也丰富了许多。"（陈长吟《一日四季走戈壁》）诚然，不经历风雨，怎能见彩虹？没有建设者坚持的脚步，何来今日蓬勃发展的西部？

毕剑昆是一位谦逊而低调的写作者，这位毕业于北京大学地球物理系的高才生，于20世纪70年代初来到西宁筹建青海地震台网，与此同时开始写作有关青海的大散文，他的许多有关柴达木盆地的作品堪称散文精品，其中《花土沟的沙尘暴》"可能是世界文学范畴中描述沙尘暴最好的作品"（甘建华语）。如此优秀的作家，只因不常在报刊发表作品而为人所忽视，的确令人叹惜。好在熟知柴达木文事的作家甘建华多方辗转，终于寻访到他并将其作品推荐了出来。

"南昆仑，北祁连，山下瀚海八百里，八百里瀚海无人烟。汽车窜到公路下面的沟里去了，代替司机开车的年轻助手满脸是血……"这是毕剑昆《草原雨夜》中的开头，寥寥几笔就将西行之路描摹得空旷而令人心惊。车坏了，路自然难行。身处困境的人们开始了各种方式的自救，最基本的问题便是燃火取暖，填饱肚子。"又饿又冷又累的老司机蹲在炉子跟前，一边烤火，一边吃力地咀嚼着一大块又干又硬的饼子，同时不断地呻吟着。肇事的司助就像一个倒霉的罪犯，像一捆破布似的靠在墙角，一声不哼，雨水从他羽毛般的头发上向下滴，滴在露出脚趾的鞋子上……"这是一组令人震撼的特写镜头，它将笔触聚焦于老司机手中的干饼子和肇事者露出脚趾的鞋子上，世间寒苦，莫过于此。

任职于海西州政协文史法制委的张珍连对海西地方文史的搜集和研究整理出版做出了积极贡献,由其策划、主编的"柴达木文史丛书"系列图书就有30卷本。他的散文《湖南人与柴达木的特殊渊源——写在甘建华新著〈柴达木文事〉品鉴会召开之际》历数了湖湘土人与柴达木的渊源,尤其对丛书作者方队中"闯"进来的甘建华赞赏有加,称其为"湘军一员悍将",对其散文集《柴达木文事》也不吝赞美之词:"独到的目光,准确的描摹,诙谐的语言,智慧的见解……充满了湖湘文人的自信""至少是青藏高原有史以来的第一部文史笔记专著"。这些观点虽分属罗玉成、郑宪春两位教授,却与张珍连的学术态度非常吻合。在笔者来看,这种欣赏的态度背后,体现出一位文化干部爱才、惜才的开阔胸襟。

何国琦在《格尔木的月亮》中记述了"我"在戈壁沙漠中踏勘剖面、往返填图的经历,当时"各分队的位置全靠来往运送食物和水的驼队捎信,想准确找到分队的位置并不容易",时常出现迷路的情况,"如果在瀚海中迷了路,夜里千万不能睡觉,一睡着就冻僵,再也起不来了"。这就是西部,工作和生活的所有关联因此具有了特殊的意味。徐剑的《绝地孤旅》虽以讲述陈渠珍的故事为要旨,但他笔下的大漠之旅不但是个体生命的跋涉之路,也是一个群体的救赎之路。

"草滩上,是坚硬的芨芨,一片枯黄,风从草丛吹过,发出凄厉的叫声。置身于这样的环境,我周身发冷。"(胡杨《西行记事》)这就是现实的西部了,一切都是严酷的,来访者如果没有坚定的信念和十足的诚意,很容易被这块土地拒绝,因为"风沙像一头狮子,狂呼大叫,沙土打在人脸上如同针刺"[1],何况风沙仅仅是八百里瀚海一粟。西行之路,千里迢迢,如此恶劣的自然气象是常见的,更是不可避免的,环境的严酷似乎本身就是一种隐喻——你从何处来?此行何意?步履如此艰难,是否考虑撤退?毫无疑问,这些倔强的西行者认准了西部以西就是他们的方向,勇敢前行,以此凸显生命的价值和力量。

---

[1] 胡杨:《西行记事》,《巴音河》2017年第2期。

三、记忆或刻骨铭心的土地

该期《巴音河》所刊篇目中，有关柴达木这片厚土的散文数量多、用情重。这些作品有从粗砺的历史中击打出的厚重之音，也有从诗意的笔墨中泼洒的唯美抒情。前者富有时光雕刻的印痕，且不乏重金属的质感和光泽；后者极具想象与重构的空间，颇有书生意气的风范。

苍茫大漠，沙丘连绵，一条源于高山峡谷的季节性河流缓缓抵达戈壁滩，在一处洼地里形成沼泽，日积月累后，沼泽成为了一汪碧水莹莹的海子……这是朱奇的《一别马海三十载》一文中的描绘，也是一幅令人印象深刻的自然画卷。30年前，一批热血青年身穿军装，一路反复地唱着《边疆处处赛江南》的歌曲来到了柴达木盆地。他们"面对严酷的大自然，没有畏惧，即使刨挖沙柳包时挖出移民们的堆堆白骨，也没有退缩"，满头白发可以做证，雪山戈壁可以做证。在这里，马海就是无数个荒漠绿洲的象征，它用孤绝一世的清澈，映照出建设者灿烂的微笑。

对于那些视海西为第二故乡的建设者来说，这是一块艰难与自豪共生的土地，初到时为之震撼，离别时潸然泪下。在《刻骨铭心的土地》中，作家王贵如写道："那一天，车到大水桥的海西边界处，我从车上下来，面对海西深深地鞠了一躬。这一躬，既是向多年来关心、帮助、培养过我的领导、同志、朋友和父老乡亲致敬，也是与埋藏在这里的珍贵岁月惜别！"诚如斯言，这深深一躬究竟藏有多少酸甜苦辣的回味，又有多少难分难舍的离愁？这到底是怎样的一块土地啊——春节过后到五月上旬，差不多天天刮风，风一刮起来，往往是又大又猛，从中午一直刮到天黑，飞沙走石，昏天黑地，有时甚至还发出尖厉的呼啸……环境虽然恶劣，乐观的作者认为，"这种历练是必不可少的。没有这种历练，一个人的筋骨就很难强健起来，心灵境界也很难得到提升"。因此，作者在这里一干就是20年。"难舍脚下这一片土，难割心中这一缕情……"毋庸置疑，海西确实是一个令无数建设者刻骨铭心的地方。

《凝固在荒原上的钢铁梦》是王文泸讲述"乌兰故事"的一篇美文。从一件小事中挖掘出大故事，进而将故事的背景铺展开来，给读者还原出一段真切的历史，讲述出一个动人的故事：那原本牧歌悠扬的地方，1958年夏天突然热闹起来，它成了土法炼铁的战场。整整一年，这里烟雾缭绕，人声嘈杂，熊熊炉火昼夜不息，拉运矿石的车辆和运送烧柴的牦牛队迤逦不绝。每天，人们都从收音机里倾听着全国各地土法炼铁的最新消息，感受着时代的脉动，也感受着"一天等于20年"的压力。简洁的文字涵盖着丰厚的内容，看似轻描淡写实则厚重有力。

擅长以文学之笔去钩沉历史、拾遗补阙和廓清文事迷雾的甘建华写下了大量笔记体散文作品，《柴达木的前尘往事》依然延续了他此前的写作风格。文中写到了一位唐时敦煌地方小吏兼诗人"毛押牙"。我们知道，《敦煌唐人陷蕃诗集残卷》中有佚名氏诗59首，这些诗作作者曾被学界讹误为唐代宗大历年初的马云奇，后经台湾敦煌学开创者潘重规考证，确证这些诗作的真正作者是落蕃人毛押牙，《青海新文学史论》提到这位诗人"可算是青海的第一位流寓诗人"①，但没有确认这位诗人就是毛押牙，故以"佚名氏"代之。甘建华在文中廓清了这一历史迷雾，并且对毛押牙离开敦煌，翻越当金山口，经过墨离海，最终进入吐谷浑领地的足迹进行了回顾和梳理。此外，文章对陈渠珍及其《艽野尘梦》，以及书中的"西原"等形象进行了探究和深描。可以说，这些资料显示出的文献意义实际上已超过了文章的审美价值，从而具有了社会学层面的特质。

谁也不会否认，巴音河是一条穿城而过的玉带，德令哈，这座诗歌里的城市因建设者的汗水而生辉，也因诗人海子的创作而闻名。该期《巴音河》中的散文书写德令哈的篇什颇多，除了作家井石的《失去家园的根》表达了保护生态的理性呼声外，其他作家基本上使用了抒情的方式对德令哈进行深情抚摸。

黄国钦在《眺望德令哈》中说："很多次，我都在想象德令哈……像一头在天际翱翔的苍鹰，久久盘旋在我温润敏感的心头。"这样的想象无不透露出作家对德令哈这座城市的诗意建构。刘玉峰的《柏树山》更是将这种想象发挥到极致："远古时候，柏树山是海底的礁石，我们眼前飞溅的不是水珠，而是眼花缭乱的鱼群。山为礁石，鱼若水珠……"能够描绘出这样的童话世界，实际上呈示出作家对"初心"的还原意识，意在昭示今日社会的快速发展居然也让一座山"躁动起来"。

---

① 刘晓林、赵成孝：《青海新文学史论》，青海人民出版社，2007年，第23页。

作为诗人的舒洁在《柴达木五日》中深情吟哦:"我睡在群山之间／比水高一点，比云低一点／今夜，在柴达木／天空中飞着远古的马群"。极具浪漫特质的民族气质一经与柴达木的厚土对接，便诞生出绝妙的诗情。这样的诗情在本土诗人斯琴夫笔下得以不动声色地延续:"我是可鲁克湖畔展翅的一只候鸟。今天虽然是个寒冷的天气，但我依然飞回来，再次感受那久违的冰窟里的温暖。"(《冰窟里的温暖》)飞回的候鸟最先见到的是芦苇，那是"上帝心中的绿色"(王晓峰《德令哈的秋天》)。抒情之余，有些作家也表达了更多知性的思索:"那些当年的执着是否依然根深蒂固？在这尘世的喧嚣和忙碌中，我们又贴上了多少让自己面目全非的广告牌呢……"(王丽一《八月的星空》)

不得不说，陈劲松是一位非常出色的散文诗人，他的《德令哈四章》散发出明媚与厚重相映衬的光芒。明媚之处是他对词语的把握，精准、灵动、富有张力。比如:"这些赤足的孩子，把高原的天空一点点踩低。细小的风吹过，它要用多大的力气，才能帮睡梦中的小城翻个身？"(《德令哈》)厚重的地方是他对诗意的建构，浑然天成，直抵内里。譬如:"'天堂的桌子'，摆放在荒凉的戈壁。随风起伏的，是被风雨锻打过的黄金。一束束的太阳之芒，照亮戈壁，喂养小城与诗歌。"(《德令哈西郊的青稞熟了》)

诚然，柴达木这块沃土由多种地理色块组成。美丽的天峻"地势起伏，山峰连绵，错落有致，高山巍峨，中山妩媚，低山清秀，山下绿草铺地，山谷和山间盆地相间分布"(李向宁《天峻美丽的山水》)。大柴旦，"这个万人小镇，留给了我太多的伤心和温馨的记忆。"(毛微昭《重返大柴旦》)不远处，是冷湖，"仅有的两排矮土屋，总共四间房，一个交通管理站，这就是我的整个世界。"(陆东海《第一次洗澡》)"冷湖之冷，是天气使然，然而石油人聚居的地方却是冷湖不冷！"(刘元举《柴达木随笔二则》)

坐落于柴达木盆地西北边缘的花土沟"是丝绸之路南线羌中道的必经地，附近有那仁萨拉城遗址"(李宁会《花土沟散记》)，花土沟的地表泥石"是聚宝盆天赐的文房四宝，镌刻着丝绸之路青海道的尘埃往事"(唐拓华《青海茫崖石头记》)。行走在熟悉的街头，作家忍不住"挥墨为它赋词一阕，吹笛为它高歌一曲。任泪花翻滚一行一行，淌过我曾经走过的回家的小路"(周秀玲《重返西部之西》)。若是在家过年，总能"在阳光中和从窗缝挤进来的风里，闻到遥远的春天的味道"（李蓉《过年》）。

在《奔向尕斯库勒湖》中，伍卫军按文成公主西行路线和"世界上最孤独的公路"推进叙事，一步一步将读者带到闻名遐迩的尕斯库勒湖，伍卫军称之为"海神尚在搏动的心脏里最后的一滴血"，而张海平在《我的神山圣湖》中则称之为"镶着银边的明亮镜子"，很多时候，作家"曾在湖边幻想着从空中用它照一照飞翔的自己"。

朱世奎的《白兰四角贡羊的前世今生》、甘建华的《柴达木的前尘往事》、徐剑的《绝地孤旅》、肖子树的《德都蒙古的诗和远方》、刘大伟的《神性的大山》等篇什，或以文化视角，或借小说笔法，完成了对柴达木历史层面上的解构和现代意义上的建构，这种具有文化阐释功能的写法和暗含小说叙事策略的创作方式，在拓宽散文写作的界限方面颇具意义。

四、高地或雪域生灵的家园

诗人海子曾说："神的家中鹰在集合。"显然，拥有昆仑这座神性大山的柴达木苍茫而安详，它是诸多雪域生灵赖以生存的家园。后来，人类以不断进步的理由粗暴地介入了它们的安宁，现在我们不得不小心翼翼地去修补那些人为的裂痕，将自己真正融入自然，与这些大地的生灵和睦相处。

程起骏在《藏獒黑火的生与死》中讲述了藏獒黑火的故事。黑火通人性，对主人极为忠诚，懂得感恩，尤其是在危难时刻，敢于冲锋陷阵，誓死救主："那藏獒猛地从尕赵手腕下弹了出去，像一道狂风，直扑豺王……豺王和藏獒滚成一团，在一阵混乱的嘶吼声中，唯见尘土和雪形成的土雾团滚动跳跃着……"今天，当人们为提升各种竞争力而推崇"狼性精神"时，往往携带着虚假和多疑的病症。相对而言，藏獒所具有的对主人的忠诚与亲密在当下显得尤为可贵。

"游走青海，看到巍峨雪山时，就会想起野牦牛——它们双角指天，长毛垂挂，静处一隅，偶然间的回眸总让人以为它们在守候着什么。很多时候，野牦牛显得安静而内敛，只要没有恶意的伤害，它们不会贸然出击。"阅读《野牦牛的雪山神威》这篇文章，我感到野牦牛其实是优雅的，宛如王者或绅士。作者凌须斌在文中说："通体黑褐色的野牦牛，浑身上下披挂着浓密的长毛，走动之中几乎拖曳在地上。四肢粗壮，宛如结实的柱子直插地面。特别是一对厚重、宽阔、尖利的牛角，架在硕大的躯体上，威风凛凛，睥睨苍穹。审视眼前的野牦牛，似乎只有这样的体格、这样的气势，才能和周边高峻的山岭相匹配。"诚如昌耀诗歌所言——一百头雄牛扬起一百九十九种威猛。这样的雄性之美，我想只有高原才能赋予。

相对于矜持威猛的野牦牛，柴达木的野驴显得可爱多了。作家姜鸿在《有一种呼唤叫阿尔金山》中，将生活在依协克帕提湖附近的野驴描摹得栩栩如生："红棕色的脊背和鬃毛，白色的腹部、臀部和四蹄，吻端圆钝，矫健雄壮，一队一队地从远处向我们奔来，飞溅的尘土拖起一长串白色的烟雾，如征战四方的猛将。"这样的画面清晰而富有动感，读之如临其境。作家对野驴那种自恋而良善、顽劣又倔强的神态描写尤为逼真："看到我们的车快要越过它们，便猛然加速，绕到车前方要横跨道路。我们赶紧停下来，等待它们过去，这时它们又慢下来，信步而为，边走边向我们昂起高傲的驴头，大有我的地盘我做主之意。待你想要更短距离地靠近它们，却又绝尘而去，不屑与你同行。"阅读此文，仿佛一幅生动的"雪域高原的精灵图"正徐徐展开在读者面前：鼠兔在雪地上窜来窜去，藏狐时而匍匐时而直立，寻找着猎物，藏羚羊公的一群，母的一堆，悠闲地寻找雪下的美味，成千上万的藏野驴、野牦牛和藏原羚，如同象棋一样点缀在山川河谷里……

朱世奎的《白兰四角贡羊的前世今生》极具学者散文气质，文章以田野调查为基础，结合文献资料和访谈资料，从文化传播生态文明的视角对四角贡羊进行了研究，他认为因为"白兰四角贡羊美好的外形、富有深意的文化蕴涵（善良、美好、吉祥）以及皇家贡品的身份"，应该成立白兰四角贡羊的繁育研究中心，去保护和繁育四角贡羊。字里行间，体现出一位知识分子的担当意识。

在柴达木，动物们会把自身的可爱具体到与人相处的某种方式，如梁泽祥《花土沟油田的乌鸦》中的乌鸦，王小炯《阿拉尔纪事》中的骆驼、藏羚羊。张清哲在《与岩羊的亲密接触》中写到一个令人难以想象的场景——那只岩羊不仅与"我"四目相望，而且接受了"我"舒缓的爱抚。在这里，作家和读者都会产生一个疑问：面对陌生的人类，这只岩羊缘何一动不动，且出奇地安详？原来答案就在这里——它仰首侧头看着"我"，大大的眼睛清澈有神，宛若童眸。这是一只孩童般的岩羊，它用干净的眼睛打量着世界，世界因此不染一尘……这不正是人类丢失已久的诗性吗?

综上所述,本期《巴音河》散文专号容量大,名家多,佳作迭出,如特约主编甘建华所言:有了一种接近散文选本的气象。这些散文的集中亮相,对于学者研究西部作家及其创作提供了重要的文本资料。尽管柴达木的自然环境极其恶劣,但拓荒者们却能知难而进,作家对西部大荒漠的描摹和对拓荒者坎坷经历的书写实质上体现了"人类如何应对苦难的形而上思考"[①]。有了这样的启悟,笔者似乎能够对鲍勃·迪伦《答案在风中飘》中的诘问做出呼应了,那就是——只要一个人走到西部以西,就能成为一个男人 / 一只白鸽飞抵尕斯库勒湖,就能在高大陆安息 / 啊,我的朋友,答案是一只岩羊清澈的眼眸……

---

① 张向东:《文学地理学视野中的新时期"西部文学"》,《中国现代文学研究丛刊》2015年第2期。

地域写作与 21 世纪诗歌的美学空间

刘 波*

摘 要：21 世纪以来，随着对诗歌地理学命题的再发现，很多诗人重新开始进行地域写作的实践，并形成了一股诗歌美学风潮。地域写作在本土性、同一性与差异性的较量中，一方面要避免陷入狭隘的地方性，另一方面也面临着同质化的困境。而如何走出这种危机，需要诗人们克服外在因素，以对话切入内在的创造性，从而建构地域写作的独特风格和主体意识。

关键词：地域写作；21 世纪诗歌；诗歌美学

在古今中外的文学史上，地域写作是一个与空间有关的概念，尤其是从地理学方面来考察文学，它要从个体到群体的逐渐扩展和放大中来获得自身的参照，而我们也由此可以推断作家和诗人作为个体写作者在时空位移中所处的位置。那些经典作家和诗人之所以流传下来，一方面与他们作品所拥有的永恒之美相关，另一方面也可能缘于他们在一个庞大的知识与文人群体中所具有的独特个性，这两方面其实都指涉了一个潜在的事实：地域写作在本质上还是依赖于作家和诗人个体创造所带出的生产性，这种个体生产通过可以为多数人接受的话语实践，达到普适性的审美价值。而个人性最终如何通向公共性，中间也必然要经历更多的转换。从一个小的地域扩展至更大范围，虽然要借助于时间的经典化淘洗，但地域本身的逐渐过渡，也和时间变换一起，给诗人的写作带来潜移默化的影响。那么，在"诗可以群"这一定位中，诗人们的"抱团取暖"似乎成了既定事实，而对这种群体的塑造，最后的选

---

* 刘波，三峡大学文学与传媒学院教授，博士生导师，中国现代文学馆特邀研究员，主要从事文学研究。

择还是得回到个体诗人那里，依靠纯正的美学和诗歌文本来支撑地域写作的整体气象。

一、空间位移与地域写作风潮

诗歌的空间性与地域性这个主题早已存在，很长时间以来，我们并没有将其当作专业问题来进行探讨。而 20 世纪末 21 世纪初，越来越多的诗人开始进行写作实践，不少学者也有意识地从事这方面的研究，由此形成了一股地域文学创作和研究的热潮。之所以提出地域写作的命题，其实指涉了全球化背景下的某种忧思：大量被"现代性"所主导的同质化写作，让诗歌变得越来越简单了，而如何体现出独特性，则显得困难重重。汉语诗歌似已从纵向的时间性发展到了横向的空间性，这一变化也并非近年才发生，而是有个长期的演变历程。从单一的浪漫主义书写中走出来后，汉语诗歌变得多元化，既有民间的，也有主流的，既有从语言角度切入的，也有从思想意识着手的，这种丰富的诗歌格局，就可能是本体的空间性作用的结果。

要谈诗歌的空间，很多时候会涉及诗歌写作的地域性问题。中国幅员辽阔，每一个地方在经过了几千年的传统积累和精神沉淀之后，都会形成自己独特的地域文化，当诗人写作时，可能就会自觉不自觉地带上所处地域的鲜明印记。周作人曾感慨："中国人平常都抱地方主义，这是自明的事实。"[1]对于"地方"的这种美学和精神认同，甚至成为了一种传统。在中国古代诗人的作品里，有些就带有鲜明的地域特点，比如江南意识、塞北风格等，因为诗人们的行走和迁徙，随时都可能因地方性"风景的发现"而获得创作的灵感。到了 1917 年前后白话诗的发生期，诗人们认为地域写作是对自我的局限，而超越地方性成为了一种共识，诗人的身份认同，是源于"国家诗人"或"母语诗人"这样一种更宽泛、抹除了地方色彩的身份定位。然后到 20 世纪 80 年代，地域书写又重新回到了诗人笔下，尤其是随着中后期"第三代"诗歌运动的兴起（"第三代"诗歌的地域性是非常突出的，相比发起于北京这个中心的朦胧诗，"第三代"诗歌群体分散在全国各地），以及 20 世纪 90 年代继海子之后新乡土诗歌写作潮流的到来，涌现出大量地域性诗人。20 世纪

---

[1] 周作人：《地方与文艺》，载《谈龙集》，河北教育出版社，2002 年，第 10 页。

90年代以来，随着城市化进程的加快，在线性时间观的主导下，"发展"也逐渐渗透于城乡空间的意识。"空间的概念有助于我们打破原来过于僵化的城乡二元对立的思维模式，尤其是在中国现代历史发生的过程中，城市和农村原本就是同一种现代社会逻辑的生成过程中的一体两面，互相之间有着不可分割的关系"[1]，我们总是习惯于从空间的二元对立关系来理解城乡之别，在很多诗人笔下，城市成为了现代性的集束之地，而乡村则变成了落后的象征。然而，异化的城市生活给诗人带来的，不仅有对城市既向往又逃离的矛盾心理，也让他们对乡村怀有某种乌托邦式的幻想。与现实境遇并不谐调的是，不管是身在家乡，还是背井离乡，他们都在不遗余力地书写故乡，而那种乡愁里可能就会有烙着"地方性"印记的自觉。

21世纪以来，随着网络诗歌的兴起，地域书写又成了一个热门话题，"由于地方性诗歌的兴起，当代诗歌进入了一个群雄逐鹿、相互竞争又相互促进的时代，也有人形容为诗歌的'春秋战国'时代。"[2]有的诗人甚至提出了"地方主义"的概念，试图以"主义"来强化诗歌写作的"地域性"特征。而在当下中国，诗人们或多或少在写作中都会面临如何处理地方经验的问题，包括北京也会有它独特的地域性特征，像西川的诗歌中就有着浓郁的京味特色。随着空间的变化，诗人们又如何找到切入"地方"的路径呢？以雷平阳为例，他可能是当下最能体现地域写作风范的汉语诗人之一，其《亲人》《澜沧江在云南兰坪县境内的三十三条支流》这两首诗，被称为地域写作的典范。诗人通过不断缩小地理空间和罗列河流名称，赋予了"乡愁"某种唯一性。他将地域性化为了自己的优势，开始不断地封闭它，然后又从另一个方面让其走出封闭，最终给我们出示的是内在的开放性，这种方式其实是一种极致诗意的现代性探索。而雷平阳本人并不认同"地域性"写作这样的说法，他认为这是一个"伪概念"，但很多人恰恰是从他的诗歌中找到印证诗歌地域性的诸多要素。雷平阳之所以反感"地域性"这一说法，并不是他反对诗人们写自己熟悉的地方，而是反感用地域性简化了写作的精神内涵，让它成为了一种标签化的概念。"如果必须说'地域性'，我觉得处理它与'现代性'的

---

[1] 张屏瑾：《城市文学中的几个问题》，《扬子江评论》2018年第5期。
[2] 李少君：《当代诗歌的"地方性"》，《扬子江评论》2013年第4期。

最佳办法，只要你以'现代性'的眼光去体认地域文化，你就会发现，地域文化中的诸多元素往往更具'现代性'，所以这貌似敌对的两个邻居，其实是肢体相连的兄弟。"①在雷平阳看来，"地域性"写作，最后还是要以"现代性"作为衡量标准，缺乏现代性的地域写作，就少了一种特殊的品质，提升不了地域写作的新意、思想和精神旨趣。当年生活在青海的昌耀，作为西部诗人，他将地域经验进行了"沧桑和凝重"的演绎，最后又赋予了它某种知性的超越之感。柏桦和潘维同样如此，他们的江南气质，在其作品中也体现得非常明显。我之所以列举这几个诗人，恰恰在于独具特色的地域体验才可能构成真正的地域写作，因为这样的地方保留了相对完整的风土人情，没有被所谓的现代化所裹挟和侵袭。

其实，诗歌地域性也是一柄双刃剑。地域性如果处理得好，诗人能开辟一个属于自己的艺术表达空间，这就需要他通过更为深邃的写作，将地域经验进行转化，让其获得公共审美的可能。有些诗人写地域，就真的被"地方经验"所淹没，为地域性而地域性，无法超拔，最后只能是沦为一个彻底的"地方诗人"。对于这种诗人，除了他自己所在的区域，可能没有多少人知晓其作品，这属于走不出去的"业余写作"。雷平阳写他的云南边地，很多人并不了解那个地方的风土人情，因为没有多少人有兴趣来专门关注一个小地方，但他正是融合了边地的神秘元素，包括民俗、宗教和富有未知色彩的生命体验，而神秘感恰恰是这种诗歌能承载和融汇的意蕴，这正是雷平阳书写地域时的策略。"我之所以写云南，乃是因为我不想把我的诗歌中的自己丢开，我想在场，想写自己手边的东西，言可及义、言可及物、言可及心，对我来说，比什么都重要。"②地域经验如果运用得好，它既会让诗人形成独创的风格，又能让写作不同于惯常的抒情，这需要诗人有自己独特的人文底蕴和创造精神。如果仅仅只是写那点地方性的乡愁，很难在浩如烟海的同质化写作中脱颖而出。很多地域性书写，因机械化地照搬地方经验而流于平庸，千篇一律，在技艺上没有提升，在思想上也无法形成有生命意识的精神力量。

---

① 雷平阳：《宁静的力量——雷平阳答罗振亚问》，载杨昭编《温暖的钟声：雷平阳对话录》，中国青年出版社，2017年，第47页。

② 雷平阳：《故乡对我写作的影响如土地之于物种——答南方都市报记者田志凌问》，载杨昭编《温暖的钟声：雷平阳对话录》，中国青年出版社，2017年，第96页。

当然，地域性写作也很容易变得理念化或主题先行，只要谈起地域性，有人马上就想到自然地理学意义上的划分，有按行政区域来划分的东北、华北、华中、西南、西北等，有按文化来划分的岭南、巴蜀、荆楚、齐鲁等，还有就是直接按省域来划分，每个省都是地域写作的一支，此时，地域性写作就可能成为一种简单的权宜之计，而丧失了对诗歌本体的独特感知。"诗歌地理学地理思维，绝不仅仅是行政区划的地域性，甚而，就语言层面来说，可能也不仅仅对应方言，那它到底是什么呢？它可能是一种基于空间的诗学，是一种更深层次个体语言的根性。"[1]诗歌中的地域性也会涉及语言和思想层面的探索，一旦落实，就是要对单纯的地理学进行突破。没有超越性的地域写作，最后可能就表现为对地方性知识、各种民俗和苦难的罗列。随着城市化进程的加快，城市建设和城市景观大同小异，乡村也逐渐失去往日的生机，变成了荒村乃至空村，诗人再以什么资本来书写自己的地域性？地域写作的资源又何在？这都是现实变化和时代发展所带来的一系列问题。我们在提出诗歌地域性写作这一主题时，就必须面对越来越多的困惑和疑难。

于坚在一篇文章中说："中国诗歌不再是世界之外的地方性知识（如东方神秘色彩、被侮辱与被损害的形象之类），而是作为一种在世界中的写作，和世界诗歌同步。"[2]诗歌的地域性问题，最终还是要还原到诗人对地域文化的清醒认知，且须跟诗人所独有的创作个性结合起来，否则，这种地域性就只能是理念或想象中的地域性，而非现实中真切的日常生活和有层次感的地域风情。既要立足于地域性，又不能局限于地域性，最终获得超越感，这是地域写作所面临的真正挑战。

二、本土性、同一性与差异性

从诗学对话的层面来看，大部分诗人其实都处于一种地域写作之中，特别是在空间概念这一视域下，他们皆立足于对一时一地的身心之描述。也只有在这样一种微小的时空转换基础之上，我们才能去谈论写作的超越感。在庞大的地理空间分布中，因为迁徙条件的限制，多数诗人无法改变自己的地

---

[1] 傅元峰：《新诗地理学：一种诗学启示》，《文艺争鸣》2017年第9期。
[2] 于坚：《真正好的诗就像塔一样（我如何读诗2）》，《人民日报》2015年5月5日，第14版。

域身份，他们更多时候只能服从于这种"相对封闭"的写作规范，以想象力来穿越更大的空间。这是地域给诗人写作带来的局限。然而，这种局限已成既定事实，谁也无法完全脱离地域性去构建一个没有任何空间限制的写作格局。

既然无法在现实生活中摆脱地域的影响，那么，诗人们怎样在写作中立足于身处之地而写出更高远和深层的文化体验？这也是我们当下提出诗歌地理这一概念背后所要追问的命题。21世纪以来，除了北京、上海和广州这几个大城市在诗歌写作上有着更多的诗歌群体之外，其他城市也都涌现出了不少优秀诗人。有的诗人在影响力上早已越过了地方，而为更多读者所熟知。这是创作主体和接受主体在地域性上所达成的一致，他们或许都意识到，地域写作的难度在于对地方经验的超越，这就要看诗人如何完成这种超越。当然，自己的作品得到更多读者的认可，这种理想状态给诗人所带来的挑战，即是竭力消解地域的符号性，抹除地域经验在写作中所留下的痕迹，从而追求高度统一的美学秩序和终极价值。如果说这一点成立的话，那何以仍有不少诗人立足于写自己的地域经验，并从中寻求审美革新的空间？这仍然是个如何处理的问题。有些诗人虽然写了地域，但他最终的落脚点并不是地方性，而是对人类命运的思考以及出示普适性的价值观。

由此观之，这一点还涉及了地域写作的本土性问题。写作的本土性也是不少诗人所关注的话题，这种本土性是相对于全球化而言，尤其是在受西方现代文学影响的过程中，不少诗人一味钟情于异域，而往往忽略了本土的价值，这样一种本土和异域文学的博弈，也引起了一些诗人的反思：本土文化和异域影响并非二元对立的两极，它们其实可以统一起来。当越来越多的诗人意识到本土之重要性时，其实是想以个体创造激活本土文化的现代性潜能。在本土写作成为一种常态时，群体写作最终会形成一个美学共同体，以一体化的趋同性能形成强大的辐射力。而在这一共同体内部，个体写作是靠近这一趋向，还是试图摆脱其影响来建构新的美学体系？这同样也在考验着每一个诗人。

在方向趋同的地域写作群体内部，也可能有诸多因素导致个体的撕裂。这就是同一性和个体化之间的反差所致，而且这在地域写作中是一个普遍现象。如果要真正考量地域写作的命题，地方性经验不应是障碍，而是被强化的诗歌地基和重要素材，如此方可让地域写作摆脱区域性影响，为其赋予更多的生长性。21世纪以来，有些地方诗人已经从区域文学的狭小影响中走出来，他们的写作虽然在起点上无法摆脱地域性，我们也不可能抛弃地域命题而去凭空想象写作的潜在空间，那么地域写作作为文学的一个起源是否成立？"文学进入地理，实际上是文学进入到它生命的现场，进入了它意义的源泉。"① 在起源的问题上，诗人们遵循的是从自我情感需要出发的逻辑，不去刻意凸显地域性，毕竟，地域只是写作的"意义的源泉"，并非最后的价值归宿。也许只有真正摆脱了陈旧与固化秩序的地域写作，才可在这一基础上获得解放，这也是笔者强调地域写作不可沦为孤立的"地方性"的原因。

在地域写作越来越趋于同质化的时候，地方性经验如何凸显其价值？"地方性的核心要素不在唯地方的保守主义，也不在对地域民俗进行复制的写实主义，而在于对地方语言的诗性发明。"② 无数不同个体的写作，才能构成一个具有群体影响的美学共同体。每一种新的创造，都必须建立在个体写作的基础上，不同的个体最终才能构成地域写作的整体影响。这是地域写作在同一性和差异性、同质化与异质性上所表现出来的诸多层次，甚至从某种意义上说，一个地域写作的旁观者，可能更能看清这一空间写作背后的真相。而那些亲历并见证过地域写作的诗人，他们的实践中就可能潜藏着不断背离地方性又不断回归地方性的悖论，这一悖论看似有着内心的分裂，但那些真正"走出去"的诗人，也就是在这样的悖论中让自己的写作通向了更丰富的可能性。

一旦我们盲目地将地域写作简化为单纯的"主义"，可能会导致诗歌写作丧失内在的复杂性。这也就是此前何以强调只有个体诗人的独立创造，才有可能构成地域写作作为一个美学共同体的影响，否则，就是一种无差异的重复写作。在此，笔者也无意为地域写作进行辩护，它只是在写作的意义上呈现为相对客观的现实，如同有学者所言："地理环境的多样性决定了地域文化的多样性，地域文化的多样性又决定了文学的多样性。"③ 这也是地域写作最终的目的：呈现文学的多样性与丰富性。而之所以那么多诗人在践行诗歌地理

---

① 杨义：《文学地理学的本质、内涵与方法》，载《文学地理学会通》，中国社会科学出版社，2013年，第8页。
② 赵飞：《地方性写作：作为关系的诗学路径》，《诗刊》2016年1月号上半月刊。
③ 曾大兴：《文学地理学研究》，商务印书馆，2012年，第23页。

学，其意义也在于：以不同地域的写作来打开诗歌更广阔的美学空间，同时，也让创作主体在和接受主体的互动中，理解和认知多维度的诗歌面向。

三、外在的地域性和内在的创造性

地域写作自21世纪以来不断被重新强调，其原因在于这样一个多民族国家于互联网时代现代化进程的加快，各个地方越来越趋于相似，这也导致了一个现象，那就是城市的大同小异。无论生活在什么样的城市，我们可能面对的都是高楼大厦，而作为个体人的区别，他们在精神追求上并不相同。这种生活环境的趋同和精神视野的相异之间，会出现错位，而如何弥补这一落差，还在于个体诗人以自己的写作去创造新的空间和未来性。

从时间和空间的延续性上来说，地域的演变也是诗人们不得不考虑的问题。一个地方的自然地貌和风土人情，其实也在随着时间的流逝而发生微妙变化，这样的地域变迁自然也会影响到诗人的写作心态和问题意识。比如针对现代化进程中的乡村书写，可能就不同于传统的乡土书写形态，诗人们原来书写乡村时多以赞美诗的方式描绘一种悠然宁静的田园之风，而现在以"现代化的城市人"身份重新审视乡村，要么是写出想象中的乡村乌托邦，要么就是以批判的眼光看待现代化给乡村带来的破败与凋零。因此，从不同的立场出发，对于相同的地域，诗人们的书写也会呈现不同的角度。这就涉及一个难解的命题：地域诗歌到底应该落脚到地域还是诗歌？我们强调地域特点，也可以说是强调空间意识，但这只是一个文学地理性的前提和外在因素，而诗意本身才是更为内在的目标。

外在的地域性和内在的写作之间，很大程度上是互动关系，是一种可以相互转化的精神存在。"文学与地理环境之间的关系是一种互动的、辩证的关系。"[1] 杨义在探讨文学和地理的关系时，也指出了二者之间的内在制约。"探讨文学和地理的关系，它的本质意义就在这个地方，就在于回到时间在空间中运行和展开的现场，关注人在地理空间中是怎么样以生存智慧和审美想象的方式来完成自己的生命的表达，物质的空间是怎么样转化为精神的空间。"[2]

---

[1] 曾大兴：《文学地理学研究》，商务印书馆，2012年，第24页。
[2] 杨义：《文学地理学的本质、内涵与方法》，载《文学地理学会通》，中国社会科学出版社，2013年，第6页。

我们从之前单纯的线性时间维度中解放出来，重新看待文学所处的地理这样一种空间维度，以更立体的方式切入文学内部，可能就会相对全面地理解文学的外延与内涵。同样，作为一种体系性的文学现象，诗歌美学的拓展与深化，也需要在时间维度上增加空间维度，在时空双重的视野中审视它的位置，才能更透彻地洞察到诗人写作时的背景、心理和文化姿态，同时也可由此梳理作品在时空意义上的来龙去脉。对立体的时空背景的挖掘，会让诗人的写作更富现场感，我们也能更清晰地捕捉到诗歌的当下性。地域文化可以塑造诗人的写作风格，而独特的诗人个体叠加起来，同样也能形塑一个地域的整体诗歌氛围。它们之间构成了内在的张力，这其实也是很多诗人专注于地域写作的缘由，他们在群体的影响下投身写作，传承并挖掘"地方"的活力与新意，这是一个可以无限延展的空间，就看诗人们如何激活自我内在的创造力，重塑一种新的写作的主体形象。因此，在地域写作这一概念之下，诗人作为主体，他所承担的还是一种自由的实践，这种自由既是自由的精神，也是打破自我限制的格局，最终激发出创造的能动性。群体的影响能形塑具有独特风格的诗人个体，而在地域写作的版图上，也正是那样一些有着独特风格和精神自觉的个体，才构成了诗歌群落的主体意识。

作为地域写作的主体，有独创性的诗人在群体里其实构成了一种"影响的焦虑"，何以如此？作为同一地域的诗歌群落的一分子，个体写作之间其实也存在着隐秘的较量，虽然他们可能在美学取向上不尽相同，但在写作的荣誉感上同样有着向心力。当诗人们朝向中心聚集，这种群体的强大感召力可以唤醒更多诗人参与进来，他们相互竞争与超越，从另一个方面显示出了自我革新和影响他人的可能性。这种影响是无形的压力，它恰恰形成了这个群体中另外一种隐性的参照。尤其是那些有着全国影响力的诗人，他们看似地域诗歌写作的"外援"，但对诗群整体形象的塑造却不无作用。

这就是个人性与群体性之间的关系，不同的诗人个体构成了一个大的美学共同体，而这个美学共同体又从不同的侧面形塑个体，也可以说，这是一个相互塑造的过程。每个地域都会有诗歌小圈子，有些不一定是美学的小圈子，而是人际关系的小圈子。不少城镇诗人满足于小名小利，难免陷于狭隘的区域性诉求，因为视野和眼界的局限，很多人写了一辈子，最后可能连诗歌审美的方向都走偏了。但是那些有持续性和开放性的诗群，会注重个体与个体之间的相互影响，包容异质性的美学，这对于打开一个地域的本土诗人的写作空间，也至关重要。他们甚至还可以以自己的写作来带动地域诗群走向更开阔的境界，真正做到"走出去"，而不是封闭在小圈子里孤芳自赏。

撷微以建宏：口述叙事与中国当代
美术史建构研究

刘艳卿 *

摘　要：在多元文化语境中，口述叙事为中国当代美术史带来了新的研究视域。口述叙事以一种"自下而上"的方式重新建构着中国当代美术史的内容和话语体系。它通过众多美术活动实际参与者的个体记忆和微观叙事，在对美术家及其作品的重新定位与评价、对美术事件各要素的重新组合与还原、对美术现象及其价值的重新考量与认识中，重新发现和建构起一部活生生的、多维度的、宏大的中国当代美术史。同时，口述叙事通过各有侧重的语言组织和灵活多样的表达方式使得中国当代美术史叙事逐渐向"平民化"话语模式转型。

关键词：口述叙事；中国当代美术史；叙事话语

汉斯·贝尔廷等在《艺术史终结了吗？》一书中提出艺术史的传统叙事即将终结，一种"泛文化主义"的新艺术史正在形成，艺术史考察的对象已经突破"高雅艺术"而扩展至大众艺术，随之，对艺术史的研究，应穿越艺术与其所处的社会或文化"背景"，广泛吸收其他学科的方法和理论体系，构建新的艺术阐释目标。[①] 进入 21 世纪后，中国的美术史学家也逐渐意识到，在多元文化语境中，美术史的传统叙事模式正在被打破，中国当代美术史的书写、叙述、阐释和研究正面临着新的考验和转型。同时，一批美术史学者开

---

* 刘艳卿，博士，西北大学副教授，研究方向为中国美术史与理论研究、"长安画派"研究等。
① ［德］汉斯·贝尔廷等：《艺术史终结了吗？》，常宁生编译，湖南美术出版社，1999 年，第 290—323 页。

始自觉地反思宏大叙事对美术历史细节的遮蔽和忽略。

传统的美术史，无论是文献中的记载，还是考古中的发现，其书写和解释的主体大多来自社会精英或行业专家，因此，展现在大众面前的往往是或多或少带有少数人意志的"美术史"。在这样的"美术史"中，无论书写者如何努力地本着客观公正、忠于史实的原则去考证和论述，来自个体的局限性总是会导致其对美术家、美术作品、美术事件、美术现象等的描述和评价出现偏颇；同时，虽然相关史料和物件被不断地发现，但仅仅依托文献和考古材料还是不能够完全解释清楚那些被遮蔽、被隐藏或者被忽略的问题。在这种情况下，中国当代美术史呼唤一种更具有客观性和原真性的书写模式。华天雪曾言："我们对历史真实的追求，一是不断发现新的线索，二是不断揭示被遮蔽的部分。二者都需要付出极大努力，但相比之下，后者更为艰难和复杂。"[①] 保尔·汤普逊在《过去的声音——口述史》一书中对口头证据的阐释给我们以启发："口头证据，通过将研究的'客体'转化为'主体'，有利于一种不仅更丰富、更生动和更令人伤心的，而且更真实的历史的形成。"[②] 来自人类学、民族学等其他领域的口述实践也表明，口述确实能够将历史叙事的主体扩展至社会各个阶层，将"教科书式的'一言堂'转为'众声喧哗'的热闹场面"[③]。可见，对于同一美术事件、同一美术家、同一美术作品的记录和描述，搜集、整理、比较、辨别、佐证不同亲历者或见证者个体的微观叙事，也许会对重新发现和构建一部平民化的、活生生的、多维度的、宏大的中国当代美术史具有更加深远的意义。

一、重构：口述叙事对中国当代美术史内容的影响

口述叙事通过还原和再造美术事件发生的历史现场，将美术史置于当下的文化视域和价值立场上进行观照。口述者往往是美术事件的参与者、美术

---

① 华天雪：《遮蔽的形成——从徐悲鸿研究谈及方法问题》，载朱其主编《当代艺术理论前沿：新艺术史批评和理论》，江苏美术出版社，2009年，第159页。

② [英]保尔·汤普逊：《过去的声音：口述史》，覃方明、渠东、张旅平译，辽宁教育出版社，2000年，第124页。

③ 黄克武：《语言、记忆与认同：口述记录与历史生产》，载定宜庄、汪润主编《口述史读本》，北京大学出版社，2011年，第28—47页。

现象的见证者，甚至就是美术家自身，他们对彼时的美术状况十分了解，也谙熟此时的美术思潮，因此，他们对美术史的叙事路径是从美术内部的历史来解释其外部的意义，而并非传统美术史论家所惯用的用美术外部的理论和价值去规范其内部的历史。具体而言，口述叙事是将构建美术史的权利重新交给了美术活动的实际参与者，将美术史的叙事模式从形而上的精英描述转化为形而下的大众描述。口述叙事向我们展示了一个在书写的美术史之外的、普通大众的、活生生的审美文化发展历史。"这个历史跟随时代的脚步不断前进或更新。在这个历史中，能够重新找到所有看似已不复存在的从前的思潮。"[①] 正如人类学家迈克尔·罗伯茨指出的："我们的理论不应该一笔抹杀我们的研究对象具有的、进行分析并做出有洞察力的解释的能力……要突出主流史学略而不述者……重要之点在于，即使是在印刷物早已处于权力中心的那些社会，口头的叙述仍然在运作，哪怕是已经过修订的形式。这就是说我们的历史研究工作应当关切过去那些口头与书面互相渗透之作，高度重视有可能收集到的哪怕只是只言片语的口头叙述，从 20 世纪的民谣追溯历史的含义。"[②] 因此，口述叙事对中国当代美术史的意义和价值，就不仅仅是提供了有别于文献资料或考古材料的另一种史料，也不仅仅是对已有史料的丰富和补充，而是对美术家及其作品的重新定位与评价，对美术事件及其各要素的重新组合与还原，对美术现象及其价值意义的重新考量与认识。

口述叙事对中国当代美术史内容的重构首先表现于口述者对美术家及其作品的重新定位与评价。口述者要么对相关美术家非常熟悉，要么对相关美术作品十分清楚，他们的亲身经历、所见所闻在时间的流逝中沉淀于记忆的深处。作为亲历者或见证者的口述者，其深藏于心的记忆成为其他史论家所无法接触的一手资料，因此，他们可以直面所要考察的对象，以最直观的方式揭示美术家和美术作品的本真状态，从而为评价和定位美术家及其作品提供新的支撑材料。不仅如此，随着时代的变迁和社会环境的变化，口述者在

---

① ［法］莫里斯·哈布瓦赫：《集体记忆与历史记忆》，丁佳宁译，载冯亚琳、［德］阿斯特莉特·埃尔主编《文化记忆理论读本》，北京大学出版社，2012 年，第 77 页。
② ［斯里兰卡］迈克尔·罗伯茨：《历史》，王琼译，《国际社会科学杂志》（中文版）1998 年第 3 期。

回顾式叙事中,"惯于重新评估或解释自己过去所做的决定和行为"[①]。换句话说,口述者往往会站在当下的价值立场和文化氛围中,援用"后见之明",通过总结生平得失、人生抉择、艺术成就等,自觉地定位相关美术家的历史坐标,并为其作品寻找合理解释和评价的文化场域,有时甚至会运用其掌握的原始材料颠覆对美术家及其作品的既往认知和文献史料中的"定论"。2015 年,由中国国家画院与中央新闻纪录电影制片厂(集团)联合制作的口述美术影像记录工程《岁月丹青》,通过黄永玉、孙其峰等一批 70 岁以上的美术家的口述叙事,将口述性、文献性和专业性相结合,生动地展现了在特定思想文化背景下,老一辈美术家及其家属、友人、学生,以及相关美术理论家对新中国成立后的美术创作、美术思想、美术事件等的再认识和重新评价,全面地反映了新中国成立后当代美术历史发展的整体面貌和成就。这些口述叙事,不仅补充和丰富了新中国美术史资料,揭开了长期存在于当代美术史研究中的诸多谜团,而且将美术家及其作品置于当代社会文化的视域中进行重新认识和定位,并以新的学术视野和艺术理念对相关艺术家和艺术事件进行有理有据的分析,提出了一些不曾见诸历史文献的真知灼见。

在重新认识美术家和美术作品的基础上,口述叙事还会通过对美术事件及其各要素的重新组合与还原来实现对中国当代美术史的进一步重构。一方面,在口述叙事中,访谈者的精心引导会将历见者或知情者的记忆激活和唤醒,从而使历见者或知情者讲出在别的情况下不可能加以描述和讨论的问题。这样,那些隐藏在历史曲折中被遗忘、被忽视、被遮蔽的关键细节常常会在口述叙事中喷涌而出,成为联结美术事件的重要节点。这些重要节点通常又会引发美术事件各要素之间的关联性重组,甚至会扭转传统记述中美术史的发展走向,为重新还原和理解美术事件提供依据。另一方面,每位口述者在用回忆之声连接起过去和现在时,会通过相对完整的"故事"叙事的形式,对其记忆中的美术事件进行无意识或有意识的重新构建。哈布瓦赫关于人类记忆的理论告诉我们,任何社会记忆包括个人记忆都是选择后的结果,人们所处的现实社会环境"不时地要求人们不能只是在思想中再现他们生活中以

---

① [美]唐纳德·里奇:《大家来做口述历史:实务指南(第二版)》,王芝芝、姚力译,当代中国出版社,2006 年,第 19 页。

前的事件，而且还要润饰它们，削减它们，或者完善它们，乃至我们赋予了它们一种现实都不曾拥有的魅力"，人们的回忆"在本质上是立足现在而对过去的一种重构"。① 波特利认为口述"不是由错误的回忆引发的……而是由记忆和想象积极地和创造性地产生的，以便于努力理解重要的事件和更一般的历史"。② 受特定时代社会文化、主流思想、现实生活等因素的影响，口述叙事在整合记忆的过程中，实际上已经在隐性的意识层面实现了对美术事件各要素之间的重组与构建。以"长安画派"口述史为例，30多位"长安画派"历见者和知情者的口述回忆，以"故事"叙事的方式呈现的珍贵史料，更清晰明白地梳理了"长安画派"的发展流变和成长历程。实际上，"长安画派"口述史中的口述者既是"长安画派"相关事件和人物的见证者，又是"长安画派""故事"的超越者。从见证者的角度而言，口述者都或多或少地见证过"长安画派"的发展过程，与画派的代表画家有过或深或浅的交往，在他们的记忆中都保留着与这个画派相关的事件的生动图景和人物的鲜活形象。从超越者的角度而言，随着时间的推移和社会的变迁，他们对"长安画派"的记忆会附着不同时代留下的痕迹。同时，他们会站在当下的立场，将当代人的价值取向和兴趣点投注在对历史事件和人物的叙述中，赋予"长安画派"历史事件和人物以现代思考和启发，从而在完成其叙述功能的同时，将其对"长安画派"相关人事的叙事推向超越事件和人物本身的高度，最终实现了口述者对"长安画派"的重新建构。

再进一步而言，口述叙事并没有仅仅停留在对美术家、美术作品、美术事件的表象构建上，而是以发展的眼光，通过赋予以上对象以历史意义和时代价值，对美术史关注的对象进行重新考量与认识，最终将美术史的叙事内容引向深层次建构。"随着时间的消逝，人们能够为生命里的往事找寻定义。事情当时的情节，因其后续的发展而有了一层新含义。"③ 口述叙事中的美术史是一个动态发展的过程，之前意义非凡的事件，经过与后续发生事件的对比，

---

① ［法］莫里斯·哈布瓦赫：《论集体记忆》，毕然、郭金华译，上海人民出版社，2002年，第59页。
② Alessandro Portelli, *The Death of Luigi Trastulli and Other Stories: Form and Meaning in Oral History*, Albany: State University of New York Press, 1991, p.26.
③ ［美］唐纳德·里奇：《大家来做口述历史：实务指南（第二版）》，王芝芝、姚力译，当代中国出版社，2006年，第19页。

也许会在影响程度、重要性等方面被淡化,甚至会毫无意义;之前毫不起眼的事件,也有可能经过事态的变化和时间的发酵,重新受到重视。口述者不仅了解美术事件的过去形态,而且对其发展经历和当下状态也较为熟悉。因此,口述者站在当下的文化视角和价值立场对曾经发生过的美术现象进行回顾和反思时:既具备历史发展的眼光,又具备全面考察的条件;既能够遥观过去,又能够顾全当下;既可以从纵向上延伸,又可以在横向上拓展。口述者这种得天独厚的优势,使得其叙事能够游走于历史和现实之间,从而对美术史进行自内而外的突破和升华。

总之,口述叙事将美术史考察的焦点从重要的文献和考古实物引向普通人的记忆,又从普通人的记忆引出对美术史的重新认识和理解。口述"可能进行更公平的尝试:证据还可以从下等人、无特权者和失败者的口中说出来。口述史可以更现实、更公平地重构过去,可以向既定的记述提出挑战"[1]。尽管不同的口述者对一定时期内美术历史的记忆和叙述可能会存在差异,"但其基本内容是一致的,因此我们还是能够重拾它的本质以重构整个记忆"[2]。因此,通过不同亲历者和见证者的微观描述,在相互补充、相互融合甚至相互碰撞的口述叙事中,美术史料得以丰富,美术史真相得以还原,多维宏大的美术景观得以重新构建。

二、转型:口述叙事对中国当代美术史话语的突破

口述者通过叙事不仅还原和重构了过去的美术景观,而且以一种开放的视野将那些过去被忽略、被压抑、被边缘化的声音纳入对美术历史的描述中。口述叙事"努力呈现'过去'的多重声音,尤其是那些长期被'历史'忽略的声音"[3]。这种来自不同民众的声音,杂糅着各个阶层的文化、观点和精神风貌,以一种大众化的、民主化的力量突破了传统精英分子的美术史话语权,从而将当代美术史的叙事话语推向一种"自下而上""由内而外"的自觉叙述

---

[1] [英]保尔·汤普逊:《过去的声音:口述史》,覃方明、渠东、张旅平译,辽宁教育出版社,2000年,第124页。
[2] 黄克武:《语言、记忆与认同:口述记录与历史生产》,载定宜庄、汪润主编《口述史读本》,北京大学出版社,2011年,第28—47页。
[3] 王明珂:《谁的历史:自传、传记与口述历史的社会记忆本质》,载定宜庄、王润主编《口述史读本》,北京大学出版社,2011年,第65页。

轨道。"只要通过自下而上地引入新的证据，转移历史重心，开辟新的探索领域，向某些假设和公断发出挑战，对曾被忽视的实质性群体加以重新认识，便会产生一种累积式的、运动着的转变过程。"①美术史叙事便在这种"累积式的、运动着的转变过程"中，自觉地朝向三个话语维度转型，即对普通美术工作者话语的重视、对边缘民众话语的倾听，以及对美术史论家精英话语的再认识。

对于普通美术工作者而言，其对相关美术历史的叙事会受到诸多方面的影响。首先，由于其在历史空间中所处位置的不同，对曾经接触过的美术家或发生过的美术事件就会有不同的记忆和感受；其次，由于其后来的人生经历和生活态度不同，他们对相关美术家、美术事件以及自身行为的"事后"认知、总结和反思会有明显的差异；最后，由于其在当下的文化身份和价值立场不同，他们对相关美术家和美术事件的界定和评价亦会呈现不同的取向。因此，普通美术工作者个体对特定美术现象的口述叙事就会有所偏重，将他们的叙事综合在一起便会呈现一种在相互补充、佐证和冲突中走向多元的美术史话语体系。而恰恰是这种各有侧重的语言组织方式和灵活多样的表达方式使得中国当代美术史话语摆脱了来自传统的、主流的和权威的各种规范的束缚，呈现一种走下"庙堂"之后的活跃的、多元的、丰富的"平民化"话语模式。表面上看起来，美术工作者个体的这种"平民化"叙事话语是一种碎片化的存在，散落在美术历史时空中的各个角落；但实际上，每个美术工作者个体的叙事话语都可以看作一部宏伟庞大的美术史拼图中的一个小部分，小块拼图越多，整个美术史的话语风格越清晰。因此，在口述叙事中，美术史话语向普通美术工作者的转型，实际上是将描绘美术史的画笔交给了美术活动的实际参与者，他们对美术史的话语路径正在由他者言说走向自我叙述。《口述湖南美术史（1949~2009）》通过采访200多位湖南美术事业的亲历者和见证者，从事件出发，收集不同阶层美术工作参与者的历史记忆，在平民化的口述叙述中完善和诠释美术历史，以民间话语的叙事方式还原和重构了中华人民共和国成立60年来湖南省的美术发展历程。艺术史学者尹吉男在《口

---

① ［英］保尔·汤普逊：《过去的声音：口述史》，覃方明、渠东、张旅平译，辽宁教育出版社，2000年，第124页。

述湖南美术史（1949~2009）》一书的序言中感慨道"作为国家视角的美术史写作现在逐渐多了起来，但作为民间视角和地域视角的美术史写作却显得不够丰富"，并将《口述湖南美术史（1949~2009）》称为"历史化的非物质文化遗产"。[①] 对于湖南美术历史而言，口述呈现出来的多样性和平民性的叙事话语，一方面将美术历史的语言转向了"由内而外"的突破，另一方面将对美术历史的考察转向了"由下自上"的叙述。

在重视普通美术工作者话语的同时，口述叙事还将边缘民众的话语带入中国当代美术史的考察领域。在传统美术史的叙事中，边缘民众的话语往往会被忽略。事实上，处于重要美术家或美术事件边缘的人，由于其与中心人物或核心事件拉开了一定的距离，他们看待事件的角度和思考问题的方式能够相对冷静和客观，因此，他们往往能够提供对美术历史发展非常有价值的信息。唐纳德·里奇指出，在口述史中，"处在事情核心的当事者能够完整地回想起自己的全部成就；位居边缘的人则比较能够看出主要当事者彼此之间的差异性"[②]。边缘民众以各种社会身份和文化身份介入美术史的叙事过程，其叙述话语从侧面突破了传统美术史的话语藩篱，为当代美术史的叙事注入各种现实的可能性。因此，对于一部多元话语的美术史而言，来自边缘民众的声音及他们诉说的方式是无论如何不应该被忽视的。

实际上，由于传统美术史的话语是一套"自上而下"的精英话语体系，反映的是美术历史中的精英文化和主流思想，而无暇顾及或有意回避美术史进程中其他人的声音和非主流的意识形态，因此，在传统美术史中，绝大多数非精英群体的审美文化长期以来是被忽视的，他们的话语也会因此被主流的声音所淹没，甚至他们根本没有诉说的机会。这些群体虽然切身经历了一段时期的美术发展，但在主流文献资料中，他们往往处于集体失语的状态。在口述叙事中，普通美术工作者和边缘民众作为美术活动的实际参与者和见证者，他们的话语是对亲身经历和所见所闻的未经转述的描述，是来自美术史内部的声音，代表着广大非精英群体的话语。也正是在这个意义上，来自普通美术工作者和边缘民众的话语引起我们对美术史论家精英话语的再认识。

---

① 马建成编著：《口述湖南美术史（1949~2009）》，湖南美术出版社，2013年，序言。
② ［美］唐纳德·里奇：《大家来做口述历史：实务指南（第二版）》，王芝芝、姚力译，当代中国出版社，2006年，第19页。

如果我们将美术史视为一个整体，传统美术史论家的精英话语为我们描绘了一个时代上层的美术景观，而普通民众的口述话语恰恰可以为我们打开被掩藏或被忽略的下层美术现象。口述美术史"自下而上"的话语路径与传统美术史"自上而下"的话语路径相碰撞整合所迸发的璀璨光芒，必然会深刻地影响和改变中国当代美术史的构建方式和研究重心。

小　结

虽然口述叙事潮流在中国的学术界刚刚兴起，其自身也存在一些不可避免的劣势，但作为一种与亲历者和见证者直面互动的历史记录方式，口述叙事确实将中国当代美术史带入了大众"书写"的新阶段。它通过对普通美术工作者和边缘民众记忆的"心灵考古"[①]，通过个体的微观描述，重新构建了美术史的内容，突破了传统美术史的叙事话语，给那些在历史上不曾发出声音的普通人讲述"故事"的机会，为那些在传统美术史中被遮蔽或被忽略的事件开拓空间。

更进一步讲，口述叙事通过"再造原有的各种立场"[②]，对美术家、美术作品、美术事件及其意义和价值的重新构建，对美术活动实际参与者话语的重视和倾听，其目的不仅仅是在过去与现在直接或间接的关联中将美术历史形成和发展的过程最大程度地还原，而是透过各种群体的记忆和各种形态的叙事话语，了解蕴含在不同记忆和话语背后的文化立场、价值取向、审美心态、思想倾向、人际脉络、精神面貌等隐性因素，从而在重新构建历史真实的同时，折射出具有时代意义的当代美术思想光芒。从这个角度来看，口述叙事在为中国当代美术史打开新视野、引入新方法的同时，也将思想导向、阐释权、话语权等美术史书写的关键问题强有力地推向了研究者的视域。

（本文原刊于《文艺争鸣》2017年第8期）

[①] 陈墨：《"心灵考古"：口述历史的方法与模式探索》，《当代电影》2010年第7期。
[②] ［英］保尔·汤普逊：《过去的声音：口述史》，覃方明、渠东、张旅平译，辽宁教育出版社，2000年，第6—8页。

从生命本真出发：新中国成立70年来儿童诗的新突破

刘 慧*

摘 要：论及新中国成立70年来儿童诗的新突破，我们更容易从中辨析出"古典"意蕴与中外童趣浸淫的童诗文本中民族性文学精粹的诗情传承，儿童鲜活张扬的诗思情感给予深沉抑制情绪表达的成人诗思空间的"向光性"投射，以及其向丰富多元与融通性的诗学领地拓展的"进行式"脚步。中国当代儿童诗正在有意识地摆脱成人集体"想象"或深受成人意识形态影响的"理想的儿童"审美诗学建构，进一步扩大儿童诗诗学审美内涵的完全性、融通性和变动性，在互补互促的诗歌创作与接受主体间达成最大的和谐，进而形成更为丰沛与鲜明的中国当代儿童诗诗学特色。

关键词：生命本真；诗学特色；中国当代儿童诗

儿童诗是儿童生命体精神性的养料，它的元价值就深蕴于每个儿童生命体之中，儿童"生命本位"的元价值取向凸显了当代儿童诗对既往儿童诉求和表达的诗性超越与人性尊重，以"生命本位"为元价值的儿童诗歌精神立场更是突破了以往成人为自我和儿童群体构筑"一元"的童话乌托邦书写，呈现出更为丰富而复杂的、充满生命感知性和可信度的"生命主体性"的诗歌精神立场和向度，当代儿童诗也表现出更为真诚的诗学态度，以及更为成熟和有深度的诗歌样态。

---

* 刘慧，博士，贵州财经大学文法学院副教授，主要从事中国现当代文学、新诗、儿童诗的研究。

一、"古典"意蕴与童趣的融会：民族文学精粹的诗情传承

中国当代儿童诗与外国儿童诗相比，诗中呈现出的儿童趣味不尽相同。中国当代儿童诗是根脉于中国民族文学和民间文学土壤之中的奇葩，中华民族的历史文化是其撷取诗学创作养分和丰盈诗学精神的源头。因而，大量带有鲜明民族印记的儿童诗成为其特异性标志。

大量以中国神话传说和成语故事为题材的儿童诗，赓续着文化传统，丰富着儿童读者的文化想象。高洪波的《都江堰的二郎神》从儿童视角为神话传说中曾经的反面人物二郎神重塑形象："你拿着铁锹劳动，/比握三尖两刃枪更威风！/你制伏了江水，/还驯服了凶龙，……你是凡人，/也是英雄。/像齐天大圣一样，/屹立在我的心中。"敢于大胆质疑经典的勇气是儿童独具的思维习性和思想魅力，他们的思想还没有受到拘囿，是发散型并自成体系的，也因此有别于成人的思维套路，而使儿童诗的主题思想呈现别有洞天。王立春的儿童诗集《跟在李白身后》具有典型的当代儿童诗诗艺探索精神和传承民族文学文化精华的使命感。整本诗集"以儿童诗写古诗"，重新演绎古诗经典，创新性地将写景咏物、思乡别离、爱国哲理等题材的经典古诗进行了"当代"演绎。诗作并未被古诗经典所淹没，在艺术特色和思想意蕴上生发出崭新的诗性光辉。例如，在"重写"韩愈的《早春呈水部张十八员外》的《草精灵》一诗中，诗人赋予小草以灵性，在充满了顽皮淘气的童趣中寄予着童真的想象，进而使经典古诗故事化和童话化。与此同时，诗人还注重古典与现代有机交融，在古诗的意象和意境中注入儿童诗元素，既避免了古代诗歌与现代诗歌时空的"间隔"感，又使得古体诗与儿童诗元素有机整合，激活古诗经典的意象，赋予了儿童诗古典与现代的双重气质与韵味，使其焕发出鲜活的生命气息。《草精灵》的最后两节颇有深意："春风给草精灵/一节一节上课。草精灵不再满地乱跑。/他们由浅入深地变绿，/还互相模仿，/开一模一样的花。//懂了规矩的草呀，/长了学问的草呀，/再也没有草精灵的灵气，/和从前相比，/显得有点傻。"儿童诗把当代少年儿童在模式化的教育方式规训下丧失了宝贵灵性的弊端通过草精灵的成长经历深入浅出地揭示了出来，促使读者对当下儿童教育理念的深层次问题进行反思，从而使儿童诗的思想内涵更显张力与意义的丰富性。

在对西方经典童话借鉴与创造性地进行民族性本土转化时，中国当代儿童诗另辟蹊径不为原作所束缚，给西方童话经典赋予了崭新的生命面貌。例如，圣野的《竹林奇遇》中故事的发生是接续着著名的西方童话《皇帝的新衣》，第二天，那个说了"皇帝根本什么也没穿"的孩子，被皇帝依然信任的两个骗子追踪，他跑进了密密的竹林里，就再也找不到了。"他的妈妈很担心，/到竹林里找他，/一遍又一遍地叫：'孩子，出来吧，出来吧，/骗子已经回城了！'忽然，妈妈听到，/一根竹子里有声音。//妈妈连忙请篾匠来，/破开那根竹子，这个说真话的小孩，/果然从竹节里跳出来！/妈妈惊奇地问他：/'你躲在这里干什么？'/孩子认真地回答：/'这里叫虚心国，/安全地住着/不说谎的公民。'"这首儿童诗虽是西方童话故事的延伸，但寄寓的更多是中国的民族文化智慧，从竹子这一中国典型的"君子"风范代表物，到虚心国的营构，匠心独运，在奇思妙想中对说谎的国家及大部分人说谎或用缄默变相地维护了说谎的这种错误行为进行了辛辣的讽刺。再如王立春充满异国情调的"欧洲童话"系列中的《真孩子匹诺曹》《小美人鱼》等儿童诗，都注重将西方童话与中国审美文化传统相融合，诗思轻盈跳跃，与儿童读者的想象力与趣味性相投合，使读者有种穿越了中西童话王国的时空之感。

在当下的文化语境中，如何开启儿童诗与古诗等古代经典文学对话以及与外国儿童文学沟通交流的多维空间，传承优秀文化血脉于儿童诗中，与当下儿童的情感、心理、审美观念等有机融会衔接，使其呈现更为丰富的、具有现代气息的内涵，圣野、高洪波、王立春等儿童诗诗人进行了带有实验性、先锋性的"探险"，这不仅为儿童诗的创作拓展了一片更为广阔的空间，在弘扬民族传统文化精粹与建构审美意识、化育儿童人文情怀方面也探寻到了一条有益的路径。

中华人民共和国成立 70 年以来，儿童诗博采众长、吐故纳新，在续接优秀古典诗学的文化命脉、批判地承继现代儿童诗学的价值立场、借鉴外国儿童诗学的多元表现方式以及吸收成人新诗百年的发展成果前提下，正在改变既往的二元对立式或替代式、教育式、给予式等的儿童诗写作方式，逐渐建构起以尊重"生命本位"为中心，以审美化育为主导，以成人和儿童"互促性"的平等心灵交流方式为途径的儿童诗诗学体系。

二、鲜活的情感折射：诗思空间的"补光"

如果我们抛弃那种主观臆断的"二元对立"式的成人立场的逻辑与思维，来重新考察和评估中国儿童诗的话，事实上，想当然的成人诗与儿童诗的对立关系并不存在，两者的交融与叠印才是常态化的，这是两种审美意识的互补调适与交融提升，二者都是新诗不可分割的部分，它们在诗歌品质的追求上有许多相同或相通之处，共同构成了繁花似锦的中国百年新诗样态。

诗歌被誉为"文学中的贵族"，是最见形式难度的一门文学艺术。好的诗歌要"在文字之少和内涵之大这两者之间造成中间地带"[①]。育人始于立美，立美始于儿童，真正优秀的儿童诗必定是儿童生命和成年生命可以共享的精神家园。儿童诗中儿童情感"鲜活"的外向性与成人诗中情感的"沉郁"的内倾性并置成两道诗学宇宙的情思风景，它最终将透过生理意义层面的儿童呈现人性意义的儿童。以更为宽广的胸怀和视野来考察与评价，儿童诗与成人诗在精神价值和艺术价值方面各有所长，天马行空的想象力和诗性的纯粹是由儿童珍贵的天性所决定的，这为儿童诗创作注入最为纯然的诗性因子，并为其带来独特的诗歌艺术魅力。李德民的儿童诗《秋千》："爸爸是一棵大树 / 妈妈是一棵大树 / 他们牵在一起的手 / 是世界上最美的 / 秋千 // 我坐在上面 / 荡过来，荡过去 / 撒下一串咯咯的笑声。"人为物设，爱架秋千，父母之间牵爱的手搭建起的是每个孩子最美最幸福的秋千，具象可感的爱甚至是可以通过"咯咯的笑声"听到的。相较于一直刻意追求意象的奇绝难解和诗意晦涩，在所谓的哲思深度和精神超越的道路上愈走愈远的当下成人创作的诗歌，儿童诗在童年生命的具体展开中始终执着于寻找和表现其中"向光"性的可见可感甚至是可听可嗅，通过这种立体的、"向光"性的开掘，儿童诗实践着一种对人性的宽容和对世界的爱的现实关怀与信念。儿童诗通过想象发现了一个经由无数现实中的微小存在物通向广阔艺术世界的途径，由此使自身这个受到某种形式限制的文学体裁存在展现出特有的艺术优势，并获得了一个有着无限可能的审美世界。

同时，21世纪以降，越来越多的中国优秀儿童诗被选入我国小学教材和课外读物，去功利化的素质教育提上日程，重视审美特质的诗教的当代转向

[①] 谢冕、杨匡汉主编：《中国新诗萃：50 年代—80 年代》，人民文学出版社，1985 年，第 3 页。

正在发生，儿童在欣赏学习儿童诗诗人的诗歌作品的同时，也跃跃欲试地开始诗歌的写作，儿童诗成为新诗的蒙启之诗的特征愈加明显。2017年由果麦选编的《孩子们的诗》、雪野主编的《读孩子的诗》等儿童原创诗歌集热销，同时在微信等社交媒体上广为流传并引起热议。儿童的诗以其童趣无边的想象力和真纯美好的情感力以及充满生命直觉的语感力着实给了成人耳目一新的震撼。著名诗人顾城在12岁时就曾写下："树枝想去撕裂天空，/却只戳了几个微小的窟窿，/它透出天外的光亮，/人们把它叫做月亮和星星。"（《星月的来由》）童年的诗人用直觉和印象式的语句、梦幻的情绪来咏唱童话般的生活。而7岁的姜二嫚的《灯》只有两句："灯把黑夜/烫了一个洞"。跳脱俗常的想象力中深蕴着儿童的哲思。佚名的《我想变》："我想变成一棵树，/我开心时，/开花，/我不开心时，/落叶。"儿童的诗中到处呈现生命的纯真质朴，灵性的晶莹剔透，语象的清净美好以及流动感。正如刘小枫所说："真正的诗也是童话的诗，它和真实的世界完全相反，而又十分相似。它既是预言的表现，理想的表现，又是绝对必然的表现。真正的童话作家与诗人是先知。"[1] 儿童本真的童心，使其作品散发着真挚、善良、慈悲、美好等生命光彩，本真的童心愈纯粹，爱的光亮度愈强。对一切事物以善的伦理眼光去感知和审度，予以优美灵性的拂照，并把它普泛化，这绝不是矫揉造作，而是沸扬了人性中大爱至爱这一万古不竭的诗心。只有从童稚时期就开始培育诗心，对于诗歌的热爱才能渗入血液，融化进生命。儿童文学评论家刘绪源曾提出审美具有整合性和统摄力："美感一经产生，总是包含着极其丰富的内容，包含着近乎无限的转化的可能性。凡美感，总是积极的、向上的，总能净化人的心灵，潜移默化地将你引入一种新的境界。"[2] 而当下儿童原创的诗歌作品也成为曾经只有成人生命体验为核心的人类生命诗学的重要组成部分，进而把童真之光照射进当代深郁的成人诗学空间。

广义的儿童诗是包括儿童诗诗人和儿童自己创作的诗歌，虽然它们在诗艺、诗思等方面存在差异性，但从总体上说儿童诗的语感质地和特征成为与成人新诗"陌生化"遥相呼应又对峙的另一种语言向度和尺度，有其独特的

---

[1] 周国平主编：《诗人哲学家》，上海人民出版社，1987年，第84—85页。
[2] 方卫平、王昆建主编：《儿童文学教程》，高等教育出版社，2004年，第26页。

美学价值和相当广阔的包容性。儿童诗诗人体悟世界的方式是充满童真式的感受、传达、表述的方式，童心即诗心，诗心即童心，具有相当透明度的儿童诗童真境地的营造成为借以反观复杂世界的独特"阵地"，对儿童生命流程中诸多堂奥的揭示，儿童生命与成人生命符码的交互转换，都将在这里发生。

三、向丰富多元与融通性的诗学领地拓展

中国的儿童文学发端于那场启蒙民智的新文化运动，中国现代儿童诗也应运而生，虽然周作人一再强调儿童诗的"无意思之意思"，但中国现代儿童诗产生之初便具有了相当浓厚的启蒙加教化意味。曾在中国现代儿童诗发展阶段一度被禁止的精灵、仙子等神怪类题材的写作，在当代焕发出蓬勃的生机，例如阮章竞的儿童诗《金色的海螺》、熊塞声的儿童诗《马莲花》、高洪波的儿童诗《鸽子树的传说》《飞龙记》等，此类题材的儿童诗进入当代儿童读者的视野之中，当代儿童诗诗人注重从神话传说和民间文学的题材以及表现形式中汲取丰富的艺术营养，使童话类型的儿童诗中增添了民族特色和中国气派。在20世纪30年代曾被视为儿童诗创作禁忌的"鸟言兽语"，在当代儿童诗创作中完全成为常态，这也使得当代儿童诗的表达更加丰富和多姿多彩。而战争时期，儿童诗更进一步被政治意识形态"工具化"，儿童诗中经常出现的儿童的贫穷、苦难、死亡令人不忍直视，但这种披着维护儿童权益外衣的儿童诗使人生发仇恨，其主导的是意识形态，展现的是成人的斗争和权力欲望，这使得儿童诗的价值旨归发生了偏移，儿童诗一度成了工具和武器。虽然进入当代以后，在一些特殊历史时期，儿童诗的命运也出现了与现代战争时期的儿童诗相类似的波折，但总体上当代儿童诗的发展脚步并没有停滞，特别是在题材的丰富和多元上有了进一步的拓展。

例如，死亡的人生主题与人性的丑恶面，少年儿童的青春期心理波动和朦胧情爱，底层群体特别是底层儿童的生活和心理状况，残障儿童的内心情感渴望，生态问题、应试等一些突出的社会问题和教育问题，乃至于世界各国之间的战争等内容都随着时代的发展和社会生活的变迁已经进入当代儿童诗的书写领域。"当风暴甩着鞭子抽打她时/当雨点攥着拳头欺负她时/她怎么也不反抗/还摆着那么副笑脸呀//她怕得罪它们吗/她想讨好它们吗//妈妈我想问/是不是见了什么都笑的花/就是个好孩子呢？"毕东海的儿童诗《我不喜

欢花，妈妈》是一首以物观物进而及人、构思精深的儿童诗，其中，孩子对于面对暴力和欺凌应该如何表现的思考和疑问折射出了成人儿童诗作者的思想深度和诗学表达勇气，儿童诗也一样可以通过自己独特的方式来使儿童认识到人类世界的多面性和复杂性。"我曾遇到过一双眼睛，/那是一双女人的眼睛／——她说钱丢净了。／她的家在 W 城。／家里有个两岁的孩子在等。／她的眼睛里好像有泪，／我仿佛听到一个婴儿的哭声，／于是我掏出兜里所有的毛票，／心里想着她平安的归程……//在另外一天的另外一个胡同，／我又看见了，／那个女人的那双眼睛！／也是一个少年，／也是我那天经历过的情景！//为此我像得了一场病。／病好了许久以后，／我仍害怕一类人的眼睛。／我也因此而感到庆幸：／我既有过一次轻信的经历，／又看到了别人与我同样的真诚。"薛衡民的《眼睛》写出了一位少年儿童人生中面对第一次欺骗时内心的波澜，欺骗使得真诚的少年心灵受到伤害，但在这次轻信的经历后，少年的辨别力得以提升，内心也更加强大，真善的良知并没有因被骗而失掉，反而看到了人世间更多的真诚存在，从而弥合了心灵的伤痛。蒲华清的儿童诗《校长又喊练鼓掌》描摹了放学后老校长带领全体学生练鼓掌的情景，令人啼笑皆非又满含心酸："……局长到，掌声起，／局长讲话莫冷场！／掌声要像暴风雨，局长心里才舒畅。……啪啪啪，不整齐！／啪啪啪，不要抢！／啪啪啪，笑一笑！／啪啪啪，不理想……校长吔，您看看，／我们手都红肿了，／明天怎么拍得响？／老校长，泪汪汪：／明天局长心欢畅，／他才拨款修危房。"诗作在老校长强调鼓掌要求的细节处理中表现出这一人物性格的真实性，老校长既为师生的生命安全忧心忡忡，又必须无可奈何地、违心地带领全体学生逢迎和谄媚上级领导，以换得拨款修缮危房。通过喜剧性的讽刺手法以及个性化的语言，使极其虚荣、作威作福、高高在上的官僚局长浮雕般的丑陋肖像凸显出来。这首儿童诗被作者收录在一本名为《幽默童诗 100 首》的诗集中，诗人充分发挥"含泪的笑"的美学功能介于悲、喜剧之间的特点，通过情绪的起伏对读者产生精神上的震动，使儿童和成人读者看到现实的丑恶和荒谬，从而把喜剧所特有的矫正作用有效地发挥出来。儿童诗也可以成为反映特定社会生活的一面镜子，与现代儿童诗相比当代儿童诗更具有当下性和现实性特征。而其针砭时弊的讽喻功能不仅出现在既往儿童寓言诗这种类型的诗中，而且成为了儿童借以观照现实世界丰富性和多义性的"显微镜"。

面对惨绝人寰的战争和自然灾难，儿童诗并没有回避和远遁，它的书写勇气证明着它的文体力量。"把教室/搬到/帐篷里/一边听/老师的谆谆教诲/一边听/战争的肆无忌惮//把家园/挪到/墙洞里/一边在/黑暗里摸索/前进的路/一边看/洞外的天空/是否有忧郁的/阴云"。巴以冲突中，一名巴勒斯坦儿童在加沙地带一所学校的墙洞里往外看，这所学校的学生在学校被毁后只能在帐篷里上课。何腾江用《撞击心灵》记录了这一切，触目惊心的战争还在继续，而人类对于知识的渴望以及对和平生活的向往也从来没有停止过。谭旭东的《流泪的课桌》、张品成的《这一张奖状》等大量书写汶川地震中死难学生的儿童诗读来痛彻心扉，自然灾难往往使人类重新意识到自我的渺小；而黄亚洲的《用我们的人体，连续射击》（组诗）又揭示着人类在大灾大难面前守望相助的人性伟力，"军队用淌血的手掌/托出了一代人/这一代人的书包里/永远有瓦砾、沙土、发黑的雨水，以及士兵的血……"军人大无畏的牺牲精神以及对于"下一代"生命的无限珍视凝构成了最动人心扉的人间真情。爱是代际传承的能源，爱是人类更迭繁衍的力量，爱也是儿童诗观照人类社会现实的情感基调。"你挂在长安街上，/你不是五星红旗，/你的汗水却把红旗浸染，/没有你的劳动，/长安街不会如此光鲜。"徐德霞的《长安街上的洗楼工》满含温情的关爱以儿童之口道出了洗楼工的价值所在，并对其劳动给予赞美。姚业涌的《致慢班的一位同学》是对现实应试教育的学校分班制度下儿童心理的刻画和心灵的抚慰。"凭着一张考卷的成绩，/就把你和我分离/——一个在"快班"，/一个在"慢班"，/同桌的回忆分成两半，/熟悉的话语从此消失//分离就分离……生活没有把你抛弃，/同一个目标，召唤，/你和我飞翔的双翼，/不要把分数看得太重，/看得太重就不能起飞，/请在自己脚下打好，/奋飞的地基//分离就分离，/成功不喜欢怨叹，/只相信汗水和足迹。"诗中的主人公"我"虽然对被分配到"慢班"的同桌有万般不舍，但更多的是积极的自信心鼓励：夯实学习基础，共同奋飞翱翔。事实上，分快慢班这种教育机制曾经挫伤过很多少年儿童的自信心和学习热情，儿童诗没有从控诉的角度来展现这种教育机制的片面性和危险性，而是从儿童正面、阳光的立场角度出发，选用了鼓舞劝慰的书写角度。但成人读者是能读出对于功利的教育制度的反思的。而对于当下依然存在的贫穷和城乡差异导致的留守儿童现象，儿童诗从儿童的角度给予书写和自我关注，其间，底层民众的生活之艰难和骨肉分离的无奈跃然纸上。"孩子叫作故乡，/父母叫作异乡，/父母变成一张车票，/父母变成一趟火车，/父母变成一座工厂，/异乡在父母身上流汗，/流出的汗都叫作泪，/汗水其实想，/浇灌成长，孩子想学变魔术，/把车票变成父母，/把火车变成父母，/把工厂变成父母，/把异乡变成父母，/把父母变回自己身边。"张绍民的《把异乡变成故乡》写出了转型变革时代背景下孩子们的现实疼痛，诗中九个"变"字传递出了孩子渴盼父母陪伴的急切心情，等待遥不可及，"变"才立竿见影，诗人把儿童的幻想和父辈艰辛讨生活的现实结合了起来，彻底地"变"也成为了在异乡工厂打拼，想要努力改变子辈命运的底层人民的心声。当生态失衡的状况频现，90年代中后期中国内地儿童诗中又出现了深具影响的、深刻反思自然生态被破坏并引发儿童群体关注环保问题的诗歌作品。儿童诗的角度新颖独特，看似充满童话的梦幻意味，但这恰是其举重若轻的表现力的难能可贵之处，例如张秋生的《树》："森林里被锯掉一棵树/熊就在他的画册上/画下一棵树/森林被锯掉两棵树/熊就在他的画册上/画下两棵树……//熊时常翻开画册，对他已经/不再存在的朋友说：/要是你们还在/这世界该有多好"。这首深蕴着生态意识的童话诗在熊以画画的方式怀念被锯掉的一个个树朋友的故事中，让人类沉思不已，皮之不存，毛将焉附？人类获得蝇头小利是以失掉整个赖以生存的人类美好家园为代价。

中国当代儿童诗的诗学表现疆域正在摆脱现代儿童诗阶段的诗学观念拘囿，逐渐形成了空前的开阔场景，一改仅仅局限于表现"真善美"的儿童诗主导的传统审美诗学理念，而勇于呈现出"非真非善非美"的儿童诗诗学性存在，进而使当代中国儿童诗诗学宇宙更为整体化和完满化，也帮助儿童读者摒弃片面甚至偏执的、成人幻想建构的理想审美诗园，从而建立认识这个真实世界和人性的、更为全面性和融通性的审美精神视域。

未来的中国儿童诗的蓬勃发展是值得期待的，它的被广为接受和喜爱也是可以预见的。因为儿童诗是新诗的组成部分，它是发源于人类诗性精神根部的诗歌，是海德格尔意义上的"此在"的文学样式，它能使儿童成为"此在"之人，进而"诗意地栖居于大地之上"，从而使得儿童精神生命中孕育出一种内在的、自发的成长力量，这将成为伴随和支撑儿童整个生命成熟过程的强大动力。它将成为儿童文学中最善于和最有利于儿童与成人"共生"的儿童文学类型，在互促互惠中人类得以获得生命性的纯化和圆满。与此同时，它也将是儿童文学被整个人类社会进一步接纳和喜爱的"先行者"，儿童散文等其他呵护儿童性灵的儿童文学形式也会逐渐获得更多的关注。当代中国儿童诗的良性发展将成为中国儿童文学和中国新诗健康发展的有益组成部分，它的诗学价值、美学价值、文化学价值以及人类学意义等都将进一步彰显。

新媒体技术与作家的人生经验*

刘 巍**

摘 要：作家的人生经验可以分为亲历性的日常生活经验、获得性的间接经验、想象性的虚构经验几个领域。新媒体技术的图、文、声融合，媒介信息的迅即多维度辐射，写作方式的开放动态等特征改组和分化了作家原有的经验模式，新媒体已然是作家日常经验不可或缺的组成部分。新媒体缩微了作家的间性经验，作家从经验的"把关人"变成了"共享者"；新媒体具象了作家的虚构经验，从而钝化了作家的想象能力。

关键词：新媒体；文学创作；日常经验；间性经验；虚构经验

人生经验，是人作为主体与这个世界发生联系过程中不断积累的感性与理性认识，是人之为人的特征之一。作家的人生经验是比普通人的人生经验更为细腻、更为精当、更为敏感的认识，并且作家能够将其以文字传递表达，这表达本身又凝聚了情感、智慧、领悟。一般来说，作家的人生经验可以划为这样几个领域——亲历性的日常生活经验、获得性的间性经验、想象性的虚构经验，这些经验都可或直接或间接地成为作家写作的素材，转化为笔下的文字，深刻影响作家写作的题材领域、风格气质、美学风尚。亲历性的日常经验是作家从少年到成人，日积月累的点点滴滴，琐碎杂乱却充满了生命的质感；获得性的间性经验既包括作家由书本阅读、学校教育等习得的文化传承，也包括道听途说的逸闻趣事、民间传说等，这些经验是作家创作的积淀，扩展了作家的写作视野；想象性的虚构经验亦是人生经验的一部分，每

---

* 本文系 2016 年国家社科基金一般项目"新媒体与当代文学的批评实践研究"（项目编号：16BZW030）阶段性成果。

** 刘巍，博士，辽宁大学文学院教授，博士生导师，主要从事当代文艺思潮与批评研究。

个人的精神世界都有驰骋遨游的空间，作家和作家之间也有着迥异的想象世界、不同层级的想象能力。那么新媒体是怎样作用于作家的人生经验的呢？新媒体最主要的特征是数字化和移动化——大数据将我们所有的经验以数字的方式呈现，移动终端又无时无刻不传输着这些"经验"。新媒体于是成为作家日常经验的一个重要组成部分，是作家间性经验的重要来源，也是作家虚构经验的技术操练工具（比如三维立体动画等）。新媒体盛行以来，文学创作日益多元，媒介技术的视频、音频、图示、文字融合，媒介信息的迅即多维度多层次辐射，写作方式的开放动态等特征改组和分化了作家原有的经验模式，使其实践的话语秩序遭遇新媒体的冲击而出现新质。

一、新媒体是作家日常经验不可或缺的组成部分

虽然我们无法提供作家使用新媒体通信工具的准确数据，但仅凭"人民文学""小说评论""当代""人民日报"等微信公众号的活跃度便可感知新媒体的进攻态势。新媒体成为作家人生经验的内容对作家或者说对文学意味着这样的改变——作家的日常生活经验由物质的实存衍生为电子的虚拟。这是引自小说《美丽的高楼》中的一段话："我重新找了地方租屋子，换了手机号码，换了床，换了家具，当然也换了心。此心是陌生的，疲倦、冷漠、讥讽，其变化是缓慢的，像在网速极慢的情况下下载一个大软件，正版的软件，下载完毕，它就占满自己了。"[1]作品中的比喻（网速、下载）俨然已经完全是新媒体时代的话语方式。

然而倒退30年，这样的词是根本不存在的。我们曾经以某一作家代言某一地域，比如老舍的北京城、萧红的呼兰河、沈从文的湘西；曾经以某一题材命名某位作家，比如石油诗人李季、战士诗人郭小川、知青作家梁晓声；作家曾经以其某种书写方式记录一段历史，比如巴尔扎克之于19世纪的法国、肖洛霍夫之于哥萨克、海明威之于第一次世界大战。这些经验都是作家独有的，无法复制的，是一段真实的历史呈现。可是新媒体无所不能，它使作家的专属经验成为普遍的存在，日常生活经验不一定是作家亲历的，可以通过电子模拟获得。而这种媒体图像在技术处理之后或许比真实的物质存在

---

[1] 祁媛：《美丽的高楼》，《当代》2015年第4期。

更美丽、更炫彩，就好比使用了"美图秀秀"等软件中的滤镜。"图像在不断地改变我们的生活方式，同时也在塑造我们的观念和价值，因此在这个意义上说，如今图像比人类历史上的任何时期更具有权威性和影响力。只要对电视或广告图像对当代人生活的影响稍作考察便不难发现，图像今天比过去有着更加强大的影响力。"[1] 作家不一定去过撒哈拉沙漠，但他可以看到撒哈拉的风景图片或影像；作家不一定去过南极，但他可以通过"百度"获得"经验"……写作"在作家的有意识的创造行为中获得其存在的源泉，同时在写作时记下的文本中或通过其他可能的物理性的复制手段获得其物理基础"[2]，而这物理基础在新媒体的作用下被架空，成为水月镜花。这种转变从作家以文字对实存的模仿变成了文字对模仿的模仿，在现实和文学之间蒙上了两层纱，成为影子的影子。

如果以往作家是深入实际体验生活，掌握对象细致精准的情况，给出第一手的品评，就像柳青在皇甫村实实在在地生活了14年，就像路遥去铜川矿务局鸭口煤矿下井劳动，那么现在则可通过网络搜寻查找来完成这些工作。作家劳马在其小说《走遍世界》的题记中说"有一种旅游叫足不出户"，正是这种状况的真实写照。新媒体同样模糊了作家对以往生活经验的回忆。我们在微信朋友圈中经常可以看到这样的文章:《70年代出生人的集体记忆》《60年代做过的游戏》等，有文字解说，有图片展示，甚至还有当年的经典音乐，往事历历在目，留存于脑海中的回忆则变得不那么真实。尽管二手或者不知是几手的资料也是有图有真相，并且其中有发帖人的感悟，但一手和转手"经验"则有太大的不同。首先，新媒体的文本或超文本会因为主体选择的不同而呈现不同的格局，有人去内蒙古会展现它的草原，有人会展现它的沙漠，也有人会展现它的绿洲……新媒体资源就好像一张巨大无比的网，会将各种信息一览无遗地囊括进来，虽然作家的经验比之过往数十百千万成几何倍数增长，但也带来了相应的负面效应——片断的、感性的、即时的经验让人疲于应对，人生而有限却无不在枷锁之中，作家作为某一专业领域的人，其实不需要知道得太多，而是应该知道得更好。其次，手机也好，电脑也好，它

---

[1] 周宪:《视觉文化:从传统到现代》,《文学评论》2003年第6期。
[2] [波]罗曼·英加登:《对文学的艺术作品的认识》,陈燕谷、晓未译,中国文联出版公司,1988年,第14页。

给我们提供了限定的空间，像是从窗子里面看向外部世界的风景，不仅限制了观者的视域，而且切割了真实的物质世界，所谓视野影响格局。还有就是我们所说的物我相融的境界了。法国雕塑艺术家奥古斯特·罗丹这样说："艺术，就是所谓静观、默察；是深入自然，渗透自然，与之同化的心灵的愉快；是智慧的喜悦，在良知照耀下看清世界，而又重视这个世界的智慧和喜悦。艺术，是人类最崇高的使命，因为艺术是要锻炼人自己了解世界并使别人了解世界。"[1] 物我相融的过程，经验会被选择、过滤、显影、剖光，会自然而然地带有作家主观印记，如果缺少了主体与自然"同化"的交融，怎么能说是"作家"的经验呢？

二、新媒体缩微了作家的间性经验，作家从经验的"把关人"变成了"共享者"

新媒体海纳百川的信息资源促成了"共享"模式的开发及推广，致使经验为人所共知。哈贝马斯这样解释经验：它的"表象领域是内在的、固有的，它属于我们所有人，并领先于所表现的客观世界"[2]，作家不过是将所有人的"内在表象"坐实在笔端。传统含义的作家是知识文化的占有者和表达者，在某种程度上，他是庙堂之上的权威和圣者，掌握着启迪灵性、开启民智的权利。在传媒并不发达的时代，作家获得的经验和大众获得的经验之间有个时间差，即经验先掌握在作家的手中，再传递到大众那里，作家便成为读者获取经验的重要"把关人"之一。作家的价值伦理、情感判断、人生领悟都或隐或显地融注进作品之中，经由文字、形象、意境的升发到达读者。读者阅读作品大多是从接受作家经验入门的，读者从《圣经》《创世纪》《失乐园》中获得了关于人类童年的经验，从《约翰·克里斯朵夫》中获得关于成长的经验，从《简爱》《呼啸山庄》中获得关于爱情的经验，甚至从《战争与和平》《红楼梦》中获得关于死亡的经验。

然而新媒体的出现改变了人们获取经验的方式，它提供的经验既可以

---

[1] ［法］奥古斯特·罗丹口述，［法］葛赛尔记录：《罗丹艺术论》，沈宝基译，广西师范大学出版社，2002年版，第13页。

[2] ［德］于尔根·哈贝马斯：《后形而上学思想》，曹卫东、付德根译，译林出版社，2001年，第13页。

是权威的典律、规则与规章，也可以是个体的、个性的日常经验，既可以是实际的人生经历，也可以是虚拟的游戏想象。作为公共空间的交流实践工具，新媒体提供的经验远非如"敬惜字纸"时代是作为知识阶层的作家的专属。也就是说，它提供的间接经验既是对作家开放的，也是对所有人开放的。新媒体提供的"知识民间"步入文学的经验世界，使文学接受由过去的"一对多"式变成了"多对多"式，经验由原来的信源—作家—受众的单向链条交流变成了信源—作家/受众的散点多方向交流。对作家几乎所有的经验读者都已经熟络，因为他们获得的信息是同时间同渠道的，信息传播的立体、高效消弭了作家在经验面前的优势。美国学者尼古拉·尼葛洛庞帝在其《数字化生存》一书中曾说："计算不再只和计算机有关，它决定我们的生存。""数字化生存所代表的是一种生活方式、生活态度以及每时每刻都与电脑为伍……数字化生活，将把人类带入一个后信息时代。"① 而作者在"后信息时代"就面临着如何书写经验世界的瓶颈。

  作家写作贴近生活、反映现实本是文学的本质要求之一，毕竟生活是文学的源头，从新闻素材中获得灵感也并无不妥。托尔斯泰写《复活》《安娜·卡列尼娜》，司汤达写《红与黑》，张爱玲写《色·戒》，王安忆写《长恨歌》……，都是因新闻素材而诱发的写作灵感。但是"近些年来，新媒体的高度发达使文学与传播媒介的'交集'日趋频繁，不少作家有意识地在文学叙事中'采热点'，将社会新闻拿来与小说叙事元素快速、直接地黏合，力求在'新'字上做文章"②。作家之所以与其他人不同，是因为他们有着敏感而多情的眼睛，他们可以在最平凡、最普通的人生经验中读出人类普遍的爱与痛。无数人生长在呼兰城，只有萧红为它作了传，写它的寒冷、荒凉、麻木、愚昧的同时也写了它的欢娱和情义；无数人在求学过程中都有过叫"陈金芳"的同学，只有石一枫写出了时代大潮裹挟下女性在城与乡、贫与富、物质与精神等对立元素中的搏斗、抗争与无奈；无数人在生活中都是贤妻良母，只有冰心奉行着"爱的哲学"，以母爱、童心、自然躬行着自己的人生原则。作家必须有对经验超然的能力，否则便无法实践对人生的致敬。从反向的角度

---

① ［美］尼古拉·尼葛洛庞帝：《数字化生存》，胡泳、范海燕译，海南出版社，1997 年，第 3 页。
② 雷达：《文学与社会新闻的"纠缠"及开解》，《文艺报》2015 年 1 月 16 日，第 2 版。

说，作家如果患上"新闻依赖症"，一遇素材瓶颈便向门户网站求援，一有新闻轶闻便迅速将其写进小说，则未免不妥。贾平凹的小说《带灯》写乡镇"维稳办"在工作中遇到的麻烦——拆迁、征地、群众上访，余华的小说《第七天》写政府强拆、洗脚妹杀人、底层个体卖肾等，均有实际新闻事件的影子。新闻讲究的是时效性和真实性，文学则不然，它要经得起历史的说长道短，它不仅要记录生活的真实，更要超越日常而达本质真实。就如张爱玲所说的，"读报纸的文字，是要在两行之间另外读出一行来的"①，如果作家不能在新闻中"另外读出一行"，不能将这间性经验很好地运用到小说中，新闻报道和文学作品的区别在哪里呢？贺敬之的《雷锋之歌》虽然是有感于"向雷锋同志学习"的号召，但更是提出了"人，应该／怎样生？路，应该／怎样行？"的命题，从而震撼了几代人的心灵世界。柳青的《创业史》中主人公梁生宝的人物故事来源于王家斌的人物事迹，但从语言能力和小说技巧方面看，《创业史》蕴藏着无尽的财富，作家现实主义刀刻般的笔力，其价值是怎么强调都不过分的。没有柳青，陕西文学有可能就是另外一种样子。

毕竟，间性经验是要经由创作主体的消化、吸收而代谢成为艺术能量的。就如作家王安忆所说："在我最初的写作里面，经验是占了很大的一部分。我觉得一个人在年轻的时候是很贪婪的，似乎是张开了所有的感官，每一个毛孔都在不断地吸收经验，像海绵吸水一样，把自己注得非常饱满。这个时候写作就是把吸入的东西慢慢地释放出来，让它流淌出来。我最初的写作说宣泄也罢、描写也罢，其实就是在释放自己的经验。"②间性经验累积是写作的真实性基础，王安忆去妇联体验生活，严歌苓写《陆犯焉识》穿越西北荒原，迟子建写《额尔古纳河右岸》耗资巨大进行调研等。就如同和面，需要面粉、酵母、水，还有人的功力韧劲，才能使之浑然一体。艺术本应是现实人生经验的提纯、超越与升华，不论它"在多大程度上被占统治地位的价值、趣味和行为标准以及经验的范畴所决定，所塑造，所命令，它总是比现实的美化、升华、创造性和合法性等具有更多的不同东西"③。真正优秀的文学作品应该是

---

① 唐文标主编：《张爱玲资料大全集》，时报文化出版事业有限公司，1984年，第292页。
② 王安忆：《来自经验的写作》，《光明日报》2015年9月10日，第11版。
③ ［美］赫伯特·马尔库塞：《文化的肯定性质》，赵英译，载董学文、荣伟编《现代美学新维度——"西方马克思主义"美学论文精选》，北京大学出版社，1990年，第294页。

一则不言自明的人生寓言，读过之后要有回味、有收获，而不是让读者看了就知道这个段子的原型是谁，发生在哪一年。如果不能让读者获得他们从别处也会获取的经验，以及由此而发的对彼岸世界的关怀与畅想，作家写作的独特性何在？文学的魅力何在？

三、新媒体具象了作家的虚构经验，从而钝化了作家的想象能力

米兰·昆德拉在《小说的艺术》中这样强调想象力在小说创作中的地位："小说是这样一个场所，想象力在其中可以像在梦中一样迸发，小说可以摆脱看上去无法逃脱的真实性的枷锁。"[①] 而亚里士多德则更进一步，把想象力当成作家的职责，认为诗人的职责不在于描述"已发生"的事，而在于想象"或然律"下可能发生的事，他不但要求作家的描述功底，更要求作家的想象才能。"实际上，正是在处理那些最普通的对象和最为老生常谈的故事时，艺术想象力才能最为明显地表现出来。"[②] 作家的想象力可以使他视反听、耽思傍讯、精骛八极而心游万仞。面对瞬息万变的时代，新媒体钩织的浩繁生活现场往往缭乱人们的视野，所以小说的艺术经验迸发就不仅是面对"已然"，更要面对"或然"。维克多·雨果在《莎士比亚的天才》中强调"想象就是深度，没有一种精神机能比想象更能深化自我，更能深入对象"[③]，这里指出了想象的两个维度——深化自我与深入对象。前者是对人的内在心灵世界的想象——也许是外在意象的突然刺激，也许是无意识的梦幻活动的直接显影，也许是情绪处于高峰状态的突发体验；后者是对科技的想象——深不可测的海底世界、浩瀚的外太空、消逝数亿年的物种等，有着太多的未解之谜，文学便可以浪漫生动的方式来解释这个世界，作家思接千载、视通万里可以让心与物存、神与物游。作家想象的科幻世界也许合情不合理，也许作家的想象与科技并不合拍，但小说在此进行的毕竟是人类精神世界的遨游之旅，是

---

① ［捷克］米兰·昆德拉：《小说的艺术》，董强译，上海译文出版社，2004年，第21页。
② ［美］鲁道夫·阿恩海姆：《艺术与视知觉——视觉艺术心理学》，滕守尧、朱疆源译，中国社会科学出版社，1984年，第196页。
③ ［法］雨果：《莎士比亚的天才（节译）》，柳鸣九译，载古典文艺理论译丛编辑委员会编《古典文艺理论译丛》（三），人民文学出版社，1962年，第95—109页。

人类独有的精神经验延伸。

　　对内在心灵世界的想象是文学的特异功能，它是作家对人心的窥测与探寻。人心是最难懂的，它复杂幽深，它难以琢磨，更难以描摹。冰山理论也好，三重人格理论也好，都不过是向我们展示了人类思维的难解，人心的不确定和未可知正是它的玄幻所在。作家进行的心理描写是小说中对人物心理状态、思维活动的描摹，这种写法可以和盘托出人物的所感所悟，让人物内心世界毫无遮掩地外露，读者可以透过文字看到人物的内心世界，跟他们一起嬉笑怒骂。心理描写是我们走向人物的重要通道，但新媒体的发达却使心理描写越来越退化了。首先是大量的心理描写消失了，我们越来越难见到诸如于连偷情时的内心斗争、"母亲"撒传单前对自己懦弱的自责、涓生对子君说与不说的两难、高加林对刘巧珍见或不见的利弊权衡那样的心理描写，我们看到的更多是偏重情节、匆匆赶路式的快速描写。的确，过于零散的阅读时间导致了欣赏的功利性，谁会用仅有的碎片时间去阅读数千字的心理抒发而非感受令人振奋的情节跳跃呢？其次，新媒体通过技术手段可以拟态人的内心世界，以蒙太奇手法组接人的思维活动，内心世界被机械、光能、电子、数码等技术手段呈现出来。人物想到边塞，画面就是大漠孤烟，人物想到大海，画面就是椰子树和沙滩，而作者、读者（观众）又易于接受这种用图像将内心、思维具象的表达方式，人们已经具备了读解片段对接而后生成意义的能力，也就共同认可了以"看"而非"读"的手段解读人心。但小说这种审美样式，它本就是文字的艺术，我们很难想象没有心理描写的《家》，"过去十七年中她所能够记忆的是打骂，流眼泪，服侍别人，此外便是她现在所要身殉的爱……明天，所有的人都有明天，然而在她的前面却横着一片黑暗，那一片、一片接连着一直到无穷的黑暗，在那里是没有明天的"[①]。电影、电视剧中呈现的鸣凤投河只是展现水面上的涟漪、枯枝、月亮，同时伴有悲怆的音乐，而弱化了对鸣凤心灵深处的触及。而今，作家对思维的虚构被具象，结果就是作家想象能力会被轻视而导致退化。

　　再看对科技的想象。表面上，对科技的想象弥补了现实生活经验的匮乏，可科技对想象的冲击却大得多。第一，科技的进步使想象不断变成现实，想

---

① 巴金:《家》，人民文学出版社，1981年，第229页。

象也就不再新异。萨特曾说过,"想象的活动是一种变幻莫测的活动。它是一种注定要造出人的思想对象的妖术,是要造出人所渴求的东西的;正是以这样一种方式,人才可能得到这种东西"①。可见人是先有渴求才有实践的,想象促成了现实,就会生成持续更新的想象,这样才会使写作充满生机。怎奈科技的冲击留给了想象一道窄门,我们对这个宇宙了解得越多,作家的想象力就会越少,二者是成反比的。第二,新媒体的多维空间可以具象作家的想象虚构,以致文字表达的想象失去了以往的灵气。媒体不发达的年代,读者可以获得阅读文字带来的想象快感,新媒体的发达既丰富了文学的传播手段,也因图像具象的限定影响了文化接受与理解方式。图像的优势虽然能满足观众趋易避难的心理,但也挑战着作者的想象能力。"想象力是伟大的艺术家必须具备的,想象力能支撑你艺术之路走多久,真实的故事只能给你灵感的火花,可想象力能让你飞得更远。我觉得一定要拥抱想象力,而且要使想象力的这种火种只要燃烧起来就不熄灭。"②文学本身就具备实验和想象的因子,科技不是想象的对立面,而是促成其扩容的有机元素之一,作家驾驭了现实也必能驾驭科幻的炫魅,否则他便只能是一个复写者、记录者。经验作为"物质文化"能让作家舟行其中,而真正使文学斩获承蜩之巧、羽化为蝶的却是作家超出人间烟火之上的想象力。

新媒体提供的丰富资源超前于文学叙事,作家的人生经验、文学经验、审美经验在前者的裹挟下发生了诸多不可逆的转变。文化格局、写作策略、阅读方式的变化使多数作家显得招架有余而进攻无力,但这是文学前行的契机和动力而不是阻碍和包袱。经验的将心比心、切肤之痛是文学写作的一个层级,但不是全部,人面对已知、面对未知的超越才是文学应有的担当。只有人对,这个世界才会对。

---

① [法]让-保罗·萨特:《想象心理学》,褚朔维译,光明日报出版社,1988年,第192页。
② 迟子建:《文学的山河》,《人民日报》2015年3月25日,第24版。

论新主流军事电影的类型惯例与文化逻辑

齐 伟*

摘　要：军事电影是当代中国电影最重要的类型之一。在当代中国电影史中经典军事电影不胜枚举，影响了一代又一代中国电影观众。近年来，《战狼》系列、《湄公河行动》以及《红海行动》等一批新主流军事电影突破了传统"主旋律"创制模式和以"革命历史"为核心的题材资源，显示出了在商业运作和主流价值伸张双重规训下新类型惯例的建构。同时，它们又参与了新时代语境"中国故事"及其相关价值和理想的讲述，进而生产并维护着大国崛起时代的"中国梦"。

关键词：新主流军事电影；电影类型；中国故事

引　言

"广义而言，凡与战争、军队以及军人有关的电影都可以称为军事题材电影或军事电影。"[①] 因其与国家主流意识形态的亲缘关系，军事电影一直都是中国电影最重要的类型之一。在当代中国电影史中经典军事电影不胜枚举，影响了一代又一代中国电影观众。近年来，从"具有转折性意义的军事题材主流大片"[②]《集结号》试水市场，到《战狼》《湄公河行动》等"叫好又叫座"，再到《战狼2》《红海行动》的票房"奇迹"，弥合了传统主旋律电影和

---

* 齐伟，上海大学上海电影学院影视艺术系副主任，副教授，博士生导师，"电影产业与中国故事创新研究"上海市哲学社会科学创新研究基地主任，主要研究方向为影视理论与批评、新媒体与电影产业等。

① 饶曙光：《军事题材电影与主流大片》，《解放军艺术学院学报》2009年第4期。
② 饶曙光：《军事题材电影与主流大片》，《解放军艺术学院学报》2009年第4期。

商业电影之间裂隙的这一批军事电影再度引发电影业界和理论批评界的广泛关注。那么，我们应如何看待新时代语境下由彰显大国气质和主旋律色彩的军事电影引发的电影观影热潮？它们在继承传统中国军事电影创制经验的基础上，又有哪些类型创新和突破？

一、从"讲好中国故事"到"讲好新时代中国故事"

"讲好中国故事"是新时代语境下中国电影的核心命题之一。这其中至少涉及两个层面的问题：一是什么是中国故事，二是如何讲好中国故事。也就是说，如何从种类繁多、题材各异的故事资源库中提取符合时代气质、民族品格和国家精神的"中国故事"，又以何种有效形式讲述和传播，是摆在中国电影面前的重要课题。就目前来看，这一批彰显大国气质和主旋律色彩的军事电影在"讲好中国故事"，或者更确切地说在"讲好新时代中国故事"方面带有某种示范意味。

无疑，它们作为卖座影片的商业案例意味显而易见。但是在新时代语境下，这一批现象级影片也似乎为军事电影创制提供了某些新的类型惯例、成规和经验。不仅如此，它们在探索新类型惯例的同时又参与进新时代语境下的"中国想象"、主流价值观表达等，进而完成当代中国的"神话"[①]制造。进一步说，当下这些军事电影的创制既是以新时代为背景，同时又是新时代语境构建的参与者。这一批被称为新主流大片[②]的军事电影参与进中国崛起话语及其有关的价值与理想阐释的叙事体系，进而生产并维护着带有神话气质的中国故事。有趣的地方在于，新主流军事电影的创作者并没有通过降低审美趣味、文化品格和政治担当来迎合市场，而是与主流价值、主流市场一起合作，以类型化的商业电影形式强化着主流价值观。

换句话说，以《战狼》系列、《红海行动》等为代表的这一批军事电影既符合产业化语境下商业电影的运作机制，又富含国家意识形态和主流价值

---

① 法国结构主义符号学学者罗兰·巴特从"功能"的层面将"神话"的真正原则认定为把历史转化为自然。任何神话系统的内在逻辑都起到把社会经验自然化的作用，即把我们认为是理所当然的信念系统编织进复杂多面的日常生活中，显得"很自然"。相关论述参见［法］罗兰·巴特《神话——大众文化诠释》，许蔷蔷、许绮玲译，上海人民出版社，1999年，第189—190页。

② 关于"新主流大片"的相关论述参见张卫、陈旭光、赵卫防、梁振华、皇甫宜川、张俊隆《界定·流变·策略——关于新主流大片的研讨》，《当代电影》2017年第1期。

观的表达，同时也契合了当下主流电影观众关于"厉害了，我的国"的想象。这一方面显示了在新时代语境下，商业电影创作观念的拓展，即从规避主旋律议题到主动将国族认同、中国梦等时代命题作为电影的核心标签；另一方面，这一批富含主流价值观和国家意识的军事电影的"叫好又叫座"也意味着电影市场对其主流电影身份的确认。因此，与其说这一批军事电影是在迎合国家意识形态和主流价值观，不如说是新时代语境下中国梦的时代命题、主流观众的观影需求汇流进其文本叙事和价值彰显中。在这个意义上，可以说这一批新主流军事电影为中国电影寻求"讲好新时代中国故事"提供了某种启发。

事实上，中国电影一直都在讲述中国故事，中国故事也一直都是中国电影最重要的素材和资源。其中的区别在于，不同历史时期我们从资源库中抽取的角度、提炼的内容和展现的方式各有不同。在中国当代电影史中，很长一段时间中国军事电影都聚焦于革命历史或者重大革命历史题材，为我们讲述一个关于新中国的故事。不论是"十七年时期"（1949—1966）的《南征北战》《平原游击队》《红色娘子军》《英雄儿女》，还是新时期以来的《西安事变》《血战台儿庄》《开国大典》《红樱桃》等，这些影片都是从不同侧面讲述不同历史时期中国人民抵御外侮、反抗压迫最终建立中华人民共和国，以及如何建设新中国的故事。大多数时候，中国军事电影为我们所呈现的"中国故事"就是保家卫国和建设家园的故事。

不同于以往聚焦于保家卫国、反抗压迫、建设家园等讲述"革命历史"的传统军事电影，这一批新主流军事电影将视角更多地对准"中国特色社会主义新时代"，为我们讲述与国际维和、跨境缉毒和撤侨等非战争军事行动①有关的"新时代中国故事"。这些以"国族认同"为底色、彰显新时代大国气质、在电影市场中"叫好又叫座"的电影本身意味着一种新时代"讲好中国故事"的方法论探索路径。整体来看，这一批影片继承了中国军事电影传统，

---

① 非战争军事行动是冷战结束后由美国率先提出的。所谓"非战争军事行动"主要包括国家援助、安全援助、人道主义救援、抢险救灾、训练外国军队、向外军派遣军事顾问、维持世界和平、反恐怖、缉毒、武装护送、情报的收集与分享、联合与联军演习、显示武力、攻击和突袭、撤离非战斗人员、强制实现和平、支持或镇压暴乱以及支援国内地方政府等。（参见军事科学院外国军事研究部编《美军作战手册》，军事科学出版社，1993年，第8页）就我国而言，2009年中央军委下发的《军队非战争军事行动能力建设规划》和2011年版《中国人民解放军军语》，将非战争军事行动划分为反恐维稳、抢险救灾、维护权益、安保警戒、国际维和、国际救援六种类型。

通过借鉴好莱坞特别是香港类型电影的经验，融合超级英雄片、动作片等类型元素，实现了新时代语境下中国军事电影的类型突破和创新。这一批影片在故事情境、叙事策略、人物形象塑造和主题呈现方式等方面均呈现出了某种军事电影类型范式拓展和新叙事惯例建构的意味。

二、叙事语境的"中国式"和"当下性"调校

正如有学者所论述的，"这是中国初步完成现代化以及实现经济崛起之后对自我的重新认识，《战狼2》从大众文化的角度回应了这种新的中国位置和自我想象"[①]。这一方面意味着回应中国现代化初步完成和经济崛起的"中国梦"构成了这一批新主流军事电影创制的文化语境，另一方面，新主流军事电影也通过其叙事语境的调校回应了新时代的中国位置和中国想象。

新主流军事电影在类型化叙事层面的显著特征是把当下中国正在经历的某种国际的、社会的现实境况浓缩进某种冲突及其解决的戏剧性叙事框架中，并提供一个以"海外撤侨""国际反恐"等为核心的逻辑模式。在这一套被电影叙事与主流意识形态共享的逻辑模式中，影片通过正义与邪恶二元对立的戏剧性冲突的最后解决，完成对国族认同以及新时代中国形象的建构。例如《湄公河行动》改编自2011年中国船员金三角遇害的"湄公河惨案"，《战狼2》和《红海行动》以2015年"也门撤侨"行动等真实事件为故事蓝本。在将真实事件"浓缩"为戏剧性作品时，不仅保护本国公民或营救海外侨民是叙事得以展开的叙事动因，而且围绕这一"真实事件"，建构影片中正面人物（我方军警）与反面人物（国际恐怖分子/雇佣兵）双方之间的矛盾冲突关系。影片往往围绕着"营救""反恐"等一系列战斗任务，为冷锋、蛟龙突击队等正面人物的目标行动设置更为细分的行动"障碍"和"困境"。影片叙事在"难题/难题解决→难题/难题解决→难题/难题解决……"的推演过程中，既奇观化地展示各式新型武器装备、精细地描摹真实残酷的战斗场面，又将个体主人公或集体主人公身上"只解沙场为国死，何须马革裹尸还"的英雄气节和家国情怀浸润其中。在我方军警战胜国际恐怖分子/雇佣兵，成

[①] 张慧瑜：《〈战狼2〉："奇迹"背后》，《社会科学报》2017年9月14日，第8版。

功完成营救人质的高潮戏后最终完成了"结和解"①的全部叙事。

需要指出的是，这一批新主流军事电影在调用大多数观众所熟悉的戏剧式电影叙事成规的同时，又对其中的若干类型叙事元素进行了"当下性"和"中国式"调校。具体来说，新主流军事电影最显著的类型调校体现在影片叙事语境的变化。这些影片跳脱出中国近现代"屈辱史"和"抗争史"等传统军事题材电影的叙事语境，将和平崛起时代的大国"为何"与"何为"作为电影叙事展开的新语境。伴随着中国的和平崛起，特别是地区间或国家间的政治、经济和文化交往日益增多，在维护中国海外权益、保障中国海外公民的合法权益，以及在国际新秩序的建设和变革中，中国都承担起了更重要的责任。这是这一批新主流军事电影叙事语境调校的现实基础。在这一新的叙事语境中，救亡与抗争、革命战争的国内空间被转换为反恐缉毒、国际维和救援的域外空间。

一般而言，类型电影中的空间具有较强的视觉辨识度。它既是一个讲述故事的架构或情境，也是某种象征意味的"舞台"。"它是一个特殊的图像地点，这是通过对它的成规化使用而在视觉上和主题上确定下来的。这一具有本质意义的舞台是个体主人公或集体主人公从一开始就进入，而在面对那固有的对立并促成其最终解决之后，最终离去的地方。"②

一批由真实事件改编的军事影片中出现的域外空间的真实状况是什么并不是最重要的，重要的是它是一个想象的、符合中国观众期待的、危机四伏的域外文化空间。而这一文化空间是一个平衡但不稳定的世界。平衡意味着这个世界中原有的各方力量之间的冲突、角力与争斗，不稳定则意味着当几股力量在冲突对立中失衡时所生成的某种危险状态。因此，当不稳定因素上升至"危险"状态时，作为正义一方的个体/集体主人公得以进入这一空间。而当冷锋、蛟龙突击队等影片主人公完成既定营救任务之后，撤回到本国军舰而非介入域外空间中的政治军事纠葛既意味着影片叙事的完结，同时也带有某种仪式性和象征性。

---

① ［古希腊］亚里士多德：《诗学》，陈中梅译注，商务印书馆，1996年，第131页。
② ［美］托马斯·沙兹：《旧好莱坞·新好莱坞：仪式、艺术与工业》（修订版），周传基、周欢译，北京大学出版社，2013年，第79页。

三、叙事惯例探索与新时代中国故事的"全球化"表达

这一批军事电影通过把地理意义上的域外某空间文化化，使其故事发展、人物关系建构和主题表达具有叙事合法性。也就是说，当缉毒特别行动小组、冷锋、蛟龙突击队等个体/集体主人公的行动目标（缉拿和惩治罪犯、营救和撤离中国侨民）被设定在这样一个"天然地"充满危险、随时爆发战乱的文化空间（"金三角地区"或者"非洲某国"）中时，其行动过程中出现的"障碍"和面临的"困境"便顺理成章了。

有趣的地方在于，当冷锋、缉毒特别行动小组或蛟龙突击队等"我方"被设定为影片中的正面人物或正义力量时，"寻求反面人物"便成了一件十分棘手的工作。在这个过程中，调用传统中国军事题材电影中的"敌我关系"，或冷战思维影响下超级大国"两极对立"模式都是不足取的或者说是危险的。我们看到的是以打击国际恐怖犯罪、营救本国侨民等任务为核心，由营救者（正面/正义一方）与国际恐怖组织/雇佣兵（反面/邪恶一方）构成的一组二元对立模式。《湄公河行动》中的我方派出的缉毒特别行动小组与以糯康为首的特大武装贩毒集团，《战狼2》中的退伍特种兵冷锋与国际雇佣兵，以及《红海行动》中的蛟龙突击队与恐怖分子等，基本都是采用这样一套二元对立的人物关系建构。这种带有普世性的结构方式在保证矛盾性和对抗性等戏剧性冲突的同时，最大限度地剔除了"营救者"及其背后国家力量可能显露出的侵犯性与进攻性。

在这样一套叙事机制下，不论是《战狼》中那句"犯我中华者，虽远必诛"，还是《战狼2》《红海行动》中反复出现在公海执行护航任务的中国军舰，深入动乱地区承担营救或撤侨任务的个体或集体主人公身上，都集中呈现了他们在保护海外中国公民权益时的国家存在和国家意识。此外，凸显人类命运共同体的全球价值和超越国别、信仰及种族等的国际人道主义情怀也渗透进这些影片的叙事表意系统中。一方面，创作者通过将"拉曼拉病毒"（《战狼2》）、"脏弹技术"（《红海行动》）等威胁某一地区和平和安全的元素嵌入其叙事结构内部，在增加了情节强度之余，也将其叙事内核从撤离或营救本国侨民提升为维护国际和地区和平与安全的层面。另一方面，影片在"撤侨"或"营救"的叙事过程中，也采用了更为普世性的表达。在《战狼2》

中，面对撤侨的直升飞机时，营救或撤退的先后顺序不再以中国人和非洲兄弟为标准，而是选择以"女人孩子先走，男人跟我走"这样一种更富人道主义情怀的处理方式。再比如在《红海行动》最后一个营救段落中，蛟龙突击队的作战任务从营救中国人质邓梅的最初设定到队长杨锐决定"除了邓梅之外，我想把其他人质全都救下来"的任务变更，其实都是在以一种更为"全球化"的表达讲述中国故事，传递中国价值。从某种程度上来说，这也是新时代语境下中国故事寻求"全球化"表达的一种叙事探索。

大多数情况下，由于被"'大于'叙事本身的表意系统所决定"[①]，类型电影中的人物往往都是一个易于辨认，缺乏丰富性、立体化的"扁平人物"或"类型人物"[②]。但是，正是因为人物形象中丰富性的"禁用"，其更易于成为某种特性、理念的体现者和承载者。我们甚至可以说，类型电影中的主要人物就是某种理念本身。无疑，不论是《战狼》系列中的冷锋，还是《湄公河行动》《红海行动》中的"特别行动小组""蛟龙突击队"特种部队作战小组，这一批广泛吸收和借鉴好莱坞类型电影经验的人物形象基本都是类型化的。这就意味着，我们需要讨论和辨析的并不是它们是否突破了既有的类型人物创作范式，而是这些类型人物承载了何种理念，又如何完成这一理念与人物形象本身的高度融合。

就目前来看，新主流军事电影在类型人物创作层面呈现出两个不同向度：以《湄公河行动》《红海行动》等为代表的集体主人公，以《战狼》系列为代表的个体主人公。可以说，集体主人公是以战争片为代表的军事电影在人物形象创作时的惯例。"在战争电影中，个体的需要常常让位于群体的需要。战场的特殊情况使得个体的利益要建立在野战排、中队、师团、营队、舰队、军队还有国家的基础上。"[③]不难发现，尽管《湄公河行动》《红海行动》等影片会花费一些笔墨在塑造个体角色（《湄公河行动》中的缉毒情报员方新武、《红海行动》中的观察员李懂等）、呈现个体角色之间的情感交流（《红海行

---

① ［美］托马斯·沙兹：《旧好莱坞·新好莱坞：仪式、艺术与工业》（修订版），周传基、周欢译，北京大学出版社，2013年，第69页。
② 参见［英］爱·摩·福斯特《小说面面观》，苏炳文译，花城出版社，1984年，第59页。
③ ［美］约翰·贝尔顿：《美国电影美国文化（第2版）》，米静等译，上海人民出版社，2010年，第203页。

动》中机枪手"石头"与佟莉等）上，但影片并不是力图将某一个或某几个身怀绝技、拥有超强单兵作战能力的特战队员塑造成多维的"圆形人物"，而是将各种各样的个体角色装置在队长、狙击手、观察员、机枪手、爆破手、医疗兵等作战兵种的身份中进而包含到"蛟龙特战队"这样一个更大的集体身份中。这样一种处理方式看似"取消"个体人物性格，实则是为了强化作为集体人物的蛟龙突击队的强大、忠诚。在整部影片中，蛟龙突击队既是一个作为"叙事触媒剂"①的作战小分队，也是某种特质和理念的体现者。不论是在执行第一个任务时，队长杨锐冲进被困侨民藏身的大楼说的那句"中国海军，我们带你们回家"，还是营救任务从原计划的营救邓梅到最后救出全部人质，观众看到了一个具有强大战斗力、团队合作精神，既会"带我们回家"又"谁都不能抛弃"的战斗小分队，同时也感受到了它背后强大国家的存在，或者说它就是强大的国家本身。

如果说《湄公河行动》《红海行动》中的人物设计是基本遵循了军事电影的类型惯例的话，那么《战狼》系列则因为冷锋这一"超级英雄"的人设而拓展了军事电影类型人物的可能向度。一般而言，像冷锋这一类带有个人英雄主义色彩的超级英雄形象在军事电影中大多代表着一种放纵和桀骜不驯，也往往会成为实现集体共同目标的阻碍或是会消解某种集体价值表达。这一点，在《战狼》和《战狼2》的开端叙事段落中，不论是冷锋直接违抗命令击毙毒贩武吉，还是为保护牺牲战友俞飞家周全的"以暴制暴"，这些行为都淋漓尽致地展现了冷锋的这一特质。而且，影片的大多数段落也确实是在将冷锋塑造成单枪匹马、独来独往、身具多种技能且无论遭遇何种险境都能最终化解的孤胆英雄。在这个层面上，我们确实可以说冷锋是一个个人英雄主义人物。

不过，当我们细读《战狼》系列的文本便不难发现，冷锋的"个人"和"英雄"特质仍然受到某种主流价值的规训。例如，在《战狼2》的开篇部分，首先通过冷锋"以暴制暴"展现其个人英雄特质，将其推出生活的常规，为影片后面其孤身作战埋下伏笔。与此同时，旅长石青松在为其摘下肩章时有一段画外音："军人之所以被尊重，不是因为'军人'两个字，而是因为军

---

① 参见［美］托马斯·沙兹《旧好莱坞·新好莱坞：仪式、艺术与工业》（修订版），周传基、周欢译，北京大学出版社，2013年，第69页。

人担负的责任，即使脱了军装，职责还在，一样会被人尊重。"这段话意味深长之处在于尽管冷锋不再身着军装，成为某种远离集体的个体，但是其身上军人的职责、尊严和使命始终还在。换句话说，他依然拥有军人的身份，国家及其背后的主流价值系统随时都会将作为个体的冷锋"召唤"成主体。影片结尾处，当搭载着华资工厂员工的卡车越过交战区，冷锋用右臂做旗杆、整个身体为底座高扬中国国旗时，这一仪式性的设计既意味着影片叙事的完结，也意味着个人英雄对民族、国家等集体价值和理想的认同、确认和皈依。不难发现，《战狼2》在冷锋这一个人英雄主义人物形象身上嵌入了一套兼具普遍性、崇高性的国族认同理念。个人英雄主义是冷锋这一典型人物形象的表层特质，它是影片的看点或卖点；而民族大义、国家利益等国家主流意识形态则被置入其人物性格的内核，规训和召唤这一表层特质。

结　语

一跃成为主流电影类型的军事影片是新时代语境下"中国故事"的重要表征，具有了某种"讲好新时代中国故事"的方法论和认识论意味。这一批军事电影突破了传统"主旋律"创制模式以及以"革命历史"为核心的题材资源，显示出在商业运作和主流价值伸张双重规训下新叙事惯例的建构和类型进阶。同时，它们又参与了新时代语境"中国故事"及其相关价值和理想的讲述，进而生产并维持着大国崛起时代的"中国梦"。

当然，这一批军事电影并没有通过降低审美趣味、文化品格和政治担当来迎合主流市场，而是与主流价值、主流市场一起合作，将主流价值观精致地嵌入类型化叙事系统。因此，一方面，这一批新主流军事电影被看作不仅仅是吴京、林超贤等电影创作者的艺术表达和文化想象，而且更是创作者与观众用以想象当下中国的完美合作；另一方面，理论批评界也敏感地捕捉到这一批新军事电影在类型范式之外所蕴含的参与主流文化建构的特质，特别是其作为商业类型电影与"中国梦""中国故事"之间的内在逻辑。换句话说，这一批新主流军事电影，为新时代"讲好中国故事"提供了某种"类型"方法，同时我们也通过它们与新时代主流价值之间的关系丰富了对新时代"中国故事"的认识。

"家园意识"观照下的生态诗学建构

——论谢宜兴的诗歌创作

许陈颖*

摘　要：20世纪中叶，"人类中心主义"哲学思潮影响下的理性张扬、科技进步、工业发展等给人类带来福音的同时，也引发了全球范围内的生态危机，并导致当代人生存困境的发生。诗人谢宜兴扎根家园故土，并对工业文明所导致的人与自然的危机给予反思与批判，由此走向整体主义生态美学立场并走上诗歌生态主题的拓展之路。诗人把他的精神追求与对生命的敬畏结合在一起，并通过心灵内在价值观的调整和交互感通式的审美体验，走向生命的"诗意栖居"，从而更好地回答"人应该如何生活"这个永恒的话题。

关键词：家园意识；谢宜兴；生态诗歌；整体主义；诗意栖居

20世纪中叶，"人类中心主义"哲学思潮影响下的理性张扬、科技进步和工业发展等给人类带来福音的同时，也引发了全球范围内的生态危机，人类开始反思并提倡"重返大地"的生活方式。"家园意识"作为一个生态美学概念就是在这样的背景之下被海德格尔提出的。他在探索人类自我救赎之路时，明确提出反对西方传统主客对立的哲学观，并认为大地与天空是人类解脱与超越的精神来源，是远离一切喧哗的本源。"'家园'意指这样一个空间，它赋予人一个处所，人惟在其中才能有'在家'之感，因而才能在其命运的本己要素中存在，这一空间乃由完好无损的大地所赠予""返乡就是返回到本源近旁"。[①] 由此可以看出，海氏的"家园意识"表层上是指人与自然的生态

---

* 许陈颖，硕士，福建宁德师范学院副教授，福建省评论家协会常务理事，宁德市作家协会副主席，主要从事文学理论、当代诗歌及畲族文化的研究和教学工作。

① ［德］海德格尔：《荷尔德林诗的阐释》，孙周兴译，商务印书馆，2000年，第15、24页。

关系，但在深层次上是指万事万物回归本真状态，并在此基础上实现人之诗意栖居的现实存在。虽然"家园意识"作为正式概念的提出源自西方，但如果追溯它的"前现代"资源，中国典籍中的思想无疑是得天独厚的。《周易》《老子》《庄子》均以天人关系作为其制高点，《诗经》也在众多篇章中记载了先民择地而居从而繁衍生息的历史。可以说，中国古代诗学传统里就蕴含着深刻的"家园意识"。

20世纪70年代，中国诗坛曾经历了人与自然对立的颂歌式创作，但到了新时期之后，思想的解放带来诗歌创作的观念创新，出现了一批具有崭新生态意识的诗人。他们从家园故土中汲取滋养，呼唤与自然万物同呼吸共命运的主体间性意识，从而超越了人类中心主义的狭隘视角，与全球视野中的生态理论相互渗透、相得益彰。正如梅真教授所言："中国当代生态诗学的探索与实践，是诗坛对全球生态危机的积极应对。"[①] 福建当代诗人谢宜兴就是其中一位。

谢宜兴，20世纪60年代中期出生并成长于福建闽东霞浦的一个小乡村，80年代末步入诗坛，出版诗集数部并多次获奖。在40多年的诗歌写作生涯中，他坚持生态诗学写作，在思与诗的审美对话中意识到自然的无限性与人类认知的有限性，从而走向整体主义生态美学立场。

一、扎根故土：苏醒的家园意识

在漫长的农业文明时代，土地与天空是人类立足的根基，人与自然在感性上是相依相存的关系，未被工业文明入侵的家园与天地浑然一体，成为人类自觉观照的审美对象。20世纪80年代，原生态的乡村风光与风土人情成为谢宜兴早期诗歌作品中的主题，富有生命力的自然万物，与诗人曾经依存的爱与苦并存的土地亲密地连接在一起，使他得到美的享受与情感上的满足，并使诗人由此走向生命的体认。

在诗人早期的诗作题材中，大自然是其主要的描摹对象。

首先，树木、山泽、黄昏、花草、鸟雀等进入他视野中的自然景物，成

[①] 梅真：《诗学的方向与归属：生态诗学——中国当代生态诗学建构之我见》，《当代文坛》2018年第6期。

为出现频率最高的物象。诗人在描摹它们的时候，拒绝了传统托物言志的手法，恢复了生命直觉现场，比如他描写黄昏的自然景物："一只巨大的黑鸟栖落老树／熟透的夕阳无声坠落""妈妈的呼唤从林中传来／我脚下的松果烂成泥土／手上长出一片松林""我忽然想家想站起来走回山下／但我的双脚已深深扎进泥土并长成庞大的根系"（《走向黄昏》），他以生命的眼光看待万物，恢复了人与自然之间亲密无间的关系。大自然解放了年轻诗人的五官感觉，他用心看，用耳听，用身触，感受自然万物的活泼、通灵："那时我坐在陌生的山坡上／矢车菊在我身边一个劲地蓝""肩上的柴垛山一样移动／母羊的叫声把山峡黄昏的寂静点燃"（《回归田野》）；"我不知道青蛙雄性的啼哭／为什么永远使人感人而鲜"（《独占黎明》）。接近大地，接近自然，也就接近生命。虽然诗人的笔触还显得拙朴，但精神世界的舒展为他守住了一份简单而隐秘的欢快。

其次，乡间各个生命的自然律动伴随美丑、善恶，进入诗人的视野，使他在贫困的乡村生活中发现了另一种特征——淳朴、自在及相对的原始活力。正如孙绍振先生为谢宜兴的诗集《留在村庄的名字》所作序言中提到的："在福建东部的一个小乡村里，谢宜兴自小在那进而长大，贫穷而纯朴的乡村有许多如今在商品社会中久已丢失的因素。现在想起来，那些丢失的东西弥足珍贵。"[①] 比如：乡间女子的淳朴——"不问贫富 一头扎入土屋／生儿育女／以乡村女性传统的方式／把钟爱的土地牢牢系住""一生一次疯狂／这深情热烈而朴实"（《长根的花》）；山里孩子的自在——"把羊赶上山坡／仰躺在青草地上／读溜溜的云读悠悠的天／不知不觉睡着了／醒来羊儿已啃光了嫩嫩的童年"。乡间女子与放羊娃的淳朴是接近自然的天真，葆有更多混沌未开的天性，因对外界无所求故而也无所依赖，这些品性恰恰是物欲横流的社会中极少见的珍贵品性。当然，乡间还存在苦难与落后。比如"姑换嫂"的陋习，被残害的苦妹虽然"像莲花亭亭玉立／哪知她却似莲子苦在心里"，为爱情而瞎的阿三"掘开记忆的墓室／眼中流血心内成为灰"，因为贫穷"卖了漏屋埋葬寡母"的年轻人，等等，这些人物身上所蕴藏着的民间文化形态的真实性，以及民风、民俗、人情所具有的审美价值等，对诗人的世界观与人生观产生了潜在

---

① 谢宜兴：《留在村庄的名字》，作家出版社，1997年，序言，第4页。

而深刻影响。故土家园里的人与事，乡间原始生命的朴素、自在与民间生活的艰辛、苦难，参差对照形成了诗人对生命本真的认识。

不可否认，谢宜兴早期的诗歌在语言和技艺上还略显稚嫩；但是，当诗人用心感知故乡的天、地、人、事之时，一种返回生命基座的审美意识在他的诗歌中苏醒，并由此确立了诗人"家园意识"的生态源发点。

二、城乡对峙：现代化进程中的家园意识

人类中心主义加速了人从大自然层面的剥离，伴随着现代文明进程的是人与自然家园之间美好浑然原始状态的打破。谢宜兴离开故乡前往都市定居，但"家园意识"的内置使他自觉调整观察点，形成对转型期出现的"城乡对峙"敏锐捕捉的生态批判立场，这个立场与几十年的社会变迁是紧密地联系在一起的。

一方面，面对改革开放初期经济迅猛发展背后对大自然过度开发、利用所造成的生态恶化，内在的良知与家园责任感使诗人有着比常人更深切的体验和悲痛的情怀。他在家园回忆中抒发自己的忧愤："水泥阳台上许多美好事物／都失去了古朴和诗意"（《怀念耕地》）；面对商业旅游中低素质游客乱扔垃圾所造成的严重环境污染，诗人以雾的名义劝导："大自然的美拒绝饕餮，崳山的雾／是一次重游之约也是一种阻止和劝导"（《崳山灵雾》）；在面对工业污染所导致的雾霾之时，他以反讽的手法写道："还有多少绿色能感动白云的肺腑／鳄鱼的泪囊里又能挤出多少水晶情怀／从今往后，就是西北风也喝不上了"（《西北风》）；他痛心于湖水被无良企业所排出的工业废水染污："像大自然伤口上白色的盐粒／我听见有人痛心疾呼／请把天蓝湖蓝还给天空湖泊／白鹭洲的白鹭正在消失"（《白鹭》）。从自然的原初出发看待万物在现代化进程中的处境，这使诗人的目光能避开现代文明的遮蔽，反思工业文明对"自然"的践踏及人类中心主义所导致的恶果，从而对"唯进化论"产生质疑与批判，正如诗人所说的，"大自然有自己的鬼斧神工／无须人类削足适履"（《大自然有自己的鬼斧神工》）。

另一方面，疾速发展的社会不仅对大自然造成了潜在的伤害，对人类的生活方式和价值观念也产生了极大冲击。20世纪90年代，中国城市化的快速扩张，带来了中国乡村的凋敝，催生了农民工的进城热，诗人捕捉到这个

社会现象:"迁徙是不是一种遗传/和季节一道赶春叫不叫/背井离乡/搭农历的列车隆隆南下/他们比燕子更早动身"(《城市候鸟》)。但是,作为城市底层的农民工并不被都市主流悦纳,当他们满怀希望地进入城市之后,反而陷入更加严酷的牢笼。一方面他们很难成为城市的主人,另一方面他们祖祖辈辈栖居的家园,却又因为他们的离去而乡村"空心化",乡村伦理的魅力不复存在。诗人感慨道:"在陌生的檐下打开行囊/城市发现他们袋里藏着/自己遗失已久的故乡"。曾经"不问贫富"淳朴的乡间少女,也被商品经济的大潮席卷,"在城市的夜幕下剥去薄薄的羞涩",成为城市文明阴影中的商品。在《我一眼就认出那些葡萄》中,谢宜兴以"葡萄"这个意象暗喻乡间少女,并质疑道:"但我不敢肯定在被榨干甜蜜/改名干红之后,这含泪的火/是不是也感到内心的黯淡"。"葡萄"与"干红"之间的意象转化丰富了新时期生态诗歌写作的文化意蕴和审美内涵。乡村家园在城市化进程中被拆毁,传统文明逐渐解体,不论是农民工还是成为商品的乡村少女,他们实际上都成为居住家园和精神家园的双重漂泊者。深切的文本关怀使谢宜兴的诗歌创作具备了进入当下生活并与之发生审美联系的能力,并指向时代变革中乡村普遍产生的失去家园的精神焦虑。

"只有人意识到并且主动置身于这一周行不殆的化迁运转之中,人才有了根基,才有了灵性,才有了随心所欲的自由,才有了无畏无惧的信念。"[①]在工具理性主导的现代社会里,人类失去对自然的敬畏之心,导致家园环境的恶化与家园伦理的迷失,生存困境接踵而至。所以,恢复对自然的敬畏,心怀谦卑地与万物平等交流,是生态意识觉醒之后的生命必然。

三、敬畏生命:走向整体主义的家园立场

当代社会是一个多元共生的时代,人与自然万物应该走向平等共生,因为生命与感觉是存在于万事万物中,敬畏生命绝不应该仅限于人的生命,这个立场支撑着谢宜兴的诗歌写作。他的作品中,消除了人与植物、人与动物之间的感觉区别,以整体主义的立场去感知生命、敬畏生命。正如当代环境理论家阿尔伯特·施韦泽所说:"一个人,只有当他把植物与动物的生命看得

[①] 鲁枢元:《陶渊明的幽灵》,上海文艺出版社,2012年,第27页。

与人的生命同样神圣的时候,他才是有道德的。"①

闽东霞浦官井洋是全国唯一的大黄鱼产卵洄游基地。20世纪80年代出现了"敲罟"的捕鱼方式,即渔民撒好网后敲击船帮上的竹竿,通过水下声波将大黄鱼震昏,鱼群不分老幼全部被赶入网中。这种赶尽杀绝的捕捞方式,部分导致了90年代之后大黄鱼的鱼汛消失。谢宜兴在《敲鱼》中以一头鱼的口吻写出"敲罟"的残酷性,呈现了闽东这一特产在趋利时代中的生态处境:"为什么我的头晕痛欲裂/这是谁在哭泣/我的腮边流出鲜血/一个少年在岸边听到的全是哭声"(《敲鱼》)。正因为对生命有了感同身受的同理心,即使面对着一株植物,谢宜兴也能形成与众不同的生态观察视点:"当你看到我现在写下橡胶树/可你是否想过自己就是其中的一株/我们直直地站立,仿佛只为/等待谁对我们下刀子"(《伤心是一种怎样的白》)。在诗人的眼中所有的生物都带有灵性,"狭义的生命是指蛋白质存在的一种形式,它是生物体所具有的活动能力。以深层生态学的观点来看,生命不仅存在于有机体中,也存在于无机体中,如果我们将万事万物的规律的生存与发展都看作一种活动能力、一种具有必然性的存在形式的话,一个更为宽阔而生动的活的世界便会呈现在我们面前"②。谢宜兴笔下的九寨沟"最见不得世间的脏",扎根的朴树林"知道深度意味着自足的尊严",这些具有生命化的意象,通过恢复人与自然万物的情感相通,使天地万物的生命获得了尊严。

以工具理性为核心科技使人类如虎添翼,但对于被征服的动物而言,则是无尽的梦魇。对于用管引流活取熊胆的技术,广告宣传此技术不会造成熊的痛苦,诗人拍案而起:"可你说得多么轻巧,'熊'很舒服没有痛苦/那么,也在你身上造一根瘘管试试?/好让你知道熊是如何舒服成了熊样子!"(《熊样子》)人们依靠高科技铸造水坝阻断了鱼群还乡路,诗人说:"有谁比鱼更在乎一条鱼道呢/有谁设身处地想过水族的绝望"(《撞墙的鱼》)。诗人不再是科技理性至上的鼓吹者,而是把生命平等作为价值判断的依据,其依据的来源是他对生活在地球上的人类与非人类环境关联模式之间的深刻洞察——相互依存、相互平等的生物环链。当人类以万物之长居高临下并肆意地对其他

---

① 转引自[美]R.纳什《绿色文丛大自然的权利:环境伦理学史》,杨通进译,青岛出版社,1999年,第73页。
② 田皓:《20世纪前80年中国新诗的生态诗学主题》,《理论与创作》2009年第1期。

生灵进行控制与杀戮时，谢宜兴反问："如果大自然也抡起复仇之刀 / 谁能护住我们身上的鳞鳍"（《残鲨》）。仅存人类而没有其他物种的地球是无法想象的，处于生物链最顶端的人类貌似地位特殊实则脆弱，故而，面对汶川地震这场自然灾害，诗人执意写着"可我更愿意读到某些棒喝似的警示 / 对于人心，对于大地 / 我固执地相信是我们欠下孽债 / 天怒时却让汶川无辜代过以命相抵"。这虽然是诗人的臆断，但也可视为诗人立足于整体主义的家园意识对人类中心主义的警醒之音。

科技发展虽然推动人类社会的进步，但同样也给地球上不同种族、不同国家的人民带来自我反噬的可能。2001年3月23日，俄罗斯"和平号"空间站完成使命安全坠入南太平洋，诗人透过事件表象，看到国际权力斗争导致政治生态的失衡重置："一个英雄的时代悲壮谢幕 / 我发现世界的天平已经倾斜 / 广场上的鸽子窃窃私语"（《最后的空中芭蕾》）。1976年"和平号"空间站进入太空实质上是美苏争霸的产物，苏联解体之后，俄罗斯在经济上的支撑无力，终结了"和平号"空间站的历史使命。生态整体主义的立场使诗人自觉地从单个事件中抽离出来，意识到美苏的平衡格局被打破的后果将是"巨星陨落，'和平'成灰"。人类发展科技的初心是促进文明的进步与提高人类福祉，但是，国际霸权主义利用军事高科技所发动的战争却给人类带来了深重的伤害。谢宜兴写下一系列战争题材的诗作：反映阿富汗战争对儿童的伤害的《这虬枝一样的六只手》《警钟》，反映"别斯兰人质事件"的《开学的日子——"别斯兰人质事件"一周年祭》，反映巴格达战乱中平民的恐惧的《遍地绝望》，等等，当诗人怀着对生命内在的尊重与敬畏去书写战争题材时，他的视野就跳出了狭隘的国际竞争，转向了整体主义的生态立场，并从充满悲悯的人文关怀视角来看待人类生命，从而形成对战争的批判和反思。

地球作为生命生存繁衍的家园，也是人类命运共同体的建构家园，它最大限度地滋养和激活了生活在其中的各种生灵，这些生命彼此平衡、互相依存并演变为生生不息的环链，正如《周易》所说的"生生之为易"，这正是生命的特征，认识到这点的人才能在天地之间找到自己心灵的方向，在回望家园时实现诗意地栖居。

四、诗意栖居：通往澄明的家园回望

大部分的生命困境，都是源自内部。为了拯救自然与人心，海德格尔寄望于诗，他认为只有诗歌才能让人类的思想聚拢到自然内部，"诗人的天职是返乡，唯通过返乡，故乡才作为达乎本源的切近国度而得到准备"[①]。谢宜兴在一次采访中说："人的一生经历无限，但最早'遇见'的必定是故乡。有人抱朴含真，与故乡终生厮守；有人生活在别处，终老异乡。但故乡的方向一定是人们回望最多的。"隔着遥远的时空，哲学与诗歌再度结盟，诗人回望家园不仅是对故乡的眷恋，也是通过对家园的谛听与书写，以心灵的回归打开了一条诗意栖居的路径。

谢宜兴以诗心为中介，重新思考人与外界的相处之道。"只有心依恋的地方才是家"，他在《栖居东湖》中通过心灵的维度在万物之间搭建一个隐秘的通道，在这个通道中诗人敏锐地捕捉到"它们有相互开启的密钥／最隐秘的敞开才有最深入的抵达"。他不再是靠知识和技术来征服大地的现代人，而是把自己还原成一个真正的自然人，并通过心灵的相通实现了与万物生命的私语与对话，这使他的想象变得宽广而深情："而今重返，我的左翅沾满了风雪／我的右翅披散着霞光／浸沐在东湖的秋波中""往后你看见苍鹭在东湖上敛起翅羽／便是我远离江湖回到了内心"。诗人向内反观自我，并在生活的喧嚣中守护内心的沉静，让平凡、细微的人生重新纳入精神的版图，并在自己的生活实践中发声："多少年了心在云天之外身在尘埃之间／乘着暮色第一次这般真切地感受到／有一个栖身的处所有一盏暮色中的灯／等你回家，在苦难的大地上／即使活得卑微，幸福已够奢侈"（《即使活得卑微》）。重拾一种简朴而平实的幸福生活，这是对现代人生活观念的重塑，也是实现诗意栖居的必由之路。

心灵之间的交互感应消除了人与自然之间的二元对立，自然不再是被动的客体，而是与人浑然构成存在论意义上的自然。"门对浣诗滩，取四季青山雾岚／为墙上壁挂。闲坐庭前，翻书或煮茶／入目是白云心事，回味是山野气息／／晨昏在溪岸或林间漫步，踱着微风的步子／听流水渔樵问答，看蓝天水中沐浴"。在这首《在云气村筑庐而居》中，诗人把自己融入自然中，通过

---

① ［德］海德格尔：《荷尔德林诗的阐释》，孙周兴译，商务印书馆，2000年，第31页。

生动而富有生活气息的细节，呈现"天人合一"的幸福生存状态。另外还有《仙蒲歌》《夕阳下的三都澳》《车窗外的霍童溪》《下党红了》《最美日出》等作品，在家园经验之上加入了心灵的维度，诗人并不是简单地记叙家园的风光，更多的是在内心构筑新的故乡，"只一瞬间／三都澳亮起来／夕阳像橘红的颜料泼洒在它身上""依山筑庐／共享一段无论魏晋的日子""让春光与春意合住前庭／春色与春思分住后院"，重写日出，想象村落生活，让心灵重新在故乡的土地上扎根，并通过笔下的事、物、景成功回到童年的腹地。

"家园回望"不仅是关乎个体成长与生活场所的回忆，同时也与文化根脉的记忆是相连的。"一切劳作与活动，建造和照料，都是'文化'。而文化始终只是并且永远就是一种栖居的结果。这种栖居却是诗意的。"[1]中华民族拥有着深厚的文化沉淀，这是中华儿女形成身份认同的基础和前提。无论离家多远，共同的文化传统和文化基因成为中华儿女之间增进情感的精神纽带。"离家经年，我们就是唐诗里的游子／肤发之外母亲给我们打上水土的胎记／身体中的暗河静夜里接通故园的地脉／那祖先长眠的地方乡音氤氲着记忆"（《血脉的源根》）。面对着纷繁芜杂的外来文化思潮，回望祖国的传统文化的"根深叶茂"，才能坚定地"叶落归根，为爱洄游"，实现对外来的思想中国化改造。正如曾繁仁先生所说："如果我们'连天人合一'这样重要的文化精华都要放弃，那中华民族的文化身份将会变得更为模糊，中国人将难以找到自己的精神家园和心理归宿。"[2]

结　语

在人类现代化的进程中，科技及工业文明带给整个世界的变化令人惊叹，传统意义上的贫穷与困苦逐渐减少，但是，人们所期待的幸福与快乐并没有到来。外部环境被扭曲和伤害的同时，滋生在心灵内部的隐患同样把当代人推入生存的困境。重新审视并调整人类与自然的关系、解决生态系统危机、促进人类社会的健康与和平发展，显然是各个学科亟须面对并深刻反思的重要课题。

---

[1]　［德］海德格尔：《荷尔德林诗的阐释》，孙周兴译，商务印书馆，2000 年，第 107 页。
[2]　曾繁仁：《转型期的中国美学——曾繁仁美学文集》，商务印书馆，2007 年，第 443 页。

生态诗学是一种心灵建构，也是一种价值观的重塑。海德格尔认为"诗人的诗意的栖居先行于人的诗意栖居"[1]，通过诗人敏感于常人的思维，引导心灵回归本真的存在与澄明。但是，诗人如何才能在自己的诗歌中重塑价值观，建构一种回归心灵的生态诗学呢？金岳霖先生曾在《道、自然与人》中提出三种人生观："素朴人生观""英雄人生观""圣人人生观"。他指出具有"英雄人生观"的人能力高超、杀伐果断，领导并推动着社会历史向前发展，但是这种人生观是游离于自然之外、凌驾于他人之上的。世界的丰富性需要有"素朴人生观"与"圣人人生观"来加以平衡。特别是"圣人人生观"能够以"以超越人类作用的沉思为其基础，这使得个人不仅仅能够摆脱自我中心主义，而且也使他能够摆脱人类中心主义"[2]。这种人生观与海德格尔的心灵"回归"是一致的，也就为诗人的生态写作提供了方向与具体的方法，"重要的问题是要使每一个人想成为圣人或引导或鼓励他把圣人观当做一种理想去追求。有了这样的理想在胸中，人们就不会误用权利、知识、财富和人的智慧"[3]，即人类需要有超越现实功利的诗意向往和审美理想，才能回归朴素而自在的心灵世界。

"回归本身拥有了一种诗化的光芒，从心灵深处唤醒民众，从社会基层唤醒群体，从自然深处唤醒生命。无论如何，这是一个康复的承诺，我们正在期待。"[4]正如诗人谢宜兴，原生态的自然风光及民间大地上的丰富、驳杂，启蒙了他对生命的审美认知并内化为一种无意识的价值观。当他进入都市生活时，内置的家园意识逆向、自觉地参与新的审美建构，使他内在的诗歌之眼保持清醒，不被现实的、功利的、技术的、物欲的东西所遮蔽，并把他的精神追求与对生命的敬畏结合在一起，在诗歌中思考什么才是人生中最可珍贵的生存状态，思考如何才能实现人与自然的和谐相处，通过心灵内在价值观的调整和交互感通式的审美体验走向生命的"诗意栖居"，以诗学建构一条心灵的返乡之路。

---

[1] ［德］海德格尔：《荷尔德林诗的阐释》，孙周兴译，商务印书馆，2000年，第109页。
[2] 金岳霖：《道、自然与人：金岳霖英文论著全译》，生活·读书·新知三联书店，2005年，第159页。
[3] 金岳霖：《道、自然与人：金岳霖英文论著全译》，生活·读书·新知三联书店，2005年，第162页。
[4] ［法］塞尔日·莫科斯维奇：《还自然之魅：对生态运动的思考》，庄晨燕、邱寅晨译，生活·读书·新知三联书店，2005年，第237页。

文字因缘非偶然

——从陆游的《入蜀记》到范成大的《吴船录》

苏 迅*

摘 要：本文由《入蜀记》和《吴船录》所反映出的陆游与范成大两位作者的因缘，比较了两部著作在文字技巧和艺术风格上的不同，同时，揭示了《吴船录》在创作上可能受到《入蜀记》的影响，并由此带来对《吴船录》创作上的限制。

关键词：《入蜀记》；《吴船录》；日记体游记

散文中有一类日记体游记，写得好可以情景交融，兼具知性与感性，达到引人入胜、既给人美的享受又传授信息的功能。这类作品最早可以追溯到先秦古籍《穆天子传》，其前五卷记载的是周穆王驾八骏西游的故事，行程有月日可稽，但记事多光怪陆离，虽有史实的痕迹，却充满神话色彩。汉朝马第伯的《封禅仪记》记述了作者随侍光武帝封禅泰山的十余天日程，对泰山景致尽心描摹，可谓上佳的散文，可惜全文为一单篇，日记体的特征相对削弱了。中国古典文学中典型的日记体游记，当首推南宋陆游的《入蜀记》六卷和范成大的《吴船录》两卷，这日记体游记的"双璧"还有着千丝万缕的关系。陆游和范成大是南宋诗坛的两颗巨星，而他们的文字因缘并不仅仅限于诗歌。

陆游（1125—1210），字务观，号放翁，越州山阴（今浙江绍兴）人。绍兴二十三年（1153），陆游到临安参加进士考试，名列第一，因秦桧之孙秦埙列第二，遭秦桧嫉恨，次年礼部复试时被黜落第。直到秦桧死后三年，陆游

---

* 苏迅，江苏省无锡市文化艺术研究保护所所长，主要从事文学研究。

才得到起用。孝宗即位，意欲主战，陆游被皇帝召见并赐进士出身。后由于南宋北伐失利，朝廷屈膝求和，陆游辞官乡居。乾道六年（1170），陆游出任四川夔州通判，乾道八年加入四川宣抚使王炎的幕府，在南郑前线生活了将近一年，后来又在川蜀历任多职，直到淳熙五年（1178）出川东归。其后的十余年中，陆游宦海浮沉，郁郁不得志。范成大（1126—1193），字致能，号石湖居士，吴郡（今江苏苏州）人，绍兴二十四年进士。乾道六年孝宗命他以起居郎借资政殿大学士头衔出使金国，为南宋朝廷争取了尊严，获得朝野赞誉。后来范成大四次出任封疆大吏，入朝任吏部尚书、参知政事等要职。范成大于淳熙二年（1175）出任成都府路安抚使兼四川制置使，聘请陆游担任参议官，主宾酬唱，深为相得，陆游在范成大幕府时自号"放翁"。淳熙四年（1177）范成大因病离任出川，次年陆游也奉诏回朝。

《入蜀记》六卷，记载陆游于乾道六年闰五月十八日到十月二十日，由山阴到夔州的旅程经历，途经浙江、江苏、安徽、江西、湖北、四川等地。《四库全书总目》评价此书："游本工文，故于山川风土，叙述颇为雅洁，而于考订古迹，尤所留意……其他搜寻金石，引据诗文以参证地理者，尤不可殚数。非他家行记徒流连风景，记载屑屑者比也。"《吴船录》上、下两卷，记载范成大于淳熙四年出川回到苏州的旅程，途经四川、湖北、江西、安徽、江苏，从五月三十日到十月三日为止。两部日记前后相距七年，但一者入蜀一者出蜀，所走都是水路，行程的大部分重合，而且出行季节也相仿，这就难怪清朝人在编纂《四库全书》时要把这两部日记前后相属了——种种巧合都体现了陆游与范成大两人的千古文字因缘。

因缘之一：因缘际会属邂逅

乾道六年六月十七日陆游船进镇江，因为曾在此任职，旧友新知纷至沓来，于是陆游盘桓至二十八日始离去。二十六日至二十八日陆游畅游金山，《入蜀记》载："二十八日，夙兴，观日出，江中天水皆赤，真伟观也。因登雄跨阁，观二岛。左曰鹘山，旧传有栖鹘，今无有。右曰云根岛，皆特起不附山，俗谓之郭璞墓。"这天陆游豪兴大发，还作了题为《金山观日出》的诗，有句曰："日轮擘水出，始觉江面宽。遥波蹙红鳞，翠霭开金盘。"（《剑南诗稿》，《入蜀记》卷二）这是陆游诗歌中少见的浓妆艳抹之作，当日心情可见一斑。此时，恰巧范成大出使金国路过镇江，竟也撞到金山上来了：

奉使金国起居郎范致能至山，遣人相招食于玉鉴堂。致能名成大，圣政所同官，相别八年，今借资政殿大学士提举万寿观侍读，为金国祈请使云。

此番范成大出使金国凶多吉少，老友相聚不敢言来日，他们哪里料得到五年后两人还会在四川共事呢。当天中午，陆游就放舟瓜洲了。

因缘之二：李杜诗篇各称引

陆游好太白诗，范成大好少陵诗，这在两部日记中有很好的说明。过新丰，《入蜀记》引太白句"南国新丰酒，东山小妓歌"；到长芦，引"维舟至长芦，目送烟云高"；游保宁、戒坛二寺，引"三山半落青天外，二水中分白鹭洲""钟山对北户，淮水入南荣""一风三日吹倒山，白浪高于瓦棺阁"；行天门山，引"两岸青山相对出，孤帆一片日边来"……前后称引李诗不下二十五六次，引刘禹锡、王安石、苏东坡、梅尧臣诸人诗句也比比皆是，而引杜甫诗句不过五六处。《吴船录》就相反，明显偏好杜诗。

七月二十四日陆游船到安徽池州，还帮李白打起了笔墨官司，原来苏东坡早就认为传世为李白的《姑孰十咏》是假货，陆游也觉得这组诗与李白其他诗歌醇醨异味：

李太白往来江东，此州所赋尤多。如《秋浦歌》十七首及《九华山》《青溪》《白苎陂》《玉镜潭》诸诗是也。《秋浦歌》云："秋浦长似秋，萧条使人愁。"又云："两鬓入秋浦，一朝飒已衰。猿声催白发，长短尽成丝。"则池州之风物可见矣。然观太白此歌，高妙乃尔，则知《姑孰十咏》决为赝作也。

范成大在《吴船录》中对杜诗也有发现，七月七日他船过四川叙州即古戎州：

两岸多荔子林，郡酝旧名"重碧"，取杜子美《戎州》诗"重碧拈春酒，轻红擘荔枝"之句。余谓"重"字不宜名酒，为更名"春碧"。印本"拈"或作"酤"，郡有碑本，乃作"粘"字。

范成大的这一辨证，直到清代编四库全书的诸公也认为很重要，"是亦注杜集者所宜引据也"（《四库全书总目》）。

因缘之三：同在逆旅度佳节

陆游和范成大都是在夏秋初冬出行，都于逆旅之中度过了中秋和重阳佳节，两部日记均翔实记录了过节的情形。《入蜀记》载：

> 十五日，微阴，西风益劲，挽船尤艰……晴后，得便风，次蕲口镇，居民繁错，蜀舟泊岸下甚众……夜与诸子登岸，临大江观月。江面远与天接，月影入水，荡摇不定，正如金虬，动心骇目之观也。

第二天，陆游再次观月抒情：

> 抛江泊散花洲，洲与西塞相直。前一夕，月犹未极圆，盖望正在是夕。空江万顷，月如紫金盘，自水中涌出，平生无此中秋也。

范成大中秋恰到湖北鄂州，地方官吏都来相邀宴饮，范成大提议在蛇山之上的南楼会饮，《吴船录》载：

> 晚，遂集南楼。楼在州治前黄鹤山上，轮奂高寒，甲于湖外。下临南市，邑屋鳞差，岷江自西南斜抱郡城东下。天无纤云，月色奇甚，江面如练，空水吞吐，平生所遇中秋佳月，似此夕亦有数。况复修南楼故事，老子于此处，兴复不浅也。向在桂林时，默数九年之间，九处见中秋，其间相去或万里，不胜漂泊之叹，尝作一赋以自广。及徙成都，两秋皆略见月，去年尝题数语于大慈楼上。今年又忽至此，通计十三年间十一处见中秋，亦可以谓之游子。然余以病乞骸骨，傥恩旨垂允，自此归田园，带月荷锄，得遂此生矣。

陆游是闲居数年之后复出为官，一路激情饱满地欣赏山光水色，而范成大则是宦游十余年后的乘风归去，当此良宵回首前尘，身心疲惫，渴望安静悠闲的田园生活。同对一轮明月，出世和入世的心态是不同的。

再来看重阳节。陆游九月九日船抵湖北石首附近的塔子矶江中：

> 九日早，谒后土祠。道旁民屋，苫茅皆厚尺余，整洁无一枝乱。挂帆抛江行三十里，泊塔子矶，江滨大山也。自离鄂州，至是始见山。买羊置酒，盖村步（通"埠"字）以重九故，屠一羊，诸舟买之，俄顷而尽。求菊花于江上人家，得数枝，芬馥可爱。为之颓然径醉。夜雨，极寒，始覆絮衾。

范成大重阳抵安徽池州：

> 乙巳泊池州，入城登九华楼作重九，风雨陡作。懒至齐山，望之，数里间一土山，极庳小，上有翠微亭。特以杜牧之诗传耳。九华稍秀出，然不逮所闻。夜移舟出江，却入南湖口，泊非水亭。

从文中可以看得出来两人心境的差异。陆游过重阳，买羊置酒，上岸去讨菊花，这是何等的兴致勃勃。看他的文字，真是好房屋好山景好羊酒好菊花好大醉，连一床薄被也恰到好处，字里行间皆有喜气。《剑南诗稿》中有一首《塔子矶》，应当就是当天的作品，陆游吟道："古来拨乱非无策，夜半潮平意未平。"一腔经世致用的豪情跃然纸上，这是他一路入蜀的情感基调。随着一步步向夔州进发，陆游的心情豪迈、起伏不定又渴望有一番作为，总体来说心境是明朗飒爽的。而七年后的范成大则显得有些落寞，南宋小朝廷的积贫积弱和苟且偷生，以及高级官员之间的倾轧，消磨尽诗人的一腔热忱，他只感到倦懒，连九华山，都勾不起他的热情，他觉得平淡无奇，连夜移舟赶路。

因缘之四：入蜀出川同游地

陆游行程中除山阴到苏州这一小段是《吴船录》所载中范成大未经之地外，从苏州起，过苏南的常州、镇江、建康（今南京），趋安徽、江西、湖北，直到四川夔州，都与范成大此次旅程重合。《吴船录》所记载的行程起自成都小东郭合江亭，也只有从合江亭经眉州、嘉州、叙州、泸州、恭州、忠州到夔州的这一小段不在《入蜀记》所记载的范围内。因此，陆游与范成大常常是先后游览同一处风景名胜，有时甚至晚上栖泊在同一个码头，两人对同一地方的记述也有异同。对比读来是很有意思的，有时还会有新的发现。

这样的例子不难找，可以看看两人对西陵峡兵书宝剑峡附近的著名险滩新滩的描绘，《入蜀记》是这样写的：

> 舟上新滩，由南岸上。及十七八，船底为石所损，急遣人往拯之，仅不至沉。然锐石穿船底，牢不可动，盖舟人载陶器多所致。新滩两岸，南曰官漕，北曰龙门。龙门水尤湍急，多暗石。官漕差可行，然亦多锐石，故为峡中最险处，非轻舟无一物，不可上下。

《吴船录》的记述为：

> 至新滩。此滩恶，名豪三峡。汉晋时山再崩塞江，所以后名新滩。石乱水汹，瞬息覆溺上下。欲脱免者必盘驳陆行，以虚舟过之。两岸多居民，号滩子，专以盘滩为业。余犯涨潦时来，水漫羡不复见滩，击楫飞度，人翻以为快。

这两段文字大有异曲同工之妙，对照阅读，可以相互生发。

处在文字的密林间，好处是有得比较，欣赏到妙处如临水照花，虽不费一词，也相看俨然；弊端是易成视觉惯性，恰便似春雪侵梦，来与去都觉恍然，阅读者只好选择幽闭。《入蜀记》与《吴船录》重合的内容太多，构成了一座文字的密林，容易让人轻易放弃眼前的景致，以致要忽略很多东西。可是，只要肯用功，在密林间行走自有别样兴味，倒未尝不可以用来比较这众多林木之间的优劣和特点。比较勘读《入蜀记》和《吴船录》，会获得单读一部笔记所得不到的东西。以游庐山为例，陆游于乾道六年八月八日游览了庐山东林寺，《入蜀记》是这样记述的：

> 遂至东林太平兴龙寺。寺正对香炉峰。峰分一支东行，自北而西，环合四抱，有如城郭，东林在其中，相地者谓之倒挂龙格。寺门外虎溪，本小涧，比年甃以砖，但若一沟，无复古趣。予劝其主僧法才去砖，使少近自然，不知能用吾言否。食已，煮观音泉啜茶。登华严罗汉阁，阁

与卢舍阁钟楼鼎峙,皆极天下之壮丽,虽闽浙名蓝,所不能逮。遂至上方、五杉阁、舍利塔、白公草堂。上方者,自寺后支径,穿松阴,蹑石磴而上,亦不甚高。五杉阁前,旧有老杉五本,传以为晋时物,白傅所谓大十尺围者,今又数百年,其老可知矣。近岁,主僧了然辄伐去,殊可惜也。

范成大于淳熙四年八月二十八日到庐山东林寺,《吴船录》载录:

入山五里,至东林寺,晋惠远师道场也。自晋以来,为星居寺,数十年前始更十方。楼阁堂殿,奇巧巨丽,然皆非晋旧屋。虎溪涓涓一沟,不能五尺阔,远师送客,乃独不肯过此,过则林虎又为号鸣焉。……山上五杉阁,晋杉也。近年为主僧所伐。

陆游的描写具体而生动,有写景有考证,人物在其间的活动一目了然,言谈举止清晰爽利,情景交融。而透过范成大的描写却看不清人物的活动痕迹,诗人的游山似乎有些心不在焉。

陆游和范成大两人对湖北鄂州的描述评价很接近。乾道六年八月二十三日陆游抵达鄂州:

食时至鄂州,泊税务亭,贾船客舫不可胜计,衔尾不绝者数里。自京口以西,皆不及。李太白《赠江夏韦太守》诗云:"万舸此中来,连帆过扬州。"盖此郡自唐为冲要之地……市邑雄富,列肆繁错,城外南市亦数里,虽钱塘、建康不能过,隐然一大都会也。

范成大于淳熙四年八月十四日到此:

辛巳晨,出大江。午至鄂渚,泊鹦鹉洲前南市堤下。南市在城外,沿江数万家廛闬甚盛,列肆如栉,酒垆楼栏尤壮丽,外郡未见其比,盖川广荆襄淮浙贸迁之会。货物之至者无不售,且不问多少,一日可尽,其盛壮如此。

如果说两人对鄂州的描写还只是神似，那么可以再举形似的一例。《入蜀记》六月八日过浙江合路，陆游描写当地妇女的勤劳时道："妇人足踏水车，手犹绩麻不置。"《吴船录》载范成大六月二十四日过四川符文镇时，是这样描述的："村妇聚观于道，皆行而绩麻，无牵手者。"何其相似乃尔！像这样的例子还有很多。从中可以清晰地看到，《吴船录》中暗含《入蜀记》的影子。陆游在范成大幕府两年时间，以他们的关系，范成大肯定是读过《入蜀记》的，以至于从《吴船录》中可以非常清晰地看出其受到了《入蜀记》的影响。

《入蜀记》与《吴船录》是两部精彩的作品，哪怕时光流逝千年也磨损不去它们的异彩。这里值得注意的是，尽管两部作品都非常好，相形之下，《入蜀记》要更完美些，而《吴船录》却有点头重脚轻，尤其将它与《入蜀记》放在一起时，它的文字就显得干瘪：范成大从五月三十日下船到七月十八日抵达夔州用了48天时间，从七月十八日到十月三日抵达苏州盘门共计74天，后者在时间上比前者多近一半，路程多数倍，而《吴船录》中记述的文字篇幅却反而比前者少了一半。这是不是说明什么问题呢？更有意思的是，《吴船录》中最精彩的地方恰在到达夔州以前的那浓墨重彩书写的一部分。如描写都江堰李冰祠堂、青城山和乐山大佛的文字都精神抖擞，尤其是写登峨眉见佛光的那几段，真是情景交融的绝妙好辞，弥漫着一种充满张力的神秘主义色彩。这说明，范成大并不缺乏进行创作的能力。

过夔州以后，范成大没有因为顺势写来汩汩然一发不可收，相反，他的写作激情越来越低落，以致影响到作品。这，从其文字间可以看得出来。

原因恐怕还是出在《入蜀记》上。由于早就对陆游的这部日记烂熟于心，每每写到《入蜀记》中已涉及的风物，范成大便因无法完全摆脱陆游的影响而感到力不从心，虽然偶尔还爆出过像描写新滩时那种令人激动的文字，但像描写鄂州、庐山时的暗合的文字却再也无法避免。可能连范成大自己也意识到，自己在不自觉地模仿，以至逐渐消减了创作的冲动。这使范成大越往后写越灰了心。抵达安徽境内时，他就已经写得很简约了，而当船过建康，从镇江、常州直到苏州，他每天就只用三言两语草草了事了。尽管如此，客观地讲，《吴船录》仍是一部好作品。将它与《入蜀记》一齐阅读，是它的不幸。不过，也好。《吴船录》提醒我们，模仿决不是好的创作态度。

从动迁焦虑到融入城市生活共同体*

——新中国成立 70 年来文学中进城意识的流变

苏喜庆**

摘 要：新中国成立 70 年来，文学叙事中的进城主题书写，成为讲述中国故事和社会变迁的重要切入点。进城意识是在进城模式的转型与变迁过程中产生的主体奔赴现代性的文化性向。农民进城与知识分子进城叙事始终是这一题材中的两条主线。叩问历史变迁中进城者的精神流变，可以形塑出中国文学中城乡空间文化形态向现代性进阶的艰难过程。从 20 世纪五六十年代的进城受阻，七八十年代的进城身心焦虑，再到 21 世纪前后的进城困局，直到近年来的进城者对融入城市生活的热切期盼与期待性焦虑，再现出文学中从乡土中国走向城市中国，由可逆路线到不可逆安居的流动型社会镜像。随着创作主体进城身份的确立，融入城市现代生活体系，共同建构美好和谐的生活共同体意识日益鲜明。

关键词：进城意识；观念变迁；流动社会；生活共同体

进城又称作入城，是由乡村进入城市的空间动迁和人口流动的综合转换阶段，这一条路线在新中国成立以来的 70 年里，并非完全是单向度的输入，而是在不同的历史阶段呈现出阶段性的特征。在农耕文明孕育的乡土农业社会中，进城是脱离故土的中国文人的文化情结，也是潜意识里城、乡两种异

---

* 本文系国家社会科学基金重大项目"中国当代文艺审美共同体研究"（项目编号：182DA277）阶段性成果；河南省哲学社会科学规划项目"融媒体视域下的当代河南文学传播研究"（项目编号：2017CWX026）阶段性研究成果；河南省高校科技重点项目"融媒体视域下河南文学创意产业发展研究"（项目编号：19A870001）阶段性成果。

** 苏喜庆，博士，河南科技学院副教授，硕士研究生导师，主要研究方向为文学理论、媒介文艺学、城市文学。

质文明冲突的文化心结。"城乡二元结构"是近代以来中国社会空间中最明显的标志。差异带来分离，而流动带来弥合。"进城意识"正是伴随着社会变迁、人口流动、传统与现代文化碰撞而产生的一种审美化的意识形态。

一、进城赶考：单向度的入城受限

在中华人民共和国成立前 20 多年里，中国缓慢将城镇化水平提升到 20% 左右[①]。新中国成立前，进城意味着农村包围城市的初步胜利，农村的优越性在于孕育了新生的革命政权；新中国成立后，进城意味着夺取领导权的真正胜利。而新中国成立初期，城市是一个亟须改造的烂摊子、腐蚀场。在这样的历史背景下，大批以农村干部为主体的解放军部队进入城市，开启了"赶考"之路。当然，也有工业化的起步而引发的少量农民通过招工等形式，"单向度"直推式地进入城市，传递出为"四化"建设做贡献的微弱新声。单向度主要的动力来自国家工业部门和机关单位的招工，一旦应召成功，便变成了"公家人"。但对于大部分农民来讲，新中国为其带来了主人翁地位的新身份——农民。从 20 世纪 50 年代中期开始，以户籍制度为基础，配套粮食统购统销制度、人民公社制度和劳动就业制度，建构起了阻碍农民进城的高门槛。只有通过限额、限出身等的"高限度"规制性推荐和招考，才可能挤进城市。城与乡是两个分异的空间世界。

这一时期，国家关于农民进城的制度和态度都不明朗，整个社会焦虑来自怎样在翻身做主人后，尽快地各安其位，更好地投身事业、发动生产、支援国家建设，而非来自城市。所以，整个农村建设和农业发展是百废待兴，对于农民进城没有形成普遍的"社会认同"，并且少量游离进城的农民，是在"身份"蜕变后方可"入场"，或为工人，或为干部，农民对于进城的生活知之甚少，更缺乏想象的动力，也就很难激起进城的强烈欲望，即便进入了城市，仍然面临一个"被动认同"的长期磨合过程。所以这一时期，整个社会焦虑来自对本土生存、生活与如何让未来生活可期的期盼。

新中国成立之初的十几年里，城市满目疮痍，甚至藏污纳垢，进城意味着极大的革命意志考验，而农村拥有土改基础和群众基础，百废待兴，广阔

---

① 张翼：《解析七十年中国社会发展与变迁》，《中国社会科学报》2019 年 8 月 20 日，第 1 版。

天地大有作为。在这种情势下，城市并不具有多大的诱惑，甚至对于农民出身的革命胜利者而言，坚守农村阵地，开展农业现代化，以第一产业辅助第二、三产业是必经之路，具有更为长远的战略眼光。

在"十七年"（1949—1966）文学中，当时就有《我们夫妇之间》（作者萧也牧）等少量作品，直击干部进城"赶考"的现象，进城后由革命者到建设者的思想意识变迁，面对"地毯、沙发、爵士音乐"的生活改造，知识分子的新生活焦虑成为一个公共话题，一个被动接受社会批判与艰难认同的过程，甚至上升为一个严肃的政治话题[①]。但是从当时的批判来看，这种知识分子积极探寻入城后的新的文化身份认同和对家庭和谐关系的想象并没有得到普遍的认同，折射出当时进城的社会限度来源于强大的社会运动态势[②]。

相对于进城的考验和障碍，百废待兴的农村似乎对农民和知识分子具有更大的吸引力。在整个社会意识形态中，作为一个农业大国，农业现代化迫不及待，合作化运动如火如荼，农村广阔天地大有作为，带着这样的必胜信念，农村新人形象光辉而且可贵。而城市则和安逸甚至虚伪、享乐挂上了钩，在整个国家意识形态中显得猥琐。作家柳青毅然放弃城市生活，到农村去体验生活，正是受到了"文艺为工农兵服务"的召唤，出城时依然带着革命者的豪情和决绝[③]。所以在他的《创业史》中，农村是战天斗地孕育新中国基层英雄人物的处女地，梁生宝是农村建设乃至国家经济建设中的佼佼者。而像具有强烈进城意识的徐改霞，为投身工业化而积极应招产业工人，作家则对其抱有"有限度"的揶揄态度，甚至以让梁生宝与徐改霞的婚恋破裂，来显示"进城意识"是不安于农业生存、背离农业集体化道路的"焦虑"。

我们从中也看到，柳青对当时农业社会中的新人倾注了极大的创作热情。徐改霞受过乡村教育，与完全是"泥腿子"出身、靠着革命意志和贫困出身感化身边的人们走农业合作化之路的梁生宝不同，她有自己的主见，她反抗包办婚姻，认同走农业合作化道路，对于西安国棉厂招工，尽管有革命意志

---

① 袁洪权：《〈我们夫妇之间〉批评的文史探考——纪念萧也牧诞辰一百周年》，《中国现代文学研究丛刊》2018年第11期。

② 赵海娟：《50年代文学"进城"的探索者——〈我们夫妇之间〉》，《安阳工学院学报》2015年第1期。

③ 蒙万夫等编：《柳青写作生涯》，百花文艺出版社，1985年，第130、139—140页。

消退者郭振山的鼓动，但是革命意志退化、谋求个人致富并不代表郭振山时时处处都在自私自利，所以在助推徐改霞进城选择上，不能算作给新人抹黑的历史污点。从徐改霞的最终决绝进城来看，她选择的无疑是一条异于祖祖辈辈农业拓荒之路的新道路——工业化。可以说，从进城的潜意识层面来看，柳青敏锐地捕捉未来农业社会分化后的双重可能，一种是对传统农业的社会化大改造，一种是培养有为的知识青年，使其从农业中游离出来，为更为广阔的工业化之路提供人力、物力和智力。只是这种觉察还是试探式的摸索，来自社会主流意识和底层文化心理的多重限度，使得这条向往城市的单向输出并不顺畅，作家的态度也极为暧昧，这是作家对未来的发展充满时代焦虑的反映。

新中国成立后的最初二十几年里，乡下人进城还是一个极度受限的行为，知识分子进城叙事在文学中也是一个"亚主流"现象[1]。作家、知识分子和农民身处时代的建设洪流之中，对于进城表现出几分暧昧的态度，文学作品中也呈现出了强烈的紧跟主流的创作倾向。

二、入城闯荡：新时期进城的可逆性回路

20世纪八九十年代，城市化发展如火如荼，社会进一步开放。城市疾速发展对更多劳动力的迫切需求与农民土地生存的压力，双重因素造成了农民工进城的高潮。"改革开放加速了中国的发展步伐。到2000年，常住人口的城镇化水平达到了36.2%。"[2] 不同于新中国成立后第27年左右，进城者需要带着"身份"进城，这一时期很多农民以"农民"的本真身份开启了入城的大胆尝试。改革开放促进了城乡资本和劳动力的自由流动，进出（城市）自由，回路顺畅，形成了这一时期可逆性的特征。

农民进城闯荡成为时代的主题，"大量农村剩余劳动力离开他们的家乡……其迁移动机和入城目标是以'谋生'改变生活境况，而非追求人的价值、尊严和权利"[3]。在流动的人口和流动的文化中，流动的生存主题扩充了

---

[1] 徐德明：《乡下人进城——城市化浪潮中的城乡迁移主题小说研究》，河北教育出版社，2016年，第2页。
[2] 张翼：《解析七十年中国社会发展与变迁》，《中国社会科学报》2019年8月20日，第1版。
[3] 纪竞垚、刘守英：《代际革命与农民的城市权利》，《学术月刊》2019年第7期。

社会的交往边际，也加快了乡土社会向现代性转型的速度。知识分子出身的作家在这个时代，对农村生活往往具有切身的体验，对人物形象的观察和生活的储备，与这个时代的发展主题性召唤、普遍性的社会认同达到了高度的适配。

以20世纪70—80年代为创作背景的小说《平凡的世界》，就呈现出了这种乡土社会裂变的萌芽，不仅有对苦难叙事之外的积极进取意志的开掘，而且对新的城乡秩序提出了期待。路遥在其中塑造了两个极具代表性的农民进城典型人物：一个是主人公孙少平，另一个是王满银。孙少平身上带有典型的农一代进城的特色。黄原县中学毕业后的他，婉言谢绝了哥哥孙少安挽留其在家创业的好意，毅然进城当起了揽工汉，因为城市意味着外出看世界。他从打零杂工做起，直到依靠勤奋踏实的劳动，获得了城乡结合部阳沟大队曹书记的信赖，在曹的帮助下他在城边落了户，并意外获得了当矿工的工人指标，成为拿工资吃皇粮的城里人。此时，孙少平抑制不住内心的兴奋："无论如何，他已经成了一名黄原人。这本身就具有非凡的意义。他想象，他那些前辈祖宗中，大概还没有离开过故土。现在，他有魄力跑出来寻找生活的'新大陆'，此举即是包含巨大的风险，也是值得的。"亢奋之中他也隐隐对未来的"风险"有着焦虑性的预感。从作者的立场来看，农村的跨县域进城是一个比较积极稳妥的选择。与之相对的是孙少平的"逛鬼""盲流"（当时对盲目流动进城的农民的蔑称）姐夫王满银。他有点好高骛远，拈轻怕重，且又缺乏安分守己的品性。他曾因贩卖老鼠药被劳教，被乡民戏称为"二流子"。但不可否认，这个人物身上带有不同于知识分子进城的某些先进质素。他在党的十一届三中全会后，主动勇敢地向大城市求生存，热衷于投机经商做生意，曾经跑上海卖过木耳，到广州贩卖过廉价电子表，可谓走南闯北。在这个人物身上寄寓着作者复杂而又细腻的情感。王满银始终对美好生活抱有热望，在大城市东奔西跑、四处闯荡碰壁，最后在上海小旅馆中，面对镜子幡然醒悟，毅然踏上了西行返乡的列车，重新回到过乡村小日子的平凡生活之中去了。他返乡并不带有对城市的极度眷恋，在城市的异族、他者身份使他找不到任何归属，在返乡的可逆性回路里，乡土永远是最具有归属感、包容性的温柔乡。这其中隐喻着在改革开放市场经济开拓初期，农民进城闯荡的艰辛和无奈，也隐含着对跨县域、跨省域进城的深沉之思。

90年代后,农民工进城成为中国重要的人口流向。他们多是以建筑工、环卫工、家政服务员、拾荒者、修鞋匠乃至占道经营的商贩等身份,闯入城市公共空间。这种形象常常与卑微、低贱、脏乱差等词汇粘连在一起,形成了外在弱势的定型化公共印象。而城市的私人空间,对于进城者来说常常是遥不可及、格格不入的想象性存在。90年代的进城务工潮,成为城市化发展中一个独特的中国现象。他们举家迁往城市闯荡,然而每逢春节,又集体义无反顾地踏上了"可逆性"的返乡归途。由此,也带来了诸多社会问题,农民工讨薪难,农民工子弟入学难,还有留守儿童、空巢老人、空心村现象。于是在文学的场域中,"打工文学"挤进了人们的视域,成为人们窥探农民工真实生活境遇、体味其苦乐悲辛的传声筒。

知识分子进城题材创作仍然是文学创作的主流。关于融入城市的艰难历程,知识分子的感悟最为深邃。一批青年怀揣着"征服"城市的理想踏入城市,等到真正进城后,却不期然变成了"臣服"。刘震云的《一地鸡毛》中,公务员小林臣服于复杂而又苦恼的官本位思想,对城里的日常生活充满着"烦"与"畏"的焦虑,为了赖以生存的城市居住权可谓是忍辱负重。在李佩甫的小说《城的灯》中,冯家昌率领家族"挺进"城市,这个过程中虽然不乏隐忍、机智,但也迷失于权力和欲望,挣扎于情感旋涡,文本召唤着逃离乡村过程中健康人性的复归。

当进城已经成为一种半自觉的人生选择,乡土社会就变成了一个"异乡",在城市中又是"异客",在农民身份的艰难转型中,作家的悲悯情怀,进城者的失重感、失落感,还有为争取美好生活的隐忍情绪,构成了一种弥漫在进城主题叙事中的时代焦虑。

三、进城突围:21世纪不可逆的安居意愿

进入21世纪后,"新生代农民工"成为进城的主流,他们主要是以"80后""90后"为代表的农村新青年。而上一代中部分奋斗者已经在城市中定居下来,成为渐进式融入城市生活的成功一代。对于新时代的进城者来说,他们拥有更为宽松的进城政策环境,时逢更多进城落户定居的机遇,"农民工市民化"成为加速城乡一体化发展中最强劲的政策红利,城乡户籍制度出现松动,同时劳动力资本积累为新生代农民进城提供了坚实的经济基础。而且,

他们进城所从事的职业也从劳动力密集型转向了主要以知识密集型、技术密集型、服务密集型为主的新型职业工种。在他们的意识里，进城不仅是为了谋生，而且是为了脱离乡土负累，能真正地享受到与市民平等的生活待遇。在大批进城者实质性地涌入城市的同时，还有部分农民工主动选择返乡本土创业，理性进城成为一种主导趋势。部分研究者已经注意到："农二代的个体生命历程发生了整体性变化，他们的迁移范式正由单纯的经济理性驱动的个体逐步转变为家庭化迁移的社会理性群体，由'生存理性'的行为导向逐步转向'发展理性'，他们更希望永久定居城市。"[1]对于进城者而言，家乡已成为故乡，乡土已成为故土，离土出村不回村——"不可逆"——成为一种新的乡愁困境。

　　进城行为在这一时期的非可逆性，即一旦进入城市再想返回已不可能，刘庆邦的小说《回家》就揭示了这样的困局。小说讲述了主人公大专毕业后在城里找不到工作，只能灰溜溜地趁着夜色潜回家中，母亲觉得儿子返乡是没有混好，给自己丢脸，所以第二天黎明就急忙把儿子送出了村，主人公又重新踏上了进城的路。对于进城者而言，返乡已成过客。

　　事实上，社会距离所强加的限制远比空间距离所强加的限制更为严厉。"进城"是农民为了在新的城市社会组织中，谋求生存资本、身份地位或尊严荣誉等，共享先进的生活条件，融入新的生活方式。齐格蒙特·鲍曼慨叹："由于技术因素而导致的时间/空间距离的消失，并没有使人类状况向单一化发展，反而使之趋向两极分化。"[2]技术带来的时空压缩疆域正在被城市的时空拓展所蚕食。21世纪，信息技术的开放反而加剧了乡村生活的窄化，单纯的农业劳作单调乏味，与城市白昼与夜间丰富的生活形成了巨大的反差。农村青年甚至看不到在土地上实现自身价值的希望，而流动、开放中的城市诱惑是多元的，充满着机遇和挑战。

　　伴随着城市化的进程，新型城镇化成为过渡阶段。乡村面临的空间压缩日益明显，而在另一端是城市空间的急剧膨胀。从空间位移的流向来看，进城则是乡土空间压缩后必然逸出的人生选择。从文学反映来看，社会进步的

---

① 纪竞垚、刘守英：《代际革命与农民的城市权利》，《学术月刊》2019年第7期。
② ［英］齐格蒙特·鲍曼：《全球化：人类的后果》，郭国良、徐建华译，商务印书馆，2013年，第17页。

体制机制构成了文学场域书写的制度保障和建构新型城乡交往秩序的可能，从进城者的空间，到肉身生存，再到精神变异，乃至城乡社会伦理秩序的变迁，文学场域中对这些的书写都无时无刻不映射出社会大变局之下文学对游离性个体生命的关怀意识。

安定生活成为进城者进城后最强烈的心灵向往。如孟繁华所言，"从乡下到城里不仅是身体的空间挪移，同时也是乡村文化记忆不断被城市文化吞噬的过程"①。当进城已经成为年轻人的向往和选择，就注定了在城市扎根的艰难和奋斗的艰辛，而所有的付出集中于自己在城市的"安居"梦，于是"房子"成为进城者追逐的一个意象。李梓新的《生活不在别处：年轻中国人的焦虑与狂欢》、六六的《蜗居》、唐欣恬的《裸婚——80后的新结婚时代》、网络小说浊酒醉伊人的《"蜗"婚》等作品，已经完全褪去了农民、知识分子进城的感伤，而是以年轻新市民的身份直面城市安居的问题，严格意义上进城意识已经转化为了安居意识。

四、城市扎根：新时代深度融入的希冀

2018年中国城镇化率达到了59.58%。党的十八大以来，中国的城镇化水平稳步提升，"城镇化的有力推进，将中国迅速从村落社会转型为都市社会，从定居生活转型为迁居生活，从自给半自给社会转型为市场社会，从传统社会转变为现代社会"②。大量的市民对污染小、雾霾少的原生态乡村产生了浓厚的文旅期待。"进城"与"返乡"的传统意识在现代高速交通和无障碍通信手段的加持下，变得不再那么艰难，城乡一体化发展、渐进式城镇化之路与实施乡村振兴战略，促进了城乡融通和优势互补。

当农业不再以传统大规模的劳动力投入、固守勤劳为基础，而是以现代科技促动集约、高效操作的时候，农民"就地产业工人化"已经成为必然趋势。现代制度保障和鼓励农民进城落户的政策红利持续发酵。新一代"农民"（90年代后的农村青年）已经受过初等或者高等教育，他们接触的手机、电脑等信息工具是"城市化的"，他们中大部分青年喜欢阅读都市小说，收看都市

---

① 孟繁华：《"到城里去"和"底层写作"》，《文艺争鸣》2007年第6期。
② 张翼：《解析七十年中国社会发展与变迁》，《中国社会科学报》2019年8月20日，第1版。

伦理、言情剧，他们对城市生活具有天然的认同感和更为强烈的进城生活愿望，甚至进城（主要是县城）买房已然成为男性结婚必备的基础条件。离乡进城而不归，主动融入城市生活成为一种新的趋向。进城难转变为融入城市难，知识分子和农民工的进城往往带着精神上的城乡惯习撕裂之痛。旧有的乡土生活习惯，在城市中难以得到接纳，新的城市生活带着强烈的反传统色彩，冲突、焦灼和挣扎弥漫在新一代进城者的意识里，镌刻下城乡二元结构区隔和冲突带来的伤痕。大批农民工在积极参与城市建设的过程中，耗费了劳力和心力，然而在共享市民的权利方面却没有得到真正的尊重，身处城市的游离感和"他者"身份，搅扰着每一代进城者的思绪，这已然是新时代城市化进程中进城者精神深层的症结。

城乡观念冲突是21世纪城乡题材文学中关注的一个焦点，城市生活认同结构的建构也往往在批判和启蒙中前行。李佩甫的小说《平原客》，塑造了一批"鲤鱼跳农门"的进城者形象。"一号人物"李德林，从平原小乡村走来，他是知名的小麦专家、留洋博士和主抓农业的副省长，用家乡梅陵当地人的话说，那就是"祖坟上冒了青烟，鸡窝里飞出了金凤凰"。他的学生刘金鼎，在做苗木栽培的农民父亲的精心策划下，打通层层关节，再加上自己的勤奋和悉心钻研，顺利进城，逐步成长为手眼通天的常务副市长。李德林的第二任妻子徐二彩，本来是进城打工的保姆。李德林由于与前妻在城乡生活观念上的不合而离异，然后在李家做保姆的徐二彩成功上位，成为副省长夫人。看起来，他们都来自平原农村，也都已摆脱了土地的羁绊，跻身于城市上流阶层，然而在精神、心理上还是剔除不掉自身的劣根性。徐二彩上位后暴露出小农本性，借省亲、孩子生日等活动大肆铺张，收受贿赂。已经成为城里人的徐二彩（成为副省长夫人后更名为徐亚男），在副省长李德林不堪忍受她的粗俗行为，坚决提出离婚后，她坚决不愿放弃进城的这份荣耀，向李提出了巨额离婚赔偿金的索赔。刘金鼎善于经营关系网，依靠"一号人物"迅速地招徕自己的同乡"客卿""死士"，构筑起了欺上瞒下、以权谋私的"老乡会"。故事还涉及了加入都市里那些"洗头""洗脚"大军的外来妹们。从整个文本来看，故事中大部分人际关系是基于中国根深蒂固的乡土认同感，小说中弥漫着进城者的客居心绪。以乡土脐带构建的老乡关系网，甚至成为营构权力共同体的基石。在故事中，得到权力、名望和地位的进城知识分子，并没有比那些寂寂无名的进城打工者优越多少，与自己根性不相称的城市标配，反而加剧了其身在城市的精神恐慌。

长期的城乡融合之路上，进城者的"融入"是一个改变个体惯习、适应城市生活的漫长蜕变进化的历程。进城者的精神阵痛，是城乡隔离和痛苦融合内心深处的挣扎、博弈的心灵镜像，也是诸如李佩甫、须一瓜等农裔城籍作家潜意识中对进城心路历程的反思和批判。"人民对美好生活的向往"，召唤着文学中先进新型进城者形象的出现。这就返回到人物典型定义上来。我们禁不住要问：真正融入城市生活的进城者代表有没有？有多少？似乎这是个城市社会学问题或者统计学问题。但从文学反映的层面来看，现代书写进城主题的文学作品中缺乏"融入和谐城市"的新人形象，这其中折射出的，正是城乡融合发展中亟待解决的问题。

结 语

从消极认同到积极认同，从进城的"他者"身份，转换为城市新主体——真正融入城市生活共同体成为其中的一员，其实还需要从政治到文化全方位的设计和建构。而作为社会反映的文学，从中扮演着探索和演绎的双重角色，其在展示蜕变历程、发现进城新人形象方面，具有积极的、先锋性的社会助推作用。

在城市空间中，大众文化乃至后现代文化、后人类文化强烈刺激着进城者，在这个时代，进城者能否建构起适合自身存在的文化特征，进城者能否在城市审美型的品质生活中建构完满的人性，他们未来能否真正融入城市生活共同体，必将是未来文学持续关注和书写的视角。鲍曼认为，克服差异、融入人类共同体生活离不开五个基本要素，即"解放、个体性、时间/空间、劳动和共同体"[1]，据此，进城者能否在新的城市时空中摆脱生存焦虑，获得归属感，获得主体性表达，自适应性地积极融入城市生活共同体，将是消除进城意识障碍、回归人类生活共同体的重要突破口。

---

[1] ［英］齐格蒙特·鲍曼：《流动的现代性》，欧阳景根译，中国人民大学出版社，2018年，第63页。

做一个永不倦怠的旅行者
——论邱华栋的历史小说

李海音*

摘 要：邱华栋的历史小说与其都市题材小说构成了一种互补和对话的关系。"历史"在邱华栋这里更多的是一个与躁动的物质世界相分隔的精神空间，出入其中的还是同一个时代的人。邱华栋借用"屏风"遮挡现实生活中赤裸裸的"物质"和"欲望"，用"长生"表达了他对现代人没有历史和未来的短促生命的忧虑，因此，他对个体生命的关怀变得更加沉稳有力，对现实的反思和批判也有了一种更自由的抒情方式。

关键词：邱华栋；历史小说；审美人生

一

当一个人把写作当作一种信仰时，你再去追问他背后的价值立场是毫无意义的，因为此时的写作是不及物的，是没有所指的能指，他对写作本身的兴趣远远大于这个世界，只是由着语言去驱动他的思维。这是我从邱华栋身上得出的结论，他纠正了我过去常常首先对作家们进行价值判断和道德诘难的倾向。尽管邱华栋偶尔表明自己"关注社会、批判社会"的现实情怀，又说"人的精神的分裂、扭曲和异化"是他最喜欢的主题，似乎总在为西方异化理论寻找某种现实依据，但像他自己所说的："对于我，更多的时候，写作纯粹是一种爱好——我是一个持之以恒的文学爱好者，像一个玩泥巴的孩子

---

* 李海音，武汉大学文学院文学博士，主要从事中国当代文学批评与小说研究。

那样自得其乐。"①他的叙事激情更多来自写作本身，只不过他不得不借用现实生活的"泥巴"，经过艺术的构思，构筑自己心目中理想的"玩具"。这是一个创造的过程，在创造出令人满意的作品之前，他不会轻易丢弃已有的"质料"，于是他反复利用同一题材，刻画同一类人，关注同一社会问题，比如在欲望中挣扎与失落的"都市寻梦者"，丧失了个性和灵魂的"时装人"，陷入了中产阶层精神困境的"社区人"。但这也是一个个体审美的过程，他没有义务为谁而作，只是凭着自己对语言的感觉和兴致去写，所以他的都市小说往往激情四射，语言符号不断自我繁殖，时代的信息裹挟着"欲望"的潮汐奔涌而来，让不少读者应接不暇，甚至有点被冒犯被吞噬的感觉，无怪乎有些评论家要把邱华栋与主人公、叙事人等同起来进行道德批判②。但邱华栋似乎全然不顾，除非对某一题材产生了审美疲劳他才可能停下来。然而，叙事的激情又催促他不断拓展写作的资源，寻找另外的审美对象，使他的视野最终能够超越现实而走入历史的深处。

　　这是21世纪以后的事。邱华栋开始了历史小说的创作，先后推出了"中国屏风"系列的四部小说——《贾奈达之城》（即《戴安娜的猎户星》）、《单筒望远镜》、《骑飞鱼的人》、《时间的囚徒》，以及长篇小说《长生》。邱华栋在《长生》后记中说："这些年，我在写完了一部当下现实题材的小说之后，就会写一部历史小说。这样的交替写作，使我获得了审美上的休息和题材反差的快乐，也获得了某种我还在继续成长的喜悦。"③与邱华栋的现实题材小说相比，这几部历史小说的确令人耳目一新，让我们看到了作为小说家的邱华栋的另一种叙事风格和价值诉求：语言简练舒缓，叙事的口吻冷静深沉，主人公理性又天真烂漫，神圣的爱情取代了无爱的性欲，对正义与自由的向往取代了对世俗名利的汲汲渴求，对永恒的精神追求取代了转瞬即逝的物质体验，生命不再困守于琐屑无聊的时空，而是漫游在广袤无垠的大地上。

　　但这并不意味着邱华栋笔下的历史与现实之间没有任何关联，或者像有

---

① 邱华栋：《长生》，北京十月文艺出版社，2013年，后记，第215页。
② 参见王世诚《虚伪的写作立场与欲望之奴——邱华栋论（晚生代论之一）》(《文艺争鸣》2001年第1期)、贾丽萍《自我书写的困境——邱华栋小说叙事批判》[《南京师大学报》（社会科学版）2004年第6期]、吴义勤《自由与局限——中国"新生代"小说家论》(《文学评论》2007年第5期)。
③ 邱华栋：《我写历史小说的缘起》，《文艺报》2013年12月13日，第2版。

些论者所说的邱华栋"成功地转型"了。实际上,此时邱华栋对现实、对城市的热情并未减退,只是不再痴迷于青年人"寻梦"受阻的悲剧,而更关注那些已然从城市边缘进入中心,驶入了生命的平缓地带的中产阶层。这大概是因为邱华栋已不再是那个对未来充满眩惑感的"外省青年",而成了城市的"新主人",那种"闯入者"的焦虑与迷茫不再是他当下的生存体验了。可见,强调写作要"与生命共时空"的邱华栋的叙事焦点其实并不是城市,而是不断成长的自我,确切地说是为现代生活和世俗欲望而振奋又困扰的现代人。而邱华栋对历史的兴趣也不在于历史本身,而是那些充满生命激情的历史人物,他们身上寄托着邱华栋强烈的个人情感和道德理想。克罗齐说,一切历史都是当代史。特别是人生哲理型的历史小说是无所谓现实的人和历史的人的区别的。从这个角度来看,邱华栋的历史小说与他的都市题材小说实际上形成了一种互补和对话的关系。"历史"在邱华栋这里不过是用来置换"城市"的空间场所,就像那四扇"中国屏风"一样,在躁动的物质世界中分隔出一个相对宁静淳朴的小世界,出入其中的还是同一个时代的人。因而这个"小世界"不会有雄伟壮丽的历史场面,没有什么真正的英雄或败类,不存在大多数历史小说中那种激昂的政治理想、肃穆的历史意识或沉郁的文化情怀,但也并非用来躲避或抗拒现实的历史乌托邦或田园牧歌,没有什么超然物外的文人雅士。然而,邱华栋却借用"屏风"遮挡了现实生活中赤裸裸的"物质"和"欲望",用"长生"表达了他对现代人没有历史和未来的短促生命的忧虑,于是他对个体生命的关怀变得更加沉稳有力,而且对现实的反思和批判也有了一种更自由的抒情方式。

二

应对现代都市的这种文化景观——身处其中的人一面沉浸在没有历史和未来的瞬间的欲望狂欢中,一面体验着自我失落的现代主义乡愁,而自我与现实的关系变得暧昧不明,诺思罗普·弗莱所说的喜剧或浪漫剧都已不合时宜,而悲剧也因为缺乏深刻性的根基而丧失了批判的力量,也许只有反讽才能适应这个"乏善可陈的冬季"[①]。反讽是喜剧与悲剧的杂糅,是对抒情和浪

[①] [加拿大]诺思罗普·弗莱:《批评的剖析》,陈慧等译,百花文艺出版社,1998年,第275页。

漫的拒绝，是对被现实所绑架的自我的质疑，是对任何静止的世界和凝滞的历史的彻底背弃。如果没有一种彻底的怀疑精神，缺乏自我反思与批判的主体意识，对由欲望所驱动的现代都市人生的言说很容易变成不自由的"新写实"，在冷漠的现象扫描或是激情的文本复制中融入一点感伤，把人变成没有自由意志和自觉意识、仅仅受生理和环境所支配的动物。然而，大部分中国作家骨子里都是浪漫抒情的，温柔敦厚、圆融中和、悲天悯人的文化心理已经成了一种集体无意识。这种文化品格虽然使他们避免最终沦为虚无主义者，但也使他们对于现代都市的言说有点无所适从，"现实主义"的静观也不是，"现代主义"的激愤也不是，最后一些作家只好去追念淳朴无邪的田园牧歌（比如鲁敏的"东坝"），或是虚构一个历史乌托邦（如阎连科《风雅颂》中的"诗经古城"）。

  邱华栋也不例外。他具有浓郁的抒情气质，加上又是一位诗人，对生活充满热望和激情，因而面对混沌平庸的现实生活，他的小说基本上只能采取悲剧的形式。吴培显运用结构主义方法对邱华栋的城市小说进行叙事分析，发现其大致的叙事结构是：自我价值实现的期待和自觉追索→边缘生存的奋挣和流浪的窘迫→都市欲望的诱惑和无奈的观念跨越→欲海漂泊的迷茫和名利欲望的满足→理想色彩的蜕变和价值取向的扭曲→自我的异化和迷失→悲剧性结局，其叙事话语的展开逻辑则为：肯定→困惑→忧虑→怀疑→否定。①这种叙事结构和叙事逻辑虽然只是对邱华栋20世纪90年代小说的一种抽象分析，却反映了邱华栋对自我与社会的体验和认知方式，实际上也对应了现实生活中许多年轻人的生命轨迹，可以说是现代人普遍的一种生存困境。然而，到底是生活的罪过还是个人价值的问题？"异化"和"迷失"是否是现代都市人不可避免的宿命？围绕着欲望而展开的个人梦想是否只是一种无根的幻想？对此，早年同样作为"都市寻梦人"的邱华栋似乎并不十分关心，只是细致地呈现着现代都市人生的这种灰色悲剧。而且，邱华栋的小说基本上采用的是第一人称视角，叙事人往往是事件的主人公，或是事件见证者，或是貌似客观公正的记者，都是可靠的叙述，叙述声音与作者的声音基本一致，因而作者与叙事人、主人公之间无法构成反讽的关系。而且，小说中很

---

① 吴培显：《邱华栋小说的叙事结构分析》，《中国文学研究》2007年第3期。

少有戏谑和不屑的成分，有的只是无奈和同情，以及对城市的诅咒和抱怨，因而不能跳出文本对自我进行冷静的审视和反思，对欲望的细致呈现反而导致了"劝百讽一"的效果，在很大程度上削弱了小说的思想深度和现实批判力度。但在历史小说中，邱华栋却找到了可以自由抒发性情的叙事空间。

在《贾奈达之城》中，作为印度政府林务官的女儿，戴安娜在印度茂密的丛林里度过了童年，回英国接受正统教育后又来到印度，认识了登山家艾瑞克，在攀登雪峰的过程中与之产生了爱情，但因为"二战"的爆发戴安娜又回到英国，加入了"妇女农耕军"，在离南安普顿不远的乡村农庄中参加劳动。1946年，因艾瑞克被任命为英国驻新疆的总领事，戴安娜便随着已是其丈夫的艾瑞克再次回到印度，开始长途跋涉，翻越中亚崇山峻岭后到达喀什噶尔，在那里攀登了无数的雪峰，其间与柯尔克孜族向导赛麦台萌生情意，但在向着慕士塔格峰的"贾奈达之城"攀登的途中遭遇雪崩，赛麦台为搭救他们夫妇而死去，戴安娜在喀什噶尔生活了两年后才离开中国。在邱华栋笔下，戴安娜秉性自然淳朴，俨然大地上奔跑的精灵，童年时就能与万物并生，具有与昆虫对话的"超能力"，与蝾螈为友，连那只"白色老虎"也不伤害她，后来她又主动亲近大自然，热爱大自然，渴望探索大地内部的奥秘，因而才能与登山家艾瑞克结下姻缘，也才能与"山中精灵"赛麦台萌生情愫。虽然后来她不得不被卷入混乱动荡的现实，体验人世的悲欢离合，内心却始终独立刚强，不以物喜不以己悲。她积极追求个体精神的自由，不断超越自我，同时又理性大方，对于赛麦台的爱慕能够"发乎情，止乎礼"。她勇于承担个人的历史使命，而作为领事夫人，她应酬周旋，体贴丈夫，关心国家利益，同时又心慕正义与和平，没有宗教、种族、国家的偏见。但《贾奈达之城》不是邱华栋为戴安娜作的传记，也不是单纯地讲述她在中国发生的故事，而是他对于一种人生境界的浪漫想象，戴安娜的人格魅力与其说来源于她神秘的身世和传奇的生平，不如说是来自邱华栋赋予她的理想色彩，因而小说才能如此诗意盎然，为了与戴安娜丰富而纯净的内心世界相匹配，邱华栋细致而完整地呈现出大地上深邃又明丽的风貌——那由冰川雪山、海子湖泊、绿洲荒漠、日月星辰组成的"天地之文"。

"贾奈达之城"象征着永恒、神圣与完美。它是不可抵达的，但在向着它攀登的过程中，生命却不断地充实，而人的自由感也在这行走的途中慢慢提升,"心灵纯洁的人"还能够找到那个"幽谷秘境",到达人生中的澄明境界。对艾瑞克来说,登山或许只是一种刺激的冒险体验,是无聊或失意时的消遣。对戴安娜来说,登山却是一种生命最内在的冲动,是来自苍茫的远方、来自神秘的大自然的深情召唤,是超越时间、追求永恒的渴望,也是不断克服艰难、超越有限个体和世俗欲望而与天地并生的自由意志。因此,当戴安娜和赛麦台找到了那个"幽谷秘境"时,她不禁感慨道:"每一次旅途中的艰难险阻和困苦迷离,往往使我怀念家庭生活中最简单的生活乐趣;每一次在外面,尽快回到家里,总是我的一个渴望和慰藉。但是,中亚的群山给予我的东西,要远远地超过这种被动的欣喜和安慰,因为,它让我产生了一种最深的欢乐与幸福,使我在一瞬间超越了时间的羁绊,有了一种具有永恒价值的对大地的敬畏和感恩。"

做一个永不倦怠的旅行者。这是戴安娜的个人梦想,或许也是步入中年的邱华栋的价值诉求。但对他来说,"旅行"绝不意味着逃离都市和居所,回到大自然的怀抱,不是身体的长途跋涉,而是不断超越自我的精神之旅。他不愿意看到生命的激情随着青春的逝去而消散,也不愿意看到欲望满足后生命开始停滞不前。但当建立在金钱之上的个人理想被金钱腐蚀之后,当一切可以用金钱来衡量和换取的时候,生命还能欲求什么呢?如果不是向着自由的精神回归,找到一种无法用金钱交易的更高的价值诉求,人最终只会陷入空虚无聊中。在"社区人""北京时间"系列小说中,邱华栋为我们揭示了中产阶层的这种困境。但在戴安娜身上,邱华栋找到了被城市给毁灭的"本真的存在",找到了一个真正充满活力的"自我",这个"自我"的价值和激情不是由欲望所驱动而充满"无限生命力"的城市所赋予,这个"自我"承担其历史和文化的重负,渴望纯洁与崇高,追求自由与澄明。

三

邱华栋说他最心仪的作家是法国历史小说家尤瑟纳尔,通过他的《贾奈达之城》,我们才明白了个中原因。尤瑟纳尔深受父亲的影响,钟情于漫游的生活,热爱陌生的远方甚于安定的居所,追求个性的自由和精神的永恒,"漂泊"也成了她小说的一个基本主题。《王佛脱险记》中林在流浪画家王佛的启示下对城市产生了厌倦,发现"这儿人们的面孔再也不能告诉他任何美或丑的奥秘",于是抛弃自己的万贯家财后,随着王佛四处流浪,居无定所,终于拥有了一个无比绚烂的世界,这是一种在流浪中体验人之自由与世界之美的人生;《默默无闻的人》中的纳塔纳埃尔也是在一生的流亡中体验着自己的生命本质;在《苦练》和《哈德良回忆录》中,这种"漂泊"成了反叛成规、探索未知的自由意志的象征,泽农、哈德良大帝身上充分体现了这种自由的精神。在邱华栋的历史小说中,我们很容易看到他与尤瑟纳尔之间的精神关联,发现尤瑟纳尔的审美取向和思想踪迹。无论是《贾奈达之城》中的戴安娜,还是《单筒望远镜》中的阿尔苏,抑或是《骑飞鱼的人》中的林德利、玛丽,他们都具有追求自由的"漂泊"意识,都对生命充满了激情,对神秘而陌生的世界充满求知的欲望,甚至为了纯洁的爱情和神圣的事业可以随时准备牺牲自己。

在西方人的意识里,"旅行"或"漂泊"或"流亡"都是一种自由的生命体验,是对一切束缚和成规的反叛,是为了更深刻地认识这个世界、热爱人类的生活、在自我放逐中体验孤独的生存本质。因此,在加缪那里,尽管上帝被放逐后,人类的终极处境变成了一种荒诞和绝望,西绪福斯依然要在周而复始的徒劳中把石头推上山顶,这是一种把"活着"本身看得比"活着的意义"更重要的精神。然而,中国文化却是一种静止的文化,虽也不乏"行者",但都是为了"回家"——回到生命和历史的原点,无终点的"漂泊"始终是一种无根的生存悲剧。佛教虽以四海为家,却是为了"不留空桑",彻底摒弃自我意识和这个世界;儒家虽然强调"知行合一",所"行"之事乃人伦教化,最终是为了齐家治国,为了把自我融入一个更加舒适安稳的集体;道家虽也承担孤独的命运,背弃世俗社会,却强调虚静无为,最终是要消灭孤独,消除自我与万物的界限。如果说邱华栋的"中国屏风"系列小说揭示的是前一种生存体验,那么《长生》则回到了本民族的文化内部,重新审视一种当前中国缺失但根植于传统文化中的人生之道。

《长生》讲述的是元代建制之初,道教宗师丘处机远赴西域为成吉思汗讲道,成就"一言止杀"历史功绩的故事。但小说叙事的重点并不在讲道本身,而是西行途中的见闻,因此可以说这又是一部关于在大地上"行走"的书。表面上看来,丘处机是叙事的焦点,他的一言一行都足以劝慰和警醒世人,随行弟子李志常不过是个旁观者和记录者,但小说基本上围绕着"我"——

李志常的"寻道"来展开,"我"对"道"的认知和体验远比师父丘处机对"道"的阐释重要。因此,《长生》又不是一部谈玄说理的小说,而是一部关于"在行走中求道"之书。但这个"道"不仅包含着对自我的生命体验,也包含对世俗社会的人文关怀,因而这里的"行走"已不再是戴安娜式的"登山"之旅。

死亡是人生最大的困惑和缺憾,因而世人所求之道莫过于"长生",虽都知道人难免一死,但还是不依不饶。李志常渴望长生不老,从小就懂得要避乱洁身,后又弃绝爱欲与家庭,前往山东崂山隐居,潜心研究老庄,却倍感孤独,发现"这种忘却时间和时代的感觉,依旧不是得道的状态",又到天柱山去寻道,在老道长的启发和指点下得以与自然万物融为一体,明白"人都是有寿命"的,又拜到长春真人丘处机门下,后来跟随他一路西行,在他的言传身教下才得悟"大道"。李志常经历了修道的五个阶段:"避乱洁身"(保身),"忘却时间和时代"(忘身),"与万物融为一体"(忘心),"积德行善"(用心),"顺势而为,济世安民"(身心并用)。这样的一种"道"已经不再是道家"致虚极,守静笃"的"无为"之道,也不仅是道教的养生全身之道,它既维护人内心的澄明和自由,又强调人的社会担当和历史使命,但又不像儒家那样"知其不可而为之",而是"顺应天时地利",真正做到"人道"与"天道"的统一。全真教龙门派创始人丘处机继承王重阳的道教思想,引儒入道,力倡"三教合一",使得全真教的学理方法近乎禅宗北宗渐修的路线,又富有传统儒家与宋代理学的精神。《长生》中夹杂了丘处机不少诗词,从中可见他对于"道"的理解兼容佛教禅宗和儒家思想,如"道本有为有作,原非枯坐空顽。修丹何必弃家园,混俗和光取便",又如"实迹未谐霄汉举,虚名空播朔方传。直教大国垂明诏,万里风沙走极边",再如"无极山川行不尽,有为心迹动成劳。也和六合三千界,不得神通未可逃"。李志常在自己"寻道"的漫长路途中渐渐领悟师父的道学思想,意识到"长生"者非肉体不灭,而在于精神不死,但要精神不死,不仅要修身养性,还要"赞天地之化育",像佛家大乘一样慈悲为怀,普度众生。因而人生"行走"也就不再是盲目的漫游和刺激的冒险,而是在行走的途中感受孤独的自我,从而在艰难的选择中体验生命的自由。这种中国式的"行走"以"大道"为终极目的,对自我的超越是一种螺旋式的精神提升,人人都可以通过自我修行成为"神仙""圣人"，而不像"贾奈达之城"那样不可靠近，因此李志常才会满怀信心地说："不管前面的路途有多么地遥远，我们是一定要走到底的。"

如果说《贾奈达之城》所揭示的是一种积极张扬生命意志、在永无止境的旅途中认识自我与世界的审美人生，那么《长生》所体现的则是一种在追寻"大道"的苦行中虚心忘我、普度众生的道德人生。在这个物欲横流的时代，显然后一种人生态度更具有现实针对性。丘处机劝告成吉思汗要"减声色""省嗜欲""保全心神"，从而看到功名利禄不过是过眼云烟，人不可能永远占有任何东西，要心怀天下，承担自己的历史使命。这番谏言在今天不是依然具有醒世警世、针砭时弊之功效吗？邱华栋在谈到他同时期创作的小说《教授》时指出"知识分子的附庸性，以及知识分子的软弱和道德上的困顿与堕落，比一般的人要更加触目惊心""我觉得重建社会道德是一个很迫切的问题，也包括知识分子的道德问题"。邱华栋写《长生》的初衷由此可见一斑。然而，丘处机式的道德人格，依然是传统中国文人普遍追求的理想人格，"长生"不过就是名垂千古，虽然拥有这种文化品格的人可以像丘处机那样对于世俗生活能够"入乎其内，出乎其外"，但它却面临着很大的文化困境。因为预设一个终极的道德目的往往导致对个性自我的抹杀，"行走"的意义被目的所制约和规定，若目的没有实现，那么"行走"也就丧失了意义。而历史的发展也并非有迹可循，当一个人必须对历史做出选择时，他依然会成为世俗政权的附庸，如果遇到明主则可以像丘处机一样"一言止杀"，成仙成圣，若遇昏君则无计可施，"大道"不成。因此，对李志常来说，生存不过是一种义务，"辛苦万端地存在于这个世界上，是因为尘世因缘还没有结束，肉身还必须在世间行走"（《长生》）。而戴安娜式的审美人格却更具有现代意义，它把生命看作是一种自由，否定人可以成为神，并非乐观地许诺一个完美的终点，而是把人生的过程看得比目的更重要，自我的救赎在于个体对苦难和爱情的承担，因而可以看到沿途的风景，体验到生命的自由与精神的永恒。尽管《长生》寄托着邱华栋强烈的道德理想，却依然需要接受现代价值观念的重新审视和反思，如此才能避免对历史人物的书写过于理想化和表象化。

四

"中国屏风"系列小说中的主人公虽然都曾被卷入了中国宏大的历史旋涡——《贾奈达之城》中的戴安娜见证了印度独立、国共内战时等的边疆动乱,《单筒望远镜》中的阿尔苏遭受了义和团正面攻击和围困,《骑飞鱼的人》中英国海军林德利则加入了太平军,亲历了太平天国运动,《时间的囚徒》中的包若望则成了"反右"斗争的直接受害者,但由于西方人的特殊身份他们能够免于被历史和文化所绑架,从而冷静客观地再现历史的某个侧面。邱华栋以西方人为第一人称的叙事视角,采用回忆录、书信、剧本等多种体裁,并非只是形式创新或题材创新的问题,而是试图避开对历史场面的宏大叙事,在具体刻画个体生命境遇时,以西方的价值观念来重新审视中国的历史和文化。比如:《单筒望远镜》中通过阿尔苏对教会和义和团的观察和分析,引发读者对民族主义与普世价值的反思;《骑飞鱼的人》则通过林德利和玛丽对太平天国的评价,引发出对狂热的社会解放运动的思考;《时间的囚徒》则通过中国"反右"运动和法国"五月风暴"的对比,引发出对当代中国犬儒主义以及革命与性的反思。但由于邱华栋的叙事激情大于他对思想观念的艺术化处理,对历史人物内心深处的挖掘缺乏更高的历史哲学视野的观照,又担心文学的虚构大于历史的真实,所以这些问题都没有在文本中得到深化。

虽然邱华栋追求历史小说的现代性,但由于性格气质的原因,他的历史小说除了在艺术形式上别出心裁外,艺术的内在精神却是比较传统和写实的,因而有时候他的个性和想象力无法得到有效展开。比如,《长生》源于《长春真人西游记》,这容易让人想到吴承恩的《西游记》,取经或讲道都不重要,重要的是都要通过艰苦的跋涉去悟透宇宙人生。但邱华栋一心想要进入历史人物的内心,让人物自己发出声音,采用第一人称的限制视角,因而丘处机、成吉思汗等其他人物的心理意识很难得到有效的呈现;而丘处机也被塑造得过于神圣,天下无人不知无人不敬,而李志常的内心又过于单纯,不像唐僧、孙悟空等人还有种种心魔如酒色财气的诱惑,他们的西行除了自然环境的恶劣外,便无其他任何阻碍了。因此,《长生》既没有《西游记》那样深刻的文化内涵,也没有那样丰富的艺术想象力。而同样被视为"晚生代"作家,同样想表达一种在追求自由的流浪中实现人性复归的李冯,在处理历史题材时却具有很强的反讽精神,比如他的《孔子》《另一种声音》《我作为英雄武松的生活片段》等小说,都是以现代性视角对历史和文化进行重审,通过戏仿消解了前文本的意义和价值。不过,克尔凯郭尔曾指出"反讽是自由的,没有现实的忧虑,但也没有现实的欢乐,没有现实的祝福"[①]。面对历史,特别是严肃而沉重的历史,如果采用反讽的模式,很可能把历史娱乐化、漫画化或虚无化。邱华栋天生不具备反讽的精神,虽然无法在都市小说中自由施展拳脚,却在重建崇高与神圣、诗意与美善的历史小说中得到了"现实的祝福",至少成就了像《贾奈达之城》这样艺术性与思想性相统一的作品。

尽管牧歌式的乡土已经远逝,但我们在文化审美的心理层面依然抵触着现代都市文明的"恶之花",依然向往一种宁静自然、澄明通透的人生,始终怀着对自由、神圣、正义、爱情的敬畏与赞赏。邱华栋在雄奇壮丽的新疆长大,那里的绿洲戈壁、冰川雪山以及深厚的人文底蕴必然会带给他一种自由神圣的生命体验,也必然会使他复归于戴安娜式的审美人生,使他做一个永不倦怠的旅行者。

---

① [丹麦]索伦·奥碧·克尔凯郭尔:《论反讽概念》,汤晨溪译,中国社会科学出版社,2005年,第226页。

中国当代先锋小说艺术中的本土因子

李彬彬 *

摘　要：评论者对20世纪80年代中后期出现的国内先锋小说创作大多强调其对中国本土文学传统的颠覆意义，而有意无意地忽略和回避了它的本土内涵和中国经验。本文通过挖掘中国当代先锋小说艺术特色中的本土性因子，从结构、语言、形式、意象、韵味等方面阐释先锋作家对中国文化、文学理念和艺术技巧的因袭和运用。

关键词：先锋小说；本土因子；巫鬼文化；中国古代文学

阅读20世纪80年代末国内兴盛的先锋小说，敏感的读者会感受到中国当代先锋文学掺杂混合的多重味道，就小说艺术而言，既包括西方的现代、后现代文学技巧，也包括中国传统文学的表现手法。相对于西方文学的鲜明清晰，先锋小说中的中国本土文化因子显得更为隐秘而不易察觉，但这并不等同于传统与古典的缺席。如同评论者评价"五四"文学一样："'五四'一代的文学家从小接受的其实是中国古典文学的熏陶和滋养，'传统'更多是作为一种修养、趣味和眼光深深内化在整个文学结构和文化心理之中；而对外国文学的认识，则基本是在成年后才开始的。外国文学无论形式技巧还是主题意识相对中国传统文学来说是一种全新的东西，对其的借鉴和模仿当然更容易分辨；而已经被内化在整个精神结构中的传统熏陶相对来说当然隐藏得更深。"[①] 先锋作家将中国传统文化因子深埋于西化的文学创作中，呈现出了不同于二者又超越二者、体现时代症候又置身历史的别样风貌。

---

* 李彬彬，广西文学杂志社编辑，主要从事文学研究。
① 张黎：《中国文学传统的现代回响及其与"现代性"之关系——以赵树理、张爱玲为中心》，复旦大学2005年博士学位论文。

一、巫鬼文化影响下的荒诞玄思的先锋叙事

以"有意味的形式"为追求的先锋作家一方面在西方现代主义、后现代主义文学影响下,大胆反叛传统,创造了新的小说观念、叙事方法和语言经验;另一方面,先锋作家为了反抗主流文化的压制和束缚,特从传统的边缘文化诸如神秘的巫鬼文化中寻求灵感,开掘本土文学的新资源。其一,巫鬼文化在源远流长的文学发展历程中有着启蒙和催生的重要意义,是后代文学形成的滥觞,并且,经历岁月的沉淀,巫鬼文化转化为民间信仰,最终成为一种集体无意识存在于人们的内心深处,潜移默化地影响着人们的生活习性和思维方式。其二,先锋作家大多生长在有着神秘巫鬼文化流传的、历史悠久的地域,在耳濡目染的成长过程中,巫鬼文化自然而然地浸润到作家的血液和骨髓中,并随着时间的推进对作家的影响愈加深刻。例如,东北萨满文化对马原和洪峰的影响、湘楚的吊诡巫风对残雪的浸润以及江南神秘的谶纬预言对格非和余华的滋养等,这些当地的巫鬼文化都不可避免地储存在作家的头脑里,并消化在他们的创作实践中。其三,以神秘的巫鬼文化为代表的原始文化中的非理性因素与西方现代主义、后现代主义思潮在精神和思维上有着契合与共鸣。尚处于前工业时代的中国,其文化在必然地受到外来的现代、后现代文化冲击的同时,还顽强地固守着不可摧毁的传统文化根基,并且,外来思潮在某种程度上激活了传统文化中的活跃因子。西方(后)现代文学对理性主义的怀疑、对经验真实的拆解和对心灵真实的建构、对神话的复归与再造等特点与中国原始巫鬼文化轻理性重直觉、轻真实重幻想等不确定因素有惊人的一致性。可以说,以马原为代表的中国当代先锋小说正是这种中国本土文化与西方(后)现代主义文化精神耦合的产物。

毋庸置疑的是,中国当代先锋小说是通过横向借鉴和纵向继承相结合的方式发展起来的,先锋作家在吸收西方(后)现代主义养分的同时,自觉或不自觉地立足传统,到从小深受影响的中国传统巫鬼文化中寻找文学创新的资源,寻找一种文学思维来表达现代人的生存体验,打破以往的叙事常规,通过一系列的叙述实验来完成自己的现代创作,从而实现了巫鬼文化与现代意识的对接。马原、残雪、苏童、格非等先锋作家创造了一个个鬼气十足、近乎梦魇的超现实世界,他们如巫师一般,相信现实世界以外的另一个世界

的存在，并在真实世界和想象时空中自由往来，现实与想象的界限被打破，以充满预言、暗示、偶然、命运的梦幻手段表现对人类灵魂和人生存在的追问和探寻。同时他们通过营造鬼风弥漫的虚幻世界，使得文学作品带有与现实生活不同的超验性的疏离感，达到与以往的文学流派有所不同的独特创作目的。作为一种泛文化现象，巫文化的神秘性不仅限于先锋作家的表层描写，也进入了作家精神层面，影响着他们的价值观念和思维方式，成为文学创作中自觉的审美追求，为先锋小说的形式实验提供了新的叙事策略。

（一）人物、情节的神秘化

先锋作家出于对传统创作方法的摒弃和对审美现代性的自觉追求，对小说中人物和情节两大要素做了特殊化处理：他们改变传统文学中千篇一律的人物刻画方法与情节安排模式，不再试图通过小说塑造典型人物形象来影响读者的人生观和世界观，开始淡化人物和情节在文本中的作用，淡化描写的意义，展开神秘莫测的文本创作，塑造飘忽诡异的神秘化角色，以现实无法解释的方式拼接情节，表现出先锋作家与众不同的创作理念。这种现代化的写作方式既借鉴了西方文学思潮，又杂糅了大量的中国巫、道、佛等元素相混杂的巫鬼文化，诸如巫师或具有巫师气质的人物，巫术中的神秘现象和宿命观念，祭祀、求仙拜佛文化现象，等等，使得先锋小说以非理性、反逻辑化的巫性思维为指导，开展了以内心真实为摹本的创作。

先锋小说中塑造了众多巫者形象，其中既包括真正意义上能够占卜吉凶、沟通神鬼的专职巫师，又包括深受巫文化影响或经受精神迷狂而被鬼魂附体的普通人。他们隐藏于民间，身份各异，飘忽不定，能够接受神谕、预测未来。格非的《迷舟》中算命老道牙齿脱落衣衫不整，却能够说出预知未来的谶语，并以惊人的敏锐预料萧的死亡。余华的《世事如烟》中算命先生自私自利，算命先生相信"子女的早死，做父亲的必将长寿"，他的五个子女都已经替他死光了，而他却已经年近90岁，并且预测了灰衣女人、司机、7、6、4的悲剧命运且一一应验；余华的《劫数难逃》中老中医成功预测出东山会被硫酸毁容的事实。苏童的《1934年的逃亡》更是巫气弥漫，"财主陈文治""祖父陈宝年""祖母蒋氏""我父亲"等都会使用巫术，"巫师""占卦""巫术""幽灵""灾星""祛邪镇魔""黑衣巫师""跳大神""火神""招魂"等属于巫文化的神秘现象在文本中屡屡出现，推动着人们命运的走向和整个故事情节的发展；苏童的《飞越我的枫杨树故乡》中塑造了巫师形象的"我"祖父和能够通灵的"我"……这些人物虽然不是小说的主角，却是组织小说情节必不可少的关键因素，他们激活了先锋作家的创作欲望和想象力，丰富了先锋小说的写作题材，这些人物本身也是先锋作家所追求的非理性的象征符号。先锋作家"采用这种预言性的叙事策略，通过巫师的语言和通灵组织小说，将预言作为小说情节的发展线索，串起原本不相干的诸多人物，完善小说的情节布局，使小说带有浓郁的宿命感，与深受中国传统谶纬、术数文化的影响密切相关"①。如南帆所说："及时报告不祥的预感显然是又一种叙事策略。这些预感与种种谶言、占卜、算卦共同组成神秘气氛，这些预感的应验与否及应验程度同样是一种巨大的悬念。"②

（二）叙述人身份的自由变换

源于民间的古老、神秘的巫文化对先锋作家叙事革命潜在和显在的影响还主要体现在叙事主体的分裂和转换上。在巫术仪式中，巫师进入神灵附体的假想状态中，充当了人和神、人和鬼的中介，巫师既要替人传话于鬼神，又要将鬼神的旨意传达给人，使人与鬼之间的界限不复存在，现实空间和想象空间融为一体。人们一旦进入巫师营造的神秘氛围之中，就一时真假莫辨，产生一种泯灭时空的虚幻状态。仪式结束后，巫师又恢复平常，成为自己。所以，巫师的身份是多重的、变化多端的，他可以突破现实时空的局限，自由穿行在无形却可感知的世界中。同样，在马原、格非等的先锋小说创作中，作家主体常常既充当文本叙述人，又充当作品的主人公，三位一体，互生互现，如同处于迷狂状态的亦人亦神的巫师，通过变化小说的叙述人称，实现身份的自由转换。

马原习惯于将传统的逻辑人为地破坏，把叙述人置换为多层次相交叉且变化不定的神秘者。经典"叙事圈套""我就是那个叫马原的汉人"中，出现了"我"（第一人称叙述人）、"马原"（作者）、"汉人"（故事人物）三重身份，他们相互纠缠、融为一体，暗示了故事本身真假虚实的迷幻色彩。在

---

① 王姣姣：《巫文化与中国当代先锋叙事研究》，山东师范大学 2013 年硕士学位论文。
② 南帆：《再叙事：先锋小说的境地》，《文学评论》1993 年第 3 期。

《冈底斯的诱惑中》中,叙述人"我"一登场即亮出了自己的身份,自己是队长又不是姚亮,接着又交代了姚亮是队长。可见,叙述人"我"理应是姚亮却不可承认。更不可思议的是,叙述人"我"还被置换为来藏工作多年的文艺创作者,以他个人的丰富阅历讲述外地人眼中的西藏,并且在叙述的过程中,这个文艺工作者又突然回归到作者本人,他所讲述的一切就是作者的叙述内容。纵观全篇,无论是姚亮、叙述人还是文艺工作者都与作者本人融为一体,无法分辨。又如《虚构》中,开篇交代的"我写小说"的汉人和"为了写小说到西藏去的"、写过《拉萨河女神》的马原,显然就是作家马原,但是,在小说第四章,"我"的身份由作家马原变为进入神秘的麻风病村玛曲村,度过了七天时间的"我",并在第十九章转换成杜撰故事的结尾的作家"我"了。由此可见,马原的"套盒"式叙事手法与"我"的分身有密切关系,"作者和笔下的人物一起进入虚构世界,人物不但是文本的叙事承担者,而且还是文本的衍生者和创造者。马原一边在叙述,一边又甩开读者,把叙述的权力让给了笔下的人物"[①]。在格非的先锋写作中,"格非"也进入小说中,成为故事中的人物,制造了一种如梦似真的效果。曾被评论家称为"仿梦小说"的《褐色鸟群》中叙事者的多变是造成小说梦幻效果的重要原因,主要内容是"我"居住在一个叫"水边"的地方写一本纪念"妻子"的书,写书的"我"就叫"格非",并跟叫"棋"的女人讲述"我"的婚姻故事。小说中,"我"既是故事的创作者,又是故事的叙述者,同时又是故事中作为行动者的人物。叙述人称的变化、故事情节错乱导致现实与幻觉杂糅,一切似有似无、亦真亦幻,使读者在迷幻、难以确定中对故事的真实性产生了怀疑。

叙述人身份的分裂与古老的巫术有着难以割断的精神渊源,巫者的中介身份实现了通神的本领和功能,展现了一种独特的超越自然万物的自由风采。先锋作家将巫者的分身术运用到自己的文学创作中,完全打破了小说的似真幻觉,暴露了小说创作的虚拟性,同时,把虚构和编织文本的技能提高到前所未有的程度,获得了更大的表现空间,与笔下的对象一起超越真与假、现实与虚构的界限,冲破小说时空,在叙述的冒险中自由驰骋。

[①] 闫秋红:《萨满活动角色与"我"的分身术——萨满教文化与先锋小说》,《中央民族大学学报》(哲学社会科学版)2004年第3期。

（三）打破"进化论"的"循环时间观"

随着现代科技主义带来的自然灾难、人的自我本性的迷失等理性弊端的暴露，人对理性、技术主义进行反思，同时，开始怀疑由进化论衍生的"线性时间观"，提出向远古世界的"返魅"，重建人与自然的关系。这种对时间观念的反思恰恰在某种程度上契合了中国古代的时间循环观念，将时间理解成一个圆圈，周而复始。而巫文化中就存在这种古老的循环时间观："巫术不是一个根据兴奋或灾难进行判断的时代具有时间按线性伸展概念的宗教。时间——以其每天、每年和大规模的种类——盘旋和重复地被经历着。"[①] 这种反现代线性的时间观与先锋作家对"非理性""自然神秘性"的尊重和信仰形成了一定的共鸣，在破坏理性主义、瓦解宏大叙事、重建个人叙事的过程中，先锋小说借鉴了巫文化中的时间循环论来反抗公认的时间观念，完成了时间维度的艺术探索。

格非的《锦瑟》中讲述了四个发生在不同时空的有关冯子存的故事。小说主人公冯子存的身份先后经历了隐士、书生、茶商和皇帝四种变化。小说开头是作为隐士的冯子存被处死的故事，而小说的结尾第四个故事是作为皇帝的冯子存在临死之前讲述了他做过的一个梦，而梦到的就是隐士冯子存的故事。这样，故事的叙述从结尾又回到开头，循环往复，正如格非在《褐色鸟群》中所说："故事始终是一个圆圈，它在展开情节的同时，也意味着重复。"余华的《此文献给少女杨柳》将这种时间观念运用得更为复杂，使故事显得极为矛盾神秘。小说讲述了"我"和外乡人、少女杨柳的故事。故事开始于"我"与外乡人的交谈，外乡人和"我"先后接受了死于不同时间不同原因的少女杨柳的眼角膜，但杨柳的父亲却告知"我"杨柳从未外出，是死于家中。小说结尾，"我"与外乡人的交谈又回到了开头的交谈。故事在讲述与寻找中不断循环，矛盾而离奇。此类小说在循环时间观念的支配下，尝试了首尾相接的圆形叙事模式，使故事在重复中循环。先锋作家通过对时间观念的另类理解，完成了对小说叙事的迷宫式建构，表达出对人生存在的迷幻体验。

---

① ［加拿大］奈奥米·R.高登博格：《神之变——女性主义和传统宗教》，李静、高翔编译，民族出版社，2007年，第110页。

再有，循环时间观也打破了线性时间观念中由"过去"到"现在"再走向"未来"的有序性，从而模糊三者的界限。马原自述"我大概是一个一直愿意思考时间并利用时间来做我的文章的作家"①。《冈底斯的诱惑》中马原将现在时的探寻野人踪迹、过去时的穷布打猎遭遇野人同时讲述并在其中穿插着陆高、姚亮看天葬和顿珠、顿月两兄弟的故事，多条线索并行发展，相互交错。过去、现在、未来的颠倒错置展示了马原对时间立体化和内在化的认知角度，真实地表现了人们回忆机制的随意性、颠倒性和重叠性等非线性的时间特征。苏童的《飞越我的枫杨树故乡》中，由刚出生的"我"讲述了梦中幺叔的故事：幺叔死后阴魂不散，敲着自己的丧钟在村中游荡。在这里，"人"与"鬼"、"梦幻"与"现实"之间没有界限，时间在"过去""现在""未来"中随意跳跃，并在生死泯灭中实现了可逆性。先锋作家通过这两种时间实验完成了对人生迷幻、命运无常、阴阳相接、生死两忘的智性思考和艺术表达，充分表现了先锋小说的叙事魅力。

（四）"意义逃亡"的陌生化语言

语言实验是先锋作家斩断小说与现实关联的重要手段，为了能够以个人视角表达出与众不同的个性思维，先锋作家常常使用怪诞、隐喻、拼贴、象征等叙事技巧实现文本的狂欢，用反复、变形、断裂的非常态陌生化句式建构表现内心真实的虚幻之境。而巫术语言是巫师行巫时所使用的语言，是巫术活动的重要组成部分。巫师多试图以某种神秘的言辞命令或祈求某种外在的力量来达到影响外界的目的，他们或者使用所指缺失的短语表达巫术活动的神秘性，或者使用感觉化的语言表达情感的强烈。在强调语言陌生化和神秘性特质方面，先锋小说和巫术语言在某种程度上达成共识。其表现在以下两个方面。

首先，表现在先锋小说文本中能指与所指的断裂。巫语，即通常意义上的咒语，是巫师实施法术时沟通神灵的神秘话语，它打破了一般的语言逻辑以致普通人不能理解，它只注重声音，而不注重意义，"有些话几乎或根本没什么含义，甚至说这些话的人也不解其意"②。强调"怎么写"而忽略"写

---

① 马原：《虚构之刀》，春风文艺出版社，2001年，第79页。
② 史宗主编：《20世纪西方宗教人类学文选》（下卷），金泽等译，上海三联书店，1995年，第725页。

什么"的先锋小说语言同咒语一样破坏了能指与所指的关系，使能指变得无拘无束、无所依托，做到了真正意义上的语言拒绝内容。孙甘露的小说语言"优美、华丽，它们穿过幽暗的时间隧道，在沉思静想的时空流动。它们没有及物世界……只指涉自己。这些堆砌起来的'能指群'如同故事的坟墓和存在的虚无"①。《信使之函》中，作者将信暗喻成无数的物象："信是耳语城低垂的眼帘""信是心灵创伤的一次快意的复制""信是陈词滥调的一种永恒款式"等，多重的定义使信与判断词的关系摇曳恍惚，语言由此散落成一个个孤独的句子，在肢解意义的旅途中只留下了作者的主观感受。

其次，表现在先锋小说语言的变形化、感觉化。不同于传统小说语言逻辑的严谨畅达，先锋作家为了表现人神秘而无序的感受，常常使用变形化、感觉化的语言。他们并不期待读者能够读懂，只要求用情感去体验作者想要传达的一种情绪和思维。这与巫师进入通灵状态时的迷狂乱语有着极强的相似性，相比于咒语的逻辑意义，巫师带来的精神慰藉感显得更为重要。例如，先锋作家常常仅凭一种感觉的真实甚至超越感情就强行将两个意义上不相干的词语进行组合：《信使之函》中"在某些必要的省略后，我们在不死鸟的栖息之地摸索着向对方深处走去……在一本糜烂的黄历的点划之间他们找到了叶落归根般命中注定的良辰吉日"这段文字共由四个句子组成，不但句子与句子之间没有关联，就是在每个句子的分句之间、每个分句词语与词语之间都找不到确定的联系。又如，先锋作家常用自己的感觉组织非逻辑的个人体验，让语言随着感觉走：余华的《世事如烟》中写道，"算命先生刚才说话时的声音，回想起来也让接生婆感到有些遥远，那沙哑的声音仿佛被撕断似的一截一截掉落下来"；《此文献给少女杨柳》中，"然后两个女人用一种像是腌制过的声音交谈起来，其间的笑声如两块鱼干拍打在一起"；苏童的《罂粟之家》中"他看到那种气味集结着穿透他虚弱的身体"；等等。它们都运用了通感的陌生化写法，呈现出多种感觉色彩的交织。

对神秘的巫鬼文化的渲染，是先锋作家在突破传统文学成规、追求陌生化创新过程中一种有效的传达美感的文学手段。同时，先锋作家对理性思维

---

① 陈晓明：《跋——孙甘露：绝对的写作》，载孙甘露《访问梦境》，长江文艺出版社，1993年，第309—316页。

的质疑，对僵化的意识形态话语的不满，对"纯文学"观念的追求，也促使他们向中国本土边缘文化寻找叙事变革的资源，从而关注到了理性思维范畴之外的巫性思维。这种重直觉、重联想、运用另一套世界观解释万物的思维方式激发了先锋作家无限丰富的想象力，用似真似幻的主观经验取代以往传统现实主义"似真幻觉"的宏大叙事，在挣脱理性束缚的同时，游走于人神合一的灵性世界。

二、古代小说观念和艺术手段的延传

先锋小说艺术的本土因子中，除却巫鬼文化的影响，表现最为明显的就是受到中国古代文学的滋养和灌溉。中国文学的传统并未像当代人误解的那样被彻底地斩断和否定，而是以别样的方式得到保存和延续。"古代文学历经两三千年，出现过那么多伟大的作家作品，有丰厚的积淀，它的影响是覆盖性、弥漫性的，甚至培养出某种'集体无意识'，很自然化成了民族的审美心理、习惯与思维方式。古代文学传统经过一代又一代长期的筛选和不断的提炼，已经形成非常稳定、不言而喻的'核心部分'，在民族的记忆和语言中成为某种象征性的建构，特别能得到人们的信奉、敬畏和依恋。"[1]其表现在先锋创作中，主要有两个方面：古代小说观念的复位与重置，古典、诗性的叙事格调。

（一）古代小说观念复位与重置

中国古代小说历史悠久、形式多样，它以完全不同于西方小说的自足体系丰富着厚重坚实的中国文化，以自成一体的小说观念展现着东方神韵和魅力。作为一份无价的文学遗产，中国古代小说对后世文学有着难以估量的影响。当代先锋小说看似绝缘于中国古典文学，实际上与其有着割不断的血脉联系，本小节将从先锋小说对中国古代小说观念的复位与重置方面，探寻其中不应忽视的本土文化因子。

1. 组装拼接的故事连缀

"元小说"或"元叙事"是马原小说中最为突出的叙事方式。所谓"元小

---

[1] 温儒敏、陈晓明等：《现代文学新传统及其当代阐释》，北京大学出版社，2010年，第3页。

说",即"关于小说的小说,是关注小说虚构身份及其创作过程的小说"①,它是小说家们以小说的形式进行自我反思的结晶。马原所使用的这种小说技巧主要借鉴自阿根廷杰出作家博尔赫斯,他以精纯的语言和缜密的逻辑,把时间、空间、生命、死亡等元素压缩成一个万花筒般的文学世界,通过这种手段,表达了他对存在、虚无和永恒的思考。不同的是,在马原的"元小说"文本中,我们还可以看到他对中国传统小说观念和叙事技巧的吸收和运用,可以说,马原的"叙事圈套"是西方后现代文学思潮和中国古典小说观念的一个融合。

就小说观念而言,我们今天讲究小说要有典型环境中的典型人物、系统集中的情节和故事、连贯通顺的时间和语言,实际上这是典型的19世纪西方现实主义的小说观念,是"五四"之后从西方引进并随着时间的推移泛化为绝对的、统一的"小说"概念。而在中国的传统文学观念中,"小说"是包括志怪、说人、记事等在内的内容极为丰富庞杂、不登大雅之堂的随意性概括。而马原所决意突破的,恰恰是"五四"以来的西方小说传统,而非中国古典小说观念。张新颖说:"大家讲马原的先锋性的时候,老是把他和西方的作家联系在一起,其实马原是一个很典型的中国人,他的小说完全是一个很典型的中国人的写法。""马原看起来很先锋的小说,其实是有点要回到西化以前中国传统的思维里面去。"②马原的小说经常使用拼贴的结构方式,叙述者在叙述过程中把毫不相干的生活碎片随意拼贴在一起,或人为地阻断情节,或故意破坏故事内部的因果联系。他对日常生活中的经验进行了提取和加工,并在小说中对它们进行整合,以组装的叙事来显示生活中故事之间的片面性、非因果性和非逻辑性。这与中国古典笔记体小说有异曲同工之妙。笔记体小说具有小说性质,是介于随笔和小说之间的一种文体,以人物趣闻、民间故事传说为题材,写人粗疏、灵活多变、不拘一格,多是互不相干的短小故事的连缀,旨在还原生活琐碎、无趣、随意的真实面目。这与马原对材料的处理手法十分相近,在拼贴、组装和交叉的过程中不断变换视角,把本来并无关联的现实生活以本来的面目呈现出来。

---

① [英]戴维·洛奇:《小说的艺术》,王峻岩等译,作家出版社,1998年,第238页。
② 张新颖:《重返80年代:先锋小说和文学的青春》,《南方文坛》2004年第2期。

马原小说结构上的自由性同时也带来了时间观念的改变，即"时间的空间化"。西方小说观认为，小说的艺术是时间的艺术，作者写小说和读者读小说都是一个时间流动的过程，时间比空间在小说中的作用更大。而在中国传统小说里面，时间观念没有这么重要，经常出现时间的停滞、压缩和反复，并在某种程度上，是作者有意为之。例如在《红楼梦》中，作者用大量的笔墨描写场景，在场景不断更换的同时读者并未感受到时间的流动，作者大肆挥洒笔墨却没有将时间消化，反而共时性的时间中容纳了大量的场景和信息。同样，马原也是这样，一个视角讲一个故事，叙述内容与真实故事发展进程并无关联，作者无论叙述多久，在虚构的维度上上演了多少故事，小说在时间层面上根本没有发生变化。《虚构》中作家"我"5月3号进入没有钟表的麻风病村生活了7天，"我"出来的时候却是5月4号。"我"不过是睡了一觉刚刚醒来，"我"在现实中的时间首尾相接，又循环往复起来。但是"我"在玛曲村里经历的时间消失了，那么这些天"我"的经历只能是虚构的，玛曲村也根本就不存在。这种手法在先锋小说中极为常见，作家希望以此来抹去时间，把时间"空间化"，将过去、现在、未来放在同一个层面上，使用共时性的时间来组织故事，完成故事套故事的组织结构。这种故意消解时间的手法，可以看作古典小说用空间割碎时间的一种变式。

2. 传奇性的故事虚构

中国小说自唐代始见成熟，以唐人传奇为代表发展为一种新的文学体例。"传奇"就是对奇闻异事的记录，是一种具有"特异"色彩的叙事。作为中国小说发展到成熟阶段的产物，传奇成为中国古典小说的一种重要体类，并直接演变成古代叙事文学的基本模式之一。此类小说以"怪异"为本，多写奇人奇事，具有了初步规模的情节叙述和人物描写，鲁迅将其概括为："好意作奇"，"叙事宛转、文辞华艳"，"意想"丰富[1]，体现了传奇小说重视情节"新异"并以"想象性"叙述为主的"虚构性"特征。传奇以"灵怪"入文，以"世情"取胜，唐以后的宋元话本小说、明清的文言和白话小说乃至以"传奇"为名的明清南戏，都与唐人传奇一脉相承，其"传奇"因子使中国古典文学发

---

[1] 鲁迅：《中国小说史略》，载《鲁迅全集》（第9卷），人民文学出版社，2005年，第70页。

展到了一个繁荣阶段，演化出"小说史上的一大变迁"①，并开拓了古代小说除史传文学外的另一大叙事传统，对后世文学产生了难以估量的深远影响。

以虚构见长的中国当代先锋小说打破现代以来追求人物典型情节真实的现实主义叙事传统，刻意追求怪异模糊的悖论叙事方式，以"个人化"视角表达对历史过往的理解和诠释。在先锋作家的历史叙事中，我们不难看到中国古代传奇小说对先锋文学的滋养和灌溉，其中最为典型的莫过于苏童。苏童的小说从始至终笼罩着历史记忆的迷雾：神秘流动的事件之河，蕴含着童年的初醒人事、少年的淡淡哀愁，一切淹没于宿命轮回的苦痛挣扎在模糊难辨的历史中沦陷。不论是他以追忆童年记忆为主的"香椿树街"系列还是以追寻家族历史为主的"枫杨树"系列，都以奇异的故事、非常的人物和与众不同时空及氛围给自己的小说打上了传奇的烙印，在江南的细雨连绵和历史的断壁残垣中寻找着想象的支点，苏童的叙事因而具有了鲜明的传奇叙事特征。

首先，苏童对故事有着异乎寻常的敏感和热情，虚构使他的文字具有旺盛的生命力，并散发出传奇般的魔力。"'三言''二拍'是我比较喜欢的类型，它市井生活的气息很浓，呈现出万花筒般的人生，对此我很感兴趣。"②受到传奇叙事的诱惑，"我们顺从地被他们所牵引，常常忘记牵引我们的是一种个人的创造力，我们进入的其实是一个虚构的天地，世界在这里处于营造和模拟之间，亦真亦幻"③。苏童"以一种古典精神和生活原貌填塞小说空间"，用超越的想象力和虚构的热情，为读者讲述一个又一个传奇故事。即使在那些把传统切割得七零八落的先锋小说中，我们依然为苏童讲述故事的超能力所折服。《1934年的逃亡》中，故事发生在捉摸不透的年月，有流浪、逃亡、泯灭，还有死亡，作品中的人物，无论成人还是孩童都有着极强的生存欲望和莫测的神秘感，整个故事细腻而又迷幻。《樱桃》讲述的是古典的外壳下现代人鬼相恋的离奇故事。主人公尹树性格怪异，在一直没有遇到爱情之后，却喜欢上了和他一样孤独而又不甘寂寞的鬼魂白樱桃，而且这份恋情竟改变

---

① 鲁迅：《中国小说的历史的变迁》，载《鲁迅全集》（第9卷），人民文学出版社，2005年，第319页。
② 苏童、王宏图：《苏童王宏图对话录》，苏州大学出版社，2003年，第53页。
③ 苏童：《虚构的热情》，江苏人民出版社，2003年，第219页。

了他的冰冷。这种"三言""二拍"式的故事构思,打造了一个现代版的似真似幻的新"聊斋志异"。其次,苏童在其摇曳多姿的故事讲述中,塑造了一系列传奇般的人物,有男人、女人,有平民、皇帝,而在先锋时期,苏童笔下的传奇人物是一群成长怪异与奇妙的少年。"一条狭窄的南方老街,一群处于青春发育期的南方少年,不安定的情感因素,突然降临于黑暗街头的血腥气味,一些在潮湿的空气中发芽溃烂的年轻生命,一些徘徊在青石板路上的扭曲的灵魂。"[1] 他们疯长着同时变异着,在险恶的现实中,过早地体会人生的无常、生命的脆弱和死亡的威胁。

(二)古典、诗性的叙事格调

中国文学传统是一个抒情的传统,"中国本来是一个诗的国度"[2],中国文学从诗歌类型向更多样、更繁复的文学形式发展,但始终没有遗失诗的韵味。"从诗的爱好走向故事,也必仍带有诗的情调。"[3]20世纪中国文学的发展中,众多现代作家依靠中国诗学资源的强大支撑,从容面对时代的剧变,在审美趣味的内在倾向上充分保留古典抒情传统,创造出一系列的文学经典。"鲁迅小说对中国'抒情诗'传统的自觉继承,开辟了中国现代小说与古典文学取得联系从而获得民族特色的一条重要途径。在鲁迅之后,出现了一大批抒情体小说的作者。如郁达夫、废名、艾芜、沈从文、萧红、孙犁等人,他们的作品虽然有着不同的思想倾向,艺术上也各具特点,但在对中国诗歌传统的继承这一方面,又显示出了共同的特色。"[4] 当代文学作家同样受到中国诗学的润泽,即使在最为反叛的先锋小说中,我们依然可以感受到古典浪漫主义抒情传统强大的辐射力和渗透力,使得某些先锋作品呈现出强烈的诗化特征,表现最为鲜明的先锋作家同样是苏童。他的作品精致典雅、朦胧感伤,颇具诗意和浪漫主义的风韵,正如陈晓明所说:"先锋派在文化上总是激进主义与复古主义的奇怪混合,他们经常保留有恢复古典时代的残败文化记忆的奇怪梦想,因此,不奇怪,当代先锋派就其美学特征而言,可以称之为'后浪漫

---

[1] 苏童:《苏童散文》,浙江文艺出版社,2000年,第246页。
[2] 林庚:《新诗的形式》,载《林庚诗文集》(第2卷),清华大学出版社,2005年,第91页。
[3] 林庚:《新诗的形式》,载《林庚诗文集》(第2卷),清华大学出版社,2005年,第318页。
[4] 王瑶:《中国现代文学与古典文学的历史联系》,《北京大学学报》(哲学社会科学版)1986年第5期。

主义'，它像一段美妙而古怪的旋律，环绕着文化溃败的时代，它伴随先锋派应运而生，却未必会随先锋派销声匿迹。"①

1. 诗化的意象和语言

意象是一种呈现意志和情感的复合物，它既不属于纯粹的客观事物，也不是指某种独立的艺术形象，而是经主体感知、反省的表象符号，甚至是一个已经实现主客观、意与象、情与景相统一的，独立的艺术形象，是作者在生活中因物有所感，选用最有象征性的物象最恰切地表达作者的情思和体悟的载体。苏童小说中使用的大量意象，不仅使他的小说获取了更大的表现空间，使叙述向诗性转化，同时也使"抒情性风格"向更为深邃的表意层次迈进、延伸。首先，苏童通过叙事的意象化手法来达到文本的诗意化，如"枫杨树的黄泥大道""枯草与树叶在夜风里低空飞行""月光和水一齐漂流"（《1934年的逃亡》）、"罂粟之浪哗然作响"（《罂粟之家》）、"白羊湖边芦苇的清香"（《祖母的季节》）等，这种种意象不单是作为物象而存在，更承载了文学的叙事功能，使小说在向诗性叙事的转化中获得了更大的表意空间。其次，苏童小说中的意象刻意追求视觉效果，尤其对红、蓝、黑等阴郁色彩格外偏爱，这也受到中国古典诗歌吸收绘画色彩的影响。例如，苏童作品中充斥着大量的代表中国色彩的红色意象：红轿、黑红的灾难线（《1934年的逃亡》）、红马（《祭奠红马》）、丹玉（《桑园留念》）、"陈茂的目光是猩红的……沉草看见那泡尿也是猩红的"（《罂粟之家》）等，这些红色多散布着腐朽的魅力气息。象征生命活力的蓝色在苏童的小说中却预示着死亡和灾难，《飞越我的枫杨树故乡》中，疯女人温情地凝视着幺叔死后"蓝宝石一样闪亮的面容"，《妻妾成群》中，陈家花园里的蓝色水井则更是神秘的、吞噬生命的地方。最后，苏童小说中还布满了传统白描式的景物意象：凄清的雨、肃杀的雪、夏日海棠、秋日紫藤，简约生动而又传神。苏童通过细致入微的意象刻画，使故事形成了一种悲凉婉约的抒情语调，朦胧、诗意而别具特色。

承载诗意意象的是苏童小说诗意的语言和叙述，"读苏童的小说，我们很容易会联想到唐诗、宋词的意境，苏童的小说是以意境取胜的，苏童的小说，使用的是一种意象性的语言，一种在唐诗、宋词、元曲中流传着的具有汉语

---

① 陈晓明：《无边的挑战：中国先锋文学的后现代性》，广西师范大学出版社，2004年，第148页。

言特殊情韵的语言方式"①。首先，苏童的语言注重对感觉的摹写，他将情感的红线贯穿于文字的感觉和想象的故事中，用最贴近人物性格命运的叙述话语进行逼真、细腻的描写，"清词丽句对细节模拟的真切，经过悉心改造的古典的白描，对事物寥寥数笔的修剪，使整个叙述生产出一种魔力"②。通过感觉性语言的传达和沟通缩短"物""我"之间、文本与读者之间距离，唤醒人们与过往感受的某种联系，从而，对描写对象的体验就充满了视觉的色彩和听觉的旋律，外在的世界和人物的玄想胶合在一起，叙述在感觉的缓慢流淌中漫溢，看似简单、肆意的形式铺排，在梦幻与现实的错位中自然衍生出一种不可摧毁的生命强力。这种内在的语言狂欢使小说产生一种超越自身的文化语境，在感觉和审美旋涡中流溢出东方美学的雅致、宁静和纯粹。其次，苏童的语言具有一种高雅的"贵族气质"③。苏童对文字的执着和热情有着一种诗人般的痴迷与狂喜，他追求理性范畴之外的想象、情感、诗的表达，将有限的物象引入无限的冥想，灵动、朦胧、摇曳生姿的神秘图景赋予苏童语言诗意的浪漫。可见，东方传统思维的本质意蕴始终潜藏在苏童的语言意识中，在对中国古典文化潜移默化的领悟中，苏童的小说获得了汉语内在的"只可意会，不可言传"的神韵。

2. 浪漫主义的感伤情调

感伤、唯美一直是苏童小说由内而外的审美气质，他靠故事性支撑的叙事，始终充满了优雅、颓废、悲剧意境和气韵的跌宕。他执着于低调的清冷风格，以支离破碎的姿态讲述关于"南方"的故事："在那个世界里，耽美倦怠的男人任由家业江山倾圮，美丽阴柔的女子追逐无以名状的欲望。宿命的记忆像鬼魅般的四下流窜，死亡成为华丽的诱惑。苏童当然也写了不少他类作品；但就算是最具有'时代意义'的题材，也常在他笔下化为轻謦浅叹，转瞬如烟而逝"④，所有这些在苏童细致绵密的抒情性想象中，营造着氤氲而神秘的感伤氛围。可谓"一种来自语言结构中的颓唐破坏、感伤惆怅的文人怀旧情绪所带来的悲凉婉约的情调，形成别具特色的小说气派，这仿佛是对唐

---

① 葛红兵：《苏童的意象主义写作》，《社会科学》2003 年第 2 期。
② 张学昕：《论苏童小说的叙述语言》，《吉林大学社会科学学报》2006 年第 5 期。
③ 张学昕：《论苏童小说的叙述语言》，《吉林大学社会科学学报》2006 年第 5 期。
④ 王德威：《南方的堕落与诱惑》，《读书》1998 年第 4 期。

代杜牧似的文人遗风的继承"①。

从地理条件和历史背景上讲,在中国传统的地域想象中,与正义、勇武、刚强的北方相比,南方文化显得更边缘和自由,是温柔、多情、精致与颓靡、诱惑、放荡的混合体。在历史的斗争中,南方向来扮演的都是失败者的角色,对于备受创伤的南方文士来说,感伤、怀旧是长期积淀而成的固定心态,"'诗可以怨',借用钱锺书的解说,对南方文人来说,早已没有了欢乐的文本,而都是哀伤的'有我之境'"②。对现实的无力和妥协,使江南文人躲藏在虚幻的浪漫乌托邦世界中上演醇酒美色万般柔情,以浓艳哀婉的诗词歌赋,抒发"一江春水向东流"的亡国之痛。从当下现实来讲,20世纪末的中国面临复杂的全球文化背景和国内文化遽变,在这场史无前例的对外开放中,江南诗性文化比其他任何地域文化所遭受的扭曲和异化都要严重,白居易笔下的"能不忆江南"的"江南"已不复存在,悠久温润的南方诗性文化在时代的洗礼中不可避免地走向衰落。面对历史与现实,生于南方长于南方的苏童有关"南方"的感伤乃至颓废正是这种世纪末情调的唯美表达,"其中无论是着意于伤感、颓废、消极的人生形态,还是书写生命的凄婉和衰飒,都彰显出晚唐诗歌的余音:既有'夕阳无限好,只是近黄昏'的忧叹,更具'此情可待成追忆,只是当时已惘然'或'他生未卜此生休'的低吟"③。"枫杨树乡村"系列中,通过一个个感伤阴郁的传奇故事,串联起哀怨缠绵的乡愁,编织鬼魅魔幻的想象世界;《南方的堕落》中,颇具象征意味的"梅家茶馆"经历了自我兴衰的同时也见证了整个江南的没落,精致从容而又无限怅然。

同时,苏童对南方文化的感伤书写,也是先锋小说突破现实主义宏大叙事的策略性手段之一。颓靡神秘的南方更为贴近古典文学中传奇、绮丽的一面,更适合表现"个人化"的情感想象。苏童利用江南的弱势地位和边缘身份,表达欲望与美丽、颓废与邪恶混杂的主体性感受,并以此窥见一个民族国家的秘史,完成一则符号化的悲剧寓言,达到对历史庞大意识形态权威感性消解的文学与文化目的。

---

① 孙津、陈晓明、草原等:《关于江苏作家群的笔谈》,《上海文学》1992年第2期。
② 晓华、汪政:《南方的写作》,《读书》1995年第8期。
③ 杨经建、吴丹:《苏童小说与晚唐诗风》,《文学评论》2011年第2期。

结　语

综上，先锋小说作为当代中国的文化产物不可能完全是一种飘来的无根之物，它必然在中国的土壤里滋生成长。就先锋小说艺术而言，以"有意味的形式"为追求的先锋作家所创造的新的小说观念、叙事方法和语言经验既源自对西方现代主义、后现代主义艺术技巧的汲取，同时也受到中国传统古典文化和文学资源的滋养与灌溉，二者合力塑造出属于彼时中国的文学景观。

文学观念的嬗变：重评 20 世纪 80 年代关于内容与形式问题的讨论

邹 军[*]

摘 要：中国文艺传统向来崇尚"文以载道"，注重文艺作品所承载的思想内容，尽管艺术形式美在不同历史阶段也被提出与强调，但始终未能形成主流。"五四"时期，以形式探索与语言实验为标志的西方现代主义被译介进来，在一定程度上改变了传统的文学观念，文艺形式的独立性和重要性也随之凸显出来。20 世纪 30 年代以后，随着现实主义成为主导的创作方法，在文学实践中思想内容受到了更多的重视，而形式技巧则相对地被忽视甚至漠视，直至 20 世纪 80 年代思想解放运动中，关于文学形式的问题才被再次提出，并与此前所形成的内容决定论构成了对话与交锋。80 年代关于内容与形式的论争，其实质是不同文学观念之间的抵牾与碰撞，而借由这场论争，也可以窥视到这一时期文学观念的发展嬗变。

关键词：20 世纪 80 年代；文学观念；文学形式；文艺作品

一、讨论现场：要内容还是要形式

20 世纪 80 年代，由于对内容和形式的不同认识，文艺界在如何评价文艺作品等问题上发生了分歧和争论。一部分论者认为，文学艺术的本体在于内容，内容决定形式，而形式只是辅助内容呈现的工具，他们将文艺界所涌现出来的种种形式和语言实验，看作是一种空洞的形式主义；而另一部分论

---

[*] 邹军，博士，大连大学人文学部文学院讲师，研究方向为文学理论与批评、艺术理论与批评。

者则认为,文学艺术的核心乃是语言和形式,这是文学艺术之所以成为文学艺术的关键所在,因此,各种形式和语言实验,不仅不是所谓的形式主义,恰恰相反,它们开拓和丰富了文学艺术的表达。当然,还有一部分论者认为,文学艺术的构成是内容与形式的相互作用和辩证统一。论争中,诸方各持己见,却也不免有偏颇之处,但是,其中一些论者对内容和形式的辨析,确实促进了文艺观念和创作方法的转型与革新,甚至可以纳入世界文艺史范围内的内容与形式的论争之中。

新时期之初,一些文艺创作者和研究者就开始对内容决定论表示不满,认为内容决定论使文学艺术附加了太多的外在因素,而忽视了自身的审美价值,文学艺术形式变得越来越模式化和类型化,这不仅桎梏着创作主体的情思和想象,同时也阻碍了文学艺术的发展。进入新时期以后,中国社会各个领域面临全面转型和改革,文艺界也在思想解放大潮的推动下开始清算诸多文艺问题,其中就包括内容决定论,要求和呼吁形式和技巧的革新,关注和重视文学艺术自身独立的审美价值。正是在这样的文艺和时代背景下,20世纪80年代文艺界展开了持续数年的关于内容和形式的讨论。

早在1980年,李陀就在《文艺报》上发表了《打破传统手法》一文,重新反思内容与形式之间的关系;同样也是1980年,在文艺报社召开的一场讨论会上,他又明确地提出"文学形式的变革在文学发展中的重大作用""当前文学创新的焦点是形式问题"等观点。1981年,高行健出版了《现代小说技巧初探》(以下简称《初探》),专门探讨小说技巧,其中包括语言、结构、形式等。在这本书中,高行健否定了庸俗社会学的批评方法,认为这种方法往往将对文学的研究等同于对政治的研究,同时呼吁文学艺术形式走向审美独立。他认为,"艺术技巧虽然派生于文学流派的美学思想,一旦出世,便具有相当大的独立性,可以为后世持全然不同的政治观点和美学见解的作家使用"[1],"艺术技巧是超越民族界限的,并不为哪个民族所专用"[2],然而,"人们往往只讨论作品的内容,而忽略了作品的艺术形式"[3]。《初探》出版后,李陀、冯骥才、刘心武在《上海文学》1982年第8期上,以"通信"的形式发表文

---

[1] [法]高行健:《现代小说技巧初探》,花城出版社,1981年,第106页。
[2] [法]高行健:《现代小说技巧初探》,花城出版社,1981年,第117、3页。
[3] [法]高行健:《现代小说技巧初探》,花城出版社,1981年,第117、3页。

章讨论此书。

在冯骥才给李陀的通信中,他表达了自己对形式问题的看法:"单就文学艺术的形式来说,是具有一定程度独立欣赏价值的。即在我们确认形式为内容服务的同时,形式美有其相对的独立性。"① 刘心武在给冯骥才的信中也同样提及:"小说这一诉诸读者第二信号系统的东西,在体现形式美上有着它的特殊规律,这一规律的特殊性,是必须加以仔细研究的。"② 而李陀在给刘心武的信中又接续地表达了对文学形式问题的关注和重视,并同高行健一样,对当时仍然盛行的内容决定论表示不满和批判,他指出:"在这样一个文学大国中居然至今没有形成研究文学技巧的风气,居然至今不把文学技巧当作一门重要的、专门的学问,居然至今还没有出几本(其实最起码也应该几十本)探讨文学技巧的专著,这不是咄咄怪事吗?"③ 甚至,在随后的另一篇文章中,李陀还表示应该"建设我们中国的'小说学',甚而建立'小说学'的中国学派"④,并且,呼应着此前在文艺报社召开的讨论会上提出的关于"焦点"问题的观点,在这封通信中,李陀又再次强调:"就艺术探索来说,寻找、发现、创造适合表现我们这个独特而伟大时代的特定内容的文学形式,是我们作家注意力的一个'焦点'。"⑤

随后,王蒙也发表文章支持高行健,他认为,"小说的形式和技巧本身未必有很多高低新旧之分。一切形式和技巧都应为我所用"⑥,并且也如李陀和高行健一样,认为当时对小说形式和技巧的讨论实在太少了,还预言《初探》将"引起相当激烈的争论"⑦。果不其然,《初探》出版后的确引发了诸多争论,比如,陈丹晨就不认同高行健等人将现代小说视为与现代社会相匹配的文艺形式,也就是说,现代化并不要求现代派的必然相随,现代小说形式和技巧并不是必选题。相反,他以马克思在《〈政治经济学批判〉导言》中的关于

---

① 冯骥才:《中国文学需要"现代派"!——冯骥才给李陀的信》,《上海文学》1982 年第 8 期。
② 刘心武:《需要冷静地思考——刘心武给冯骥才的信》,《上海文学》1982 年第 8 期。
③ 李陀:《"现代小说"不等于"现代派"——李陀给刘心武的信》,《上海文学》1982 年第 8 期。
④ 李陀在《论"各式各样的小说"》中阐述了"小说学"的范畴,即"世界上自从有小说以来,人们就不断讨论这类问题(指小说的写法,引者注)。这些讨论,以及由此生发出来的数不胜数的文章和专著,大概都可以划入'小说学'的范畴"。见李陀《论"各式各样的小说"》,《十月》1982 年第 6 期。
⑤ 李陀:《"现代小说"不等于"现代派"——李陀给刘心武的信》,《上海文学》1982 年第 8 期。
⑥ 王蒙:《致高行健》,《小说界》1982 年第 2 期。
⑦ 王蒙:《致高行健》,《小说界》1982 年第 2 期。

"物质生产的发展对于例如艺术生产的发展之不平衡关系"为依据,认为"文艺有它自身的发展规律",因而不必"从属于科学技术"。因此,关于《初探》对现代小说写作技巧的肯定和赞扬,陈丹晨是持保留态度的,他仍然认为,现实主义才具有强大的生命力,而对于现代派,只可采取研究、探讨的态度。

《初探》出版后,1982年7月28日,文艺报社就召开会议提出要对这本书予以评论,于是,"风筝通信"发表后,《文艺报》便以"启明"为名,发表了《这样的问题需要讨论》,认为《初探》所引发的讨论文章"涉及到我们的文学是走现代派道路还是走现实主义道路的问题"①。1982年11月8日,文艺报社召开"现代主义与现实主义问题讨论会",王蒙、冯骥才、李陀、刘心武、高行健等都应邀参加了这次会议。11月10日,《文艺报》的唐达成在编辑部会议上对此前的"现代主义与现实主义问题讨论会"进行总结时说:"他们一头栽到了'形式'里。'形式'固然很重要,但脱离了巨大的历史要求,能建设出社会主义精神文明来吗?他们只从'形式'提问题,西方现代派的思想感情才符合我们的时代。所以,我们之间的分歧是深刻的。"②在这前后,《文艺报》上还发表了小仲的《能这样"打破传统手法"吗?——就"焦点"问题和"继承"问题与李陀同志商榷》、王元化的《和新形式探索者对话》、王先霈的《〈现代小说技巧初探〉读后》等商榷文章。

事实上,这一时期,关于内容与形式的讨论经常出现在各种文艺论争中。究其原因:第一,思想解放所构建的新的意识形态将革命时代的意识形态视为反思对象,具体在文艺领域则是重新审视从旧的意识形态中脱胎的旧的文艺观念和创作方法,而建立与新的意识形态相匹配的新的文艺观念和创作方法。可以说,新时期是一个破旧和立新并行的时代。第二,随着西方译介的大量涌入,西方现代主义所带来的别样面孔,也在一定程度上拓宽了文艺创作者和研究者们的视界,刺激着他们思考诸多文艺基础问题,比如文艺本质问题、文艺主体问题、文艺形式问题,等等。不过,20世纪80年代初期,关于内容和形式的讨论虽然十分热烈,但并没有更为深厚和系统的理论作为支撑,论争的观点也往往更多是经验性和印象式的。20世纪80年代中后期,无

---

① 启明:《这样的问题需要讨论》,《文艺报》1982年第9期。
② 刘锡诚:《1982:"现代派"风波》,《南方文坛》2014年第1期。

论是文艺创作还是文艺批评，对文艺形式的实践和研究都逐渐走向成熟。一些现代派和先锋派作品也纷纷诞生，像艺术界还形成了"85美术新潮"。此时，国外的形式主义、结构主义、新批评等文艺理论，也逐渐进入中国文艺批评和研究视界，它们为内容和形式的讨论提供了更多的思想方法和实践方法。比如，1988年，殷国明出版专著《艺术形式不仅仅是形式》，从各个角度各种层面讨论艺术形式问题。他将艺术形式视为一种"普遍的心灵形式"，这种形式既不是内容，也不是技巧，而是作为一种"特殊的艺术形式固定下来的"心灵形式，因此他得出结论，"任何一种艺术形式，不仅是表现内容的一种方式，而且本身就是某种内容长久沉淀的生成物"[1]。比较难得的是，在这本书中，殷国明虽然肯定了艺术形式的独立价值，并赋予这种价值以新的理解和阐释，但并没极端地从"内容主义"（即内容决定论）走向所谓的形式主义，也没有简单化地认为艺术就是内容和形式的叠加，而是指出艺术形式的迷人之处，在于"艺术家把某种情感内容转换为形式媒介的整个美学熔铸过程"[2]。20世纪80年代中期文艺界开展艺术本体讨论之后，一些关于语言本体论、形式本体论、结构本体论的观点纷纷涌现。1988年，中国社会科学出版社将小说本体论讨论的重要文章整理成册，编辑出版了《小说文体研究》，其中收录关于小说文体的文章共计29篇。这些研究是"由文学理论批评中的关于形式和技巧的探索发展演化而来的，但它又显然不同于以前的形式和技巧的研究"[3]，可以将之视为对20世纪80年代初期关于内容与形式探讨的进一步深化。比如，王晓明和黄子平都将文学形式具体化为文学语言，并将文学语言视为文学本体。王晓明在《在语言的挑战面前》一文中写到："文学首先是一种语言现象。"[4]黄子平同样强调"文学是语言的艺术"，并进一步指出，"不要到语言的'后面'去寻找本来就存在于语言之中的线索"[5]。在《小说技巧十

---

[1] 殷国明：《艺术形式不仅仅是形式》，浙江文艺出版社，1988年，第19、25页。
[2] 殷国明：《艺术形式不仅仅是形式》，浙江文艺出版社，1988年，第19、25页。
[3] 白烨：《小说文体研究概述》，载中国社会科学出版社文学编辑室编《小说文体研究》，中国社会科学出版社，1988年，第384页。
[4] 王晓明：《在语言的挑战面前》，载中国社会科学出版社文学编辑室编《小说文体研究》，中国社会科学出版社，1988年，第215页。
[5] 黄子平：《关于"文学语言学"的研究笔记（二题）》，载中国社会科学出版社文学编辑室编《小说文体研究》，中国社会科学出版社，1988年，第203页。

年》中,南帆不仅不满长时间以来对小说技巧的忽视,同时还颇有见地地道出:"小说技巧的重大改变毋宁溯源于这一点:作家对于世界的观照、体验、感受、想象和思索这些审美把握的方式、意向与过程发生了重大改变。"① 可见,较之高行健将小说技巧视为纯粹的写作技法而言,南帆的这一番评述更道出了所谓的客观技巧与创作主体之间的微妙关系,这在当时可以说是一种超越。

20世纪80年代,一些论者依循历史惯性,仍然将内容决定论视为文艺规律和真理,坚持认为在文学创作中,是内容决定形式,内容为主导,形式为辅助,内容为主体,形式为工具。长久以来,在中国的文艺传统中,"文以载道"是主流文艺观,20世纪初,虽然由西方传入的各种文艺流派和思想改写着古老的"文以载道"观,但是,在接受现实主义以及后来的社会主义现实主义、革命现实主义时,"文艺反映论"代替了"文以载道"继续发挥着文学艺术对社会人生的参与作用和认识功能。在这一过程中,无论是"文以载道"还是"文艺反映论",都强调文艺创作中内容发挥着核心作用,形式为内容服务。直到20世纪80年代,在关于内容与形式的讨论中,一些论者的观点才质疑和动摇了传统的内容决定论,而另一些论者则与之相反,极力维护这一观点,并将现代主义的诸多形式创新和探索冠以形式主义加以批判。于是,讨论中就常常出现这样的观点:"凡形式主义都不合文学发展规律,但独创的部分成功技巧,也不应否定"②;"既反对形式主义,也反对自然主义"③。而实际上,现实主义也好,现代主义也罢,写实主义也好,形式主义也罢,都是中外文艺史上诸多创作方法之一种,但在现实主义一枝独秀的历史时期,其他"主义"尤其是现代主义,也就只能游走于历史的边缘了。

二、讨论实质:"内容主义"与形式主义的矛盾与纷争

根本来看,20世纪80年代关于内容与形式的对话和交锋,是两种语言观和形式观的根本冲突。秉持"内容主义"的论者,仅仅将语言和形式分别视

---

① 南帆:《小说技巧十年——1976—1986年中短篇小说的一个侧面》,载中国社会科学出版社文学编辑室编《小说文体研究》,中国社会科学出版社,1988年,第262页。
② 林焕平、袁鼎生:《略论现实主义和现代主义》,《文艺理论研究》1983年第4期。
③ 奚静之:《现实主义、写实主义及其它》,《美术研究》1979年第2期。

为组建内容、呈现思想的工具，而秉持形式主义的论者，则认为语言本身以及由语言直接构筑的形式本身即具有独立的审美价值，并且，相对于内容而言，形式才是文学艺术之所以成为其自身的关键所在。两种语言观和形式观的不同，致使二者所选择的创作方法和表现技巧都产生了巨大差异，同时也是中外文艺思想史上关于内容与形式问题发生激烈论战的重要原因。事实上，无论在中国还是西方，将语言及形式视为内容的工具和附属这一文艺观念都有着根深蒂固、源远流长的传统，因此，即便20世纪80年代中国在各个领域都启动了现代化转型，艺术观念的传统势力仍然顽固而强大，这就使得一部分文艺工作者在面对新生的文艺观念和创作方法，尤其是现代语言论和形式观时，便以传统的语言论和形式观为标准，对其进行质疑和批判。

在西方文艺史中，"摹仿"一直是一个核心概念，随之而来的"逼真"也是一项重要的文艺准则，在这种情形下，所谓的形式就只能是达到"逼真"的工具和手段。除此之外，文学艺术的另一个重要功能和价值就是认识世界，洞悉真理。在认识论的视域中，形式也仅仅是主体达至对宇宙人生的认识的工具和手段，它负责将这种认识有效地表达出来，使接受主体能够获得思想和真义，也就是说，文艺作品意欲表达的内容和思想才是核心，而形式仅仅是推送内容和思想"出笼"的方式而已。如此，形式本身便不具有独立的意义和价值。

同样，形式工具论也是中国传统文艺思想之主流。受"文以载道"观的影响，"文"往往是"载道"的工具。孔子虽然强调"情欲信，辞欲巧""言之无文，行而不远"，主张"言"要有"文"，"文质彬彬"，但是在"文"与"言"、"文"与"质"的关系上，"文"仍然处于附属的地位，或者说孔子主张"言"要有"文"的目的是为了让语言更好地表达内容。中国古典文艺的另一支命脉——道家思想，在对待语言和内容的关系上也更偏重于内容和思想，主张"得意忘言"，语言文字不过是表达思想观念的象征性符号而已，倘若一种思想和观念能通过其他方式予以传达，那么放弃语言实行"不言之教"也同样可以。南北朝时，沈约等人曾强调诗歌的声律和形式之美，但终未成为中国文艺的主导思想。

20世纪以后，西方文艺被介绍到中国，改变了中国古典的文艺模式，比如，康德的"审美无功利"和唯美主义的"为艺术而艺术"等现代文艺观念，在一定程度上解构了传统的"文以载道"思想,使文学艺术不再仅仅承担认识和教化功能,其审美功能也逐渐凸显了出来。随着这些文艺观念及其创作方法的深入传播和接受,传统的内容与形式的关系也发生了错位和改变,当文艺不再被视为认识世界和教化伦理的方式时,形式也就不再被视为传递内容的工具,而具有了独立的审美价值和意义。只是,随着现实主义被历史和时代所选择成为文艺主流之后,此前建立起来的"语言本体""形式本体"逐渐被淹没在历史的洪流和硝烟之中,语言和形式再次成为文学艺术反映社会、再现生活的工具和方法,甚至还一度成为革命和政治的传声筒。因此,20世纪80年代初期,在有关朦胧诗的争论中,"诗的'好懂'和'不好懂',竟然成为了诗歌发展方向问题,惹出那么大一场风波"①。

20世纪80年代,在文艺界开展的思想解放运动中,文艺挣脱政治束缚,首先成为了开篇之题,因为,文学艺术要在新时期有新的发展和未来,松绑政治规约,获取创作自由,是重要而必要的前提,其他具体的尝试、开创和转变都必须在获得了这一前提条件之下才有可能。当然,摆脱政治束缚为文艺理念和方法的探索提供了前提条件,而理念和方法的具体探索又进一步地促进了政治禁锢的破解和坚冰的融化,其中,关于内容与形式的讨论便是隐性地松解政治捆绑、呼唤创作自由的策略之一。也正是在争取创作自由的这个意义上,后来才有学者感叹:"1979年以后,如果没有一场关于现实主义和现代主义的讨论,如果没有一场关于形式和抽象的讨论,中国现代艺术要形成一股潮流和力量是不可想象的。显然,如果没有一种新兴的批判精神在艺术家的作品中显现出来,如果没有艺术家勇敢地创造或借用拿来,要出现一次对现实主义和现代主义的讨论,对形式和抽象的讨论也是不可想象的。"②由此可见文艺的内部因素和外部因素之间的纠葛与互动,而20世纪80年代文艺界所发生的关于内容与形式的讨论,也可以说是二者之间的张力所引发和驱动的。

但是,从文艺自身的发展规律和演进历史来看,内容与形式的对话和交锋似乎也是必然要发生的。任何一种革命的发生当然都有其外部诸多因素

---

① 查建英:《八十年代访谈录》,生活·读书·新知三联书店,2006年,第279页。
② 吕澎、易丹:《1979年以来的中国艺术史》,中国青年出版社,2011年,第73页。

的推动，但内在的变革力量，恐怕才是最核心也是最本质的。对此，理查德·谢帕德在《语言的危机》中有过精妙分析："许多现代人都感到'人类在他们用自己的智力来解释的那个世界的家里是不很安全的'，由于感到失去了统一性原则，现代也就似乎失去了与过去和未来的有机联系。时间变成了一系列支离破碎的瞬间，连续感让位于不连续感。"① 在这种情形下，"语言不再能控制流动不定、无从捉摸的现实，它像一块厚皮捂住了他们的想象力；不再是简明易懂地表现自我的工具，而变成与忧郁的超自我有些相像的东西；不再是交流的手段，而变成了一堵不透明的、穿不过去的墙壁"。② 当人们对宇宙人生的认识发生了转变的时候，其语言及语言观也必将发生转变，也就是说，传统的话语方式已经不足以表达新的认识和理解，因此，"现代主义诗人抛弃了所有那些认为艺术即描述或模仿的观点；……寻找一种新的语言、新的形式、新的表达"，而不像老一代作家那样，"无意识地主张人的语言结构和外部现实结构之间的一致性"③，"假设他们的话语世界就是宇宙"④，相反，他们既认为"语言危机是能够克服的"⑤，同时又认为"语言只是其中的一种手段——以无法预言的方式获得意义"⑥。因此，某种意义上说，现代主义所呈现的形式主义特征，当然一方面可归因于语言观的转变，即由语言是意义传达的工具转变为"语言是意义的生产场所"（索绪尔语），语言由工具变成本体，除此之外，还有另一方面，即所谓的形式主义并非单纯地将语言和形式视为本体，而是通过对语言的实验、形式的探索，寻找合适的表达，以应对现代社会包括思想、文化等各方面的转型，尤其是哲学观、世界观的转型。

如此，回到20世纪80年代关于内容与形式讨论的历史现场，我们同样

---

① ［美］理查德·谢帕德：《语言的危机》，载［英］马·布雷德伯里、［英］詹·麦克法兰编《现代主义》，胡家峦等译，上海外语教育出版社，1992年，第300页。
② ［美］理查德·谢帕德：《语言的危机》，载［英］马·布雷德伯里、［英］詹·麦克法兰编《现代主义》，胡家峦等译，上海外语教育出版社，1992年，第301页。
③ ［美］理查德·谢帕德：《语言的危机》，载［英］马·布雷德伯里、［英］詹·麦克法兰编《现代主义》，胡家峦等译，上海外语教育出版社，1992年，第302页。
④ ［美］理查德·谢帕德：《语言的危机》，载［英］马·布雷德伯里、［英］詹·麦克法兰编《现代主义》，胡家峦等译，上海外语教育出版社，1992年，第307页。
⑤ ［美］理查德·谢帕德：《语言的危机》，载［英］马·布雷德伯里、［英］詹·麦克法兰编《现代主义》，胡家峦等译，上海外语教育出版社，1992年，第307页。
⑥ ［美］理查德·谢帕德：《语言的危机》，载［英］马·布雷德伯里、［英］詹·麦克法兰编《现代主义》，胡家峦等译，上海外语教育出版社，1992年，第307页。

会发现，20世纪80年代现代主义的兴起，一方面是在进化论观念的影响下借鉴西方现代主义的结果，另一方面也是当时特殊的历史文化环境所造就的。也就是说，中国的现代主义所出自的历史文化环境，与西方现代主义所出自的历史文化环境具有一定的相似性，因此，西方现代主义在某种程度上应和与满足了中国当时的社会心理和创作心理。在这种情况下，如同西方现代主义诞生时一样，中国传统现实主义的文艺观念和创作方法都成为一股压抑和禁锢的力量，不足以表达新的时代内容，因此，新时期以后，国内一些文艺创作者和研究者要求恢复文学艺术的独立价值，摆脱附加于它的外部因素。正是在这样的要求和呼声中，"语言本体论""形式本体论"才逐渐浮出了水面，毕竟相对于诸如社会、历史等外部因素而言，语言、形式才是文学艺术的根本和核心。

三、结语

事实上，关于内容与形式的问题自古以来就争论不休，而正像历史上所有争论都有其具体的现实语境一样，20世纪80年代关于内容与形式的争论亦是如此。然而，如果在分析这些语境之后又搁置一旁，仅仅去单纯地考量和辨析内容与形式的关系，或许会发现，内容与形式这一议题的探讨，很容易被先在地预设出一个二元对立的立场，而这一立场，是割裂内容与形式的。然而，真实的境况是，在主体的创作中，很难清晰地说明是先有内容还是先有形式，内容为主还是形式为主，内容重要还是形式重要。其实，形式即内容，内容也即形式，并且，二者的合一伴随了创作的整个过程，甚至，不仅在创作的过程中，如克罗齐所言，在直觉的阶段，艺术就已经拥有形式了——"直觉必须以某一种形式的表现出现"[1]。也就是说，并不存在无所表达的形式，也不存在没有形式的表达。甚至"形式与内容的不可分性将作为毫无区别性而实现，这种毫无区别使艺术作为向我们诉说和对我们表达的东西而与我们汇合在一起"[2]。

---

[1] ［意］克罗齐:《美学原理》，朱光潜译，载伍蠡甫、胡经之主编《西方文艺理论名著选编》（中卷），北京大学出版社，1986年，第495页。

[2] ［意］克罗齐:《美学原理》，朱光潜译，载伍蠡甫、胡经之主编《西方文艺理论名著选编》（中卷），北京大学出版社，1986年，第602页。

当前文论话语建构中的"艺术感"与"现实感"问题

——兼评"君子曰话语"

汪余礼 *

摘　要： 建构文论话语虽然可以有各自的基点与视角，但如果真要切合时代需要并产生实效，则必须兼具"艺术感"与"现实感"。"艺术感"关乎对文艺本体、创作奥秘、文艺功能的独到感悟，"现实感"源于对我国历史文化与当代实情的深刻反思，以及对我国当代文化建设使命与文艺发展趋势的自觉认知。文论建构主体"艺术感"与"现实感"的不同，直接导致文论话语实质的歧异，并进一步影响到各自话语的生命力。就当前现状而言，文论话语建构中的"现实感"问题尤其需要引起重视。能够揭示本土传统文艺精神特质的话语，不一定适合我国当前文艺创作与文化发展的需要，更不一定能解决"中国化继而世界性"的问题。

关键词： 文论话语建构；艺术感；现实感；君子曰话语

建构当代文论话语要不要"艺术感"与"现实感"？如果需要的话，要什么样的"艺术感"与"现实感"？这似乎是一个多余的问题，但却是一个在实践中日益显示出必要性与重要性的问题。2019年12月，笔者看到《文学评论》上刊发的《中国文学的君子形象与"君子曰"的思想话语》一文，在很受启发的同时想到文论话语建构时的"艺术感"与"现实感"问题。由于这一问题直接关乎文论话语建构的方向、内涵与生命力，因此有必要提出来

---

* 汪余礼，博士，武汉大学艺术学院教授，博士生导师，研究方向为中外戏剧与文艺理论。

进行探讨。

先从傅道彬先生《中国文学的君子形象与"君子曰"的思想话语》这篇文章（以下简称"傅文"）本身说起。此文严格依据历史文献，在厘清古文中"君子"一词所指、"君子人格"多重意蕴的基础上，对始于春秋的"君子曰"话语，从哲学、道德、历史、文学等方面进行深度剖析，最终得出"中国文学本质上是一种君子文学，君子的人格追求也是中国文学的理论追求；……中国文学理论本质上是一种深刻的思想的'君子曰'；……（春秋时期）新君子群体凭借道德和知识的优势，建构了一套从哲学到文学的完整思想话语"①这一结论。显然，作者认为中国春秋时期的新君子群体已经建构了一套从哲学到文学的完整思想话语，即"君子曰话语"②。对此，有学者表示赞同："始于春秋的'君子曰'表述，既是思想阐释，又是道德评判，亦是知识立场和历史预言的宣示，事实上建构了一套从哲学到文学的完整的思想话语体系。提出这样的概念和命题，无疑有助于中国文学精神实质的挖掘。其进一步的完善和提升，将会对中国文学学术体系和话语体系的建设起到重要的引领作用。"③这一评价虽然很高，但同时也引人深思：傅文应如何进一步完善和提升，才会对中国文学学术体系和话语体系的建设起到重要的引领作用呢？

正是这个问题，将笔者引向关于"艺术感"与"现实感"的思考。在笔者看来：建构当代文论话语体系，必须兼具"艺术感"与"现实感"，缺一不可；否则，建构出来的文论话语要么与文艺本体相隔甚远，要么不太切合当今时代的深层需要。

一、"艺术感"与文艺本体论话语

建构中国特色文论话语体系，本身至少意味着既要找到一套合适的话语来解读中国文艺实践，又要在文艺根本问题上为世界提供中国思想、中国智

---

① 傅道彬：《中国文学的君子形象与"君子曰"的思想话语》，《文学评论》2018年第4期。以下引文出自该文的，如非必要，不再注释说明。

② 傅道彬先生所说的"君子曰话语"，指的是《左传》《易传》《论语》《国语》《礼记》等典籍中记载的，以"君子曰"（或"君子谓""孔子曰""仲尼曰"等）领起的话语，其内容涉及哲学、道德、知识、历史、文学、具体人物等。这套话语本身是零散的，但经过傅先生的重构，呈现一定的层次性。

③ 参见《文学评论》2018年第4期"编后记"。

慧。在当今时代，如果一套文论话语仅有中国特色，但在文艺根本问题上不能提供具有普适价值（或至少是具有启发性）的中国智慧，或者说不能令人信服地回答当今文艺学界普遍关心的那些根本问题，那么它很可能需要做出调整。

哪些文艺学根本问题不能回避呢？在笔者看来，一种文论话语，至少要能够回答文艺是什么、文艺如何是、文艺为何是等文艺本体论问题，或者说在文艺本质、文艺创作规律、文艺功能等文艺学根本问题上至少要能够提供破题智慧或解决方案。显然，回答这些问题是需要"艺术感"的，或者说需要对文学艺术本身有深切的体验和敏锐的感悟。只有真正了解文学艺术，才能透过现象看本质，对文艺说出某种真知灼见。比如，关于文艺本质问题，我们知道有"文艺是现实生活的审美反映""文艺是情感的表现形式""文艺是情思意趣的感性显现形式""文艺是人的生命体验的陌生化显现形式""文艺是一种有意味的形式""文艺是人运用诗性智慧感通人心的一种符号形式"等一些回答，这些回答不一定都正确，但毕竟渗透着论者的"艺术感"，体现了其对文艺本质的某种认知。再比如，关于文艺功能问题，我们知道有"净化说""娱乐说""启蒙说""审美说""镜鉴说""兴观群怨说""寓教于乐说""培根铸魂说"等回答，这些回答也不一定都能得到大家认同，但它们毕竟包含着某种洞见，隐蕴有某些"真理的颗粒"。那么，"君子曰话语"能够回答文艺学的什么根本问题呢？

仔细阅读傅文，会发现该文主要回答的是这样一个问题：中国文学的人格精神是什么。由于在中国古代，很早就有"君子劳心，小人劳力""君子坦荡荡，小人长戚戚""君子淡以成，小人甘以坏"等观念，大多数人敬重君子而鄙视小人，因而"君子"逐渐成为"中国文化最广泛也最具影响力的精神符号"，于是"中国文学的主题也经历了从英雄表现向君子叙事的转变，君子与小人的冲突，成为中国文学基本的人格对立与矛盾叙事"[1]。在中国文学世界里，"君子人格"或"君子形象"是怎样的呢？傅先生从道德、知识、礼仪、气度四个方面做了出色的考察与总结（君子有四：以仁爱忠信为核心的道德追求、以谦敬辞让为规范的礼仪风度、以诗书经典为基础的知识修养、

---

[1] 傅道彬：《中国文学的君子形象与"君子曰"的思想话语》，《文学评论》2018年第4期。

以勇武敏行为追求的英雄气度），并尤其强调了仁义、贵和、真诚、中庸这四种君子德行。由此可知，傅先生实际上是强调中国文学渗透着一种道德精神，以"太上立德"为终极追求的君子人格构成中国文学的内在旨趣。如果说中国文学渗透着某种人格精神，那么这种人格精神即君子人格精神。傅先生由此认为"中国文学本质上是一种君子文学"[①]。但傅先生并不满足于得出这一结论，他进一步分析了春秋时期新君子群体的"君子曰话语"，试图从中建构出一套"从哲学到文学的完整思想话语"。经过深入细致的研究，傅先生发现《左传》《易传》《国语》《礼记》等典籍的"君子曰"（或"君子谓""孔子曰"等）有260余处，由此领起的"君子曰话语"具有以下特点：其一，热衷于思想阐释，常常以一种启蒙者的角色站在哲学的高端，引领教训；其二，喜欢从道德立场出发臧否人物，评价是非，经常流露出一种居高临下的道德优越感；其三，显示出新君子群体具有广阔的知识视野；其四，有时以历史眼光、理性精神预言结果、指示未来。[②]具有这些特点的"君子曰话语"可体现出春秋时期新君子群体的哲学思想、道德观念、知识立场、历史眼光与文学趣味，但是否"建构了一套从哲学到文学的完整思想话语"，则可存疑。某种言论包含哲学思想，不等于建构了一套完整的哲学话语；同样，某种言论体现文学思想，也不等于建构了一套完整的文学话语。后者要求回答哲学或文学根本问题，至少做出某种本体论阐述，而不只是有所关涉而已。就新君子群体的哲学话语而言，傅先生提到了"酒以成礼，不继以淫，义也""仁而不武，无能达也"等少数几个例子，这显然很不完整，甚至不能代表我国春秋时期君子们的哲思水准。就新君子群体的文学话语而言，傅先生提到了"言之无文，行而不远""君子学文，所以行道""修辞立其诚"等例子，确实可以让人感受到新君子们的某些文学观念（文以行道、修辞立诚等），但这也很难说构成了一套完整的文学话语。他们除了指出文学艺术的某种"工具性"，并没有揭示其本体为何。事实上，中国古代不以"君子曰"领起的文学

---

① 傅道彬：《中国文学的君子形象与"君子曰"的思想话语》，《文学评论》2018年第4期。需要指出的是，傅先生得出这一结论，主要依据的是《左传》《易传》《论语》《国语》《礼记》等典籍和《诗经》《楚辞》等少数文学作品。其论"中国文学的君子形象"，对于中国文学的经典作品举例很少，连中国古典文学最杰出的作品《红楼梦》都未提及。试问，《红楼梦》属于"君子文学"吗？这个恐怕也有很大的争议。中国文学作品浩如烟海，以"君子文学"概括其本质，似有以偏概全之嫌。

② 傅道彬：《中国文学的君子形象与"君子曰"的思想话语》，《文学评论》2018年第4期。

话语要比这些"君子曰话语"深刻、宏富、博大、精微得多。因此，说春秋时期的"君子曰话语""建构了一套从哲学到文学的完整思想话语"，是有点言过其实的。此外，作者从"中国文学本质上是一种君子文学"这一结论出发，进而论证"中国文学理论本质上是一种深刻的思想的'君子曰'"，也是不太成功的；因为，作者绕过大量的中国文论事实，仅从相对较少的"君子曰话语"得出中国文学理论本质如何，同样逻辑跳跃太大，推理不够严谨。事实上，中国古代文论中的"感通说""言志说""缘情说""意象说""神韵说""滋味说""性灵说""童心说""肌理说""格调说""意境说""风骨说""境界说""教化说""娱人说"等，对文艺的本源、本质、奥妙、功能等均有所发现，对于今人建构文论话语体系也很有启发，但其本质不宜笼统地归结为"君子曰"。把某种理论的本质归结为"君子曰"，跟归结为"智者曰"或"××曰"是差不多的，对于问题本身并没有提供多少新知。

综观傅文，其主要价值是"有助于对中国文学精神实质的挖掘"。换言之，它侧重揭示的是中国文学的人格精神，而不是在文艺根本问题上提供中国智慧。即便其结论"中国文学理论本质上是一种深刻的思想的'君子曰'"是对的，这种结论也只能表明中国文学理论跟中国文学一样渗透着一种道德精神，而并非揭示出中国文学理论中关于文学根本问题的某些重要智慧。如果说一种文论话语要渗进道德精神才有价值，这只是给文论话语强加了某种东西，而并没有就文论问题本身开显出新知。从"一套完整的文学话语"中，看不到对文学本体问题的完整回答，这不能不说是一个遗憾。而如果要让文学本体问题或文艺本体问题充分凸显出来，无疑需要加强"艺术感"[①]。

在建构当代文论话语的语境下，如果说"艺术感"将人引向艺术本体论思考，那么"现实感"则将人引向艺术生态论和话语价值论思考。

二、"现实感"与文论话语生命力

一个时代、一个国族有力量的文论话语，固然需要切合文艺本体、植根本国传统，但同时也要契合当前社会文化建设的需要。简言之，它至少要有三重考量：一要切合文艺本体，以遵循文艺发展自身的规律；二要植根本国

[①] 本文对于"艺术感"的强调，是就建构文论话语本身的客观需要而言的，与具体学者无关。

传统，以求接地气获得源源不断的滋养；三要切合当前时代需要，以期引领风尚指导实践。在这"三重考量"中，第一重考量与文论建构主体的"艺术感"相关，第二重、第三重考量与文论建构主体的"现实感"相关[①]。文论建构主体的"现实感"，在很大程度上决定所建文论的向度、内涵与价值。由于这个问题涉及诸多层面，在此不可能面面俱到条分缕析，因此下面只结合傅文展开分析。

毫无疑问，"君子曰话语"是从我国优秀传统文化中挖掘和阐发出来的，确实是"有根的话语"，但它是否切合我国当前文化发展（含文艺创作）的需要呢？从表面看，肯定"君子－小人"二元对立的矛盾叙事，弘扬君子人格精神，这完全属于"正能量"，应该完全符合我国当前文化发展的需要。即便就常识而言，崇尚君子、驱逐小人，这难道不是天经地义、完全正当的吗？但正是在这个地方，我们需要认真反思。

第一，从词源本义上讲，"君子－小人"的二元对立与我国目前倡导平等、公正、友善、和谐的社会主义核心价值观是不太一致的。正如傅先生所指出的，"'君子'一词最早是阶级的，是居住于城邑中心的宗族统治阶层，而小人则是处于乡野的被统治者，'君子劳心，小人劳力，先王之制也'是上古时代普遍接受的观念"，"君子"一词最开始就带有高人一等的意味。后来，到了春秋时期，"新君子群体在政治上咬断了与旧贵族联系的纽带，实现了阶级解放；……在思想上割断了与'半神半人'的宗周旧思想的关联，完成了'哲学的突破'"，由此"君子"的所指也逐渐发生变化，由"出身上的贵族"转义为"人格上的有德有识者"。但无论是出身上的贵族君子，还是人格上的高贵君子，都显然比"小人"高出若干档次。在中国古代，君子与小人，无论在出身、阶级，还是在知识、人格上，都没有任何平等可言。在此基础上产生的突出一类人而贬低另一类人的"君子曰话语"，渗透着浓厚的等级意识，是否会遮蔽"另一类人"的合理需求呢？是否会过于美化一方而丑化另一方呢？而且，一个社会对待道德上、知识上有缺陷的人，是应该"驱

[①] 由于"现实"兼涉当前社会现状与历史文化传统，因此一个人的"现实感"必然既包括对当前社会现状的认知与感受，也包括对历史文化传统的认知与感受。在很多情况下，历史、传统构成最大的现实。对于当前社会现实的认知越深刻、越清晰，就必然越是触摸到当前社会的文化底蕴与传统基因；换言之，如果离开了对历史文化传统的清醒认知，则几乎谈不上"现实感"。

逐"还是友善帮助呢？此外，中国古代还有大量的女性，她们的合理愿望能否在"君子曰话语"中得到体现呢？孔子一句"唯女子与小人为难养也"，作为一句流传甚广的"君子曰话语"，带来了多少对女性的歧视与偏见！当然，任何一个社会都有一个发展过程，今人不应该用当今价值观苛求古人；但是，如果我们要以古代的"君子曰话语"为基础重构可为今用的"从哲学到文学的完整思想话语"，则不能不考虑到这些问题。

第二，从现实人性和基本国情来讲，"君子曰话语"与我国社会持续健康发展的客观要求是貌合而神离的。这一点很难被意识到，而且说出来也很不容易得到认同，但还是有必要说出来。从表面看，"君子曰话语"崇尚仁爱忠信的君子、"以实现道德完美为第一要义"，在一个"道德滑坡"的时代似乎恰好是非常急需的"一支针剂"。但笔者为什么不愿对之击节赞赏呢？根源在于"现实感"。我国历史文化和当代社会的"基本现实"是什么呢？在新中国成立之前漫长的两千多年里，我国主要是一个封建帝制国家，社会主导文化是一种儒法互补、释道兼用的文化；但不管文化形态如何复杂，全社会都比较推崇君子而鄙视小人，尤其是读书人，大多以成为君子、学优而仕为人格追求、人生追求。为了成为仁德君子或道德智识上的"人上人"，有人苦读经书，有人乐善好施，有人舍生取义，有人以道制欲，也有人虚伪狡诈、欺世盗名。不论真伪，君子们往往自视甚高，"总感到一种居高临下的道德优越感""他们站在忠、孝、义、勇、公等道德制高点上，由此衡量是非、臧否人物、评判历史，显得底气十足"。[①]但事实上，正是这些君子们，统治、压迫着广大平民，有的还制造了很多冤假错案（比如严嵩，初为君子而后几为魔鬼）。在新中国成立之后的70年里，我国步入社会主义社会，倡导法律面前人人平等的新观念；虽然废除了主奴高下有别的封建等级制，但人们的等级意识依然是存在的。因循着传统惯性，现在的人们不一定以"仁德君子""超凡入圣"为人格追求，但仍有相当一部分人以"儒雅君子"为人格追求，且大多数人希望成为"先进分子"，或成为"人民先锋队"中的一员。目前各行各业选拔干部，通常也是以"德才兼备""仁义贤能"为标准。在学校里，没有进入"先锋队"的努力想"入队"或"入党"，已经进入"先锋队"的则想

[①] 傅道彬：《中国文学的君子形象与"君子曰"的思想话语》，《文学评论》2018年第4期。

着如何"保持先进性"。可以说,从古至今,中国人骨子里都有一种推崇"仁德君子"的倾向。这是当前现实的一个重要方面。而另一个重要方面是什么呢?是自古至今,也存在虚伪、欺骗、腐败等。远的不说,就新时期而言,一部分被选上来当干部的"儒雅君子""先进分子",其贪腐事实触目惊心,令人非常惊愕。那些"儒雅君子""先进分子"为什么会堕落呢?个中原因尽管非常复杂,但有一点似乎被我们忽略了:从人性上讲,人们往往自以为本性善良、心地纯洁,偶尔犯错也只是迷失了本心,只要"反身而诚",则"善莫大焉",就可逐步进入"君子"之阶;但其实,人的本性未必是善良的,而是潜在地具有各种可能性(既可能向善,也可能向恶,还可能善恶并存),忽视这一点,以为"君子"们人性纯善、道德完美,不过是一种民族性的"集体意识幻觉"。事实上,只要对"正人君子"期望过高,只要强调"君子治国"而忽视法治,就有可能催生虚伪,甚至人为导致"非典型腐败"。[①]由此我们的思维也许需要做一些调整:不再要求平常人努力去达到那高不可攀的道德标准(如"毫不利己专门利人"),而把每个人(包括"先进分子""儒雅君子""道德模范")都当成有可能犯错、作恶的平常人,进而着力去建立合乎人性、合乎法理的各种法规制度。简言之,就是回归常识,把人还原为人,既承认其求真、向善、致美的可能性,也充分意识到其犯错、作恶、嗜丑的可能性,进而把治理重心从"德治""人治"转移到"法治"上来[②]。过于强调德治而疏于在全社会为每个人建立自我防范、自我审查、自我惩罚的法治机制,这是有可能出大问题的。而实实在在地以法治为基础,在全国各行各业建立起科学合理、强劲有力的"免疫机制"(防范、抑制乃至消除人性病毒的机制),至少可以保障社会健康有序地运行、发展。在此基础上,一些人有更高的道德追求,当然值得敬重和赞扬,但这是"锦上添花"的事;相比于"锦上添花","健全社会主义法治"这一"基础设施建设"更为重要。

  大力发扬社会主义民主、健全社会主义法治,这是我国当前社会非常紧迫的一项重大任务。中华民族伟大复兴的中国梦能否实现,关键系于此。中

---

① 易中天:《帝国的惆怅》,上海文艺出版社,2018年,第197页。
② 这样说并不是忽视"德治"的重要性,而是强调要在"法治"的基础上再讲"德治",再寻求法治与德治的良好结合。鉴于中国过去数千年的"德治""人治"传统,如今特别有必要强调"民主法治"。

国封建社会几千年来由明君、清官、君子所维系的管理体制，早已被实践证明是行不通的；新中国否弃了封建制度，而1966—1976年间发生的"文革"浩劫，也应该让人们清醒过来。总之一句话：民主法治强，则国强；民主法治弱，则国弱。我们文艺界、学术界人士，如果为"民主法治"多出一份力，我们所属的社会就可能多一分安全与繁荣。因此，我们应该朝什么方向努力，是比较清晰的。

第三，就人文艺术的天职而言，"君子曰话语"与我国当代文化建设与文艺创作的伟大使命是不太契合的。人文艺术的天职，不是粉饰太平、为现实唱赞歌，而恰好是要跟现实拉开一定的距离，与现实保持"必要的张力"，冷静地反思、批判现实，引领现实朝着好的方向发展。基于对我国历史文化与基本国情的反思，拙见以为我国当代文化建设的伟大使命，是推动传统德治文化、人治文化向现代法治文化转型。具体到文艺创作领域，则似乎应该从传统推崇君子、贬斥小人这种二元对立的伦理性叙事转到反思人性、重审自我这种自我批判的人类性叙事上来。诚如著名作家残雪所说："伟大的作品都是内省的、自我批判的。"[①] 我们太需要这类自审类作品来深化自己的自我意识，来重新认识人本身。我们每个人（包括道德模范）一定要充分意识到，自己作为"现实中人"不是超人、不是仙人，在特定情境下都是有可能犯错、有可能作恶的，因而有必要建立起自我防范、自我审查、自我惩罚的机制。越是"先进分子"，越是应该敢于推动建立这种相当于"自审"的法治机制（或"自否定机制"），因为只有牢牢确立了这种自审机制，才能让人少犯错误、保持先进性。在笔者看来，这也是我们今天进行文论话语建构时需要面对的一部分"现实"。以长远的历史眼光来看，在当前这样一个大转型时代，我们最需要的文艺，乃是"自审"（或"自我批判"）的文艺，是"忏悔"的文艺，是有助于健全社会主义民主法治的文艺。文论话语作为文艺创作的先导者，应该肩负使命科学引导，朝着紧要处用力。进而言之，人类社会向前发展的潮流浩浩汤汤，"自由、平等、民主、法治、公正、文明"的社会形态一定会充分实现出来；只有顺应这种大势的文艺或文论话语，才会更有生命力。而"君子曰话语"赋予"君子"太多的权威感、优越感，其本身缺乏

[①] 残雪：《残雪文学观》，广西师范大学出版社，2007年，第123页。

"自否定机制"①,因而是有必要加以警惕的。

2019年6月,习近平总书记在十九届中央政治局第十五次集体学习时的讲话中说:"做到不忘初心、牢记使命,并不是一件容易的事情,必须有强烈的自我革命精神。……关键是要有正视问题的自觉和刀刃向内的勇气。无论什么时候,问题总是客观存在的,……讳疾忌医、有病不治,本来可以医好的病症就会拖成不治之症。……要在自我净化上下功夫,通过过滤杂质、清除毒素、割除毒瘤,不断纯洁党的队伍,保证党的肌体健康。古人说:'天下不能常治,有弊所当革也;犹人身不能常安,有疾所当治也。'治病救人,哪能不吃药,对那些顽症须下点猛药才行,对有病毒扩散风险的肿瘤还得动刀子。……要在自我革新上求突破,深刻把握时代发展大势,坚决破除一切不合时宜的思想观念和体制机制弊端,勇于推进理论创新、实践创新、制度创新、文化创新以及各方面创新,通过革故鼎新不断开辟未来。"②这些话无疑是振聋发聩、令人警醒的。习近平总书记在此提出的"自我革命"理论,渗透着强烈的"现实感",其内在精神提醒我们,无论是从事文论话语建构还是文艺创作实践,都需要意识到"问题总是客观存在的",我们决不能讳疾忌医,而需要在自我净化、自我革新、自我完善上下大功夫。只有充分意识到自己体内可能存在杂质、毒素乃至毒瘤,才能抛弃盲目的自信和不切实际、空中楼阁式的理想追求,而转移到实实在在的自我治疗、自我完善上来。张福贵先生说:"习近平提出的'自我革命'理论,是当前文学研究话语体系中'社会个人话语'建构的思想基石。"③诚如其言,在当前文论话语建构活动中,我们需要充分意识到习近平总书记"自我革命"理论的指导意义。此外,鲁迅、茅盾、巴金、曹禺、钱锺书、残雪、莫言等作家严于自剖自审的创作实践,邓晓芒的"自否定哲学"和"新批判主义",也为我们建构契合时代需要的文论话语提供了从文学到哲学的重要资源。总之,我们固然需要从优秀传统文化中提炼"标识性概念"建构"有根的话语",但同时也需要充分考虑到当代

---

① 这里所谓"自否定机制",指的是一种由自身内在矛盾推动自身改正错误、克服缺陷、超越自我、螺旋上升的机制。它是要在更高的层面肯定自我,提升"自信力"和"硬实力"。详见邓晓芒《"自否定"哲学原理》,《江海学刊》1997年第4期。
② 习近平:《牢记初心使命,推进自我革命》,《求是》2019年第15期。
③ 张福贵:《当代中国文学研究话语体系的建构》,《中国社会科学》2019年第10期。

文化现状与文艺向前发展的客观需要，考虑到我国当代文化建设的伟大使命，立足现实建构话语。

也许有人认为：自剖自审、自我革命，与建构"君子人格"并不矛盾；非但不矛盾，二者还是可以高度融合的。从理论上讲，这二者确实不矛盾。但我想说的是，建构什么样的文论话语，不完全是一个理论问题，而更多的是一个实践问题，一个关涉"现实感"的问题。如果我们拥有比较长远的历史眼光和强烈的"现实感"，就会发现当前我们实现中国梦的关键不是推动建构"君子人格"，而是健全民主法治、推进自我革命，正是这一点，从深层次上影响到我们建构文论话语的方向与旨趣。

综上所述，"君子曰话语"尽管在哲学、文学等方面具有相当高的价值，特别是有助于我们发现中国传统文艺的精神特质，但这跟"建构一套从哲学到文学的完整思想话语"是两码事，或者说二者之间存在一定的距离。单就建构文论话语来说，既需要"艺术感"以展开文艺本体论建构，也需要"现实感"以确保文论话语生命力。如果不能在文艺根本问题上提供中国智慧，并立足中国实际提供科学方案，那么所建构的文论话语即便具有中国特色，也不一定具有强劲的生命力，更不一定能解决"中国化继而世界性"这一当代文论建设的核心问题。在很大程度上，只有进一步加强"艺术感"与"现实感"，合理利用古今中外相关资源，才能建构出既切合文艺本体、具有中国特色又契合现实需要的文论话语，从而"对中国文学学术体系和话语体系的建设起到重要的引领作用"[①]。

[①] 在此对傅文谨致谢意。该文征引广博，考论细致，具有很强的启发性，也有很高的学术价值。本文提出的"艺术感"与"现实感"问题，由该文引发，但并非针对该文提出。二文实质上论述的是完全不同的问题。

从身份缺失到话语回归 由历史膜拜到文化思考

——论新中国成立 70 年来蒙古族题材电影对草原文化的表达

张妙珠 *

摘 要：我国的蒙古族题材电影从新中国成立后的初创期到 20 世纪 90 年代后新时期的发展期以及 21 世纪以来的繁荣期，其民族文化身份由最初的缺失逐步到广泛彰显，对以蒙古族文化为主体的草原文化之核心理念如"英雄崇拜""天人合一""兼容并蓄"等起到了重要的表达作用，成为了当下草原文化有效的传播途径之一。新时期以后多用"他者"的叙述视角也体现着蒙古族题材电影对民族文化身份确立与彰显的渴求。

关键词：蒙古族题材电影；文化身份；草原文化；叙述视角

一、蒙古族题材电影发展初期民族文化身份的缺失

新中国成立之后的 17 年，是蒙古族题材电影的初创期，作品数量不多，共有 6 部作品。受"文艺为工农兵服务、为无产阶级政治服务"的文艺方针影响，这时期的蒙古族题材电影主要是表现在党的领导下蒙汉人民共同抗日（如《草原晨曲》）、在党的领导下蒙古民族地区的解放（如《内蒙人民的胜利》《鄂尔多斯风暴》）和在党的领导下蒙汉人民共同进行社会主义建设（如《草原上的人们》《牧人之子》）等内容，影片无一例外地负载着强烈的政治意识形态功能，充当着党和国家对民族地区政策话语的阐释者的角色，在概念

---

* 张妙珠，硕士，集宁师范学院教授，主要从事影视艺术理论研究、蒙古族影视艺术创作研究与评论以及内蒙古作家作品的评论与研究。

上以阶级和国家代替了民族。尽管影片中不乏蓝天、白云、牧场、毡包、骏马、羊群等草原自然景观以及敖包相会、民族婚礼、节日祭祀等文化景观，但这些民族风情的展现更多地被遮蔽于政治话语之下，与政治话语相融合，带上了隐喻的政治含义，那就是对美好生活的歌颂和赞美。此时期蒙古族题材电影作品中的民族文化身份并无彰显，也由于民族文化身份在电影叙事中的缺失，独特的民族精神、民族性格和民族文化在这个时期的蒙古族题材电影中几乎完全被遮蔽。

同新中国的其他艺术一样，蒙古族题材电影的发展也遭遇了"文革"的风暴而受到重创，"文革"十年间，只有一部在1975年推出的《沙漠的春天》可以弥补蒙古族题材电影创作在此间的空白。直到1977年，蒙古族题材电影进入了复苏和进一步的发展期。在全国解放思想、拨乱反正的总形势下、在文学艺术的"春天"再度来临之际，蒙古族题材电影创作经过短暂的复苏并迅速发展。从1977年到1989年，创作诞生的蒙古族题材电影多达17部。

这一阶段的作品除延续反映蒙古族人民在党的领导下进行解放斗争、追求新生活的主题（如《祖国啊，母亲》），还涉及反映蒙古族百姓生活的题材（如《重归锡尼河》《猎场札撒》《绿野晨星》）、盗墓题材（如《古墓惊魂》），以及首次以电影方式演绎本民族英雄人物的历史题材（如《成吉思汗》）。此时期的蒙古族题材电影虽然在表现内容和艺术手法方面都比新中国成立初期更为丰富，但对民族文化的表现依然非常表面化，与之前将民族风情与政治话语相融合、将民族命运与国家形象共建构相比较仍没有本质的改变。其中具有一定影响力、由第五代导演代表人物之一田壮壮执导的《猎场札撒》和由陈达导演的《森吉德玛》，虽然对蒙古族文化中的某些内容进行了一定程度的探讨，但最为遗憾的是他们均是以汉族创作者的身份从"他者"的视角在述说。即使当时也有为数不少的蒙古族创作者加入蒙古族题材电影的创作中，"然而受到时代语境的约束，他们也只能站在国家的大时代背景和以主流意识形态的立场讲述蒙古族人的故事"[1]，民族文化身份和民族文化的表达依然是缺失的。

---

[1] 高明霞：《蒙古族题材电影的叙事特征及镜语美学（1949—1984）》，《文化艺术研究》2015年第1期。

二、蒙古族题材电影中民族话语、民族精神和民族文化的回归与彰显

从 1990 年塞夫、麦丽丝创作《骑士风云》开始，蒙古族题材电影进入了前所未有的繁荣发展阶段。自 1990 年至 2000 年 11 年间，蒙古族题材电影迎来了创作发展史上第一个创作高峰。

这期间，以塞夫、麦丽丝为代表的一批具有本民族身份的蒙古族导演及其优秀电影作品的涌现令人瞩目。他们兼具蒙古民族的血缘身份和文化身份、以独特的民族审美感悟和敏锐的艺术直觉进入本民族题材的电影创作当中，不再局限于对草原自然风光、民俗风情的表层展示，而是以恢宏壮阔的史诗式叙事再现蒙古民族的英雄历史，不仅对蒙古民族的性格和民族精神做出了准确的描述，还走入蒙古民族深层的精神层面，探究他们的民族心理，深刻地揭示其社会心理结构，具有强烈的民族历史感与深邃的民族文化感。他们以对草原的满腔挚爱饱含深情地去拍草原、拍骏马，以一种全新的艺术表现手法呈现此时期蒙古族题材电影独特的美学风格，建构起了被评论界称为"马上动作片"的全新艺术样式，令蒙古族题材电影不仅成为我国电影史上绽放的奇葩，同时也令世界电影界瞩目称赞，影片屡获大奖。在这些电影中，蒙古族独特的民族文化身份真正回归，由此，具有民族文化身份的话语、民族精神和民族文化也全面回归并得以彰显。

进入 21 世纪以来，我国蒙古族题材电影的创作更是全面繁荣发展，达到了其创作发展的第二个高峰。越来越多具有代表性的优秀蒙古族导演加入蒙古族题材电影的创作队伍中，如宁才、哈斯朝鲁、卓·格赫、海涛、巴音、宝力德等，越来越多富有影响力的蒙古族电影作品不断涌现。在进入 21 世纪短短的 15 年间，质量上乘的优秀蒙古族电影作品就多达 10 余部，如《天上草原》（2002 年）、《季风中的马》（2003 年）、《索密娅的抉择》（2003 年）、《长调》（2007 年）、《尼玛家的女人们》（2007 年）、《成吉思汗的水站》（2009 年）、《锡林郭勒·汶川》（2009 年）、《斯琴杭茹》（2009 年）、《寻找那达慕》（2009 年）、《天边》（2009 年）、《圣地额济纳》（2010 年）、《额吉》（2010 年）、《狼图腾》（2015 年）等。这些影片由对民族历史的膜拜转向了对在我国以汉族文化为主的主流文化冲击下民族文化未来走向的思考，将蒙古民族传

统的文化精神置于当下全球化的大背景中对其进行现代化的理解与书写，为草原文化不断增添着新的富有生机的内容。

三、蒙古族题材电影对草原文化核心内容的表达

（一）对"英雄崇拜"的表达

蒙古民族是一个有着英雄祖先和辉煌历史的民族，曾经诞生过成吉思汗、忽必烈、渥巴锡等伟大的民族英雄。作为这个民族的后代子孙，必然有着民族的自豪感和历史情结，而这历史情结的核心就是草原文化中对"英雄"和"战士"的崇拜。因此，歌颂英雄、赞美英雄、崇拜英雄就成了草原文化的重要内容，以塞夫、麦丽丝的创作为代表的蒙古族题材电影则是对这一文化内容的最好阐释。从《骑士风云》（1990年）、《东归英雄传》（1993年）到《悲情布鲁克》（1995年），再到《一代天骄成吉思汗》（1998年），塞夫、麦丽丝为我们塑造了一个又一个在民族存亡的历史关头，肩负着捍卫全民族利益的历史使命的英雄和战士。这里既有年轻有为、血气方刚的阿斯尔、车凌，也有作为民族智慧化身的阿拉坦桑、图布沁，更有才能卓越的英勇战士博斯尔、阿布、博力克，以及顶天立地、具有超人的品德和才能的英雄巨人——成吉思汗。这些英雄人物虽然性格不同、情感各异，但在履行神圣使命时却都是无所畏惧、赤胆忠心、英勇果敢和视死如归，他们是民族精神的象征，是这个民族热爱和平、崇尚自由、勇敢无畏、刚直不阿等优秀品质的象征。

（二）对"天人合一"的表达

蒙古族人民世世代代在我国北方草原寒冷干旱、长风直入的恶劣环境中求生存，长期的游牧生活使他们学会了与草原和谐共处、依赖和适应草原自然环境的生存技巧，形成了以"天人合一"为价值观念的生态自然观。他们世代奉行泛灵观念，以敬畏和爱慕之心崇尚自然、爱护自然，将草原上所有生灵与人的生命平等相待。

电影《长调》中的老额吉像对自己待产的女儿一样昼夜守护着难产的母驼，像对亲人一样按照草原的风俗庄重地安葬它。为了给失去母亲的幼驼重新找回母爱，老额吉四处奔波，面对拒绝喂奶的母驼，她耐心深情地、一遍又一遍地哼唱着草原上古老的劝奶歌。《天上草原》中因为虎子捡了湖雁蛋，

宝日玛严厉地告诉他"湖雁也是一个生灵啊""湖雁找不到自己的孩子该多着急啊",并且亲自将湖雁蛋送回到鸟巢中,还对着天上的湖雁喊话,真诚地道歉。即使是对伤害牲畜和人的敌人——狼,蒙古族人民同样心存怜惜。他们认为既然"天父地母"赋予狼以生命,那么它就是大自然的一员,就享有和人一样的生存权。在它没有危及人的生命的时候,草原人是不会无节制地捕杀狼的。"草原上的生活都有它自己的法则"[①],人们不会以自己的行为去破坏其他动物生存的环境。

儿童题材蒙古族电影《寻找那达慕》中,来自城市的网瘾少年赵星在离开草原时要将自己的游戏机送给蒙古族小姑娘其其格,说:"大草原上这么大,你连个朋友都没有,多无聊啊,你和它做个伴吧。"可年仅8岁的其其格却说:"草原不无聊,草原有马有羊,它们可以和我说话。它(指游戏机),是机器不是朋友。"这稚气的话语不禁令人发笑,但它却又如此自然地表达了蒙古族人民最朴素又最崇高的自然观。在他们眼中,草原上的一草一木都是有灵性的,他们尊重珍爱自然中的一切生命,把它们视为人类最好的朋友平等相待,同大自然和谐共处,真正达到了"天人合一"的境界。

在长期的生存发展过程中,蒙古族人民已经把对自然的认识上升到了生态自觉的高度,崇尚自然不仅被作为草原生态文化的自然价值观,更重要的是它也被作为了蒙古民族道德评判、行为认定的标准。在他们的心目中,"保护草原、保护森林、保护野生动物,从来就被认为是道德的,是善事,是理所当然的;而对破坏植被、开垦草原、残害野生动物的行为,一致认为是丧尽天良的恶事"[②]。所以在电影《圣地额济纳》中,贩卖骆驼、将城里的开矿者引入草原的策博克一直受到德格玛的轻视,还被德格玛的哥哥骂为"蒙古人的败类"。而对于城里人在草原上挖苁蓉、锁阳的行为,德格玛和哥哥痛心疾首:"蒙古人才不会干那缺德事呢,会遭长生天报应的""城里人是不是都疯了,这不是造孽吗?盗采过的草原,过不了几年就成沙丘了"……

---

① 刘高、孙兆文、陶克套主编:《草原文化与现代文明研究》,内蒙古教育出版社,2007年,第53页。
② 朋·乌恩主编:《蒙古族传统美德》,远方出版社,2002年,第286页。

（三）对"骏马情结"的表达

蒙古民族是马背上的民族，蒙古族人对马的情感可以用电影《额吉》中一句反复出现的台词来体现："男人没有了马，眼睛里就没有光了。"马与蒙古族人的全部生活息息相关，不仅包括日常的生产生活，还关系到婚丧嫁娶、祭祀祖先等重大活动。马在蒙古族的文化体系中是一个有着巨大象征意义的文化符号，马是兽性、人性和神性的统一，爱惜骏马、赞美骏马也是蒙古民族又一个挥之不去的情结。在蒙古族题材电影中，马的意象随处可见。这些影片中，矛盾冲突的展开、重要场景的表现、故事情节的推进和英雄人物的主要活动几乎都发生在马背上。创作者调动一切艺术手段用银幕上铺天盖地、奋蹄狂奔、滚滚而来的马群在视觉和听觉上带给观众强烈的冲击，更重要的是借此来体现蒙古民族热爱和平、崇尚自由、百折不挠的精神和意志，彰显蒙古民族自由、奔放、顽强、剽悍的民族性格和英雄气概。

进入21世纪以来，蒙古族题材电影的创作由主要表现历史题材转向关注蒙古民族现实的生存状态，更着重对现代文明冲击下民族传统文化的走向展开思考。伴随着象征意义的改变，21世纪以来蒙古族题材电影中表现"马"这一意象的银幕造型和画面风格也发生了很大的变化。影片中不再出现矫健不羁、奋蹄驰骋的健壮骏马，而多是展现风光不再的老马或是被置于陌生都市中落寞悲苦的马的形象。在《季风中的马》《长调》等影片中，"马"出现的背景不再是辽阔的草原、雄伟的雪山、茂密的丛林和秀美的河流，马的银幕形象也呈现为茫然失措地被爆竹惊吓挣扎在人类竖起的铁丝网中、被圈禁于城市的马厩中甚至是被亵玩于喧闹的酒吧中。如《季风中的马》中的马，再无以往蒙古族电影中的高大、健硕的样子，而总是一副无精打采、行动迟缓、双眼浑浊的老马形象，它鬃毛闪亮、奋蹄驰骋的矫健身影也只有偶尔出现在主人公的回忆中。这也是在现代文明的冲击下面临新的生存境遇的蒙古族人民现实生活的真实写照——在不可阻挡的现代城市化进程中，他们对祖辈流传下来的生活方式和民族传统文化充满着热爱与眷恋，内心痛苦无奈而又茫然不知所措——从而也引发了我们对蒙古族传统文化在现代社会的去向、地位和意义的深深思考。

（四）对"包容万物""兼容并蓄"的表达

奋发进取、自强不息是草原文化最根本的精神，包孕万物、有容乃大是草原文化最基本的特性。在历史的发展进程中，农耕文明进入了内蒙古草原，商业文明进入了内蒙古草原，现代的工业文明也进入了内蒙古草原，将来还会有更新的事物不断进入内蒙古草原，这是历史发展的必然。

内蒙古草原以其包孕万物、有容乃大的胸怀，接纳哺育了许多异族的生命。在蒙古族题材电影中就有许多超越血缘和民族身份的"大爱"故事。如《黑骏马》中奶奶对幼年丧母来自城市的白音宝力格的接纳，《天上草原》中阿妈和阿爸对来自城市的汉族男孩儿虎子的呵护培养，《狼图腾》中草原人民对北京知青如亲人般的爱护，《锡林郭勒·汶川》中草原家庭领养在地震中失去双亲的四川孤儿，尤以《额吉》为代表，更是一部充满了人性美与人情美的生命赞歌。20 世纪 60 年代，内蒙古锡林郭勒大草原以博大宽广的胸怀接纳了 3000 名来自上海、江浙的孤儿。善良的草原人民满怀真诚将异族的孩子们迎进了自己温暖的毡包，草原阿妈们不仅用自己的乳汁哺育着毫无血缘关系的异族儿童，更以她们无私温婉的爱温暖着异族儿童凄苦的心。他们对他人博大仁慈的爱并不是维系于血缘关系，而是源于蒙古族人民对生命的珍爱和一视同仁，源于他们民族心理深处的最朴素的生命价值观。

然而伴随着城市化进程的加快，草原传统文化受到了现代文明的强烈冲击，这两种文化的冲突在银幕上集中体现为代表草原文化的草原与代表我国现代以汉族文化为主流的城市文明的都市之间的纠结与冲突。在电影《季风中的马》中，作为蒙古民族自由精神的承载者的"马"竟然被装扮妖艳的性感女郎骑在胯下在霓虹闪烁的酒吧里哗众取宠；城里的广告宣传队来到草原，喧闹的锣鼓、手舞足蹈的人群和惊天动地的爆竹吓惊了老马，还差点儿令它在人类圈起的铁丝网中丧命……银幕上的草原再也没有了以往蒙古族电影中碧绿辽阔、水草丰美的壮美景象，《季风中的马》呈现的始终是已经严重退化、植被覆盖率低下、土色斑驳草短泛黄的草原图景，而《成吉思汗的水站》中展现的也多是荒芜干旱的戈壁草原，碧绿广袤的肥美草原只留存在主人公奥特根童年生活的美好记忆中。

然而草原人民并没有故步自封停滞不前，勇于进取的民族精神令越来多的蒙古族人开始勇敢地走进城市融入都市生活,开始抱着宽容客观的态度去接纳现代文明中的有益因子,试图走进并融入现代化的都市生活。如《长调》中的其其格、《季风中的马》中的英吉德玛等。他们不断战胜自我、突破自我,积极地吸纳异族文化中的有益因子,博采众长,与之相融,发展扩大本民族文化的优势和影响,以期在世界强势文化和本国主体文化的旋涡中寻找到本民族文化新的立足点,努力寻求草原传统文化与现代城市文明的和谐共荣。如电影《长调》中的其其格,为了使草原文化中珍贵的非物质文化遗产——长调——这种艺术形式能够得到广泛的传播,她来到了城市,为长调表演艺术寻找着更为广阔的舞台,为传承发扬自己的民族文化不懈地努力。正是草原文化中开放的思想意识和开拓进取的精神,才使得民族文化广泛与异族文化接触交流,汲取养分进一步丰富和发展自己,使民族文化保持永久和鲜活的生命力。

而草原文化如何在都市中找到合适的位置并且深深扎根,如何令草原同都市真正地和谐交融,儿童题材电影《寻找那达慕》在这方面或许可以给我们些许启示。缺少家庭关爱的城市网瘾少年赵星被送到草原来戒除网瘾,在这里他结识了淳朴可爱的蒙古族小姑娘其其格。其其格纯洁美好的心灵、坚定刚毅的性格和言出必行的美好品质深深地影响着这个对什么都感到"无聊"的城市少年,他从心里折服于这个年幼稚气但却具有强烈人格魅力的蒙古族小姑娘,尤其是其其格常常说的"每个人只要懂得克服困难,战胜自己,他就是英雄"这句话,对赵星的影响非常大,彻底改变了他对生活的态度。在影片通过赵星这个都市孩子的眼睛去发现领略草原淳朴纯净的风情,切身感受草原文化的魅力,意识到利欲熏心、人情淡漠的都市缺少了关爱、真情、坦诚、坚定等品质。最终赵星决心要像草原上的孩子一样克服困难、战胜自我,做生活中真正的"英雄"。所以,在草原由传统走向现代化的进程中,现代文明中的有益因子会对其发挥积极重要的作用,如现代化的教育、科学技术等资源就可以服务造福于草原,而都市的发展和文明亦需要草原文化的精神与理念。草原文化只要坚守自己的民族性,继续发扬其生态性和美好崇高的精神品质以及博爱仁慈的人文情怀,就可以在现代化的都市中找到位置并深深扎根,从而使草原与都市最终走向和谐共荣。

结　语

　　从新中国成立 70 年来蒙古族题材电影的发展脉络可以看到：在发展初期由于民族文化身份的缺失，电影的民族性被政治话语所遮蔽，民族文化并没有得到充分的表现；进入 90 年代后，由于大批具有本民族血缘身份与文化身份的蒙古族创作者的加入，蒙古族电影在民族精神的展现、民族性格的彰显、民族心理的深层挖掘和民族文化的充分表达等方面达到了前所未有的高度，也比较全面地表现了草原文化中"英雄崇拜""天人合一""骏马情结""包容万物""兼容并蓄"等核心内容。然而 90 年代之后的蒙古族题材电影多以"他者"作为叙事视角这一特点也值得我们关注。有的电影以"他者"的视角贯穿始终，如《天上草原》用汉族男孩儿虎子的视角、《额吉》用来自上海的孤儿雨生的视角、《狼图腾》用北京知青陈阵的视角；也有的电影是片断性"他者"叙述视角的运用，如《成吉思汗的水站》《锡林郭勒·汶川》《寻找那达慕》《圣地额济纳》等。创作者以本民族的双重身份不断陈述、反复表达作为蒙古族的族裔性和本土性，这无疑是蒙古族导演对自我身份确立的渴求。然而令我们深思的是，在这种反复陈述、着意强调的背后是否也正是缺失的一种表现呢？借助"他者"的视角是否也是寻求自身存在的证明呢？如果真是这样，作为生活在内蒙古草原上的一员，我们深感任重而道远，因为在电影领域关于民族文化身份的确立和民族文化表达方面的许多问题仍有待于我们去探索解决。

西方绘画中圣母形象的"异变"及其美学意义[*]

——以拉斐尔、蒙克、达利、奥菲利为中心的考察

张富宝[**]

摘　要：圣母题材是西方绘画艺术的重要内容与母题之一，在各个时代都深受人们的喜爱和关注。可以说在圣母艺术形象身上，能反映出一个时代的审美趣味、艺术理想与社会风尚。从拉斐尔、蒙克、达利到奥菲利，圣母形象在这些艺术家的笔下发生了明显的"异变"。如果说拉斐尔的圣母形象是古典艺术的代表，蒙克的圣母形象是现代艺术的代表，那么达利的圣母形象就是向后现代主义艺术的过渡，而奥菲利的圣母形象则是后现代主义艺术的典型体现。这种变化与社会时代的发展密切相关，也与其背后美学观念的演进息息相关。总体来说，这是一个"祛魅"的过程，是一个"世俗化"的过程，是一个从神圣下降为人间的过程，也是一个艺术不断走向日常、走向解构、走向"终结"的过程。在这样的长时段中，艺术和美学打破了越来越多的规范与禁忌，更加趋向开放和多元。在这其中，艺术的规范与禁忌既有来自艺术内部的成分，更有来自社会外部的因素。圣母形象的异变现象还表明，在"文明冲突"的背景之下，美学尚能发挥更重要的积极作用，它可以引领人们重新思考很多现实的问题，而文化美学就是最为有效的理论武器之一。

关键词：圣母形象；审美异变；文化美学

---

　　[*]　本文系 2015 年度国家社会科学基金西部项目"后现代文化语境与审美异化问题研究"（项目编号：15XZX023）阶段性成果。
　　[**]　张富宝，宁夏大学人文学院副教授，主要从事美学、当代审美文化研究。

毫无疑问，在西方艺术史上，圣母题材的作品可谓浩若星辰，在每一个历史阶段，都有非常优秀的作品问世。从早期基督教壁画、中世纪基督教艺术，到文艺复兴时期，再到现代主义与后现代主义时期，圣母形象呈现不同的社会文化背景、艺术特色和演变过程。换句话说，从古典美学到现代美学再到后现代美学时期，圣母形象经历了清晰可辨的"异变"发展，这一现象的背后蕴藏着极为耐人寻味的东西。本文以拉斐尔、蒙克、达利以及奥菲利等人的圣母题材创作为中心，选择其最具有代表性的作品，在深入进行"文本细读"的基础上，揭橥其背后美学思想观念的演进轨迹。

一、拉斐尔与《草地上的圣母》

《草地上的圣母》是拉斐尔的代表性作品之一，它也是古典艺术的典范之作。拉斐尔（1483—1520）是意大利最负盛名的画家之一，他与达·芬奇、米开朗琪罗鼎足而立，成就斐然。拉斐尔自幼跟随父亲学画，对各个画派的艺术特点都能认真学习，博采众长，特别是对达·芬奇的构图技法和米开朗琪罗的人体塑造法的学习，使其独具古典精神的秀美风格日趋成熟，从而迅速取得了巨大成就。拉斐尔最具创造性的地方就在于他将"希腊的理想""基督教精神""人文主义精神"加以融合，他被后世称为"古典主义"大师，不仅影响了"巴洛克风格"，而且对17世纪法国的古典学派也产生了深远的影响；他不仅是文艺复兴时期的杰出画家，也为后世树立了典范。

拉斐尔一生中画过很多圣母，最有名的就是《草地上的圣母》。他的圣母画像，和中世纪画家所画的同类题材有很大不同。那么，《草地上的圣母》是一幅什么样的作品呢？这件作品中的圣母形象具有什么样的特征呢？

首先，从色彩上来讲。拉斐尔是驾驭色彩的高手，《草地上的圣母》这幅画上的色彩，选择得比较严格，画面以黄色的暖色调为主，整体上显得明亮、温暖、亲切。与此同时，画家对于光线的表达也是理想化的，整幅画似乎放置了很多点光源，照亮了画面的每一个局部，使人物都笼罩在一层神圣的光辉之中；运用黄、红、蓝三原色的调和，使得画面艳丽而不失华贵。画家的色彩配置，基本是遵循基督教的观念，圣母的衣着以红、蓝两色搭配，这是因为在基督教中，红色一般象征天主的圣爱，蓝色一般象征天主的真理；圣母脚边的草叶没有着色，体现出其生活的朴素。

其次，从构图上来说。作品线条流畅圆润，富有节奏感，"金字塔"或三角形的经典构图，给人以稳重、均衡、庄严、肃穆之感；人物的俯仰关系和动态交流，显现出大小、主从、明暗的呼应，更加强化了画面的表现力。对这种构图，黑格尔曾做过非常精当的分析："这种方式一般是使眼睛感到平静舒适，因为金字塔通过它的顶点把本来分散的、并列的形象连成一气，使像群获得一种外表方面的整一性。"这种安排"还可以在特殊部分和个别细节方面显出姿势，表情和运动的高度的生动性和个性"。[①]

再次，从人物形象的刻画上来说。画面中的圣母玛利亚年轻美丽、和蔼安详、浑身散发出母性的光辉，尤其是她的目光，情深意长，表现出了一种"纯洁的爱"；光着脚丫踩在泥土上的玛利亚去除了中世纪绘画中圣母的"不食人间烟火"的呆板与僵化特征，更接近于现实中的鲜活灵动的"人"而不是冷峻高远的"神"；远山与教堂都成了圣母的陪衬，她仿佛置身于我们身边的一种日常生活场景之中而不是在遥远神秘的"天国"，而这种自然风景的纵深处理，我们在达·芬奇的画作中经常能够看到，它既能很好地凸显画面的主体形象，又能激发观者无限的审美想象；圣母在拉斐尔的笔下成为女性美的集大成者，有着人间最能感同身受的母爱情怀，以至几百年后欧洲各地一直流传着一句赞美女人的话："像拉斐尔的圣母一样"；小约翰与小耶稣头顶上都有标志性的金色圆圈，是他们圣洁的象征，两个孩子眼神清澈，姿态可爱，显得天真烂漫。

最后，从画面的整体意蕴上来说。这幅作品可以说是古典主义美学的典范之作，它有近乎完美的艺术形式和理想化的表现内容，和谐、安详、宁静，有一种偏于优美的崇高之感，可谓是"超凡入圣""尽善尽美"。

二、蒙克与《圣母玛利亚》

爱德华·蒙克（1863—1944）是挪威享有世界声誉的艺术家，是西方表现主义艺术的先驱，他的创作影响了毕加索、马蒂斯等著名画家。蒙克的作品个性特征鲜明，色彩浓郁，注重内在的感觉情绪与生存困境的表达，带有强烈的主观性和"心理现实主义"的特征。翻检蒙克的人生履历我们就会发

[①] ［德］黑格尔：《美学》（第三卷下册），朱光潜译，商务印书馆，1981年，第297页。

现，蒙克自童年时代就深深地笼罩在不幸、恐惧与死亡的阴影之中。5岁时他的母亲就死于肺结核，他的父亲患有精神病，他向孩子们灌输了对地狱的根深蒂固的恐惧。13岁那年，和蒙克感情极深的姐姐因肺病去世。27岁那年，父亲去世，一个哥哥在新婚不久就撒手人寰。这些可怕和惨烈的人生遭遇，使得蒙克的性格变得极为敏感、忧郁而孤僻，孤独与焦虑、绝望与死亡如影相随，而这些都以艺术的方式进入了他的作品之中。个人的经历和当时的哲学、美学思潮的影响，使蒙克竭力发掘人类心灵中的各种境况，表现情爱、疾病、绝望、死亡等主题。《圣母玛利亚》的问世，与蒙克死去的姐姐有关，其实可以看作是一幅具有象征性的心理变态"肖像画"。

首先，从色彩上来看。《圣母玛利亚》的画面色彩昏暗朦胧，带有鲜明的蒙克风格，虽然有浓烈艳丽的暖色调占据画面主体位置，却给人一种莫名的压抑感与焦虑感，显得冰冷、沉闷而凝重。

其次，从圣母的形象上来讲。蒙克的圣母披散着黑发，双目紧闭，眼窝深陷，形容枯槁，裸露上身，姿态颓靡，精神困惑，她根本不像神殿上的圣母，而更像是地狱中的"死神"，更像是蒙克已经死去的姐姐，或者是他想象中某个惶恐不安的女性（头上戴着一顶世俗的圆形红帽，就像一位街头淫荡的妓女，或者那顶红帽就是欲望的象征？），没有庄严、安详与神圣的气息，仿佛在巨大无边的黑夜中努力挣扎，沉浸在极度的恐惧、焦虑、忧郁和痛苦之中。无疑，圣母在蒙克的笔下似乎已不再是极美的象征，而是极丑的典型。画面线条粗简奔放，色彩浓郁夸张，完全不像拉斐尔那样，对人物进行"逼真"与理想化的处理。它与传统观念中的油画技法相反，画面上没有人物的素描关系，没有明暗关系，没有严谨的结构，而更侧重于刻画发自内心的人物的精神和心理世界。但如果我们再仔细观察蒙克的圣母像，还会发现她与十字架上的耶稣的造型颇为相似，她的献祭或救赎的姿态，是不是一种宗教意味的显示？

最后，从画面的整体意蕴上来说。蒙克的作品笼罩着阴郁的死亡气息，他的"圣母"与其代表作《呐喊》中那个扭曲变形的号叫着的"人影"共同成为"现代人"的形象写照——一幅深入"世纪末"景象的"精神肖像"，一个死神般的魅影。《呐喊》中的"人"蒙着耳朵做惊声尖叫状，性别不清，脑袋上毛发全无，双眼和张着的嘴都空空如洞，脸形像个骷髅，身材瘦削嶙峋。

我们的问题是，人在什么样的境况之下才会有蒙克画面当中的那种反应？不妨可以模仿体验一下。正是这里，我们提出了另一个疑问，《呐喊》的中译名或许叫《尖叫》更为准确。因为"呐喊"是一种相对自觉的发声行为，带有比较强的主动意识和积极心态；而"尖叫"则是一种相对被动的发声行为，它是经受了外部惊吓与刺激而发生的一种应激反应。在某种意义上说，这种充满焦虑感和恐惧感的"尖叫"，正是现代人的生存隐喻（这在电影《惊声尖叫》中得到了另一种形式的表现）。但《呐喊》中的"尖叫"又似乎是无声的、压抑的，让人细思极恐。画家别出心裁地表现了如同火焰一样耀眼刺目的火烧云，以及扭曲旋转着的海岸风景。这让人不禁想起凡·高的《星空》，只是《呐喊》中的天空更让人觉得惊恐不安。在"人影"的背后，似乎还站着一些同伴，但吊诡的是，远景的他们居然比近景的"他"清晰。"人影"背后的那些切割线实际上是一座通往远方的桥梁，这是否意味着"死亡之路"？整个画面带给人们的不是宁静和美丽，而是扭曲和变形，充溢着一种躁动、孤独与绝望的情绪。从某种意义上来说，蒙克的"圣母"与"人影"是以他对生存和死亡的切身感受和独特领悟，深刻地呈现那一时代人们的生存境遇，表现出人们在心灵与精神世界等方面所遭遇的巨大冲击。

三、达利与《波特黎加特圣母像》

萨尔瓦多·达利（1904—1989）是极富创造力和影响力的超现实主义画家，以探索和塑造人的无意识心理意象与幻觉世界著称，与毕加索、马蒂斯一起被认为是20世纪最有代表性的三个画家，自称"我就是现代艺术的救世主"。达利1904年5月11日生于西班牙菲格拉斯，1989年1月23日逝世。年轻的时候，达利在马德里和巴塞罗那学习美术，曾兼收并蓄多种艺术风格，显示出作为画家的非凡才能。但直到20世纪20年代末期，他发现了弗洛伊德的重要著作之后，才开启了一种全新的艺术天地。达利把主观迷蒙的梦境世界变成可感可视的超现实形象，创造出了一种"无理性的""色情的""疯狂的而且是时髦的"艺术，这是前所未有的。他甚至像临床的妄想狂一样，在自己的身上诱发幻觉进行创作，这幅《波特黎加特圣母像》（1949年），就是其中之一。

首先，我们来看《波特黎加特圣母像》的画面特点。画面整体荒诞，细节逼真，给人很强的悬浮感和梦幻感；每一部分都极富质感，画得非常细致、精确，尤其是凯旋门，有重量，有体积，有阴影，有透视，既有古典主义绘画的风格，也有毕加索的立体主义绘画的成分；画中有达利惯用的意象组合，比如象征人的无意识心理世界的茫茫水域，散落的蛋壳，等等，这些违反常理的形象，充满神秘感与迷惑性，让人难以理解；显而易见，这个怀孕的、优雅的圣母对传统圣母的形象进行了大胆的变革与颠覆，她其实就是达利的爱人加拉。

其次，从这幅作品的整体意蕴来说。《波特黎加特圣母像》关乎达利的爱与性，关乎达利的无意识与梦境，他的圣母形象已经丧失了公共性的意味，摆脱了宗教的阈限，而成了一个完全私人化的形象。达利终其一生，都有一种深深的"加拉情结"。"一切前人绘画留下来的神圣象征图像全都破碎与悬浮，仿佛世界是不实在的空虚；然而不变的是加拉的脸，一样充满着爱与美，虽然破碎但仍不失加拉形貌。"[①]毫无疑问，加拉是达利生命中最重要的人："她为我带来胜利，命中注定要成为我的妻子，加拉，是现实中一切的一切。画着加拉，我就接近崇高。"在达利的眼中，加拉近乎完美。她是达利的灵感之源与不竭动力，《波特黎加特圣母像》是达利献给加拉的礼物。

在达利所呈现的梦境中，常常以一种超现实的、不合情理的方式，将各种物像扭曲或者变形，然后在精细而娴熟的技巧中让其显现荒诞的一面。达利的作品，创造了一种引起幻觉的真实感，令观者看到一个在现实生活中根本看不到的离奇而有趣的景象，体验到精神病人式的对现实世界秩序的解脱。达利的代表作是创作于1931年的《记忆的永恒》，它非常典型地体现了达利早期的超现实主义画风。达利承认自己在《记忆的永恒》这幅画中表现了一种"由弗洛伊德所揭示的个人梦境与幻觉"，是自己不加选择地并且尽可能精密地记下自己的潜意识、自己的梦中每一个意念的结果。在西方艺术史上，还从来没有人像达利这样创造出如此炫目的梦境想象。

记忆是什么？永恒是什么？圣母是什么？达利其实都没有告诉我们答案，他的作品拒绝阐释却又挑逗着阐释。但无疑，他的作品创造出了一种奇妙的幻境，让人欲罢不能，它一次次提醒我们，在枯燥而乏味的现实背后，还有

[①]《影响毕加索VS达利》编委会编：《影响毕加索VS达利》，现代出版社，2004年，第119页。

一个深邃未知的梦的世界。

四、奥菲利与《圣母玛利亚》

1996年，英国艺术家克里斯·奥菲利（Chris Ofili）以大象粪便、色情杂志剪贴等为素材创作了《圣母玛利亚》(Holy Virgin Mary)，这是一件惊世骇俗的作品，一时间引发了很大的争议。克里斯·奥菲利本身就是一个充满叛逆精神的艺术家。这幅作品的主要特点在于：它彻底颠覆了传统审美中的圣母形象，塑造了一个罕见的黑人圣母，它年轻、丰满而充满了活力；它以大象的粪便去装饰圣母的乳房，以色情女体的剪贴画构建画面；它以一种前所未有的艺术形式创造了一个全新的圣母形象。很多人认为这是对艺术的挑衅，对神圣的玷污。但如果换一个角度，这件作品无疑带有明显的后现代文化属性。

奥菲利的《圣母玛利亚》至少在以下几个方面还是有其积极意义的：它消弭了艺术与日常生活的界限，是生活化与碎片化的；它是拼贴的、挪用的、融合的，是现成之物的再造；它是个性的、挑衅的、反叛的，甚至是祛魅的和渎神的。在1999年受访于《纽约时报》时，奥菲利表示："这是一种将绘画从地面提升的方式，能让他们感觉他们来自地球而不是简单地被挂在墙上。关于这幅作品有一些令人难以置信的简单但非常基本的属性。它包含了多重含义和诠释。"[①] 事实确乎如此，奥菲利的作品具有很强的阐释性，它在不断挑战和冲击着我们看待艺术的方式，单一的视角和标准已经很难解决问题，我们需要进行"视域融合"。

实际上，早在1987年美国摄影师安德里斯·塞拉诺就曾经创作过一幅《尿中的基督》(Piss Christ)的作品，它是将一小比例塑料十字架浸入塞拉诺自己的尿中拍摄而成的。这一作品是塞拉诺"侵入"系列作品中的一件，该系列中还有《尿中的典雅》(1987年)、《尿中的撒旦》(1988年)、《尿中的掷铁饼者》(1988年)等。

这里再提供一个有意思的思考角度。《庄子·知北游》记述了东郭子与庄

[①] 《特纳奖得主奥菲利的境界：用非传统材料大象屎创作圣母》，雅昌艺术网，https://news.artron.net/20150604/n747599.html。

子关于"道"的问题的一段对话,东郭子问于庄子曰:"所谓道,恶乎在?"庄子曰:"无所不在。"东郭子曰:"期而后可。"庄子曰:"在蝼蚁。"东郭子曰:"何其下邪?"庄子曰:"在稊稗。"东郭子曰:"何其愈下邪?"庄子曰:"在瓦甓。"东郭子曰:"何其愈甚邪?"庄子曰:"在屎溺。"东郭子不应。严复在《救亡决论》中进一步说:"以道眼观一切物,物物平等,本无大小垩久贵贱善恶之殊。庄生知之,故曰道在屎溺,每下愈况。"这些论点我们非常熟悉,他指出"道在屎溺",其实可以无处不在。没有论据证明,奥菲利受过上述这些思想的影响,但他们的精神内里或许有诸多相通之处:塑造圣母的材质,其实不分贵贱,而可能更重要的是艺术态度与美学趣味。事实上,在后现代艺术的先锋杜尚的《泉》(1917年)这一作品中,已经能明显见出中国的道禅思想对西方艺术的深刻影响,《泉》以难登大雅之堂的小便池作为表现对象,与奥菲利以粪便和剪报塑造圣母形象,或许正是"道在屎溺"的最好例证,它也是所谓的"艺术终结"之后的作品。[①]

五、圣母形象的"异变"及其美学意义

圣母题材,是西方绘画艺术中的重要母题之一,在各个时代都深受人们的喜爱和关注。可以说在圣母艺术形象身上,能反映出一个时代的审美趣味、艺术理想与社会风尚。从拉斐尔、蒙克、达利到奥菲利,我们可以清晰地看到,圣母形象在艺术家的笔下发生了明显的"异变"。如果说拉斐尔的圣母形象是古典艺术的代表,蒙克的圣母形象是现代艺术的代表,那么达利的圣母形象就是向后现代主义艺术的过渡,而奥菲利的圣母形象则是后现代主义艺术的典型体现。这种变化与社会时代的发展密切相关,也与其背后美学观念的演进息息相关。总体来说,这是一个"祛魅"的过程,是一个"世俗化"的过程,是一个从神圣下降为人间的过程,也是一个艺术不断走向日常、走向解构、走向"终结"的过程。在这样的长时段中,艺术和美学打破了越来越多的规范与禁忌,更加趋向开放和多元。在这其中,艺术的规范与禁忌既有来自艺术内部的成分,更有来自社会外部的因素。毋庸置疑,"一切皆有可能",这已经成为我们这个时代的艺术法则。

---

① 此节内容参见彭锋《艺术的终结与禅》,《文艺研究》2019年第3期。

进一步而言，从美学观念嬗变的角度来看：古典美学追求的是秩序与和谐，是"逼真性"与"理想性"，是尽善尽美、超凡入圣，它以"美"与"崇高"为核心，始终保持着对生活的神圣审视与静穆观照；现代美学追求的是思想深度与哲学意味，是内在心理与精神世界的外现，它以"丑"与"荒诞"为核心，以一种审美现代性的"乌托邦精神"来对抗人的"异化"状态；而后现代美学追求的是生活化与碎片化，它以"独异"与"震惊"为核心，追求拼接与混搭，它消解传统，解构权威，打破边界，追求"无深度、无时间、无意义"的表象。这也表明，在一个全球化与融媒体的时代，美学必然会产生"裂变"，必然会成为一种"超学科"，也必然会呈现越来越多的多元性、异质性与复杂性。而对于艺术来说，唯一不变的就是它对"新"的追逐。这种"新"其实就是艺术的创造性的最好的体现。

圣母形象的异变现象还表明，在"文明冲突"的背景之下，美学尚能发挥更重要的积极作用，它可以引领人们重新思考很多现实的问题，而文化美学就是最为有效的理论武器之一。奥菲利的《圣母玛利亚》中的"粪便""非洲""黑人"，不仅是一种艺术元素，更是开启了我们的文化美学之思。概而言之，我们所认为的文化美学既不同于"西方美学"与"东方美学"，也不同于"全球美学"与"地方美学"，它的要义就在于，它不确定中心，不规划边界，不崇尚权威，它奉行对话与交流，平等与真诚，强调文化之间的相互发现与交融，相互尊重与理解。正如习近平主席在人民大会堂出席纪念孔子诞辰2565周年国际学术研讨会暨国际儒学联合会第五届会员大会开幕会上发表的重要讲话所说："不同国家、民族的思想文化各有千秋，只有姹紫嫣红之别，而无高低优劣之分。每个国家、每个民族不分强弱、不分大小，其思想文化都应该得到承认和尊重。"[①]打个比方来说：就像中餐和西餐，各有特点，各有优劣，它们可以是互补的；就像水墨画与油画，显然有着截然不同的笔墨趣味和表意系统，但它们分不出高低优劣，而是需要相互理解，甚至相互激发。文化美学意味着我们要发现与发掘更多的文化之美，要加强交流沟通，不是唯我独尊，不是狂傲自大，不是居高临下，而是相互学习与相互欣赏。

---

① 《习近平：在纪念孔子诞辰2565周年国际学术研讨会上的讲话》（2014年9月24日），新华网，http://www.xinhuanet.com//politics/2014-09/24/c_1112612018_2.htm。

也正是因为如此，文化美学必然具有"跨文化特性"。按照美学家韦尔施的看法，"跨文化特性"其实古已有之，它"不是一种新兴的现象"而"是人类的历史规律，既是历时的又是共时的"，它"不是某种外在于我们的东西，而是与我们共存的、使我们成为我们的东西"。正是基于这种理解，韦尔施主张我们要对"当代跨文化特性的形态更加敏感，从而能够在其中更加合宜地行动"。[①] 韦尔施给我们的启发性就在于，一方面文化美学的推进势在必行，另一方面我们要尽快开始行动，让文化美学不能仅仅停留在概念领域，而是要成为实践的与行动的美学。

[①] ［德］沃尔夫冈·韦尔施：《美学与对世界的当代思考》，熊腾等译，商务印书馆，2018年，第123—124页。

媒体与传统艺术的互动性生成 *

张 毅 **

摘　要：媒体融合是当前媒体发展的趋势，媒体融合改变了传统艺术的生存状态，它不仅拓展了传统艺术的边界，也让传统艺术逐渐当代化。同时，媒体融合背景下，传统艺术又为媒体的发展提供了人文艺术与美学支撑。媒体与传统艺术的融合形成了传统艺术的跨界、融合与多重叙事，并形成了新媒体艺术这种特别的艺术形式。

关键词：媒体融合；传统艺术；互动性；新媒体艺术

媒体融合是当前媒体发展的显著趋势，出版物、电视、网络、新媒体等不仅实现了资源共享，而且形成了综合、立体的传播模式，这对大众生活的影响直接而深刻。提出"媒体融合"概念的尼葛洛庞帝认为媒体融合时代信息的更迭与传播是呈指数级发展的，人类正在接近"信息疯狂时代"，"在电脑和数字通信的发展上，我们正在逐步接近这最后的3天"[①]。在其预测中，媒体融合已经涉及人们生存方式的方方面面，传统艺术也不例外。作为人的生存和生活的方式和产物，传统艺术必须面对媒体融合的新处境，调适自身呈现的状态。同时，传统艺术以自身的参与性为媒体融合提供互动性生成的有效价值，服务于媒体融合的时代需要。这种互动性生成的价值服务，一方面可以改造传统文化自身不乐观的处境，一方面提升媒体融合的新境界，使

---

* 本文系2017年度陕西省教育厅专项科研计划项目"唐诗中共同体意识下的'中国形象'变异研究"（项目编号：17JK0978）阶段性研究成果，发表于《中国出版》2018年第14期，略有增删。

** 张毅，西安翻译学院文学与传媒学院文学系主任，副教授，主要研究方向为跨文化、区域文化与媒介传播。

① ［美］尼古拉·尼葛洛庞帝：《数字化生存》，胡泳、范海燕译，海南出版社，1997年，前言，第12页。

其在艺术生产、消费与传播诸环节的介入产生新的效度。在此背景下，媒体与传统艺术之间的互动性生成就显得更为重要，它从三个方面形成交互影响的互动关系，并双向成全对方的价值实现。

一、内容为王的深度融合与互动发展

（一）一种当下的背景：媒体运行基于市场原则降低并削弱自身的内在价值

在媒体融合的疯狂发展中，基于成本控制和利润最大化的思维决定着媒体运行在很大程度上迎合大众趣味，出现了快餐式的、"三俗"内容的传播风格或套路。媒体自身出于经济和传播便捷的需要，有着严重的娱乐化、碎片化倾向，新媒体更是如此。在媒体融合时代，各种媒体的功能实现了立体化组合和趋同性，从出版物、电视到网络、新媒体都将娱乐节目与浅阅读的内容作为快速获得阅读量、收视率、点击率、流量的砝码，也即减少严肃新闻、雅正文化的比例，而将各种软性内容作为出版物以及媒体的重点选题，低价值的内容充斥在每天的娱乐节目和大量的出版物中。这在非官方的融媒体中更是铺天盖地。这种媒体传播的内在价值的削弱，导致媒体在融合过程中逐渐丧失品位和高价值追求，从一开始热闹的"吸睛"效果到很快丧失自身存在价值。

（二）媒体融合趋势中传统艺术的深度价值链与媒体融合的技术重塑功能的互动发展

众所周知，"内容为王"是媒体、出版物传播的铁律，媒体和出版发行的运转从根本上讲，是由其所传播的内容价值提供动力来源的。在媒体与传统艺术的互动性生成中，传统艺术为媒体在内容上提供价值深度。在媒体融合视域下，各类媒体的落脚点还是"内容为王"的深度融合。媒体必须要在传播内容上表现出一定的人文深度来。它们在内容上必须精心选题，精深挖掘，取得有一定深度的突破，这也是各种媒体间差异化竞争的有效手段和最后能立于不败之地的杀手锏。出版物的文化周刊、人文专刊，电视的专题采访、文艺作品赏析，微信和微博的深度好文等都是在追求深度。这种追求不仅满足读者深层次的阅读需求，更是媒体和出版物塑造品牌、彰显人文品格的重要举措，也正是媒体和出版物最终的生命所系。而传统艺术在参与媒体融合的互动性生成中，能够提供长长的深度价值链，其深厚的文化历史情怀、源远流长的传统属性从各种角度为媒体融合的过程延伸了内容的纵深向度。

媒体融合的发展对传统艺术的互动性生成作用体现为基于数字化的新媒体技术几乎可以全面激活传统艺术存在、存储和传播的新方式。它以重塑传统的新形式使传统艺术的传承、传播加速实现当代化。尤其在新媒体艺术的形式中，传统艺术及其思想内容有了全新的载体。在互动性作用下，它们作为当代中国文化的历史本源，从其深处所提供的文化自信和文化共同体的观念在媒体融合潮流中就更加深入人心，而媒体融合本身就是从内容到形式、从技术到文化的共同体精神中内在融合的趋势。

（三）传统艺术的参与使新媒体艺术和融媒服务具有艺术传承的历史合法性和文化权威性

从互动性生成的另一个角度来看，媒体融合与传统艺术互动性生成进一步增强媒体与出版物传播内容的核心竞争力，传统艺术从文化根源或者"母本"艺术上能够不断拓展媒体与出版物在其内容中的深度与广度。传统艺术成为媒体融合过程中的重要参与者，它成为新媒体艺术的创意之源和艺术基础。陈琰教授在谈及媒体与艺术的关系时说"艺术之眼"是拯救"机械之眼"的重要手段[1]，媒体融合在各种媒体的混响与交融之中，让媒体的机械性更加凸显，而其本身所具有的人文关怀与艺术气质则受到削弱。在互动性生成中，传统艺术参与建构了大融合中的新媒体艺术，正是传统艺术的基础作用，新媒体艺术先天地具有一种历史主义的道义自信，它不仅将自己设定为未来主义艺术的必然形态，而且相当自信地以艺术传承者的合法历史身份，规约了受众的阅读品位和内容。

媒体与出版物在品质上追求权威性，传播上追求快捷性与精简性，服务上追求分众化与互动化，展示上实现多媒体、全媒体化，这些都要求媒体和出版物在大融合潮流中必须借助一种源自传统艺术文化的背景力量来塑造自身的权威性、公信力。这就是该背景中潜在蕴含的一个精神共同体的文化公

---

[1] 陈琰：《艺术之眼拯救机械之眼——新媒体艺术对媒介化观看的影响》，《艺术研究》2016年第1期。

约在发挥着强大的融合力量,也就使媒体融合不仅仅是技术层面的,更是一种艺术的、精神层面的融合。同理,当源自传统艺术的丰富多元的优质内容被编写入融媒体的传播技术空间中,它的优质性本身的吸引力就形成一种强大的动力实现传播的迅捷性,并且因为强吸引力的作用而实时被精确筛选,在分众化的要求下快速、精准分流到对应的用户端,从而使流量飙升。如果再加入用户与发布者的互动参数,这种媒体融合的服务性将达到一个目前来看理想的极值,从而使媒体融合赢得传播功能的巨大优势,有力推动传统媒体和新兴媒体的深度融合与发展。

二、媒体融合的形式嬗变与传统艺术的互动性生成及功能延伸

（一）数字基础技术引起互动生成中传统艺术与媒体融合形式的创新与转换

在媒体融合视域中,媒体与传统艺术的互动生成关系对双方都十分重要。各类媒体不仅拓展了传统艺术的存在边界与状态,也激发了受众更富想象力的审美期待。同时,传统艺术也为媒体的发展提供了艺术基础和强大的素材库(数据库),使媒体在技术与新形态的层面上避免平面化、机械复制的粗糙化,更为重要的是传统艺术也为媒体融合的发展提供了雅正的美学指导。基于数字化的媒体传播素材从本质上讲,是前数字化时代艺术作品介质从无限性的现实物理属性转化为由0和1两个有限数字排列组合的数字属性,从现实转为虚拟,或者说,艺术作品的呈现材料和手段由原来密集的物质分子介质通过数字形式录入成重置关系的程序编写,是一种可随数字组合而灵活拆分与拼接的关系。这引起了传统艺术与媒体融合中形式的巨大转换。

在互动性生成关系中,媒体融合的开放性、多元性和数字化技术基础使传统艺术中原来单向的纸媒、文学的文字序列、电影的线性叙事等传统传播关系,也即被时空物理所阻断的发布者与受众应有的互动关系,以全新的媒体介质融通起来,从而使传统艺术在新的载体和传播渠道上重新拥有话语权,并能够更好地发挥传统艺术应有的作用,使"机械复制时代"[①]的媒体融合趋

---

① ［德］瓦尔特·本雅明:《机械复制时代的艺术》,李伟、郭东编译,重庆出版社,2006年,第13页。

势增加人文性、丰富性、互动性。毫无疑问，媒体融合为传统艺术的发展带来了前所未有的春风，但是传统艺术源源不断的精神塑造功能和媒介启蒙功能是媒体创新与发展的养分与基石。

（二）传统艺术提供并调节着媒体融合形式嬗变的终极价值取向

传统艺术为媒体融合的发展提供了一种充满人文艺术理想的道路。它的精神塑造功能在一种"道"的层面对媒体、出版物传播的"技"术进行调控和潜在影响。面对媒体传播技术和方式日新月异的发展和迭代，它们的产生基于互联网技术优势与数字化信息编写与传输服务的功能，并且具有典型的经济产业主导驱动的特性，也就是在本雅明所谓"机械复制时代"中，技术理性直接体现了对"真"的价值追求。然而，媒体无论怎样融合发展，其未来终究还是"人"的技术，媒体技术发展的落脚点必须回归关于"人"的存在状态，是人对"真""善""美"的追求过程中需要借助的形而下之"器"，那么，这就要求媒体融合发展还必须具有源自传统的人文艺术视角。这是媒体与传统艺术互动性生成过程中所具备的艺术属性的前提。

在纷繁的、技术路线错综发展的数字媒体时代，各种微型创意性新媒体平台不断研发出来，移动客户端 App Store 中各种功能可下载使用的 App，使人眼花缭乱。在理论上，可以推测，任何服务于人的技术想象都可能转化为现实的数字化小程序，而且人机交互、远程交互、终端交互的即时性程度越来越高。这种即时交互能够在人类掌握的技术上最大程度避免媒体机器本身的平面化、机械的复制化带来的冰冷僵硬之感。即时性越高，信息传播的交互性越好。这符合艺术的终极目的——为人的、合目的性。也就是说，媒体技术和出版物发展的终极取向与艺术的终极目的是一致的。在这两者的互动性生成关系中，未来的前景会更加令人期待。

（三）互动生成中融媒技术产品的新境界及其延伸的审美与商业功能

在媒体融合技术的发展与传统艺术发展呈一致性目的的驱动下，双方的互动成效越来越显示出新的境界以及全新的传播产品。传统文化艺术在民族复兴的时政背景下，越来越从边缘向中心移动，并参与催生出各种媒体融合下的新媒体艺术和产品。近年爆款的媒体融合产品和艺术作品有抖音、H5 产品、AR 创意动画短剧、漂浮字幕等。抖音将微视频、音乐、互动评论和及时分享结合起来，其中的音乐中有一个板块就是"中国风"，视频制作者拍摄之前，可先选音乐风格来决定整个创作的价值取向，往往这是一种源自生活经验的需要。因为大量现实生活的素材呈现出对传统艺术的回归，于是在抖音中专设了"中国风"音乐背景，由声音背景制约整个媒体融合传播的审美效果，这也是抖音之所以被叫作"抖音"的根本原因。人民日报客户端的融媒体实验走在前沿，2016年的融媒体产品"习近平元宵节问候"全网点击量突破2.5亿人次，2017年的H5产品"快看呐！这是我的军装照"等非常火爆，把多媒体的融合性、互动性和及时性发挥到新水平。澎湃新闻的一款H5产品"中国，你来写"在2017年国庆节推出，这是非常典型的传统艺术与融媒体互动生成的一个范例。该融媒产品基于"汉字是中华文明的根基，你笔下的汉字，就是中国最美的图画"的传统艺术美学观念，大胆激发新媒体的研发与制作。该媒体工具只需轻击手机屏幕，"中国"两个字便跃然于屏幕之上，同时，一幅展现5年来巨大成就的水墨画卷就会自动生成。其在国庆节前后的即时性传播，不仅使传统艺术的美学精神和风貌得以流播，更使人们对"中国"的内涵在新的媒体融合风潮中有了更多的体悟。媒体融合和传统艺术的互动性生成使媒体的发展获得了新境界、高品位。

还有其他融媒技术和产品在不同平台上甚至是跨平台的融合实现，达到了良好的商业营销效果。当电视栏目《朗读者》在电视、网络风行之时，线下出版物《朗读者》也迅速出现在各大实体书店和网上书店。《经典咏流传》一边以块状的电视综艺栏目的形式出现，一边以"微信摇一摇"发布成一个个小视频，精准传播到受众个体的终端。在其节目制作中可以看到，传统艺术本身就已经走向新的融合，并与新媒体制作高度融合，甚至可以被看成一台古典美学与现代媒体科技融合的"大秀"。第一，古典诗歌和流行歌词在音乐媒体制作上完美无缝的嫁接与重写就是一大新举措，代表性的有张卫健的《真英雄》与杨炯的唐诗《从军行》完美融合。第二，媒体的跨时空实时融合，将不同时空拼接到一起，其代表性作品是巫漪丽的《梁祝》。第三是媒体技术与古典美学融合，代表作品是王珮瑜和虚拟歌手洛天依合作的《水调歌头·明月几时有》。虚拟歌手洛天依是一个非实体的"二次元"影像投射，其背后的VOCALOID声库媒体是一个拥有最具互动性和原生态的音乐声库（数据库），当它一次次登上主流媒体的时候已经证明它从传统艺术切入当代媒体技术，两者的融合达到了令世人刮目相看的高度。第四是网络链接促成的多媒体融合，当节目以一种媒体形式传播的时候，根据大数据的统计计算，按照受众接受频率得出受众对传统艺术文化的审美和阅读偏好，一些电商平台就在视频播放时以弹窗等形式自动链接过来，电商在《经典咏流传》播放时将《最美唐诗》《每天读点宋词鉴赏常识》等纸质出版物的商品信息精准发布给受众，并送货上门，无缝对接。

近几年，许多由传统艺术互动性生成的媒体融合节目呈井喷趋势，不论演艺类还是论坛类，传统艺术越来越成为影响媒体制作和融合的关键因素。除上述节目之外，《中国诗词大会》《叮咯咙咚呛》《国色天香》《见字如面》等节目的传统文化成分比重越来越大，直接或间接制约着媒体传播的形式和机制。还有更为专业的视频、微视频、FM 音频、H5 作品等延伸媒体的商业功能，比如微信小肥羊涮锅的微视频广告，《你好，宋徽宗》《陆羽采茶图》的互动启蒙式 H5 广告作品。传统艺术在其制作以及传播中形成广泛的互动性生成作用，传统艺术内容直接影响了媒体形态与传播方式，形成广泛有效的媒介功能延伸，使媒体融合实现了传播收益最大化。

三、更高层面的互动性生成意义解读：媒体融合的哲学、政治学意义

传统艺术与媒体融合在互动性生成中，除了能够提供深度内容、引领媒体融合的技术生发和形式创新之外，它还在更高层面上给媒体融合一种哲学的、政治学的互动生成意义。

（一）互动性在理念、道德、技术层面分别生成具有哲学意义的媒体融合

理念层面：传统艺术作为当代文化艺术的思维母本之一，它自身所蕴含的中国形象、中国思维和中国审美等价值内涵要求在媒体融合与发展的过程中将未来的视角转移到具有人文性的立场上，这是一种与来自西方哲学的分析性观念相悖的观念。中国传统艺术为媒体融合提供了关于中国的"天人合一"系列价值观念和方案，其不但要求以"人"的尺度为媒体服务的终极目的，而且更高的要求是关乎"天"道。这就使得媒体融合的多元路径和任何

可实现的、人类想象的信息传播呈现出不同于一般科技发展的新境界。

道德层面：在媒体融合视域下，媒体关注的落脚点不仅对准"人"，还以传统艺术精神思考人存在背后的意义，这层意义按照一句俗语来解读就是所谓"人命关天"。也就是人的存在性本身就是关乎天道自然的一个维度。腾讯《中国人的一天》栏目，将视角对准一个个特色鲜明的人物，从具体点入手，这些真切朴实的大众生存折射出新媒体的人文关怀，这个栏目以投稿的方式进行筛选，互动性的传播方式将个性中所蕴藏着的共性表现出来，折射出一代人的生存状态和人生记忆。这种对来自"草根"生活的细微关注，就是一种杜甫、白居易式的心怀天下苍生的道义和责任。媒体互动和融合的终极目的是为了将人间的一切信息价值更加全面、有效地反馈回来，给"天"一个交代，并以此企盼构建一个天人和谐的理想"天下"，这是媒体融合的终极意义。

技术层面：媒体融合最前沿的技术就是全息技术的融合，它将声、光、电乃至气味空前融合，几乎将虚拟现实发挥到了极致。传统艺术在获取新的话语权时，借助全息技术的广泛应用，在传统乐舞、戏剧等领域产生了巨大新变。传统的乐舞、戏剧表演运用全息技术，既可以渲染氛围，也可以将全息影像作为叙事内容推进故事发展。因此，传统艺术中各种有难度的艺术想象几乎都可以实现出来。目前，数字化虚拟气味技术已经在《三生三世十里桃花》《神奇女侠》等多部影视剧中成功应用，这种基于生活经验的数字化气味编码已经达到对1100多种气味的模拟。数字气味给人们认知世界以及人际沟通带来全新的变革，还将运用到广告、传媒、图书出版等行业，提供数字气味解决方案或电子嗅觉产品，并直接给媒体融合带来全新的媒介介质与意外的新融合方案。"眼耳鼻舌身意"全息传播正在实现，融媒技术已经达到对"气息""意境"这些综合感知的数字化复制水平。这是传统艺术本体的古典哲学理念与未来感极强的新媒体科学产生的美妙化合。

（二）媒体与传统艺术之间的互动性生成关系还体现了中国传统文化本位回归的趋势下严密关切着的政治正确和审美正确

越来越强大的中国经济体需要在精神文化领域为经济成就探寻终极意义，对传统艺术的尊重、继承与发扬就是这一终极意义的追寻，也正是媒体融合在新时代所要承担的政治任务。易言之，媒体融合与传统艺术的互动性生成为其提供了政治意义上的合法性。而且，从民族集体无意识上看，传统艺术中显性的政治叙事框架（家国情怀）为整个当代媒体的多重叙事提供了一个超稳定的前文本结构，它决定着媒体融合的价值导向，不论多么发达的技术和前沿的想象，媒体作为信息传播的工具只能被制约在具有政治仪式感的文化想象中逐步走向融合。

结　语

传统艺术与媒体融合的互动性生成，一方面使传统艺术在数字技术时代重新焕发了魅力，另一方面加速了媒体、出版物边界的模糊化，激发了传播手段在交互中的创新。传统艺术重新焕发的魅力和传播内容的深度客观上需要反向催生媒体与出版物的技术融合、传播机制的融合。在技术、经济、政治等新条件的要求下，传统艺术的传播速度和价值潜力的开发越来越被加大，要求媒体融合技术能使传统艺术从博物馆走向民间，使其活化，发挥应有的功能。例如《国家宝藏》节目跨时空、跨界、跨媒体的多重融合，正是传统艺术本身的特性所驱动的互动性生成现象，这种几乎全媒体终端"炸裂"级的接受程度是罕见的。也正如出品人朱彤所表示，"移动互联时代……只有真正掌握媒体格局的新趋势，以最先进的传播手段，才能把民族最上乘的文化历史交与万众共赏"[1]。这是伟大的历史和悠久的传统交给媒体的时代任务。在大融合的新格局中，媒体与传统艺术在互动性生成的过程中呈现双向成全的价值向度。

---

[1] 牛春颖：《〈国家宝藏〉：一眼千年 多屏绚烂》，《中国新闻出版广电报》2018年4月4日，第5版。

新中国成立 70 年来中国钢琴音乐的审美阐释*

武 宁**

摘 要：新中国成立70年来，中国钢琴音乐的审美特质呈现着不同的面向。不论是新中国成立初期"真""善""自然"的审美情趣下，形神兼备的音乐形象、"乐中有画"的艺术境界以及戏剧内涵的情感植入，"文革"十年文艺逆境中钢琴改编曲的"绿洲"所产生的"取于斯而高于斯"的审美意蕴，还是改革开放的新时期，作曲家们主体意识回归后对人性精神领域的关注、在"文化寻根"的思潮中找寻创造现代钢琴音乐的契机与基因、在作品中将诗性最终升华为深刻的哲思气质、将丰实与空灵的艺术境界在部分作品中融合性的灿然呈现，这一切都诠释出中国艺术精神的重要维度。

关键词：钢琴音乐；人性；文化寻根

钢琴艺术在中国的繁荣发展，既体现于中国钢琴音乐创作的蓬勃崛起，更展现于中国钢琴艺术研究的持续跟进。经过一批又一批作曲家的不懈探索和耕耘，中国钢琴音乐创作迎来新中国成立70周年的历史性纪念。从新中国成立后的初兴、"文革"逆境中的绽放直至新时代的繁荣，数目众多的优秀钢琴音乐作品不断涌现。与此同时，相关的具有"批评"意义的审美判断和价值解读却仍显匮乏，针对新中国成立70年来的中国钢琴音乐，从审美特质方

---

* 本文系2019年度山东省社会科学规划研究项目"中国古诗词钢琴音乐审美意象的儒学探究"（项目编号：19CWYJ19）研究成果。

** 武宁，曲阜师范大学音乐学院副教授，主要研究领域为西方音乐研究、中国钢琴作品研究、艺术学理论等。

面的论述与阐释，直至目前似乎还少有人涉及。

在前辈学者的研究中，魏廷格的《中国钢琴曲创作概论（1915—1981）》、赵晓生的《中国钢琴语境》、梁茂春的《百年琴韵——中国钢琴创作的第三次高潮（三）》、杨燕迪的《论改革开放以来的中国钢琴音乐创作》、蒲方的《论中国钢琴协奏曲创作的发展》、卞萌的《中国钢琴文化之形成与发展》、刘小龙的《中国钢琴艺术发展60年》等文献，都从宏观上对中国钢琴音乐的创作历史、语境呈现、创作路向、艺术特色等做出了论述与阐发。但面对新中国成立以来中国钢琴作品的硕大体量，不论是新作品还是之前已经在学界达成基本共识的经典作品，如要进行全面梳理和系统总结，现在看来还有许多工作尚待完成，而这其中，关于成功杰作的审美特质与艺术价值方面的阐释，对于中国钢琴音乐的经典化建构尤为重要。

一、新中国成立后的初兴（1949—1965）

"新中国的建立给祖国带来了从未有过的蓬勃朝气，人们满怀美好的希望和向往，这是钢琴曲创作的精神源泉。"① 从魏廷格先生的这句话，我们可以看到当时的时代精神与中国钢琴音乐创作之间的密切联系。

有着鲜明新中国印记的第一部钢琴作品，是丁善德写于1953年的儿童组曲《快乐的节日》，其包括《郊外去》《扑蝴蝶》《跳绳》《捉迷藏》《节日舞》五首小曲。作品一度"成为50年代流传最广的钢琴作品"②，魏廷格先生曾将这部作品誉为"我国钢琴文献中少有的珍品之一"③，当时的许多钢琴家都对它青睐有加。

（一）形神兼备的音乐形象

《快乐的节日》中，处处洋溢着浓郁的时代气息，清新优美的笔触，美好幸福的情感，把节日里儿童的欢悦形象栩栩如生地塑造出来。作品中塑造的音

---

① 魏廷格：《中国钢琴曲创作概论（1915—1981）》，载《魏廷格音乐文选》，人民音乐出版社，2007年，第112页。
② 刘小龙：《中国钢琴艺术发展60年（五）：追求中国风味的钢琴曲创作》，《钢琴艺术》2009年第7期。
③ 魏廷格：《中国钢琴曲创作概论（1915—1981）》，载《魏廷格音乐文选》，人民音乐出版社，2007年，第113页。

乐形象，由于具备某种情绪意境的信息，因而尤为鲜明可感。例如：在《郊外去》中，作曲家用快速节奏与流动活跃的音型，塑造出外出郊游时欢快与兴奋的儿童形象；而在《捉迷藏》中，作曲家则以节奏自由并带有诙谐性质的主题，表现出孩子们相互引逗、追逐嬉戏的捉迷藏形象；《扑蝴蝶》是应用Ⅱ级九和弦、十三和弦的快速交错，加入重音节奏的突出强调，塑造出扑打蝴蝶的音乐形象。

音乐形象鲜明、形神兼备的表现方法是丁善德创作风格的显著特征。他常根据作品内容和情绪表达的需要，在遵循艺术规律和音乐逻辑性的基础上，选择恰当的音乐形式和音乐风格，创造性地运用作曲技法，在动机式主题音型的搭建、多样化和声的情感表现以及调式调性的动态演变方面，都能将各种作曲手法运用自如，使得音乐形象与性格的塑造都形神兼备。《快乐的节日》即是如此，音乐被赋予一种超乎听觉之外的神似，将形象的人物性情与审美风貌表现出来，成为得其妙处的精品。

（二）"乐中有画"的艺术境界

20世纪50年代的钢琴创作中，具有典型意义的作品，在梁茂春先生看来则是黄虎威的《巴蜀之画》。这部作品不仅是音乐会上的保留曲目，对作曲界也有很深的影响，成为作曲家们争相学习的范本。

《蓉城春郊》"看似简易的谱面，却蕴涵着高难的艺术表现要求，是作曲家艺术境界的写照"[1]。水墨画一般的韵味，灵动舒展的线条，含情的山歌呼喊，鸟鸣涧的山川图景，一切都融合至极。于其中，情与景交融一体，客观景物化作主观情思的象征，山水成为书写情思的媒介。正如董其昌所言："诗以山川为境，山川亦以诗为境。"[2]在音乐的境界中，山川大地成为宇宙诗心的影现；作曲家的心灵成为宇宙的创化，它的卷舒取舍，好似太虚片云，空灵而自然。

宋代苏东坡观唐代王维《蓝田烟雨图》之后称道："味摩诘之诗，诗中有画；观摩诘之画，画中有诗。"[3]可见，能够达到"诗中有画""画中有诗"，在

---

[1] 柴永柏等：《"黄虎威教授教学与科研创作成果学术研讨会"发言集》，《音乐探索》2014年第2期。
[2] 宗白华：《美学散步》，上海人民出版社，1981年，第73页。
[3] （宋）苏轼：《东坡题跋》，浙江人民美术出版社，2016年，第166页。

我国古典意象论中是艺术至高境界的反映。而黄虎威先生的音乐也能有此番意境，不能不说是极为难能可贵的，尤其是在新中国成立后对西方钢琴艺术借鉴运用的初期。

在乐与画的交融方面，西方音乐界的"绘画大师"德彪西曾经用音符勾勒出一幅幅色彩斑斓的印象主义绘画，将音乐的线条、色彩赋予一种造型性的作用，通过象征性的表现和情绪气氛的渲染触发某些视觉画面的联想[1]，但其中的情感内核终究是西方人的。《巴蜀之画》诞生的重要意义在于，这是新中国成立后，作曲家创作的第一首"乐中有画"、真正蕴含中国美学意境的钢琴作品。音乐中的强烈画面感，浸染着黄虎威先生对巴山蜀水的浓浓乡情，因而具有纯正的中国韵味，这不能不说是具有开拓意义的。

（三）戏剧内涵的情感植入

作为我国舞剧音乐创作的里程碑，1959年吴祖强、杜鸣心的《鱼美人》在改编为同名钢琴组曲后，一直在音乐会上深受听众的喜爱，选编而成的钢琴组曲包括六首舞曲：《人参舞》《珊瑚舞》《水草舞》《草帽花舞》《二十四个鱼美人舞》《婚礼场面群舞》。

因脱胎自舞剧音乐，改编为钢琴独奏曲的《鱼美人》仍然具有舞剧音乐的戏剧特性，即表现戏剧思想内容、发展戏剧故事情节、塑造人物形象及性格。钢琴组曲《鱼美人》运用交响性的发展手法，不仅富有想象地描绘了美、妙、奇的境界，而且活灵活现地塑造了各式各样的童话人物形象，如淳朴憨厚的人参老人、活泼诙谐的珊瑚姑娘、温柔甜美的鱼美人等。其中最著名的一段《水草舞》，惟妙惟肖地表现了水草随波曼舞的场景，成功地塑造了水草姑娘的善良形象，音乐既有水草姑娘在海底飘动的描写，又有善良的性格特征的刻画。可以说，《鱼美人》的音乐在揭示剧情的意境和刻画角色内心感情方面，呈现出强烈的戏剧性，其在故事情节的推动、人物性格的刻画以及各种场景的描绘方面，在中国钢琴音乐发展史中都具有拓荒性质。

新中国成立初期的17年，这一时期的中国钢琴作品普遍具有一种奋发向上的精神面貌，风格主调以朴实、明快为主，将大众对党、对祖国美好未来

---

[1] 武宁：《德彪西音乐的诗意和色彩——从德彪西的音乐到音乐、文学、绘画的关系》，《齐鲁艺苑》2004年第4期。

的希望融入作品中,追求一种"真""善""自然"的审美情趣,创作出一批反映民族风情与性格、反映新时代地方生活与民俗节日、反映新时期风尚的钢琴作品,形成这一时期独特的审美特质。

二、逆境中的绽放(1966—1976)

十年"文革"时期,音乐创作要符合革命化、民族化、群众化的"三化"方针,处处是"禁区",但中国钢琴艺术毅然在极端的政治氛围下创造出一片"绿洲",中国特色的标题性"钢琴改编曲"在逆境中生存,竟达到一个新的艺术高度。

(一)钢琴与戏曲的美学联姻

在那个特殊的年代,1968年由殷承宗参与改编自革命现代京剧的钢琴伴唱《红灯记》,成功走出将钢琴与戏曲艺术交汇的第一步,造就了"京剧革命"的"神话"。从艺术审美和创新的角度来看,钢琴伴唱《红灯记》使中国传统戏曲音乐得以继承与发扬,又发挥出钢琴音响的恢宏宽广之美,将中西方两种音乐文化载体相互嫁接,进而形成一种新的美学趣味。

首先,钢琴表达了戏曲音乐旋法、节奏上的独特韵味,通过演奏风格和演奏职能上的转换协调,形成"你中有我,我中有你"的音响模式和音乐发展态势。其次,在吸收西方歌剧中的咏叹曲风和音乐"专曲专用"的戏剧性构想的同时,兼顾传统京剧中"意象"与"具象"的美学规则,整体音乐风格走向环环相扣且层层递进。最后,音乐的逻辑组织与发展过程,不仅实现了中国传统戏曲所追求的"一韵三叹"的叙述手段,还以"文前心绪盘旋,文后余味萦绕"[1]的美学意境,体现出中国独有的民族文化情感。

钢琴伴唱《红灯记》将钢琴与戏曲艺术结合乃是一次有意义的尝试,不仅使钢琴摆脱了濒临危亡的厄难,更为后来的《黄河钢琴协奏曲》(以下简称《黄河》)和70年代初移植性钢琴改编曲的创作打下了坚实的实践基础。[2]

---

[1] 王珈、胡净波:《"一韵三叹"话"红灯"(上)——感悟钢琴组曲〈红灯记〉中的风格魅力与文化质感》,《乐府新声(沈阳音乐学院学报)》2014年第2期。
[2] 戴嘉枋:《钢琴伴唱〈红灯记〉及其音乐分析》,《音乐研究》2007年第1期。

（二）"一枝独秀"的经典之美

1969年，根据冼星海《黄河大合唱》改编的《黄河钢琴协奏曲》，是在集体智慧下诞生的划时代经典之作。《黄河》凭借其本身的深刻内涵和厚重的历史沉淀，无论何时何地，都能使聆听它的中国人热血沸腾，因而成为20世纪中国音乐舞台上演奏最多、传播最广和最深入人心的一部钢琴协奏曲。

《黄河》充分发挥出钢琴协奏曲"互应性"[①]的体裁优势，绝然有着其他体裁难以达到的艺术效果。同样，协奏曲体裁"炫彩性"[②]的本质特征，在《黄河》中也有着精彩的演绎，它不像西方钢琴协奏曲仅仅出现在华彩段的某个局部，而是将华彩的因素散布于各个乐章。恣意汪洋的滚动波浪型、刚毅果断的柱式音型、快速的和弦激流等技术，将钢琴这件乐器在塑造革命气概方面的巨大潜力发挥到极致。

居其宏在《20世纪中国音乐》中曾评价："冼星海的这部不朽名作同时也向同名钢琴协奏曲提供了音乐美感的源泉。"[③] 由于大合唱在中国的广泛流传，人们在欣赏协奏曲时便有了理解的依据。虽然《黄河》的成功一部分应归功于冼星海的《黄河大合唱》和光未然的民族史诗，但笔者认为，《黄河》在原作的基础上，充分发挥钢琴协奏曲的体裁以及钢琴乐器音响造型的优势，在音乐上更具丰富的层次和壮阔的意境，充分体现出黄河儿女不屈不挠的民族精神与英雄气概。

可以说，《黄河》的意义已经远远超出了普通艺术形式所具有的内涵，其多姿多彩的审美品格也形成了一座至今令我们仰望而无法逾越的丰碑。近半个世纪以来，《黄河》作为一部永恒的经典激励了几代中国人拼搏奋进，作品中追求民族伟大复兴的深刻伦理意蕴，使得作品在世界范围广泛传播的同时，也成为一种以爱国主义为核心的民族精神和意志的象征。

（三）取于斯而高于斯的审美意蕴

"文革"时期出现了一批杰出的钢琴改编曲，这一现象的成因与当时的

---

① 孙红杰：《协奏曲的体裁属性与哲学寓意——评约瑟夫·克尔曼的〈协奏曲对话〉》，《音乐研究》2008年第5期。
② 孙红杰：《协奏曲的体裁属性与哲学寓意——评约瑟夫·克尔曼的〈协奏曲对话〉》，《音乐研究》2008年第5期。
③ 居其宏：《20世纪中国音乐》，青岛出版社，1992年，第36页。

文艺方针和政策有关。为了响应"民族化""群众化"的创作指导思想，作曲家就要紧密结合中国音乐传统，立足于广大听众的音乐审美心理。现在看来，当时的文艺政策强调民族风格，力求广大群众喜闻乐见，其实是很高的美学标准和创作要求。

此外，中央领导关于整理"中国音乐历史长河"[①]的精神号召，以及"北海钢琴创作组"[②]的积极响应，也促成了这一时期诸多优秀钢琴作品的"集体亮相"。当时，以殷承宗为首成立的钢琴创作小组中，黎英海、王建中、刘庄、储望华和陈培勋等作曲家，经常集体探讨作品创作问题，互相提出修改建议，这显然是《黄河》钢琴协奏曲成功模式的延续，于是诸如《浏阳河》（1972年）、《二泉映月》（1972年）、《百鸟朝凤》（1973年）、《梅花三弄》（1973年）、《平湖秋月》（1975年）、《夕阳箫鼓》（1975年）、《彩云追月》（1975年）、《南海小哨兵》（1975年）等作品，最终共同组成中国音乐历史中光彩夺目的一页。

钢琴改编曲有其本身独特的艺术价值，而最重要的就是"增加新的审美因素"，而这"正是钢琴所擅长的，乃至唯有钢琴才具备的审美意蕴"。[③]

王建中根据传统古琴曲改编的《梅花三弄》，音乐意境深邃高远，颇有哲理性的感触，在魏廷格先生看来"允称王建中钢琴改编曲最成功之作"[④]。

与原古琴曲相比，改编曲《梅花三弄》运用创造性的多声音乐思维，充分发挥钢琴的巨大表现力，在音乐形象、艺术内涵和精神境界方面都有拓展与提升，赋予作品更为宽阔的艺术表现空间。

1. 古琴"三籁"的传神诠释

《梅花三弄》开篇点题，着重突出古琴特有的天籁、地籁、人籁之音响特征，并加以层次的丰富和延伸。低音区的八度倚音，表现地籁的旷远之境；中音区的附加音和弦（加入纯四和纯五度音），表现人籁余韵悠长的人心之绪；高音区涟漪式的和弦，表现天籁的仙音袅袅。三种声音形态的描摹在

---

① 梁茂春：《百年琴韵——中国钢琴创作的第三次高潮（三）》，《钢琴艺术》2018年第6期。
② 梁茂春：《百年琴韵——中国钢琴创作的第三次高潮（三）》，《钢琴艺术》2018年第6期。
③ 魏廷格：《论王建中的钢琴改编曲》，载《魏廷格音乐文选》，人民音乐出版社，2007年，第276页。
④ 魏廷格：《论王建中的钢琴改编曲》，载《魏廷格音乐文选》，人民音乐出版社，2007年，第285页。

乐曲中交错变幻呈现，有时甚至是集中雕琢，笔法精练到仅以三个和弦（第17—18小节），就将古琴三籁的声音传神诠释。

2. 梅花"三弄"的意象重建

三弄即"梅花主题"的三次变奏，史料中"三弄"的说法可谓各有千秋[①]，但改编曲中有了新的解读。一弄叫月，弄清风。第一次"梅花主题"的呈现，着意营造静谧的月色，清冷的静美，以及动的逸趣。二弄穿云，弄飞雪。第二次"梅花主题"的呈现，透发着阳刚之气，勾勒梅花在云朵下飞雪中的傲然绽放。三弄横江，弄光影。第三次"梅花主题"的呈现，清越傲然，急速的"滚拂"和斑斓的和声色彩，梅花在隔江远望中"疏影横斜水清浅，暗香浮动"。

3. 精神境界的时代升华

"三弄"之后的展开部，融入了毛泽东诗词《卜算子·咏梅》中的"俏春"意象。在诗词中"俏"字是点睛之笔，也是语意转变的关键点，书写出新时代的梅花精神。在钢琴改编曲中，从音乐材料与情绪氛围的前后转变，可以见出王建中的艺术构思受毛泽东的诗词影响甚大。平行四度的双音材料，由之前的轻盈灵动逐渐转向"犹有花枝俏"的诗境，保持音直至重音的突出强调，着意刻画梅花傲立枝头的身姿与坚贞刚毅的豪情与品格。

尾声，作曲家还富有新意地描绘出一幅"笑春"图景。先是十分凝练化地将《山丹丹开花红艳艳》的民歌曲调隐约闪现，"山丹丹开花红艳艳"这句歌词中的"丹"字上润腔的变徵音，在钢琴织体中鲜活地以倚音（♮B）的形式展现，风味浓郁的陕北民间气息将人的思绪拉回当下，由古思今，引发无尽的感慨……而后"梅花主题"再次出现，"但已不是庄重、冷峻，而是优雅、柔美，有如严冬过后，沐浴在温暖春光之中"[②]。这神来之笔，不正是毛泽东主席笔下的梅花形象"待到山花烂漫时，她在丛中笑"的体现吗？

概言之，"文革"时期诞生的一些优秀曲目流传至今，经久不衰，以至

---

① 据史料记载，古琴曲《梅花三弄》有 12 种不同的打谱，其中的小标题也有不同，根据《神奇秘谱》《风宣玄品》《琴苑心传全编》《琴谱正传（第一册）》《琴谱正传（第二册）》《西麓堂琴统》《杏庄太音补遗》《重修真传琴谱》《理性元雅》《太古遗音》《义轩琴经》《立雪斋琴谱》中的阐述，"一弄叫月""二弄穿云""三弄横江"是较普遍一致的说法。

② 魏廷格：《论王建中的钢琴改编曲》，载《魏廷格音乐文选》，人民音乐出版社，2007 年，第286 页。

成为世界闻名的中国钢琴音乐的代表性作品。这一时期的音乐艺术普遍处在革命斗争的轨道中，有着为民族振兴和国家昌盛服务的功用。从不同类型的钢琴改编曲中便可看出，不论是表现大公无私为国奉献、小哨兵所体现的全民革命意识，还是歌唱拥护伟大领袖的红色经典等，处在这一时期的中国钢琴音乐相对有着较为一致的创作美学和方向，即反映民族意愿、走群众路线、具备革命豪情。

三、新时期的繁荣（1978年至今）

1978年后，伴随"实践是检验真理的唯一标准"的大讨论、"改革开放"方针政策的制定，音乐家们从"左"的思想禁锢中解放出来，音乐作为听觉艺术的审美本质得以恢复。自此，中国艺术领域开始全面"解冻"，文艺的春天降临。

（一）人性与主体意识的回归

20世纪80年代初，启蒙人性话语被视为突破"文革"模式固有藩篱而被重新提及。章绍同曾在"京、沪、闽"现代音乐创作研讨会上指出："'文革'期间由于社会历史原因，作曲家们未能真诚表现自我，或自我的主体性受到压抑、遮蔽。"[1] 那段历史中，作曲家的创作都是以集体为艺术构思的主体，自我意识可以说是缺席的，人们很难从作品中感受到作曲家个性化的表述。

随着刘再复"文学主体性"[2]观念的提出，文艺领域逐步显露对人性与自我主体意识的发现与追寻。音乐艺术的审美表现对象由个体之外转向个体自身，文艺界开始极力探讨"自我"，作曲家的主体性意识逐渐增强，注重对人的精神世界的观照，使得新时期的钢琴音乐创作向深层次发展。

1978年，表现和抒发人性之爱的主题出现在陈怡的《阿瓦日古丽变奏曲》中。作品的创作主题来自新疆维吾尔族民歌《阿瓦日古丽》，透过歌词"我要寻找的人儿就是你，哎呀美丽的阿瓦日古丽"，一种为爱流浪、执着寻爱

---

[1] 宋瑾：《民族性与文化身份认同——当今中国作曲家思想焦点研究之二》，《中央音乐学院学报》2010年第1期。
[2] 王廷信：《对人的价值的发现和追寻——改革开放40年文艺理论的核心命题》，《中国文艺评论》2018年第12期。

的浪漫情怀，在新疆稀有之美的旖旎风光中生成，宛若绝世之境的人性高歌。

在表现人文内涵中反映时代精神的《春之采》，是杜鸣心先生于1987年创作完成的一部钢琴协奏曲。正如石夫先生所言："实际上它是一部对人生道路的撰写，意蕴着向理想奋进的个性表达。"① 在一个既有个性彰显又有浓郁民族风格的有机整体中，《春之采》以深厚的人文内涵，实现了超越时代的艺术塑造与意象指陈。

同样是人性命题的诉说，黄安伦的《c小调第二钢琴协奏曲》（1999年）当是一部孕生于时代的杰出之作。首乐章中娓娓道来的对苦难历程的追忆之声，似乎是在警醒我们要铭记历史，唯有奋发图强，才能书写中华民族崭新的篇章。超然恬淡的第二乐章低婉曲折、深沉平缓，诉说着对人生真谛的思索。音乐在发展中越发呈现一股博爱宏远的深刻力量，如同老子所言"上善若水，大爱无疆"，闪耀着人性之爱的永恒光芒。

（二）在文化寻根中涅槃新生

新时期，中国现代文艺思潮中的"寻根意识"构成了中国钢琴音乐创作的新语境，作曲家们主动借鉴和运用西方20世纪的现代音乐观念和技法，从新的层面和角度理解中国本土文化传统，旨在勾连起传统与现代的两级，凸显传统文化的现代审美价值。

在寻根之路上，赵晓生的《太极》（1987年）因其特有的文化内涵与形式构造，在中国钢琴音乐创作中独树一帜。作品所基于的"太极作曲系统"是赵晓生先生植根于中国传统文化、饱含华夏文化精神创造的现代作曲技法理论。正如赵晓生所言："这一理论的哲学基础与数理逻辑乃构筑在中国古老的哲学著作《周易》的阴阳理论之上。"② 正因如此，《太极》中自然地渗透着阴阳哲理，成为古代易经文化的一种当代启悟与艺术延伸。

以先锋前卫的形式探寻中国文化的肌理，在葛甘孺1986年创作的钢琴协奏曲《兀》中大放异彩。作曲家的创作美学是基于这样一种信念："在西方音乐中，作曲家普遍关注的是音高关系，而在中国音乐中，重要的是特定的音高、微分音以及音色特征。我试图结合当代西方作曲技法和中国音乐特征以

---

① 石夫：《论钢琴协奏曲〈春之采〉的艺术手法》，《中央音乐学院学报》1989年第2期。
② 赵晓生：《太极作曲系统（新版）》，上海音乐出版社，2006年，第294页。

创造一个新的音乐世界。"① 由此,《兀》中古琴的韵味、点描化的织体、留白的布局,加之极为先锋的手法,挥毫泼墨为大气磅礴的崭新音响构图。

在国粹艺术的传承与创新之路上,将钢琴作为京剧唱腔的流动体,在谭盾《霸王别姬:钢琴与京剧青衣的双协奏曲》(2015年)中得以实现。作曲家以霸王与虞姬间的爱情故事为主线,巧妙引入京剧《霸王别姬》中的三段"梅派"唱腔。梅兰芳剑舞与钢琴的对话,形成舞与音、刚与柔、剑与情的交融,剑舞的武侠精神和内在底蕴也为钢琴拓展了巨大的艺术表现空间。作品凸显了钢琴与京剧的哲学对话,以跨文化的艺术形式和独特的音乐语言,推动着国粹艺术的传承,将中华文化重新演绎。

(三)诗性凝结的哲思气质

中国钢琴作品在表现诗意方面拥有得天独厚的优势,不仅因为我们是诗的国度,有着唐诗宋词的绚烂历史和悠远的诗学传统,更在于中国音乐也孕生于这诗意飞动的韵律中。以钢琴作为声音的载体,在表现诗性智慧的同时,又蕴含一定的哲思性,这样的中国钢琴作品至今仍不多见,因而更显得弥足珍贵。

汪立三的钢琴组曲《东山魁夷画意》(1979年)就属此类,因其的确开拓了中国钢琴音乐新的境界。② 作品的创作基于日本现代著名画家东山魁夷的绘画作品,而东山魁夷的画作本身就蕴含独特的哲理与诗意。因此,钢琴组曲《东山魁夷画意》以富于哲理性的求索形成一种超越,这在中国钢琴音乐中是不多见的。③

组曲的四个乐章《冬花》《森林的秋装》《湖》《涛声》,各对应东山魁夷的一幅画作,汪立三先生还根据原画的注释,在每首乐曲前拟写了小诗。不过,其音乐创作的旨趣更多的不在写景,而是侧重表现画作的诗境以及作者的心灵感悟。

借助《冬花》,汪立三先生谱写出冬之赞歌,音乐给人以生活的启示:身处逆境泰然处之,勇敢面对生活的磨难,在困难与磨砺中积聚、沉淀前进的

---

① 见葛甘孺 CD 唱片 *Chinese Rhapsody* 的介绍文字。
② 汪毓和:《汪立三——为中国钢琴音乐开拓新境界》,《人民音乐》1996年第3期。
③ 汪毓和:《汪立三——为中国钢琴音乐开拓新境界》,《人民音乐》1996年第3期。

力量。《森林的秋装》中，作曲家借"白马"之形来表达：人在大自然面前是如此渺小，在永恒的空间和时间中，只有舍弃心中的杂念，永怀平静、慈悲之心，才能在希望和美好之路上越走越远。《湖》中汪立三先生着力凸显湖的深邃与内心激情，这种淡然平和的力量，能够承受生命之重，是孕生希望的不凡之力。《涛声》明确地歌颂鉴真伟大的"人"的精神，将风景视为一种"融情之境"，内蕴着充实的生命力和心灵的力量。雄浑震撼的"鉴真主题"，整体搭建起鉴真法师不畏艰险、舍生忘死、一心传播佛理的大爱与信仰，生命光辉在此闪耀。

作曲家徐振民创作于1998年的《唐人诗意两首》，以唐诗入乐，其中一首是陈子昂的《登幽州台歌》，另一首是常建的《题破山寺后禅院》。

《登幽州台歌》表达诗人对历史、现实、自然与人的反思，寓以深沉的人生哲理。作曲家在意象的创构中：通过纵向四度、五度的高叠和弦的个性化运用，表现幽州台上天地之间的空旷；以横向的二度下行线条表现诗人内心的凄凉心情；以"天问"音响形态的层层推进、不协和音色与不对称的节奏对位，刻画诗人登临古幽州台，面对苍茫天宇，对人生抱负不得实现的叹息与痛楚。这种对现实世界、人生真谛、普遍经验的深刻反思与总结，进一步融化为心灵化、状态化的哲理思辨。

《题破山寺后禅院》在写景中融入诗人的精神追求，即渴望摆脱世俗的羁束，坚持自我个性的独立，回归自由的山林生活。诗中最富禅意的"潭影空人心"，使人顿悟禅宗"一切皆空"的奥义。将禅意入乐，大段的"留白"，空灵、安谧的四、五度叠置和声，松弛闲适的节奏，清淡明秀的曲调，潭水中折射的粼粼光影，空寂中回荡的钟磬之声，通过对清净、幽寒、旷远的景色描绘，营造出一种超然、宁静的深邃之美，进而刻画出诗人淡泊无为、不为外物所动的超然心境，哲理性内涵丰富。

除上述作品外，汪立三的《李贺诗意二首——〈梦天〉〈秦王饮酒〉》（1980年）、高为杰的《冬雪》（2006年）也在艺术构思中注入古诗词的意象，并以现代音乐技法展现出一派包孕着哲理美的诗性天地。

（四）丰实空灵的艺术境界

改革开放的新时期，艺术家们为在中国钢琴作品的创作中深入表达"中国性"一直不懈努力，也进行着各自不同的创作实践，但究竟如何表现民族精神，始终是摆在每一位作曲家面前的重要难题。笔者认为，要体现中国音乐的本质因素——神韵和气质，而非一些表层因素——五声性的旋律、传统的音阶、民间的乐器等，就需要对中国艺术的精神内核有着深刻的认识。

依据宗白华先生的美学思想，空灵和充实是中国艺术精神的两元[1]，作为一种审美情趣、人生哲学和文化心理，"中国文艺在空灵与充实两方都曾尽力，达到极高的成就"[2]。

中国艺术精神的空灵，在于能"空诸一切"，在于有"灵气往来"，在于静观万象的"静照"。这时万象如在镜中，各得其所，在静默中吐露光辉。万境于是侵入人的生命，染上了人的性灵，这就是周济所谓的"空则灵气往来"[3]。在李诗原教授看来，"空灵"中体现着中国的传统文化精神，它以充满老庄精神的"虚静"为哲学基础，以"魏晋风度"中"清""高""淡""远"为体现的"逸"的艺术品格，以注重白描和线条，立于写意，追求神韵，重空白和弦外之音，追求言外之意和韵外之致的"清淡""简约""超逸"的艺术形态，最终呈现为宗白华先生所谓的"太虚片云，寒塘雁迹"，也就是苏轼说的"外枯而中膏，似淡而实美"的艺术境界。[4]

中国艺术精神的充实，在于"精力弥满"的生命精神，在于"万象在旁"的宇宙豪情。这壮阔深邃的艺术精神有如："返虚入浑，积健为雄；吞吐大荒，由道反气；行神如空，行气如虹！"而这就如同歌德的"浮士德精神"中包蕴的"激越飞动"的人生境界，也正是尼采所谓的"醉"的境界[5]，是生命里最深、最广大的复杂矛盾。

在宗白华看来，中国艺术的最高境界，是能入、能醉、充实的境界，又是能超、能梦、空灵的境界。这样一入一超的艺术赋予"空灵"与"充实"二元之间巨大张力，并展现出节奏的"和合"之美，最终达至和谐的统一。

---

[1] 张泽鸿:《宗白华美学与中国艺术精神》,《艺术学研究》2010年第1期。
[2] 宗白华:《美学散步》,上海人民出版社,1981年,第30页。
[3] 宗白华:《美学散步》,上海人民出版社,1981年,第25页。
[4] 李诗原:《"空灵"及其当代启悟与艺术延伸》,《音乐艺术（上海音乐学院学报）》1994年第1期。
[5] 尼采认为艺术世界的构成基于两种精神：一是"梦"，梦的境界是无数的形象（如雕刻）；一是"醉"，醉的境界是无比的豪情（如音乐）。

在当代中国钢琴音乐的创作中，如何将这一艺术精神在钢琴这件多声乐器中充分延伸，体现中国文化精神，是每一位艺术家必须应对的挑战。而这需要对中国艺术精神有着深刻的体悟，并最终外化为声音艺术的展现。

钢琴曲《皮黄》（1995年）将京剧元素韵化为民族音乐的精神内核，并创造性地融汇了叙事性和戏剧性的成分，通过钢琴多声思维的艺术形式，表现京剧国粹艺术的神髓，更将中国艺术精神之丰实与空灵的境界展露。

《皮黄》［导板］的音乐极具韵致，富于音色层次的对比，善于表现一虚一实、一明一暗的流动节奏，呈现简淡而旨丰的意境。音乐空间美感的塑造在回环吐纳之中，灵气往来其间，巧妙地呈现着中国美学"留白"的空灵之韵。其［慢板］在如星光般闪烁的八度颗粒音的点缀下，白描的旋律线条感叹并诉说着回忆中的往事，"在滇池旁看晚霞的余晖"，在忘我的一刹那，眼前如镜中的万象，光明莹洁，"空故纳万境"，继而生成"万象在旁"的充实与丰盈。随着［快板］［摇板］［垛板］的逐渐加速，中国古代英雄岳飞和林冲的抗争精神化为戏剧性的音乐展现，加之极富京剧武场特色的节奏和音效，幽淡境界背后的豪情灿然呈现，超迈热烈如气贯长虹，一气臻达［尾声］壮阔无比的弥满之境。

由此观之，《皮黄》实现了对中国艺术精神的绝佳诠释，而汪立三的《东山魁夷画意》、杜鸣心的《春之采》、陈其钢的《京剧瞬间》（2000年）、储望华的《"茉莉花"幻想曲》（2003年）等作品，同样也对充实与空灵之美进行着艺术家各自的注解，丰富着对中国艺术精神的钢琴音乐表达。

改革开放的新时期，作曲家们主动借鉴和运用西方20世纪的现代音乐观念和技法，在对传统音乐的音响观念形成巨大冲击和变革之外，更为深刻的表现是从新的层面和角度理解中国本土文化传统。整体而言，钢琴创作虽然没有形成一种凝聚的方向，创作路线和风格追求各异[①]，但杰出的作品都因某种特性而卓立，即对普遍人性的价值追寻，在文化寻根中使得传统获得涅槃，在表现诗性智慧的同时熔铸深刻的哲思性，崇尚并执着于"丰实空灵"的中国艺术精神的本质反映。

---

① 杨燕迪：《论改革开放以来的中国钢琴音乐创作》，《音乐研究》2019年第4期。

结　语

诚然，新中国成立 70 年来中国钢琴音乐的审美特质呈现着不同的面向。不论是新中国成立初期"真""善""自然"的审美情趣下，形神兼备的音乐形象、"乐中有画"的艺术境界以及戏剧内涵的情感植入，"文革"十年文艺逆境中钢琴改编曲的"绿洲"所产生的"取于斯而高于斯"的审美意蕴，还是改革开放的新时期，作曲家们主体意识回归后对人性精神领域的关注，在"文化寻根"的思潮中找寻创造现代钢琴音乐的契机与基因，在作品中将诗性最终升华为深刻的哲思气质，将丰实与空灵的艺术境界在部分作品中融合性地灿然呈现，这一切都诠释出中国艺术精神的重要维度。

但杰出作品或者说伟大作品是否有其共性特征呢？我们不禁反思：什么是中国音乐的气韵所在？什么是中国音乐的美学精粹？什么是艺术的最高境界？什么是普适性的伟大音乐？

作曲家黄安伦说得好：普适性永恒价值的音乐凌驾于一切"国家""民族""政治"之上，超越"时代"，指向浩瀚的宇宙，指向真理，充满生命力。[①] 伟大的作品超越时代的限制，走在历史前面，具有超前性；其独立于历史之外，适用于所有时代，成为"经典"。因此，中国的钢琴音乐创作要达到如此的高度，要有"形而上"的精神内涵，有艺术家对人生、社会的感悟，能以丰实空灵的音乐形态呈现艺术的本真，在跨文化互动的基础上体现民族文化之根与灵魂，并能给予人类命运共同体以普适的人性关怀与哲理性省思。唯有让艺术心灵臻至其所能达到的最高境界，森然万象才会赫然呈现出一片灿烂星天！

---

① 童道锦、王秦雁主编:《黄安伦钢琴作品选集》，上海音乐出版社，2006 年，第 12 页。

网络小说改编影视剧"刷新"中国影视生态

易文翔*

摘　要：本文通过梳理中国网络小说改编影视剧发展历程，分析网络小说影视改编对中国影视产业发展的影响，指出它对中国传统影视剧所形成的"撞击"，以及对推动中国影视生态重构、助力中国影视走出国门所起到的作用。

关键词：网络小说；影视改编；融媒体

20世纪90年代以来，科技发展开启数字媒介时代，随之兴起的网络小说改变文学发展整体格局。中国网络文学商业模式的逐渐成熟，让影视从业者看到了网络小说影视改编的巨大商业潜能，越来越多的热门网络小说被改编为电影或电视剧，网络小说影视改编形成热潮，网络小说已然成为影视剧作生产的重要来源之一。网络小说与影视的"合谋"，既是商业模式的一种创新，也在"刷新"中国影视的生态环境。

一、网络小说改编影视剧发展历程

网络小说影视改编的发展基于网络小说或者说网络文学的发展，而网络文学的发展取决于互联网这个传播媒介的进步和完善。中国网络小说、网络小说影视改编都是从《第一次的亲密接触》开始的，前者为1998年，后者是2000年，相差两年，发展的轨迹基本同步。20年的时间，中国网络文学从萌芽到形成规模，逐渐成熟、稳定，在这个进程中，互联网终端的改变有一个分水岭——2010年。2010年之前，网络终端是PC机（个人计算机），在PC

---

* 易文翔，博士，广东省文艺研究所副研究员，主要从事文学影视研究。

互联网时代，中国网络文学起步，以起点为代表的网络小说平台为网文运营提供了基本模式，各个平台纷纷效仿，中国网络文学迅速发展，形成规模。2010年之后，随着智能手机的普及，中国移动手机阅读基地正式商用，网络文学步入移动互联网时代，网络文学的读者基础扩大，作者准入门槛降低，网络文学从一种"小圈子"亚文化走向大众娱乐文化，商业化程度加深，早期网络文学中优质IP的价值日益凸显，其盈利模式发生深刻变化，形成一个庞大的产业。

  对于网络小说影视改编的发展，2010年也是一个关键的年份。2010年之前，改编处于尝试、探索期。中国网络小说与影视的"第一次亲密接触"始于《第一次的亲密接触》的电影改编。可以说，在捕捉网络文学商业价值方面，电影行业是最迅速的。但这种"合谋"的成功并非一蹴而就。《第一次的亲密接触》电影因为选角遭质疑，而且没有解决好小说语言与电影视听语言之间的差异问题，上映后反响平淡。早期的网络小说影视改编处于一种尝试阶段。中国互联网转折年——2003年以后，随着互联网的全面普及，大量类型化网络小说诞生，经由网络小说改编的影视剧数量逐渐增多，电影有2008年的《荒村客栈》《PK.COM.CN》，2009年的《恋爱前规则》，2010年的《山楂树之恋》，等等，电视剧有2004年的《第一次的亲密接触》，2005年的《亮剑》，2007年的《双面胶》，2009年的《蜗居》，2010年的《美人心计》《雪豹》《来不及说我爱你》，等等。经过几年的探索，影视从业者摸索出与网络小说"合谋"的正确方式，改编数量增多，题材丰富，出现了口碑、票房（或收视率）皆高的影视作品，如电影《山楂树之恋》，电视剧《亮剑》《蜗居》，等等。2010年以后，网络影视改编发生变化，进入一个新的时期，是网络文学影视开发的重要节点。在此之前，网络小说的开发单一，仅仅只是出售版权。影视公司买下版权后，很长一段时间没有运作，因为IP概念尚未形成，不具备市场条件。2010年后，网络文学行业的市场调整行为催生了IP剧的诞生。2011年是网络小说影视改编的重要年份：电视剧《甄嬛传》《裸婚时代》《步步惊心》火爆各大电视台，电影《失恋33天》以黑马姿态领跑2011年华语电影票房排行榜；家庭伦理、都市情感、古装宫廷三类网络小说风靡全网，改编的影视剧成为流行的主流剧种，网络小说影视改编开始进入主流文化市场。从2013年到2016年，根据网络小说IP改编的影视剧逐年递增，并在 2015—2016 年集中爆发，几乎占据了影视行业的半壁江山。2013 年的电影《致我们终将逝去的青春》，2014 年的《暗黑者》系列网剧，2015 年的电视剧《花千骨》《琅琊榜》，2017 年的电视剧《三生三世十里桃花》，等，这些现象级影视剧，将网络小说影视改编推向高潮。这一时期，无论是影视剧公司，还是互联网公司，都意识到强 IP 的价值，在版权交易中也更青睐于得到完整 IP，进行全 IP 开发，形成覆盖各种衍生产品的全产业链，泛娱乐概念形成，IP 交叉联动出现，网络小说影视改编呈现繁荣景象。

二、网络小说影视改编对产业的推动

任何改编都是一种再创作，其目的在于运用电影、电视艺术手段释放文学作品固有的丰富内涵，创作出崭新的艺术作品。在改编过程中，改编作品与原著存在多重互文性关系，文学原著与电子影像的接受是不同话语场域、不同交往环境的对话，互为主体、互相渗透、互动交流。理论界对于"改编"的跨媒体性质早有明确的认识，美国好莱坞编剧悉德·菲尔德指出："'进行改编'意味着从一种媒介改变成另一种媒介。改编的定义是：'通过变化或调整使之更合宜或适应的一种能力'——也就是把某些事情加以变更从而在结构、功能和形式上造成变化，以便调整得更恰当一些。"[①] 他从媒介的角度强调改编所带来的变化。法国电影理论家莫尼克·卡尔科 - 马赛尔等在其著作《电影与文学改编》中认为："改编，就是把一部文学作品搬上银幕或是把一部电影重新编纂成文学作品。这意味着这两者之间存在着'延迟修复'关系和'不同的合作'关系。"[②] 他们将"改编"从单向发展到双向，极大地扩展了"改编"的内涵，改编变成了一种广泛的交互"合作"行为，甚至涉及文学、艺术、传媒、社会等诸多领域。在当今的多媒体时代，改编不再囿于从文学到影视的单向、封闭的范围，而是变成了涉及文学、影视、动漫、新闻报道、绘本、医学记录、电子游戏等多门类文本的动态"网络"，彼此相互转换、交互改编，永远处于"现在进行时"状态。改编已经不只是一种艺术创作方法

---

① ［美］悉德·菲尔德：《电影剧本写作基础》，鲍玉珩、钟大丰译，中国电影出版社，2002 年，第 200 页。

② ［法］莫尼克·卡尔科 - 马赛尔、［法］让娜 - 玛丽·克莱尔：《电影与文学改编》，刘芳译，文化艺术出版社，2005 年，第 1 页。

和技巧，甚至成为了一种思维方法，成为了一种跨媒体、跨时代、跨文化的艺术理念和存在方式。

网络小说影视改编充分实现跨界、融媒体的"再创作"。在互联网大数据时代，网络社交平台依托互联网技术为文学创作打开了一个超时空、跨地域的交互性通道。文学作品通过网络自由而迅速地传播和流通。电影、电视剧的商业属性决定了选择改编的小说必须是受众面广的作品。能够改编成影视作品的网络小说不仅要有较高的网络点击率，还要有稳定持续的受众群。因此，在网络小说改编成影视作品的过程中，由网络小说写手转型的编剧或者从网络小说中取材的专业编剧亦借鉴网络小说生产的交互性特点，通过与在线网友或原著粉丝之间的紧密互动，来共同完成影视改编作品的创作。网络小说影视改编的过程，利用了开放性的网络媒介，将网络作家、影视公司、影视作品（网络小说改编）与读者、观众联系起来。于是，网络小说影视改编作品与传统创作的影视作品不同，网络小说的影视改编，注重受众的参与，在作品互动中，受众的参与权被充分地体现出来。比如2008年上映的电影《PK.COM.CN》，改编自网络小说《谁说青春不能错》。这部电影是通过网络评选的方式，由网民选出最喜爱的小说，然后改编拍摄成电影。从网络文学竞赛与电影题材选定、小说到剧本的改编、导演与演员选定，到现场拍摄、音乐与海报的征集、互动首映式等，调动了网民和影迷的积极性，实现了电影制作过程中与受众的互动。2009年播出的网络剧《赵赶驴电梯奇遇记》更进一步。在改编过程中，为了增强剧作的互动感，获取人气和促使书迷影迷参与，该剧采取了边拍摄边播映的形式。在拍摄中广泛征求观众的意见，边改写剧本边拍摄。在播出过程中，网友与演员可以通过网络视频聊天，向喜欢的演员献花。网络作家赵赶驴为了与读者互动，投观众所好，为剧本设计了三种结局，让读者和观众进行投票，从而决定剧情走向。2010年之后，从策划之初即注重互动性似乎成为网络小说影视改编的通例。如：2011年播出的电视剧《裸婚时代》，它起源于盛大文学的市场调查，针对"80后"一代年轻人多数处于没房没车的迷茫期这一现状，策划了《裸婚时代》，电视剧的改编也是这种互动的结果；2015年播出的电视剧《琅琊榜》，制片方在拍摄之前与网友互动，主演先由网友投票推荐，制作方综合考虑才最后确定，这不仅吸引了原著粉丝，频繁的互动方式也吸引了一些明星的粉丝和关注影视信息的潜在观众。近几年能掀起热度的网络小说影视改编作品几乎都不缺少与受众的互动。

可以说，注重受众的参与、呈现交互性创作是网络小说影视改编的显著特征，亦是其独特的魅力。在网络小说影视改编过程中，制作方通过网络的社交平台，加强了与受众之间的互动交流，让受众更有参与感。与单向地传输导演的艺术思维不同，它更注重受众本位的思考，体现了受众这一群体及大数据思维的反向影响。因此，网络小说改编的影视作品较之传统影视作品不仅在宣传营销方法上有所突破，更在制作模式上有所创新。

随着信息技术的发展，影视业与互联网的结合已发展成为一种新兴融合产业。影视行业互联网化快速发展，促使互联网企业开始介入影视业，与传统影视公司、传媒公司竞争。互联网视频企业不仅仅把影院、电视台的作品移到网上供人观看，也不仅仅参与宣传、售票等商业行为，更重要的是创新探索网络影视作品的商业模式。随着互联网技术发展、互联网音视频终端设备普及，网络视听内容全民共享时代来临。各大视频网站掀起的网络大电影、网络剧制作潮流，打开了网络影视作品的市场。在众多网络影视剧作品中，网络小说改编剧表现尤为突出。比如爱奇艺推出的《盗墓笔记》（付费观看），该剧上线仅22小时网络播放量就破亿人次，点播量累计突破20亿人次。原著小说积累的高人气保障了网络剧在网络平台上的高点击率，从而带来广告和付费的丰厚收益。在利益的诱导下，本是近亲的网络剧与网络小说一拍即合，共谋利益。随着视频网站的崛起，越来越多的网络小说被改编为网络影视作品（网络大电影、网络剧）。

2013年6月，国家新闻出版广电总局出台《卫视综合频道电视剧播出调控管理办法》明确规定：鼓励现实题材，要求其黄金时段播出集数的比例需要达到总集数的50%以上；古装题材每月和年度播出的总集数都不得超过总数的15%，原则上两部古装剧不能接档播出。2015年《电视剧管理规定》再次强调，所有卫视综合频道黄金时段每月以及年度播出古装剧总集数，不得超过当月和当年黄金时段所有播出剧目总集数的15%，并规定2015年电视剧播出平台由原来的"一剧四星"改为"一剧两星"（指一部电视剧最多只能同时在两家上星频道播出）。这些政策规范了电视剧播放，一定程度上平衡了播放电视剧作的题材。而"受限"的剧作开始转向网络，网络平台吸收了大量的剧作，并且出现剧作的生产从数量的增长发展为品质的提升。2015年出现"先网后台"播出模式，即剧集先在网络进行首播，然后电视台进行跟播。网站用户通过付费提前观看，颠覆了以往视频网站跟播电视台的模式，并且以此扩大盈利。2015年的《蜀山战纪》《华胥引》等热门IP剧开启这一模式，《遇见王沥川》《缘来幸福》《吉祥天宝》等国产剧也纷纷采用这一模式。剧作采用"先网后台"的播出模式有诸多缘由。如：由于受到审查、政策等影响积压和发行困难，无法获得在电视台首播的机会，从而转战网络；电视台在档期上对电视剧消化能力有限；剧作方的产品在电视台卖不出理想价格；等等。视频网站拓宽了电视剧发行渠道。从"一剧四星"改为"一剧两星"，电视台的购片价格并没有由此提高，严峻的供求现实给积重难返的电视剧制作业带来考验。而视频网站凭借自身的延续性和开架式观看方式成了电视剧播出的新势力，充当起缓解资本压力的"第三颗星"。根据同名网络小说改编的电视剧《琅琊榜》电视端的平均收视率不到1%，而网络播放量超过82亿人次，最多一天播放量突破4亿人次，视频网站平台的影响力可见一斑。作为视频网站的主力受众，网生代对网络小说IP情有独钟，为由其改编的影视剧贡献高点击量。如：2016年的网络剧，流量在20亿人次以上的5部作品《老九门》《太子妃升职记》《最好的我们》《余罪》《重生之名流巨星》全部由网络小说改编；2017年，根据iVideo Tracker网络视频收视数据，网络播放覆盖人数居前4位的电视剧《三生三世十里桃花》《楚乔传》《择天记》《欢乐颂2》均改编自网络小说。数据成为影视投资人决策的关键依据，对视频网站购剧资金的流向产生决定影响。影视制作公司为迎合这一趋势，纷纷投入网络小说影视改编购买制作之中，甚至一度出现网络小说抢购白热化。网络小说改编的热潮以及IP的争抢与视频平台的崛起、网络剧的盛行、大数据应用息息相关，这已不仅仅是影视创作而是"互联网+"时代影视产业运作的商业营销行为。

利用互联网大数据、网络小说IP的辐射力，在市场细分与技术革新的推动下，日趋智能的移动互联网延伸了影视产业联通虚拟之境与现实生活的触手，在已有的传统商业模式基础之上创新应用，精准归纳观众的喜好和需求，利用数据分析用户习惯，有的放矢改进影视内容创作及投放，优化观影体验，不断拓展服务，已经成为影视产业"逐鹿"移动终端以及平台化发展的方向。

三、中国影视"走出去"

美国好莱坞的电影流行全世界,其中一个重要原因是深谙 IP 战略研发之道,资本运作、定位创意与大牌加盟,加上电脑特技、视觉效果和 CG 动画等技术日益精湛,粉丝关注度的大量累积和持续发酵,让 IP 全版权类型片所向披靡,横扫全球市场。中国影视 IP 的一个生长点源自网络小说。互联网的跨界优势让中国网络小说走出国门,受到海外观众追捧,最早是粉丝自发组织的以翻译和分享中国网络小说为主的网站和社区,2014 年创建的英文翻译网站 Wuxiaworld,专门翻译中国网络小说,来自全球 100 多个国家和地区的读者跟读,点击量超过 5 亿人次,日均访问量都在 50 万人次以上,建站不到两年,Wuxiaworld 已经发展成为北美 Alexa 排名前 1500 名的大型网站。阅文集团上线的海外网文门户"起点国际 Webnovel"是中国网络文学第一个正版外语传播平台。"起点国际 Webnovel"上有 200 余部翻译作品可供海外读者阅读,覆盖了东方幻想、言情等 13 个受读者欢迎的类型,日均访问量超过 500 万人次。2018 年,阅文集团又开启了海外原创业务,让"洋面孔"写中国式网文成为现实。上线仅 3 个月,就吸引了超过 2000 名来自不同国家的作者,发布了 4000 余部作品。第二届中国"网络文学+"大会"网络文学走出去"论坛发布的《网络文学海外传播(2017—2018)研究报告》提出,中国网络文学正从原来的内容输出向文化输出升级。其核心是,由出版授权为主的传播模式,升级为以线上互动阅读为核心,集合版权授权、开放平台等举措,建立起由中国主导的网络文学文化出海模式。

随着网络小说走出国门,网络小说影视改编作品也开启了走出国门之旅。《步步惊心》在韩国、日本播出;《甄嬛传》在韩国、印度、泰国、越南、马来西亚、美国播出;《琅琊榜》在韩国中华电视台播出时,创 2015 年收视纪录,在美国也获得较高评价;2016 年,根据网络小说《盗墓笔记》改编的同名电影亮相戛纳国际电影节,受到关注;2018 年,电视剧《扶摇》国内播出的同时在 YouTube,Viki 和 DramaFever 等国外平台上播放英文字幕版本,在国外赢得了众多粉丝;2019 年,网络剧《陈情令》在泰国播出,获得巨大成功,多次登上泰国网上话题榜首位,相关演员的泰国之行受到万千粉丝追捧,随后该剧又被 Netflix 拿下在欧美多地的播放权。首都影视发展智库发布的

《2018中国电视剧产业发展报告》显示，2018年全球流媒体巨头网飞（Netflix）和其他公司购买了中国网剧的海外发行权并在其平台播放，吸引了全球范围内的观众，这是中国电影一直没有做到的。中国影视通过网络小说影视改编作品纷纷走出国门。

网络小说改编的影视作品，尤其网络剧，较之传统电视剧，更容易打开国际市场大门。首先，与强调"合家欢""全年龄覆盖"的传统电视剧不同，根据网络小说改编的网络剧，从改编来源——网络小说就具备题材细分、受众分层的特点，有着比较明确的受众目标，如青春爱情题材的《匆匆那年》《致我们单纯的小美好》等，侦探悬疑题材的《法医秦明》《无罪之证》，古装言情题材的《双世宠妃》，古装仙侠类的《陈情令》等，题材丰富、类型多样，可以满足不同审美层次、审美需求的观众。其次，视频网站的制作和传播，打破了传统的模式和渠道，互联网为国内和国外视频网站进行战略合作、资源互换、实现共赢提供了便利条件。最后，网络剧制作、播出比传统电视剧快，其系列生产方式与海外观众追剧习惯吻合，有利于提高市场接受度。制作精良的网络小说改编的影视作品，为海外观众认识和了解中国打开了一扇窗。

中国影视作品中，一直都有登上国际舞台、获得国际专业赞誉的优秀作品，也有获得一定经济效益、受到大众追捧的作品，前者如《霸王别姬》《红高粱》，后者如《英雄》《还珠格格》。但从整体上来说，中国影视作品在国际上认可度较低，能得到欧美观众推崇的多为关注人生苦难、反映社会阴暗面的作品，一种隐藏的意识形态导向限制中国影视题材在海外亮相，因此长期以来外国人对中国的印象停留在被刻意选择的类型电影带给他们的"落后、愚昧"的状态。另一种受市场欢迎的是以《英雄》为代表的武侠功夫片和以《还珠格格》为代表的古装喜剧，它们受欢迎更多是因为新奇感与娱乐性，与文化内涵、精神传达没有太大的关系，更谈不上文化输出。网络小说影视改编作品在国外的传播，不否认娱乐性仍然是重要因素，但在娱乐性之外，这些影视作品也在传播文化。中华文化的精髓，通过网络小说影视改编作品传达出来，比如天下兴亡、匹夫有责的爱国传统，穷则独善其身、达则兼济天下的修身思想，扶正扬善、恪守信义的社会美德，等等，在很多作品中都有体现。在一定程度上，网络小说影视改编作品走出国门，通过民间的追捧，让中国影视作品在国际舞台上不再被限制为"一副面孔",而有了展示多样性的可能,让中华文明向世界的传播呈现多样化,有助于消除国外对中国固有的甚至带有偏见的认知。

结　语

持续几年的"IP+流量明星＝爆款",在2018年失灵了,《斗破苍穹》《武动乾坤》《莽荒纪》《择天记》等剧并未得到预期的市场反馈,这是行业竞相追逐IP、流量所带来的商业价值,轻视内容和品质所造成的后果。2018年对于中国影视产业来说,也是不寻常的一年,阴阳合同、天价片酬、收视率造假等乱象曝光,国家主管部门出台一系列相关政策,进行整治规范,这一过程也令"发烧""膨胀"的市场"冷静"下来。

网络小说作为IP被哄抢,是资本趋利性所致。高产能的生产市场(网络小说创作数量庞大、影视转化快、版权购买相对便宜)、迅速增长的消费市场令资本对网文IP趋之若鹜,掀起改编热潮。但在这种狂热中,因资本唯利至上及其所信奉的丛林法则,依靠数据、利用炒作,以"流量小说＋流量明星""高成本投资＋大制作团队"的"双流量高大"模式快速获利,市场纷纷效仿,导致改编逐渐沦落为"投机"的商业行为,改编的影视作品如同工业流水线上的制品,艺术上乏善可陈,内容日趋同质化,品质上甚至出现粗制滥造。然而,从影视市场的发展来看,国内影视创作的内容储量不断扩容,类型日益丰富多样,表达、传播和交互手段更趋多元,由此,观众选择范围扩大,见识与品位都在提升。随意编造,缺乏思想内涵与精神价值,仅仅凭"流量"就想博得市场的投机取巧越来越失效。近几年,屡屡出现一种现象:盲目抢购的大IP,改编成电影、电视剧,即使有"小鲜肉""流量小花"加持,上映或播出"遇冷",投资亏本。因此,市场整体出现投资收紧,狂热的市场走向冷静。

2018年可以视为IP时代的分水岭,IP价值观回归理性。权衡IP价值不只是考量流量与知名度,文化内涵、艺术标准重新成为衡量的重要指标。文化价值才是IP从产品跃升为文化符号的核心要素。网络小说的影视改编同样如此,IP只是内容的催化剂,而不是决定性因素,优质的内容才是"立身之本",才能真正吸引、打动观众,尊重艺术规律的改编才是行业持续发展的、真正的基石。

在融媒体时代，网生的文学是影视创作来源的"富矿"，网络小说与影视的关系，不再仅仅是网络小说向影视输出内容，也出现了原创影视作品转化为网络文学作品的"逆向"输出，比如2018年热播的网络剧《延禧攻略》，便先有剧再有小说，从而出现了影视作品小说化的网络小说。同时，随着时代的发展，第一批受网络文化影响的"85后""90后"成为影视创作中的新生力量，如2017年的《白夜追凶》《军师联盟》《河神》等剧作，便是在网络文化土壤上生长起来的原创剧本。新生力量为影视创作注入新的活力，一定程度上"刺激"改编，拓宽创作思路。互联网技术日新月异，以此为依托的网络小说创作及其影视改编仍然拥有广阔的发展空间。"改编是影视业的命根子"[1]，影视创作离不开改编。网络小说影视改编经过近20年的"历练"，逐渐迈进精品化、高质量的产业转型与升级进程，相信会有更多类型、内容更优质的作品出现。同时，网络小说影视改编作品在内容和传播上的优势，有助于在全球化语境下形成中国影视"华流"，讲述能被全世界观众所理解和接受的具有中国特色的故事，传递中国精神，促进文化的输出，在这一点上，网络小说影视改编的前景仍可期待。

---

[1] ［美］L.西格尔:《影视艺术改编教程》，苏汶译，《世界电影》1996年第1期。

苏州滑稽戏的艺术传承及当代文化适应[*]

周 晨[**]

摘 要：苏州滑稽戏是现代滑稽戏的重要分支。苏州滑稽戏在紧扣苏州源远流长的文脉的同时，也进行了创新，珍视自身剧种传统，注重传统底蕴与时代精神的交相辉映与渗透契合，努力发挥现代滑稽戏的新优势，用笑声记录了时代，也使苏州滑稽戏的艺术品格得到了升华。

关键词：苏州滑稽戏；吴文化；艺术传承

现代滑稽戏产生于20世纪初，是在文明戏、趣剧、独脚戏以及小热昏、滩簧等戏剧、曲艺等艺术形式的合力作用下形成的新兴剧种，它形成、发展、流布于江浙沪一带的吴语地区。苏州滑稽戏是现代滑稽戏的重要分支，它是以苏州方言为舞台语言的戏剧，汲取了苏州地区独脚戏、滩簧，以及小热昏、民间小调等多种民间说唱艺术的营养发展而成。"水天堂"的滋养、吴文化的浸润，孕育和塑就了苏州滑稽戏的美学特色和文化品格，它以独特的"冷隽幽默、爽甜润口、滑而有稽、寓理于戏"的审美风格而为世人称道。作为一个有着百年历史、产生过一大批知名艺术家的地方剧种，苏州滑稽戏在百年的传承流变中积淀了400余部内容题材丰富、表现手法多样的传统剧目。苏州市滑稽剧团是苏州滑稽戏的保护责任单位。该团由苏州星艺滑稽通俗剧团和新声滑稽剧团两个主要民间滑稽剧团合并而成，于1955年成立苏州星艺滑稽通俗剧团。1958年10月，经苏州市政府批准，苏州星艺滑稽通俗剧团改称

---

[*] 本文系教育部人文社会科学研究一般项目"苏州滑稽戏艺术传承创新与市场适应发展研究"（项目编号：18YJC760150）研究成果。

[**] 周晨，博士，江苏警官学院副教授，苏州大学电影电视艺术研究所客座研究员，主要从事戏剧影视文学研究。

为苏州市滑稽剧团。目前，该剧种在剧团和顾芗、张克勤等著名演员带领下，以一种平民、亲和、健康和充满民间善良、机智的艺术形式，在剧目生产、非遗传承、人才培养、演出服务等继承与发展的实践中赢得了文艺界以及广大观众的认同和欢迎，形成了可以简述为"剧种小、剧团精、演出频、获奖丰、影响大"的"苏滑现象"。

一

苏南地区是滑稽戏传统的演出阵地。深厚的人文积淀和丰富的自然资源，共同促成了苏州滑稽戏的起源、发展与传承的文化基础与生态条件[①]。吴文化经常被誉为"水文化"，因为从自然环境和气候条件来看，吴地温湿多雨，河湖密布，自古以来就以水乡泽国闻名。不同的地域滋生和孕育不同的文化类型，充满活力的水文化是吴文化的特点之一。"天下莫柔弱于水，而攻坚强者莫之能胜""天下之至柔，驰骋天下之至坚"[②]，表现为一种顽强的柔韧精神。至柔是水，至刚亦是水，苏州水以特有的苏州味和"家常"光景，始终保住了吴中山水的真意和温润，保住了吴文化的融和气度和宁静致远的定向，保住了苏州人向善求美的人格和清悠而从容的情愫，既海纳百川又润物无声。这其中非常重要的一个表现，就是苏州方言所具有的吴侬软语特色。

苏州方言与北方方言有很大差别，北方语音较"阳刚"，吴语则婉转柔和，比较"清浅"。吴语中蕴含丰富而并无多少实际意义的语音语调，这使吴语听起来具有特别的韵味，甚至是音乐感，呈现出特有的轻快、柔和、细腻、圆润之感，不愧是最为优美温情的"吴侬软语"。在一定意义上来说，吴文化的柔性魅力也通过独具韵味的吴侬软语得以更全面地展示。苏州滑稽戏的地方个性，也正是主要通过苏州方言的形式来体现的，其中的台词和演唱，经常需要借助于苏州方言的语音特色来展现吴地风土人情。众多的方言词语，增添了滑稽戏唱段的地方风味和特殊的语言美。苏州滑稽戏的"爽甜润口"则呼应了一向以"软糯"著称的吴方言，与北方方言相比它的麻辣松脆、软糯爽甜更贴合苏州滑稽戏夸张、滑稽的表演风格。从语言学角度看，吴方言保留了全部的浊音声母，具有七种声调，与北方官话相比，其发音较靠前

---

① 周晨、陈雷：《苏州滑稽戏田野调查报告》，《艺术百家》2012年第S2期。
② 刘乔周主编：《道德经全集》，古吴轩出版社，2013年，第270、154页。

靠上，因而语调平和而不失抑扬，语速适中而不失顿挫，这使得苏州滑稽戏在表演时不会出现情绪大开大合的跌宕。除了发音的不同，在一些具体语句表达中，吴方言也彰显着自己独特的语言魅力。比如在方言的词汇方面，苏州话苏州人说"不"为"弗"，句子结尾的语气词不用"了"而用"哉"，体现了浓浓的古意和书卷气。吴方言中较多使用代词，人称代词中的吾（奴）、俫、俚、伲、唔笃和俚笃等，指示代词的哪（读如"挪"）个、该个、辩个、弯个、哪（读如"挪"）搭、辩搭和弯搭等，这些代词的发音软且糯，使得苏州滑稽戏唱词不同于齐鲁、京津等地曲艺的豪放、爽朗。

苏州滑稽戏通俗易懂不仅与其用方言表演的形式有关，它的唱词和独白还植根于吴地民间语言宝库。演员台词吸收了大量鲜活的生活语言，小街细巷、深深庭院、茶馆酒楼、闹市码头，各种人物口头说着鲜活独特的吴方言，吴方言所特具的幽默、轻松、微妙、传情，各种比喻、俏皮话、歇后语、双关语，都被苏州滑稽戏运用得出神入化。苏州滑稽戏巧妙地将民间俗语、俚语运用到表演当中，让内容更加接近百姓生活。20世纪50年代就已大获成功的滑稽戏《钱笃笤求雨》，如果不是生活在吴方言区的人们很难明白"笃笤"的意思。"笃笤"是吴方言词，原为"乱筊"，"乱"音"笃"，有丢、掷之意，而"筊"是多由竹片、木片做成的占卜工具，"乱筊"则是占卜活动。因此"钱乱筊"即指姓钱的算命先生。其中钱笃笤的一段经典对白："说出来阿奇怪，听听我笃笤、钱半仙，是个跑江湖格，名气倒蛮蛮大，勿晓得我活仔什梗大格一把年纪，从来勿曾出过远门，真叫七石缸，门里大，一直转勒苏州三尺地面浪。""七石缸"在吴方言中指在家里凶，内部逞能，到外面就瘪了的人。这些俚语、俗语的运用，加强了表演的喜剧效果，为节目增添更多"笑果"，也能增强戏剧的表达张力。不仅如此，戏剧表演中方言的采用亦能深化作品的主题。如经典滑稽戏《顾家姆妈》，讲述了20世纪60年代发生在苏州紫衣巷扬州保姆阿旦抚养一对双胞胎弃婴"八月""十五"的感人故事。吴方言中"妈妈"亦被称为"姆妈"，旧时上流社会也将家庭保姆称作姆妈，如沈从文作品《堂兄》中的"保姆"就被唤为"姆妈"。因此，姆妈的含义就多了一层，既贴合阿旦的保姆身份，也指阿旦既像保姆又像妈妈，含辛茹苦抚养没有血缘关系的弃婴。"姆妈"一词使得戏剧的表达意义更加深邃也更能打动观众，引发观众更多的情感共鸣。

苏州滑稽戏《顾家姆妈》剧照

二

　　滑稽戏是笑的艺术，苏州滑稽戏以冷面滑稽闻名，比较注重刻画人物，努力从特定社会情境和人物性格中挖掘笑声，褒贬世态，有很强的生活感性，用现在的话说就是很接地气。张幻尔先生主张"出'噱头'一定要从真实出发，合情合理，要有助于人物性格的深化，并具有一定的思想和艺术性。要含蓄，要含而不露，不温不火，要有幽默感，要让观众在笑声中感悟人生，获得有益的启示"[①]。苏州滑稽戏的艺术创作有意识地规避各种简单搞笑或媚俗的油滑，注重作品的文学性，不追求"宏大叙事"，也没有居高临下的精英意识，滑稽戏充盈的是平民文化、平等意识，接近群众，深入乡镇。戏里的主人公多是推动当代开放改革、促进商品经济发展的平民角色，有七情六欲的凡夫俗子。

　　苏州滑稽戏的突出点在于它总能够把握住时代的脉搏，发挥剧种长处，用滑稽本色与正剧意涵的融和之美反映现实生活。它没有因袭的重负，没有固守的框架，直面现实生活，以平民的求实精神，自由松散的活跃情调，生动形象的人物，幽默滑稽的语言，曲折多变的情节，离奇可笑的故事，更为宽广地表达对诸般世俗人情的感受。观众对其中任何角色都无须仰视，常常能够从戏里看到自己的身影，自己的真实处境和命运，自己的爱与恨，胜利

---

① 张幻尔口述，磊尔、继尔、效尔记录《张幻尔谈"噱"》，载苏州市文学艺术界联合会编《苏州滑稽戏老艺人回忆录》，古吴轩出版社，2013年，第38页。

与失败，牢骚与不平。这家常光景表现出普通人性的平和意态和情态，同时还呈现出绚烂多姿的社会情态，从而在自由中见秩序，平和中现跌宕，随意中生智慧，平常中见非常，那种既日常又猛烈且滑稽的语气和形色，以及摆脱传统羁绊的开拓精神，为我国戏剧界提供了平民化的示范。

苏州滑稽戏在孕育形成过程中，常以时事或贴近生活的事件为素材，编演成剧，进行演出。苏州滑稽戏的逗笑艺术乃是最精细、最大胆、最谨慎、最有分寸而又最巧妙的艺术。故事深刻但不尖刻，虽然时常提出问题、针砭时弊、进行批判，但不直白、不尖刻，而是保持分寸感，以一种"苏州式"的幽默与讽刺来体现深刻的思想意蕴，与吴文化机智幽默而宽容温和的品性一脉相承。苏州市滑稽剧团建团之初就以《苏州两公差》《钱笃笤求雨》《小山东到上海》等一批优秀传统剧目享誉江南。1963年，长春电影制片厂将该团大型滑稽戏《满意不满意》搬上银幕以后，苏州滑稽戏便从江南一隅走向更为广阔的舞台。"文革"结束之后，苏州市滑稽剧团所排演的《满意不满意》为恢复演出的第一个现代戏，受到观众热烈欢迎。20世纪50年代的滑稽戏《满意不满意》，开创性地用时代精神观照日常生活，展现了"人人为我，我为人人"的社会风尚。20世纪60年代初，该剧又融入了学雷锋活动引导社会积极向上风尚的时代背景，使苏州滑稽戏创作跃上了一个新的高度。《满意不满意》所引起的强烈社会反响，激励并影响了苏州滑稽戏以后的创

苏州滑稽戏《苏州两公差》剧照

作。1963年，该剧被长春电影制片厂摄制成电影，用苏州方言和普通话两个版本在全国放映，引起了很大反响。1982年，这部电影被评为长春电影制片厂建厂30周年优秀影片之一。苏州滑稽戏《小小得月楼》，通过两代人的冲突，概括了改革开放初期新旧交替的时代特征，后来由上海电影制片厂摄制成电影，成为1983年上海电影制片厂拷贝发行量之首。《店堂里的笑声》表现了一些人在商品经济初期时的迷惘，展示了社会经济即将走向健康、有序发展的趋向。《屋顶奇缘》（后改名为《三十层楼上》）抨击了重学历不重能力的人才观念，《一二三，起步走》通过纷繁复杂的社会现象展现了望子成龙的社会心理。这一时期的苏州滑稽戏剧目，涵盖了市场体制、城市开发、自主创业等现代文化内容，叙写了这一背景下苏州城市文化精神的变迁，见证了苏州在整个社会由计划经济向市场经济转型的特殊时期的发展变迁轨迹，展现了现代人真实的生存状态，从而对社会现代化进程中人们的心理危机以及文化的嬗变进行了深刻的读解与反思。

由苏州滑稽戏《满意不满意》改编的同名电影海报

三

苏州滑稽戏是苏州城市民俗生态的一面镜子，见证了城市文明从传统走向现代的历程，也是当代城市文化生态建构过程中重要的传统文化资源，对于丰富和提升城市文化内涵、满足群众多样化的文化需求等都具有重要意义。苏州滑稽戏通过不间断的艺术创造，其时代特征、精神特质、审美体验等经典因子不断地被整合，社会生活的各个方面润物无声地渗透其中，使得苏州滑稽戏能够在更加多元、开放的语境中继续保持鲜活的生命力。

伴随着社会现代化程度的加深，苏州向现代化大都市的目标快速迈进，苏州的城市文化性格也在悄然改变。乡土文化、城镇文化与都市文化之间相互胶合与渗透，是吴文化的现代性特质之一。近年来越来越多的外来人员进入这一地区，占比甚至高于当地常住人口，导致当下滑稽戏的演出除了保持原有的本土艺术风格，还需兼顾这部分观众的欣赏习惯，更多地融入各地方言及现代化的语汇、唱段等。《顾家姆妈》将广阔的社会背景与深邃的历史感结合起来，"宏观着眼，微观落笔"，以小人物的经历反映半个多世纪以来的社会变迁，在不同时空交错中展示人的喜怒哀乐，发掘俗常卑微中内蕴的人性光点，小中见大，一个微小身影承载着历史春秋，突出了苏州底层民间的智慧对人物内心的赎救，折射时代跌宕与文化巨变。《探亲公寓》给"乡下人进城"的主题书写提供了更多的可能性与全新的思考维度。《探亲公寓》中所蕴含的个人的理性与感情、集体的意识与无意识使它具备了空间上的开放性和时间上的超越性。将民族历史与个人世界具象展现在观者眼前，对于社会的作用绝不仅仅是好人好事的讲述，也绝不仅仅是一件事件的起承转合，甚至不仅仅是探讨人与人之间的关系，它是人、社会与世界的一种链接。戏剧故事被置于深度关注中，甚至介入现实的位置。这种关注和介入已经不再是空泛地现场提出几个不痛不痒的问题，而是将力量附着在剧中一个个具体的人物身上，且其中所容纳的丰富人性感悟和认知价值呈现出几代人最深沉的心历路程和文化品格，与现实有对话的能力，获取了一定言说空间，是民族集体记忆和文化无意识的凝练，达到了审美与哲思的高度。《探亲公寓》借助舞台这一空间所能架构和传达的时代宏阔、历史厚度、人性深度、哲学思考和美学追求来进行舞美设计：舞台的主要空间"春来客栈"（后改为探亲公寓）被设计在一个大转盘平台上，既"聚焦"又适合舞台艺术的场景切换；而在舞台两侧看似很简单地安排了舞美支架，却正是简约地表达了城市民工的建筑脚手架，给了这些衬托性演员一个完全融入主题的平台，歌队般的"幕后腔"营造出略带忧伤的情境氛围，进一步增强了音乐风格的统一性，使之更加契合全剧的情感基调。脚手架既现实性地表达反映农民工是城市的建设者，又象征性地表现城市对于他们的压迫感，不回避苦难、不回避艰辛，但是同时又传达出一种希望和昂奋的精神。《探亲公寓》在思想立意、剧情结构、音乐唱腔、舞美呈现等方面均实现了质的跨越，实现了深度的延伸，戏剧的审美层面丰润饱满、幽远曲折，具有触动人心的力量。苏州滑稽戏不仅注重继承传统吴文化的精髓，更不断将新的时代精神注入自身，用智性的写实精神、悲悯的包容精神和韧性的进取精神展现现代苏州人的文化性格，在双向互动过程中给吴文化带来了新质，诗性阐释吴文化的当代精神，展示了吴文化的现代化嬗变，显示出苏州滑稽戏对传统吴文化的现代化更新。

苏州滑稽戏《探亲公寓》剧照

四

由于地域上的优势，吴地很早就成了中国重要的商业集散地和贸易中心之一，吴文化在文化产业中的"文化价值"和"创意价值"两者一直密切相关，成为当地经济发展的有力支撑和内生动力。苏州滑稽戏与市场化运作和现代传播之间也具有非常紧密的联系。从滑稽戏传播生态和表演空间来看，苏州滑稽戏历来善于利用新兴传播媒体，应时而变，推陈出新，积极探索新的演出空间和传播途径，不断适应市民的文化审美需求。

戏剧的电影化，是现代文艺商业化运作的手段之一。在信息与影像时代，借助于娱乐与时尚的大众文化传播力量，使苏州滑稽戏的传播量获得了大幅提升。其中，《满意不满意》（1963年）、《小小得月楼》（1983年）、《三十层楼上》（1986年）、《顾家姆妈》（2013年）四部原创舞台艺术作品先后走上大银幕，拓展了滑稽戏传播范围，获得了新的影响空间。2015年，由中国戏剧家协会和苏州市滑稽剧团共同出品的数字戏曲电影《顾家姆妈》，荣膺第三十届中国电影金鸡奖最佳戏曲片提名，这也是苏州本土电影作品首次入围中国电影金鸡奖提名。苏州滑稽戏的几次"触电"中，《满意不满意》的电影化程度最高，电影语言最为丰富，影响最大，至今仍是苏州滑稽戏作品"触电"的经典范例。电影《满意不满意》中配角众多，面目各不相同。除了为他们设置不同的口音、各自不同的职业以及生活习惯等外在特征，还主要刻画各自鲜明的个性：不吃肥肉的胖师傅；爱写意见簿的顾客；爱占小便宜、斤斤计较的女顾客;"冷面滑稽"张幻尔扮演的专会说"亲爱的顾客同志们"的老张;等等。这些,既有苏州滑稽戏的影子,又为影片增添了很接地气的生活气息。片中杨友生所在得月楼的苏州名菜,服务员吆喝叫菜的吴侬软语,杨友生相亲时作为背景的充满水乡意蕴的苏州园林,水乡独有的出门见河、抬头见桥的城市格局,依河而建的民居,民间的苏绣高手,评弹演出,等等,无不体现出强烈的苏州水城风情。《满意不满意》既呈现了现实生活图景,又保留了滑稽戏的风格化舞台表演特征,是苏州滑稽戏与电影艺术的完美交融。该剧所引起的强烈社会反响和对苏州滑稽戏创作的潜在影响,也奠定了苏州滑稽戏长期坚持现实题材创作的价值取向,确立了以贴近群众、贴近生活、贴近时代的现实题材为突破口,完成由传统向现代的历史性转换,使滑稽戏这一剧种日臻完善和成熟,剧目也变得立意高远、风格清新、有理有趣有味。

  苏州滑稽戏立足于时代改革潮流之中,对吴文化传统性格进行了建构与再创造,在苏州人"柔""小"等文化个性中灌注了时代新风和文化质素,包含着一种超乎生活具象的世俗人生情味,折射出浓郁的江南生活气息与地域文化内核,融合了现实与想象,在写实中又透着一丝空灵,极具现代性。20世纪90年代,经历过80年代剧目建设的低潮与市场化运作模式转型的阵痛,苏州市滑稽剧团成功将滑稽戏与儿童剧进行有机融合,从而获得社会效益与经济效益的双丰收。为适应未成年人思想道德建设工作的需要,苏州市滑稽剧团在各级宣传文化主管部门的关心和指导下,开始创作、演出少儿滑稽剧。剧团将社会问题剧《小城故事多》改编成《一二三,起步走》,对原剧进行深度加工和打磨,使改编后的剧目较原剧有了质的飞跃。从这部剧开始,苏州市滑稽剧团开始探索用滑稽戏的艺术形式来表现儿童剧内容。这是第一次尝试,也是一份成功和完美的答卷。《一二三,起步走》以独特的视角,贴近现实的思想内涵,充满激情的表演,赢得社会广泛关注。2005年元月,《一二三,起步走》正式列入国家舞台艺术精品工程"十大精品剧目"。专家对这部历时近十年、修改数十次的精品剧目的评价是:"儿童剧创作和滑稽戏艺术取得突破性成果的佳作""第一部用滑稽戏的艺术手段创作的儿童剧,丰富了儿童剧的剧目建设"。在此期间,为了进一步探索拓展未成年人思想道德教育的新内容、新途径、新模式,继《一二三,起步走》后,苏州市滑稽剧团又创作了校园滑稽戏《青春跑道》,让滑稽戏站在文学的肩膀上,以剧本文学作为剧目创作的统领与核心，使文本的语汇突显，超越了滑稽戏惯用的白话语汇；同时借用古典园林的精妙构思，践行"崇文、融合、创新、致远"的城市精神，仿效苏州"双面绣"的绝活，实现儿童剧与滑稽戏的又一次精妙对接。2006年6月，《青春跑道》荣获首届"中国戏剧奖·曹禺剧本奖"，标志着滑稽戏艺术在文学品位上取得了质的飞跃。2009年12月，苏州市滑稽剧团增挂"苏州市少儿喜剧实验剧院"牌子，经过近20年的探索实践，苏州市滑稽剧团实现了儿童剧与滑稽戏这两个剧种的有机结合，成功开创了我国民族少儿喜剧艺术的先河，打出了"少儿喜剧——苏州创造"的亮丽品牌。

苏州滑稽戏《青春跑道》剧照

苏州滑稽戏既展示文化价值，亦兼顾文化的经济附加效益，成为创造"文化价值"和"创意价值"的有效载体。苏州市滑稽剧团以自身打造的剧目影响、剧团品牌及其产生的社会效应，多渠道、多方位地开拓经济增长点，真正实现多条腿走路（传统滑稽戏、现代成人滑稽戏、少儿喜剧、定向戏剧作品、组台演出等）的可持续发展，为创作传播优秀有特色的滑稽戏作品提供了很好的发展保障，实现了出人、出戏的良性循环：两次荣获文化部"优秀保留剧目大奖"，三次被评为国家舞台艺术精品工程"十大精品剧目"，四次荣获中国戏剧节"优秀剧目奖"，四次荣获文化部"文华大奖""文华优秀剧目奖"，五次荣获中宣部"五个一工程"奖。每一次获奖，都成为他们继续进行艺术打磨的新起点；而每一次的打磨又会带来观众的认可、掌声与欢笑。这样一种良性循环正是苏州滑稽戏表演艺术所追求的精益求精和持续发展。苏州滑稽戏通过媒体形式的不断交融，媒体内容、渠道、功能层面的融合,使得信息通过多种通道进行传达,借助合适的传承策略和传播策略,实现对受众的更大覆盖并实现最佳传播效果。

传统是根,时代是魂①。苏州滑稽戏在紧扣苏州源远流长的文脉的同时,也进行了很好的创新研究和发展实践,珍视自己的剧种传统,时刻注重传统底蕴与时代精神的交相辉映与渗透契合,在思想立意、剧情结构、音乐唱腔、舞美呈现等方面均取得了很好的成绩,既有历史与现实有机融合的品格,又概括揭示了深远丰厚的文化内涵和人性的意蕴,在艺术上具有超越开放的特征。苏州滑稽戏是吴文化在全媒体时代的审美需求和审美期待中实现文化传承与现代化融合的优秀实践范本,为吴文化多元化、立体化、全方位的形式传达提供了戏剧载体,促使吴文化更快速、更有效地走进人们的视野,让文化的传承成为切实有效的行动。

---

① 苏州市文化局编:《苏州市滑稽戏优秀剧作选》,中国戏剧出版社,1999年,第1页。

任颐画作"诗词破绽"例探

郑志刚 *

摘　要：对"题画诗词"展开毫发入微的"超细读"分析，围绕"掘"对字缝词隙间的疑点进行充分考辨，从而为判定作品真伪提供臂助——于书画鉴定而言，这或许是一条新径。通过探究任伯年《淡黄杨柳带栖鸦》与《关河一望萧索》两件画作，发现前者在画题词句的用字、画中禽鸟的类别等方面存在疑义，而后者的题画词句也暴露出不止一处破绽。

关键词：任伯年；题画诗词；书画鉴定；超细读

2019年5月26日，清末海派著名画家任颐（初名润，字次远，号小楼；后改名颐，字伯年，以字行；今浙江省杭州市萧山区人）的一组花鸟四屏作品中的首幅《淡黄杨柳带栖鸦》，在佳士得香港春拍"中国近现代书画"专场的预展现场，被一个孩子拦腰撕断。这组拍品（第1393号）的总估价，在130万元至219万元人民币之间。佳士得官方回应，"撕画事件"发生后，该展品已撤拍。据媒体报道，任氏作品流入港、台地区颇多，"香港的苏富比和佳士得两大拍卖行从1986年开始每年都拍卖任伯年画作"[1]。

从悬诸网端的相关图片辨察：《淡黄杨柳带栖鸦》一作，整体上为对角线构图，柳枝、柳叶穿插错布，一双鸟儿居中而栖；柳叶、柳枝的设色分别

---

* 郑志刚，1976年生于河南武陟。民盟盟员。南京大学考古学博士。中国美术家协会会员，中国书法家协会会员，中国文艺评论家协会会员，中华诗词学会会员，中国楹联学会会员，中国汉画学会会员，河南省美术家协会理事，河南省文艺评论家协会理事，河南省中国画学会理事，民盟中央美术院河南分院常务理事。郑州大学美术学院特聘硕士生导师，大连大学书法研究所客座教授。现供职于河南省书画院，二级美术师。

① 满奕、唐瑶：《遭意外损毁 佳士得撤拍任伯年200万估值画作》，《北京青年报》2019年5月28日，第A12版。

以花青、赭石为主，双鸟则颈部为白色，其余头、背、尾、胸、腹等部位浓、淡墨间施；画面左上角单行题款"淡黄杨柳带栖鸦，光绪己丑夏四月上海，山阴任颐伯年"共22字，"年"下钤盖方形印章一枚，印文莫辨。"光绪己丑"为公元1889年，该年任氏49岁，艺术已臻巅峰之境，有《麻姑献寿图》（纸本设色，149.5cm×80.5cm，中国美术馆藏）、《试箭图》（纸本设色，149cm×81.5cm，中国美术馆藏）、《天竹》（纸本设色，128.9cm×56.1cm，中国美术馆藏）等主要作品面世。

对于这起未成年人在"非故意"状态下造成的艺术品损毁事故，若说监护人有看管不力之责，那么，展示方想必亦难辞"安保措施欠缺"之咎。这里暂且撇开是非，着重谈谈画作暴露出来的"诗词疑窦"及其他可能存在的"破绽"与"硬伤"。

一、"暗""带"之辩

任伯年这件被撕毁的花鸟条屏，画题为"淡黄杨柳带栖鸦"，出自宋朝贺铸的闺情词《浣溪沙·楼角初消一缕霞》，原句为"淡黄杨柳暗栖鸦"。曾任南京师范大学教授、中国韵文学会会长的词坛耆宿唐圭璋，生前对兹词作释，评云："此首全篇写景，无句不美。'楼角'一句，写残霞当楼，是黄昏入晚时之景。'淡黄'一句，写新柳栖鸦，于余红初消之中，有淡黄杨柳相映，而淡黄杨柳之中，更有栖鸦相映，境地极美。"[1] 唐氏评语，敏锐捕捉到了落霞之残红、杨柳之鹅黄，以及在这两种"条件色"综合作用之下的栖鸦的颜色，但似乎并未对"暗"字进行充分讲释。

结合"淡黄杨柳暗栖鸦"的句意来看，"暗"字或可作两解，"暗""栖"二字的词性亦随之发生相应变化。其一，不亮，没有光。《说文解字》："暗，日无光也。"句中"暗"字，系形容词活用为使动词；"栖"为动词，做"鸦"的前置定语。在此基础上徐徐铺展的词景是，傍晚时分，亮度偏低的两种暖色——残霞之红与杨柳之黄，使枝丫间剪影般的栖鸦显得愈加"冷"而"暗"。但事实上，鸦的"固有色"并非全黑，而是背黑而腹白（《小尔雅·广鸟》："纯黑而反哺者，谓之慈乌。小而腹下白，不反哺者，谓之鸦乌"）。所

---

[1] 唐圭璋选释：《唐宋词简释》，上海古籍出版社，1981年，第118页。

以，贺铸词句中呈现出来的，应当是一种混糅了红、黄、绿、白、黑等色彩的整体"环境色"。在前贤名作中，类似的例子并不鲜见。譬如，唐朝温庭筠《寒食日作》中的"红深绿暗径相交"、宋朝王安石《题西太一宫壁二首》中的"柳叶鸣蜩绿暗，荷花落日红酣"等。其二，不公开的，隐藏不露的。句中"栖"字做谓语动词，"暗"字为副词做"栖"的状语。从这个角度上理解，"鸦"是暗暗地潜栖于杨柳的枝叶丛中的。

再看任伯年的画题，易"暗"为"带"，一字之改，尽管格律未受影响，却使流溢在字里行间的"滋味儿"有所变异。前者在色彩、光影、情绪等方面的错综叠织与细腻表达，与王维《过香积寺》中的"日色冷青松"之"冷"字，有异曲同工之妙，是后者所不能比拟的。而一个"带"字，无论在句中还是画面上，似乎都无法得到合理解释。什么带？带什么？怎么带？莫名所以，境、韵俱亏，令人扼腕。追究起来，"淡黄杨柳带栖鸦"的源头或许应是元杂剧《西厢记》中红娘的唱词"淡黄杨柳待栖鸦"。"带""待"同音，谅属误引。

然而，也有明确支持"带"字的文献。姑举两例。其一，"不近喧哗，嫩绿池塘藏睡鸭[①]；自然幽雅，淡黄杨柳带栖鸦"[②]。其"注释"为："淡黄杨柳带栖鸦，贺方回（贺铸，字方回）浣溪沙词句。"[③] 王季思是以研究《西厢记》而奠定一生学术地位的著名戏曲史论家和文学史家，经其校注的文献，按说不应当有太过醒目的舛错。其二，宋朝吴开《优古堂诗话》"咏荷花"条："贺方回'淡黄杨柳带栖鸦'、秦处厚'藕叶清香胜花气'二句，写景咏物，可为造微入妙。"[④] 按《优古堂诗话》的今存版本，有"明仁宗洪熙元年（1425）三月六日林子中手录本（中国国家图书馆藏）"和"四库全书本"两个系统，兹从前者。

[①] 任伯年有花鸟立轴《嫩绿池塘藏睡鸭》（纸本设色，1883年，118cm×39.6cm，中国美术馆藏），见中国美术馆官网 http://www.namoc.org.；另见《中国美术馆藏近现代中国画大师作品精选·任伯年》，人民教育出版社，2005年，第66页；又见《任伯年全集》（第3卷），人民美术出版社、天津人民美术出版社，2010年，第158页。

[②] （元）王实甫：《西厢记》，王季思校注，上海古籍出版社，1978年，第117页。

[③] （元）王实甫：《西厢记》，王季思校注，上海古籍出版社，1978年，第122页。

[④] 丁福保辑：《历代诗话续编》（上），中华书局，1983年，第270页。

二、"钟馗"之惑与"斗牛"之陋

能否因为画题"淡黄杨柳带栖鸦"有疑问,就对画家的整体诗文素养持保留意见呢?实际上,任伯年虽然画艺超拔,但还真算不上诗文高手。

任氏出身市井,鬻画谋食,的确未能饱读诗书、胸罗万卷。成年后迫于生计,为了多作画、多卖画,大概也挤不出太多精力去学诗、作诗,长此以往,诗词创作方面的兴致与水准势必削弱。"海派画家又被称为职业画家或经济型画家……首先是为生存而作画,而不仅仅是一种爱好……不像传统文人画所表达的多为画家自己的情趣。"[①]毋庸讳言,任氏对在画面上题写诗文并无自信。其多数作品只有创作时间、地点、为何人而作以及自己的籍贯、姓、名、字、号等数项,部分作品甚至仅具穷款"伯年"或"任颐"。在他的画面上,常见单行题款如大漠烟缕般孤悬(例见朱笔立轴《仿金农钟馗图》,纸本设色,133cm×66cm,1880年,清华大学美术学院藏,载《任伯年全集》第3卷,第1页),若斯情状曾一度被刻薄者不无形象地讥为"一炷香"[②]。对此,连潘天寿也认为:"他(任伯年)的题跋不多,画上只有署名,或只写光绪某年于沪上等等,这倒是他的缺点所在。"[③]而蔡若虹的《读画札记》则为之辩解:"画上题诗不等于画中有诗,任伯年很少在画上题诗,可是他的作品却很富有诗意。"[④]客观来看,这话说得也许不能算错。对任氏而言,"诗"是画出来的,而非写出来的。

在任伯年为数不多的有诗词画题的作品中,自撰诗词尤其罕见。这应当与其诗思窘涩、不善吟哦有关。兹以其两首题画诗举隅。其一,《题〈哦诗钟馗图〉》:"不绘钟馗趋殿时,写他弹铗哦新诗。如今畿辅称宁服,无劳先生吸魅魑。"[⑤]此诗押"支"韵,意在讴颂河清海晏、盛世升平。而实际上,任氏

---

① 马翠兰:《萧山任氏家族对任颐绘画成就的影响》,《杭州文博》2005年第1期,第68—69、54页。
② 龚产兴:《任伯年综论》,载《任伯年全集》(第1卷),人民美术出版社、天津人民美术出版社,2010年,第12页。
③ 潘天寿:《任伯年的绘画艺术》,载《任伯年全集》(第6卷),人民美术出版社、天津人民美术出版社,2010年,第10页。
④ 蔡若虹:《读画札记》,载《任伯年全集》(第6卷),人民美术出版社、天津人民美术出版社,2010年,第12—19页。
⑤ 龚产兴:《任伯年综论》,载《任伯年全集》(第1卷),人民美术出版社、天津人民美术出版社,2010年,第8页。

（1840—1895）生逢西方列强环伺、满清王朝衰弊之时，"畿辅"哪里有片刻安宁可言！一边是魑魅横行、民瘼深重，一边却"无劳"钟馗，令其"弹铗哦诗"消磨光阴，这恐怕不太容易被理解。如果说诗句中流露出某种阿曲心态，那么，全诗的格调就必然要受到影响。另外，从具体技法看，"哦""劳"二字平仄失当，导致格律上存在硬伤。其二，《题〈斗牛图〉》："丹青来自万物中，指甲可以当笔用。若问此画如何成，看余袍上指刻痕。"① 此诗的创作背景是，任伯年偶遇二牛相斗的精彩场面，而苦无纸笔写生，情急之下，用手指在身穿的袍子上勾画记录形象，遂成《斗牛图》之粉本。客观而论，这首诗稚嫩浅白、生涩趔趄，整体水准远逊于《题〈哦诗钟馗图〉》。由于其在用韵、平仄等方面有着多处谬误，所以断难称为"近体诗"，甚至连算作"古体诗"也有点勉强。

三、"关河一望"背后的破绽

或许可以这样说，基于对自身诗词创作能力局限性的冷静认知，同时亦为职业卖画生涯所迫，任伯年遂尔选择避难就易，逐渐习惯于对前人诗词作品进行采择、加工，或照录（譬如：一件作于1885年的人物立轴题"春风得意马蹄疾，一日看尽长安花"，为唐朝孟郊的七绝《登科后》原句；一件题作"西施昔日浣纱津，石上青苔思杀人。一去姑苏不复返，岸旁桃李为谁春"，系唐朝楼颖《西施石》原诗；另一画题"雨打梨花深闭门"，乃取宋朝李重元词作《忆王孙·春词》原句），或改易（将"立望关河萧索"改作"关河一望萧索"），或嫁接（有作品画题"夕阳牛背影如山"，组拼自宋末元初画家龚开《瘦马图》诗中的"夕阳沙岸影如山"与明朝程敏政《题画牛》诗中的"夕阳牛背影差池"两句），等等。如上情状，可在《任伯年全集》②《中国美术馆藏近现代中国画大师作品精选·任伯年》③《任伯年年谱》④《任伯年花鸟画精品集》⑤ 等可信度较高的图籍文献中得到印证。

---

① 龚产兴：《任伯年综论》，载《任伯年全集》（第1卷），人民美术出版社、天津人民美术出版社，2010年，第12页。
② （清）任伯年：《任伯年全集》（全6卷），人民美术出版社、天津人民美术出版社，2010年。
③ 《中国美术馆藏近现代中国画大师作品精选·任伯年》，人民教育出版社，2005年。
④ 丁羲元：《任伯年年谱》，上海书画出版社，1989年。
⑤ 任伯年：《任伯年花鸟画精品集》，天津人民美术出版社，2013年。

这里特别谈谈任伯年人物画中的代表作之一《关河一望萧索》[①]。画题"关河一望萧索"（平平仄仄平仄），改自宋朝柳永《曲玉管·陇首云飞》："立望关河萧索"（仄仄平平平仄）[②]。后者依谱填词，有严谨的格律，经任氏"搅局"之后，不仅格律乱了阵脚，整体意境也贫弱、空瘦不少。柳词中的"立"字，首先交代了主体人物的身姿架势，紧接着一个"望"字，既是对"立"的有效补充，又简要勾勒了人物神情。事实上，正是有了如上两个极具握持感的动词的次第介入，苍茫崄阔的"关河"，才在视觉与意绪上愈加显得"萧索"。这是近与远、实与虚的相互作用，是矛盾的同一性和斗争性原理在诗词艺术中的现验。相比较之下，"关河一望萧索"便因为缺少明晰、紧凑、有力的"近景式"动词，而容易招致空泛、含糊之弊。再看任伯年的画面：一名孤寂的边塞旅者，倚羸马而怅立，遥望雁阵惊寒，满幅衰飒忧抑，实为画家蒿目时艰之作，并显然对柳词原句进行了深度借鉴。移录前贤诗词名句用作画题，本为自我"增色"之举，却偏要"动手动脚"，最终反倒暴露了诗文素养不足的破绽。有意思的是，数十年之后，著名画家傅抱石的《关河一望萧索》（纸本设色，65cm×75cm），在未做溯探的情况下，"完抄"了任氏画题。观傅氏画面，左上角篆书署款"抱石蜀中写"，右下角意笔勾染人物、马匹，其余部位则大面积散锋淡墨、皴搓泼擦，极尽虚实、疏密对比之能事。兹画未具创作年月，就笔墨风格看，或出自20世纪40年代的重庆金刚坡时期。

此外，美术史论家龚产兴曾经撰文："画家从19世纪80年代开始画《关河一望萧索》。……8年之间，仅笔者所见就有8幅之多。1881年1幅，1885年4幅，1888年2幅，《芥子园画谱》上还有一幅（没有纪年）。画家在1885年画的一幅《关河一望萧索》上题曰：'唐人警句也，有感于斯，常绘其图。乙酉仲冬。'（见《南画大成》卷七）……《关河一望萧索》确实是19世纪80年代中国社会的不幸写照。"[③] 这段话有两点值得注意：一是，任伯年将并不高妙的"关河一望萧索"，至少重复题写过八次；二是，任氏题画认为，经自己

[①] 见《任伯年全集》第4卷第51页（立轴，1885年）、第5卷第232页（1885年），人民美术出版社、天津人民美术出版社，2010年；另见《任伯年人物画精品集》，天津人民美术出版社，2013年，第40页，第47页。

[②] 龙榆生编撰：《唐宋词格律》，上海古籍出版社，1978年，第173页。

[③] 龚产兴：《任伯年综论》，载《任伯年全集》（第1卷），人民美术出版社、天津人民美术出版社，2010年，第10页。

"改装"过的"关河一望萧索"是"唐人警句"——这个结论足称荒诞。

四、"鸦""燕"硬伤

细加审视，花鸟屏条《淡黄杨柳带栖鸦》之上，还存在一处容易被忽略的"硬伤"。网上图片尽管不够清晰，但依然不难发现，画中一对鸟儿的颈部羽毛呈白色——这与"鸦"的概念不符。

《小尔雅·广鸟》："纯黑而反哺者，谓之慈乌；小而腹下白，不反哺者，谓之鸦乌；白项而群飞者，谓之燕乌。"由此可知，鸦乌、燕乌虽然同属于"乌"，但前者"白"在腹下，后者"白"在脖颈，有着一目了然的区别。此外，在现代汉语语境中，"鸦"的概念也被限定为"专指腹部白色的鸦类"[①]。所以，《淡黄杨柳带栖鸦》虽然题的是"鸦乌"，画的却是"燕乌"。这样的错误，对异常重视临摹写生的任伯年来说，几乎是不可想象的。

徐悲鸿有言："伯年之翎毛花卉，乃三百年来第一人，其下笔之精确而流利，显见其胸中极有把持也。伯年初随其叔渭长阜长习双钩写生，故能详悉花鸟之形。"[②] 据此看来，任氏在花鸟"写实"造型方面的超迈造诣，是令徐氏心折的。而这种炉火纯青的水准，得益于平素铢积寸累的功夫。"任伯年平日重视写生，悉心观察生活，深切地掌握了自然形象，所以不论花鸟人物有时信笔写来也颇为熟练传神。……任每当外出，必备一手折，见有可取之景物，即以铅笔钩录。"[③]

关于任伯年创作技法之精熟、态度之矜慎，兹有例可证。年逾不惑之后，任氏曾描绘过一种名为"蜡嘴雀"的鸟儿。其中一件《蜡嘴》，作于"光绪辛巳（1881年）秋九月"；另一件《枇杷》（款署"山阴任颐"，或作于1884年至1885年），系中国美术馆藏《没骨花卉图册》（全册10开，绢本设色，29.3cm×41.7cm）中之一帧。这两幅画"鸟的位置、站在枝条上的形态以及树枝的走向都极为相似"[④]。前后比较，如果是同一个画家，这边能把"雀"画

[①] 汉语大字典编辑委员会编：《汉语大字典》（缩印本），湖北辞书出版社、四川辞书出版社，1992年，第1918页。
[②] 徐悲鸿编选：《徐悲鸿选·画范（动物）》，中华书局，1939年，第24页。
[③] 沈之瑜：《关于任伯年的新史料》，《文汇报》1961年9月7日，第4版。
[④] 王菌薇：《任伯年"写实"观念影响下的徐悲鸿》，《美术观察》2015年第9期。

到若斯稔腻的程度,那边却连"鸦"的羽色分布都掌握不了,恐怕要令人愕然。

五、伪作肆行

事实上,在各级拍卖市场上,署名"任伯年"的假画一度风行,早已是公开的秘密。在《任伯年全集》的编辑、出版过程中,相关人员曾对通过非拍卖流通途径收集到的2000余件作品进行鉴定,发现假画竟占1/4。而逐一筛查历年拍卖累计的2000余件任氏作品,赝品亦高达80%以上。更有浙江某地产商,关注拍卖,多年购藏,积有任氏不同时期的作品廿余件,居然全军覆没,无一幸免"疑似伪作"的结局。①

此外,令人震惊的是,"国家级美术收藏单位和高等美术院校的收藏品中,同样存在为数不小的伪作和仿品"②,还有"著录有序的直隶大省博物馆的藏品几经辗转周折,现在竟查无下落,去向不明"③,此处提及的"直隶大省博物馆"所藏任伯年作品"失踪"一事,具体情况究竟如何,尚待求证于日后。

溯而观之,"晚清至民国间,任伯年作品就有仿作伪画充斥于市;有的是任雨华或任氏弟子代笔,任伯年落款;有的则是具有水准的民间画手,冒任伯年之名而谋利。"④这里的"任雨华"为"萧山任伯年之女,工山水,有家法"⑤。由于长期耳濡目染,此女临摹其父画作几能乱真。"据说伯年死后,所有印章均归雨华。"⑥任氏于1895年12月19日病逝于上海之后,家眷生计一度陷入困顿,"幸其女霞,字雨华,传家学,鬻画以养母抚弟,且常署父名以图易售,伯年画遂充斥于市,真赝为之淆乱矣"⑦。

---

① 于瀛波:《〈任伯年全集〉编后杂感》,《中国美术》2010年第2期。
② 于瀛波:《〈任伯年全集〉编后杂感》,《中国美术》2010年第2期。
③ 于瀛波:《〈任伯年全集〉编后杂感》,《中国美术》2010年第2期。
④ 于瀛波:《〈任伯年全集〉编后杂感》,《中国美术》2010年第2期。
⑤ 黄宾虹:《古画微》,载上海书画出版社、浙江省博物馆编《黄宾虹文集》书画编(上),上海书画出版社,1999年,第237页。
⑥ 龚产兴:《任伯年综论》,载《任伯年全集》(第1卷),人民美术出版社、天津人民美术出版社,2010年,第5页。
⑦ 郑逸梅:《小阳秋》,日新出版社,1947年,第1—2页。

六、余论

由前文对任伯年画作《淡黄杨柳带栖鸦》及《关河一望萧索》的多维度探辨，可得出如下认识：在书画鉴定作业过程中，自题画诗词的罅隙间切入，析疑匡谬、穷原竟委，从而达到澄察本相、去伪存真的目的，或不失为一条新异的路径。

大略而言，时下书画鉴定的两种主要方法，是"目鉴"与"考订"。两者相辅相成，后者勘补前者之不足，"可以解决没有可据比较的作品真伪时代，而且可能找出客观的不容置辩的铁证"[①]。值得尝试的是，将题画诗词作为鉴定作业之"抓手"，糅合目鉴、考订两种方法之优势元素，在极易被人忽略的字梢词杪、句缝行间，展开"把细读朝着更为精微和敏锐的方向发展，把审视和分析的目光集中到一些能够反映出艺术家特殊意图的细节上"的"超细读（super close reading）"[②]，不放过任何蛛丝马迹，从而力求捕获"不容置辩的铁证"。

当题画诗词以其"语言艺术"的固有特性，植入作为"视觉艺术"的画面之后，或将对观者的读、析、赏、鉴行为产生"创造性"干预。在有质量的鉴赏过程中，句子的原生内涵首先得以解冻，然后再主动配合笔墨形象，为作品的格韵建构和真赝判定提供匡助。通过上文对"淡黄杨柳带栖鸦"与"关河一望萧索"的考索，我们也许可以清晰地感受到这一点。

---

① 薛永年：《徐邦达与书画鉴定学》，《故宫博物院院刊》2010年第6期。
② 巫鸿：《马王堆一号汉墓中的龙、璧图像》，《文物》2015年第1期。

文学研究的图像转向与大文化史观

郑珊珊*

摘　要：文学研究业已迎来"图像转向"，近年来文学研究者们对图像学不断借鉴并超越，既吸收西方的理论资源，也努力发掘中国文化自身的理论潜力，研究方法日臻成熟。这体现出文学研究界日益重视一种开放的、多元的文学史观，文学学科空间不断扩张，将更多的文学形态和现象纳入研究视野中，以更开放的眼光去开拓新的文学研究进路。这样的文学研究展现了多维度的学术活力，也是为"图像时代"文学研究的变革积蓄力量。

关键词：图像转向；文化史观；文学研究

近年来，人文社会科学呈现了图像转向的研究趋势，文学研究亦是如此。在这一背景下，"大文学"成为热点概念，引发了许多学者对文学研究路径的重新审视与思考。杨义从《周易》的"物相杂，故曰文"和"观乎人文，以化成天下"出发，思考文学与文化，提出"必须以大文学观，才能总览文学纷纭复杂的、历史的、审美的文化存在，深入其牵系着人心与文化的内在本质，展示其广阔丰饶的文化地图，揭示其错综纷繁的精神谱系"。[1] 从这种意义上来说，大文学观就是一种大文化史观，文学应以开放的姿态面向历史，面向所有的文化存在。早在1997年，杨义等在其《中国新文学图志》[2] 中通过109个文学主题和500多幅图编撰"文学图志"，这可谓是大文化史观的早期实践。而今，提倡大文化史观，兼容文学的多样性，已成为学界共识。"文

---

* 郑珊珊，博士，东南学术杂志社副总编辑、副编审，主要研究方向为中国古代文学。

[1] 杨义：《以大文学观重开中国现代文学史写作的新局》，《湖北大学学报》（哲学社会科学版）2013年第3期。

[2] 张中良、中井政喜合著，杨义主笔：《中国新文学图志》，人民文学出版社，1997年。

学的问题、艺术的问题不得不纳入更大的也更为复杂的社会历史的总体发展格局之中。"① 近年来，这般丰富多维的研究思路已产生了不少优秀成果。它们不局限于一般的文学研究，而是关注图像背后更广阔更丰富的历史文化，并探索文字与图像两种介质的功能互补与互动，重新体认包括文字与图像在内的各种资料的时代思想和价值观念。随着近年来历史学、文学、艺术学、社会学对图像研究的关注度与日俱增，这种研究方法也被不断深入开拓，日臻成熟，"一方面重视吸收西方的理论资源，另一方面，则努力发掘中国文化自身的理论潜力"②，也为文学研究的图像转向提供更多启发。

一、图像学介入

中国历史文化中一直存在图像运用的传统，正所谓记事摹物，书画同源，中国文字所具有的象形特征，表明其从一开始就与图像密不可分。虽然近年兴起的图像研究热潮，很大程度上是受到了西方图像学（iconology）的启发，但不少学者不忘本来、吸收外来，显示出了致力于发掘中国文化自身的理论潜力，从而超越西方图像学的学术追求。

图像学原是西方美术史研究的一个分支，起源于19世纪，是关于图像的阐释和研究。近年来，随着图像化时代的到来，国内图像研究日趋兴盛，且明显受到西方图像学的影响。然而，越来越多的国内学者注意到了宋代学者郑樵的一段论述：

> 图，经也。书，纬也。一经一纬，相错而成文。图，植物也。书，动物也。一动一植，相须而成变化。见书不见图，闻其声不见其形；见图不见书，见其人不闻其语。图至约也，书至博也，即图而求易，即书而求难。古之学者为学有要，置图于左，置书于右，索象于图，索理于书，故人亦易为学，学亦易为功，举而措之，如执左契。③

这段话既指出古之学者早已有"左图右史"的阅读传统和研究传统，也

---

① 李怡：《大文学视野下的近现代中国文学》，《社会科学研究》2016年第5期。
② 王风：《陈平原先生旁论——代主持人语》，《名作欣赏》2019年第1期。
③ （宋）郑樵：《通志二十略》，王树民点校，中华书局，1995年，第1825页。

道明了图与书相结合对于为学的重要意义。陈平原曾分析郑樵以及中国古代的图像观:"郑樵排斥'虚文'而注重'实学',故特别强调图谱对于经世致用的意义""'图''书'携手的重要性,并对时人之轻视图谱表示大不以为然。"遗憾的是,虽然郑樵十分推崇图像,而且中华图像传统源远流长,"中国曾有过书图并举的时代",可是"国人'以图叙事'的传统始终没有真正建立。即便让今人赞叹不已的绣像小说戏曲,其中的图像仍然是文字的附庸,而不曾独立承担书写历史或讲述故事的责任"。①

曾有学者回溯了中华文化中的图像传统,基于中国文字的本质属于象形文字,与图像同源,将图像传统上溯至新石器时代的彩陶纹样与先民岩画,并认为这种图像传统在中国古代文学、历史、政治诸方面都有着持久而广泛的生命力,在社会生活中发挥着语言文字所无法替代的作用,既有"叙事"作用,也有解释并进一步阐发文字的作用,还有普及文化、宣传教化的使命。②然而,图像传统与文字传统根本无法相比拟。虽然人类诞生之初是用图像来记事的,但随着文明的发展,图像的局限性也越来越突出,难以表达复杂抽象的思想,于是符号化、抽象化的文字逐渐代替了图像。文字与图像虽然都有叙事记事的作用,但图像更为具象,而文字则更接近思想。"语言是思想的直接现实。"③在表达的明确性、丰富性、系统性和深刻性上,语言转化的文字比图像明显更有优势。而且,作为日常交流的工具,文字也早已为人们所习以为常,能够更便捷地表达思想,其表达的思想也更容易为他人所理解和传播。而图像则需要经过一些系统的训练,才能为人所熟练掌握。此外,古代受限于技术,图像的复制远比文字难得多,因而图像传播的难度远大于文字。在复印技术发明以前,古人要复制图像只能靠人工临摹或雕刻,可临摹和雕刻都很难达到与原图并无二致,这就影响了图像传播的普遍性和准确性。而复制文字的困难要小得多,因此文字传世的可能性远高于图像。不仅中国图像传统如此,放眼全世界皆然。

---

① 陈平原:《左图右史与西学东渐——晚清画报研究》,生活·读书·新知三联书店,2018年,第176—179页。
② 刘跃进、周忠强:《"左图右史"的传统及图像在古代社会生活中的运用》,《苏州大学学报》(哲学社会科学版)2015年第3期。
③ [德]马克思、[德]恩格斯:《德意志意识形态》,载《马克思恩格斯全集》(第3卷),人民出版社,1960年,第525页。

晚清画报改变了中国数千年来的重文字而轻图像的传统。画报"以图像为中心"的叙事策略和"图配文"的形式可谓有颠覆性的意义：画报有意让图像替代文字而成为新闻报道、知识传播的主角，在画报这一信息传播媒介上，图像的重要性首次超过了文字。这一变革既凸显了图像的独立性和主体性，也突出了画师的重要地位，进而引发了中国绘画领域的革新。可以说，这是技术革新、媒介革新与时代思潮推动的重大文化变革，在新闻史、美术史与文化史上都有重要意义。

受传统观念影响，长期以来我国学术研究对文字的重视远甚于图像，甚至相当多的学者忽视了图像的文化和史料价值，缺乏以图像透视历史、解读历史的自觉意识。近年来国内图像研究兴起后，还显露了一些问题："有的图像被过分还原为文字，研究者注意到它的叙述内容，却不注意图像的形式意味，于是图像还原成了文献，像近年各国学者对《点石斋画报》的一些精彩研究，可是这里的内容如西风东渐，如社会风俗，只是作为社会史的资料被使用。"① 基于此，图像学理论的借鉴意义和参考价值就显得颇为重要。

著名的图像学学者欧文·潘诺夫斯基曾把图像研究的主题分为三个层次：一是第一性或自然的主题，正确鉴别图像上可识别的事物即艺术母题；二是第二性或程式主题，关注艺术母题与艺术母题的组合（构图），与主题或概念联系在一起，对图像、故事和寓意进行认定和正确分析；三是内在意义或内容，发现和解释图像的象征价值，对"揭示了一个民族、一个时代、一个阶级、一个宗教或一种哲学学说的基本态度"的某些根本原理加以确定。② 潘诺夫斯基坚持"图像是整体文化中的一个组成部分""为了解释图像中的信息，必须熟悉文化密码"。③ 贡布里希认为，图像有三种功能：一是再现功能，再现了可见世界中的某物；二是象征功能，象征了某种理念；三是与艺术家个人有关的象征，通过这种象征，一个图像可以变成艺术家意识或无意识心理的表现。这三种功能可能同时表现在一幅具体图像中，而我们对图像的看法

---

① 葛兆光：《思想史研究视野中的图像》，《中国社会科学》2002年第4期。
② 参见［美］欧文·潘诺夫斯基《图像学研究：文艺复兴时期艺术的人文主题》（戚印平、范景中译，上海三联书店，2011年，第3—7页）、［英］彼得·伯克《图像证史》（杨豫译，北京大学出版社，2008年，第43页）。
③ ［英］彼得·伯克：《图像证史》，杨豫译，北京大学出版社，2008年，第44页。

与我们的宇宙观有着不可分割的联系。①葛兆光曾指出:"图像不仅用模拟表达着取向,以位置传递着评价,以比例暗示着观念,更以变异凸显着想象。"②图像反映的不仅仅是场景,还有图像制作背后的情态。

真实是复杂而多层的,当我们谈到"真"时,其实往往有两个层面,一个是可称之为"事态之真",也就是如实地反映场景,另一个则是"情态之真",即对场景下情感的反映。虽然摄影也可以通过取景框的设定表达操作相机者之思想情感,但绘画显然更善于反映"情态之真",以及"情态"组织下之"事态"。③

图像研究必须层层深入,通过图像与其他历史资料的互动,在跨学科语境中辨析图像,解读其中的文化意识,从而开掘出丰富的深层历史价值。图像呈现的是画家眼中的事物,不可避免带有画家的主观性,未必符合客观历史事实,但这种主观也是一种历史真实,代表了一定的思维方式和社会心态;图像被制作出来,是带有功能性和目的性的,往往在当时的社会生活和文化建设中发挥了作用;图像是静态的,表现的是某个时间断面的事物,却蕴含了丰富的动态的历史信息;要避免从单一维度去理解和解读图像,如至少可从生产和接受两个角度去考察图像,作为艺术品的图像和作为商品的图像在本质上有着许多差异,前者主要表现画家的艺术性,后者主要是迎合大众的兴趣。这些启发还仅仅是笔者一些简单的思考,无论如何,图像研究都需要研究者坚持全局的视野,运用强大的综合解读能力,去解读图像的里里外外和方方面面。

二、超越图像学——以《左图右史与西学东渐——晚清画报研究》为例

对于文学研究来说,陈平原的《左图右史与西学东渐——晚清画报研究》

---

① [英]E. H. 贡布里希:《象征的图像——象征的哲学及其对艺术的影响》,载杨思梁、范景中编选《象征的图像——贡布里希图像学文集》,上海书画出版社,1990年,第215页。
② 葛兆光:《思想史研究视野中的图像》,《中国社会科学》2002年第4期。
③ 胡一峰:《晚清画报知多少》,《大公报》2019年5月27日,第B8版。

（后文简称《左》，为免行文烦琐，后文出自该书的引文均只随文标明出处页码），提供了吸收借鉴图像学的一种研究进路。《左》通过对画报及相关史料的精细处理，深入发掘晚清真实的社会场景和历史细节，进而论述其历史价值和意义。值得注意的是，《左》的研究不止于研究图像本身，作者更关注的是文字与图像之间的关系。这可谓是借鉴叙事学理论对图像学的超越。其实早在 30 年前，陈平原就曾进行"沟通文学的内部研究与外部研究，把纯形式的叙事学研究与注意文化背景的小说社会学研究结合起来"[①]。关注图像与文字之间的张力，也是基于这种沟通内外、结合不同研究方法的模式。

"晚清画报的最大特点是图像优先，但这不等于说文字可有可无。没有文字的铺张扬厉、拾遗补阙，乃至画龙点睛，则'新闻'过于单薄，'纪事'难得诱人。某种意义上，晚清画报中图像与文字之间的'悲欢离合'，既充满戏剧性，也是其独特魅力所在。"（第 47 页）图像中的文字一般简短平实，作为对图像的简单说明，以往常常被学者所忽略。而陈平原指出："图像中的文字，如果并非只是简单的标识，而已经成为画面整体不可分割的有机组成部分，那就有必要追究画家如此构图意义何在，以及文字本身是否具有独立价值。"（第 189 页）确实，这些文字不见得有很大的文学性和审美价值，难以进行深刻的文本分析；但它们也具有叙事功能，承载了一定的思想。《左》从文人画题跋追溯"图中文"的渊源和传统，再将其与民间版刻图像和文人画跋进行对比，说明了晚清画报图像中的文字具有一定的审美价值、叙事和文化评论功能。画报的图像优先是一重大变革，是受西方的科技和文化影响，为传播新知而产生的策略。但文字作为画报的另一重要组成部分，与图像实为一个整体。"图文并茂"的出版方式创新了图文关系，开辟了新的艺术空间，是对中国书画传统的继承和变革，而变革就是接受新知。其实细究之下，晚清大部分文化领域的变革往往都是接受新知与转化传统并重，这是东西方文化强烈碰撞的自然结果。图与文之间的张力，正如晚清旧学与新知之间常常碰撞而产生的火花。众所周知，晚清面临着中华历史上"三千年未有之大变局"，西方的科技文化对古老的中国造成了全面冲击。画报本身就是"舶来品"，是因为西方的石印术传入而产生的，画报的内容和形式故而也体现了西

---

① 陈平原：《中国小说叙事模式的转变》，上海人民出版社，1988 年，自序，第 2 页。

方科技文化的深刻影响。因此,《左》以画报中的图文对峙切入,试图勾勒晚清大变局的一个侧面。

画报固然以图像叙事为中心,但作为媒体,新闻仍是其内核,其图像叙事和文字叙事,均是为新闻服务的。但在新闻报道中,图像有其局限性:"晚清画家之描摹战争场面,其实大同小异;差别主要靠画中的文字,以及与之对应的文章来体现。"(第 281 页)图像很难完整地将所有新闻要素清晰表达出来,不得不借助文字补充说明来完成新闻报道。而且,精要的文字可以恰到好处地凸显图像的意义和关键。这样看来,画报图像中的文字仍是图像的附庸,不具有完全的独立性。

由于画报的媒体属性,画报图像中的文字更多地属于新闻而非一般意义上的文学。新闻的叙事形态比文学要简单得多,新闻叙事是以再现事实为目的,而文学的目的主要在于作家的艺术表达,而非事实。可是,图像中的文字表达空间有限,要以简短的文字清楚说明时事,又要引发读者的兴趣,必须兼具文采,因而画报的文字作者一般有较高文学修养,他们在创作时不免流露了自己的风格和思想。《左》注意到画报中的文字往往并非纯粹的新闻报道,而是"介于记者的报道和文人的文章之间:比前者多一些铺陈,比后者又多一些事实。不只是叙事,往往还夹杂一点文化评论"(第 48 页)。更有甚者,如《时事画报》的一些文字作者,摆脱了"图中文"的框框,采用"图外文"的形式,自由发挥,单独撰文,与配合的图像各具独立叙事功能。当然,这与报刊的定位有关,《时事画报》的宗旨不仅仅是报道时事、传播新学,它还有鼓吹革命的政治理想。这样一来,图像叙事就显得有所浅显不足,需要辅以文字加强渲染,并加强思想深度。如《时事画报》在描绘俄国革命博物馆的图像上大发议论:"20 世纪,一革命之时代也。革命风潮,淹及全世界。"(第 260 页)这样高调而充满激情的议论文字,已经远远超出图像的叙事能力,具有比图像更突出的独立性。这是由于背后的报人对于办报的宗旨、定位和目的,与同时的其他画报不太相同:他们办报不仅仅是为了启蒙,而是意图鼓吹暴力革命,推翻清朝统治,因此他们不考虑商业因素,不考虑大众趣味,甚至对政治环境毫无忌惮,直接对抗朝廷。这类画报的图像叙事和文字叙事都极富个人风格,充满先锋意识和昂扬斗志,格调高出同时的大多数画报,可以说是晚清画报中真正兼具艺术性和文学性的。

画报的图文之间的张力源于其背后的作者关系。画报中的文字作者与图像作者往往并非同一人，两人的合作方式也有多种形式，如《点石斋画报》是图、文分开制作，最后合并而成。而分开制作的图文，就有可能导致作者各抒己见。图像和文字都是各自作者的表达工具，表达的是作者的思想。作者思路一致时，图文形成合作关系；作者思路各异时，图文就会互相拆台。而作者思路产生差异，就有许多纷繁复杂的原因了，这也反映了晚清复杂多样的社会心态。"文明""新知""启蒙"乃晚清的时代主流，画报的主要受众并非社会精英，而是普罗大众，故其内容定位兼具启蒙、娱乐与审美。这也是文字作者与图像作者的共识，因而大部分图、文之间还是合作和补充的关系。但晚清尚属开放之初，不少思想观念还延续传统，未完全与西方文明接轨，社会上流通着纷繁复杂的各种思想。图像作者和文字作者的知识结构和欣赏趣味或有不同，也影响了他们对一些事件的文化立场和看法有所差异。另外，相较于科技、教育、社会思潮领域的西化，绘画方面的改革在晚清时尚固守中国画传统。《点石斋画报》的创办人美查曾说："西画以能肖为上，中画以能工为贵。"（第3页）其创办画报之时，也试图以西画标准改造中画。但在今天看来，画报里"中画"的改造并不太大。虽然并非所有画报的画师都固守传统，上海的吴友如就吸收了许多西洋画的"肖"，而使得他的画备受鲁迅、郑振铎等人的赞赏和推崇。但大致而言，绘画界的西化程度远不如其他文化领域。《左》中特意分析了晚清北京画报的绘画水平，认为"最为活跃且绘画水平较高的，首推刘炳堂和李菊侪"（第343页）。而两位画师都擅长传统画法，即便画"时派美人"，也是采用传统的仕女画笔法，而且画报上的仕女画还谈不上"工"，因为它"抹平了所有中国女性的面孔"（第345页），又没能很好地呈现作为烘托的现代化服饰、器物、建筑等，仍停留在传统男性视角下赏玩女性的艺术趣味。

还有一种特别的现象，就是用中国古画传播新知。如《日新画报》刊出的《韩文公》图像，讲述韩愈谏迎佛骨的唐代历史故事。画面上的韩愈跪着递表上谏，一派古代恭敬臣子的姿态。画中的文字在简单叙述故事之余，发出感叹："喝！敢情破除迷信的事，从古就有啊。"（第482—483页）以古代故事传播现代理念，这种"中西合璧"的传播内容显然迎合了当时大众读者的口味，有利于扩大新知的接受面。其实，这种传播方式在历史上屡见不鲜。

洪秀全借"拜上帝会"发动农民革命，康有为以"托古改制"宣传维新变法，莫不是这种方式更系统更全面的应用。回顾整个中国历史，这种"古为今用"也是一种传统，历代文人、政客和统治者都擅长援引历史来强化其当代实践的合理性。此外，这也暗含着图文作者在西学备受追捧的形势下，借机提高传统文化地位以抵制社会全盘西化的心理。这种心理普遍存在于晚清社会，当时中西文化的表层关系大致是以中学调和西学。"对于'五四'之前整整几代知识分子来说，'中体西用'始终是他们未曾超越的价值观念樊篱。中国人的变革意识并非产生自对传统文化的全面反省，而是激发于不断深化的民族危机。……在他们的变革设计中，那个儒家学说都毫无例外地在'体'的主位上正襟危坐，而从进化论到共和主义等各种西学都只能充当'用'的陪衬。"[①] 对于晚清中国人而言，民族危机来得过于突然，他们尚来不及对传统文化进行全面反思，而是出于固有的思维惯性和民族意识，仍沉浸在华夏文化的优越感中，他们出于新奇对于西学有所接受，但更多的是有所保留。"即使对最开明的士大夫来说，他们所乐意接受的与其说是用新奇语言表达的古老思想，毋宁说是用古老语言表达的新奇思想。"[②] 由此看来，通俗的画报采用的是最大众化的传播方式，反映的也正是最大众化的思维方式。

彼得·伯克曾指出，历史研究需要图像学，但也必须超越图像学，"要使用更加系统的方式去实践图像学""借鉴心理分析学的研究方法，借鉴结构主义和符号语言学的研究方法，以及借鉴艺术的社会史的研究方法。所有这些研究方法……都可以在文学批评的历史中找到对应的研究方法"。[③] 图像学本就是一种跨学科的理论。在米歇尔那里，图像学所研究的形象更是涵盖了广大事物，"图画、雕像、视觉幻象、地图、树图、梦、幻象、景象、投射、诗歌、图案、记忆，甚至作为形象的思想"，并以"图像、视觉、感知、精神、词语"进行分类为形象家族建构谱系。[④] 以此来看，《左》所研究的画报图像属于图画形象。米歇尔曾认为，关于图画形象的讨论"倾向于艺术史的褊狭

---

① 许纪霖：《智者的尊严——知识分子与近代文化》，学林出版社，1991年，第241页。
② 许纪霖：《智者的尊严——知识分子与近代文化》，学林出版社，1991年，第146页。
③ ［英］彼得·伯克：《图像证史》，杨豫译，北京大学出版社，2008年，第42、243页。
④ ［美］W. J. T. 米歇尔：《图像学：形象，文本，意识形态》，陈永国译，北京大学出版社，2012年，第10页。

主义，因而失去了与更广泛的理论问题和思想史的联系"①。但《左》关于图文关系的研究却突破了米歇尔的观点，它超越了图像学，超越了一般的艺术史研究，对晚清画报的广泛钩稽、整理与研究，不但展现了晚清画报发展史，也展现了晚清新闻史、艺术史、文化史、社会史、思想史等——这就是一种新的历史建构，也是其对文学研究"图像转向"的一个重要启示。

三、大文化史：文学研究的另一学术进路

对文学研究的反思早已开始。20世纪50年代，法国社会学家埃斯卡皮就曾指出文学研究面临的问题："在几个世纪里，而且直到现在，文学史还是过多地局限在研究人和作品（风趣的作家生平及文本评注）上，而把集体背景看作是一种装饰和点缀，留给政治编年史作为趣闻轶事的材料。"②对社会历史背景的忽视，往往会导致文学事实的扭曲和不完整，从而导致文学研究的片面和局限。文学是一门古老又有旺盛生命力的学科，其反映的本来就是广阔的世界，而文学作品也常常有非文学的功用（如古人常说的"文以载道"）。如果仅仅停留在作家作品研究中，文学研究显然太狭隘了。而且，"文学的演进本就和文化的演进息息相关"③，文学的发展总是植根于相应的文化土壤中，因此，有必要让文学研究回到历史文化现场，对文学事实有一个全面的把握。半个多世纪以来，文学研究界一直在突破局限，不断扩大文学的边界与视野。中国现代文学学科也从20世纪80年代开始重建和转型，学界日益重视"一种开放的、多元的文学史观"，现代文学学科空间不断扩张，"将更多的文学形态和现象纳入到视野中"。④晚清报刊就在这种研究趋势下被诸多学者视为最重要的文学研究对象之一。

学界关于报刊与现代文学的研究已硕果累累，"相对而言，政论报刊最受关注，文学杂志其次，至于通俗画报，只是偶尔被提及"（第1页）。在传统研究方法的观照下，画报的通俗性令其难登大雅之堂，其文献价值也远不如

---

① ［美］W. J. T. 米歇尔：《图像学：形象，文本，意识形态》，陈永国译，北京大学出版社，2012年，第12页。
② ［法］罗贝尔·埃斯卡皮著，于沛选编：《文学社会学》，浙江人民出版社，1987年，第1页。
③ 袁行霈主编：《中国文学史》（第一卷），高等教育出版社，1999年，第5页。
④ 姜涛：《"大文学史"与历史分析视野的内在化》，《文学评论》2013年第6期。

"正史"，故此在很长的一段时间内受到学界冷落。然而陈平原却发现了画报的特殊价值："谈论晚清画报不仅仅是以图证史；其中蕴含的新闻与美术的合作，图像与文字的互动，西学东渐的步伐，东方情调的新变，以及平民趣味的呈现等，同样值得重视。"（第3页）显然，这样的研究已经超出了传统文学、史学和新闻出版学的范畴，并且融合了社会学、艺术学，呈现出更广阔的大文化史视角。从近代中国知识转型视角来看，画报的图像叙事与低调启蒙是当时重要一环，其对于晚清民俗风情、社会场景和日常生活的精细呈现，为今天的研究者进入历史"现场"，体验当时的文化氛围提供了极大的方便。

由此看来，将晚清画报纳入文学考察范围深具意义。这不仅仅是因为画报上简洁精练的文字对于近代文学的文体改革具有一定影响，更多的是由于研究方法上多学科的互融互通乃至进一步开拓。以图像为主的画报与以文字为主的报刊同为文化产品，图像与文字同为传播和叙事的工具。国家和社会思想大变动的时代背景下，画报与文学都发生了变革，也都与时代的思维逻辑产生互动影响。卡西尔认为，所有"文化形式都是符号形式。因此，我们应当把人定义为符号的动物（animal symbolicum）……只有这样，我们才能指明人的独特之处，也才能理解对人开放的新路——通向文化之路"[1]。可以这么说，文化是探讨人的本质的新方向，也是文学研究的新进路。

站在不同的文化立场，可以发现画报与文学的许多勾连之处，而这些勾连之处就必须采用跨学科的研究方法才能深入。如此一来，多视角、多学科的多元研究必然给予文学更多新发现，进而丰富了文学的学科面貌。如今，这一跨界研究的方法与模式已是不少文学研究者的重要研究路径，为当前的文学研究提供了许多有益的启发。陈平原提出："'文学'除了作为科系、作为专业、作为课程，还有作为修养、作为趣味、作为精神的一面。"[2]认识到文学的开放性，才能在宽阔的学科地带"大展身手"。将文学视为人的一个精神维度，也就自然而然地将文学研究介入更多的人的学科。

从某种意义上说，文学的学科特性非常适合跨界研究："文学具有融入其他文化形态中的间性特质。""正像文学以日渐深入社会生活的各个部门和领

---

[1] [德]恩斯特·卡西尔：《人论》，甘阳译，上海译文出版社，1985年，第34页。
[2] 陈平原：《重建"文学史"》（代序），载《作为学科的文学史》，北京大学出版社，2011年，第11页。

域，成为其赖以融合或粘合的融合剂一样，中文学科正起着重新向各门学科的深处渗透或交融的突出作用。"[①]值得注意的是，文学的跨界研究并不是一种简单的、无边界的扩大化和泛化，而是从更宽阔的学科视野去重新审视文学的意义，"在一个更广阔的社会文化相联系的空间中勘定和阐释"[②]文学的价值。通过多学科的渗透交融，展现丰富多元的文学事实，重新激发文学的新鲜活力。近些年文学地理学、文学民族学、文学社会学等跨学科研究的兴起，就展现了文学多维度的学术活力。这正说明，以更开放的眼光去开拓新的文学研究进路，对于文学研究和学科建构来说，都是大有裨益的。

事实上，真正高明的学术从不囿于学科界限，而是强调问题意识。陈寅恪曾说："一时代之学术，必有其新材料与新问题。取用此材料，以研求问题，则为此时代学术之新潮流。治学之士，得预于此潮流者，谓之预流（借用佛教初果之名）。其未得预者，谓之未入流。此古今学术史之通义，非彼闭门造车之徒，所能同喻者也。"[③]对于"预流"的学者来说，新材料和新问题仅仅是研究视角的不同，不必在学科中画地为牢。以问题为导向，在各学科间游刃有余，开创学术的新维度，才是更高层次的学术研究。

四、余论

历史照进现实，当前移动互联网技术和新媒介革命蓬勃兴起，"读图时代"到来，图像正以前所未有的强势在吞噬本属于文字的领地，并对文学造成了巨大冲击。"众声喧哗、多维复调、图文共存以及即时的自我表达、即时的评论参与、碎片化的阅读方式都将对一代人自我意识的构成和社会组织方式产生深刻影响。文学形式往往可能在这些方面得风气之先。"[④]不得不说，除了在传播时效和范围方面，技术领先的今天远胜晚清以外，今天的文学生态与晚清的文学生态有着惊人的相似。事实上，历史上每一次媒介变革都会引发文学的变革。那么，当我们在为网络文学、创意写作、图像化扩张、娱乐

[①] 王一川：《迈向间性特质的建构之旅——改革开放40年中文学科位移及其启示》，《东南学术》2018年第4期。
[②] 李怡：《大文学视野下的近现代中国文学》，《社会科学研究》2016年第5期。
[③] 陈寅恪：《陈垣敦煌劫余录序》，载《陈寅恪文集之三：金明馆丛稿二编》，上海古籍出版社，1980年，第236页。
[④] 南帆：《网络文学：庞然大物的挑战》，《东南学术》2014年第6期。

至死等议题争论不休时,历史或许已经提供了一些借鉴。当前,文学研究迎来"图像转向"已是不争的事实,"图像时代"文学研究的变革也已成为文学研究的重要议题。当然,要在理论上取得更多的创新与突破,还有待于学界继续开拓延伸、走向深入。

道德前提牵引下的中国现象级
动画电影叙事机制*

赵贵胜**

摘　要：经过十多年市场化探索，中国动画电影人近几年创作出了《西游记之大圣归来》《大鱼海棠》《白蛇：缘起》《哪吒之魔童降世》等多部现象级作品。它们尽管故事形态迥异，却都借助神话的外壳探讨了人物和道德之间的关系，论证了普遍的道德真理，构建了一个和观众心理认同相统一的道德前提。这些道德前提通过层次丰富、性格鲜明的主人公塑造，英雄之旅的叙事模式设计，以人物价值观为核心的矛盾冲突设置，遵循道德秩序的结局谋划来编制故事链，在和观众精神主观层面贴合的基础上，论证要推论的结果。

关键词：国产动画电影；道德前提建构；价值观论证；情感认同

　　中国动画电影人在十多年的市场摸爬滚打中，创作观念从以导演为中心转为以观众为中心，动画电影的票房形势逐渐好转，近几年，更是出现了像《西游记之大圣归来》《大鱼海棠》《白蛇：缘起》《哪吒之魔童降世》等高票房作品。这几部动画影片在没有系列电视剧铺垫、上映之初排片率不被看好的情况下，经过首周末的口碑发酵最终实现高票房逆转，被称为现象级作品。在中国动画电影饱受诟病、外国动画电影强势挤压的当下，这些作品能够脱颖而出，无疑给长期处于低谷的中国动画电影注入了一针强心剂，更为后面

---

　　* 本文原刊于《当代电影》2019 年第 7 期，在原文《21 世纪初现象级国产动画电影的道德前提构建》上有增补。

　　** 赵贵胜，博士，上海师范大学副教授，硕士生导师，水墨动画传承人，主要研究领域为影视、动画、游戏及数字艺术。

中国动画人创作更多票房和口碑双赢的国产动画电影起到了示范作用。

从《西游记之大圣归来》到《哪吒之魔童降世》，虽然这些神魔题材动画电影内容各异，在深层的精神层面也是各有诉求，但创作者们在构建的玄幻世界中借助虚拟的角色行动有效地抵达观众的内心，唤起了大家的情感共鸣，从而引发了观影热潮。无疑，他们遵循了一套符合大众心理需求的叙事法则，如此方才触发了观众的认同机制。因此，透过影像繁复的信息表象，从叙事学的角度发现这些动画电影潜藏的共同叙事机制，便是该文写作的初衷。

一、道德前提：电影叙事的操纵器

美国电影创作者斯坦利·D.威廉斯（Stanley D. Williams）博士在《故事的道德前提：怎样掌控电影口碑与票房》（*The Moral Premise : Harnessing Virtue &Vice for Box Office Success*）一书中率先提出"Moral Premise"（道德前提）这一概念，"Moral"在该搭配中作为形容词使用，意为正确的行为原则（和错误的行为原则相对），因为斯坦利·D.威廉斯认为故事的矛盾冲突正是在正确和错误行为的并置关系中展开的。[1] "Premise"在他的著作中意为逻辑论证中罗列的证据和陈述[2]，在对该词进行解构分析的基础上，我们才能对"道德前提"作为一个整体时的"整部电影要论证的那个推论结果"[3]这一内涵有着更为清晰的理解，即道德前提就是电影中论证的道德准则。如：《西游记之大圣归来》中"举动造就英雄，而非能力和身份"；《大鱼海棠》中"爱超越私欲"；《白蛇：缘起》中的"真爱可以超越种族"；《哪吒之魔童降世》中从《西游记之大圣归来》微调而来的"举动赢得认同"。

斯坦利·D.威廉斯认为票房获得成功的电影都拥有一个真实的道德前提这一共通之处。[4]他在书中也坦言，他提到道德前提就是美国学者拉约什·埃

---

[1] ［美］斯坦利·D.威廉斯（Stanley D. Williams）：《故事的道德前提：怎样掌控电影口碑与票房》，何姗姗译，北京联合出版公司，2013年，第23—24页。

[2] ［美］斯坦利·D.威廉斯（Stanley D. Williams）：《故事的道德前提：怎样掌控电影口碑与票房》，何姗姗译，北京联合出版公司，2013年，第5页。

[3] ［美］斯坦利·D.威廉斯（Stanley D. Williams）：《故事的道德前提：怎样掌控电影口碑与票房》，何姗姗译，北京联合出版公司，2013年，第8页。

[4] ［美］斯坦利·D.威廉斯（Stanley D. Williams）：《故事的道德前提：怎样掌控电影口碑与票房》，何姗姗译，北京联合出版公司，2013年，第16页。

格里在《编剧的艺术》(*The Art of Dramatic Writing*)中谈到的"前提"[①]。因为拉约什·埃格里描述的前提是符合自然道德的[②]。从斯坦利·D.威廉斯书中所述可以看出"道德前提"在故事中的关键性作用被很多人发现并被使用，只是被替代以"主题""中心思想""精神主线"等不同的词汇。著名编剧罗伯特·麦基提到的由"价值+原因"组成的"主控思想"[③]和威廉斯提出的"道德前提"在表述上也并无二致。可见道德前提自戏剧出现以来就发挥着至关重要的作用，并延续到电影中。

由此看来，动画这一特殊的电影类型也无法背离"道德前提"这一创作法则。事实上，近些年成功的动画电影都在这一叙事机制的影响之下。下文笔者将从电影叙事的要素出发，剖析现象级动画电影如何在这些道德前提的牵引下，将各个核心要素融合成一个统一体，有效地论证着大众普遍认可的道德准则和生命的伦理（见图1）。

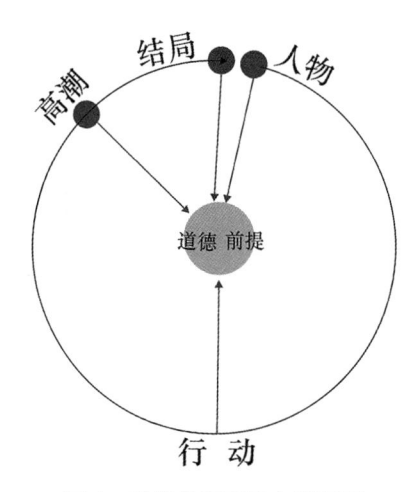

图1 道德前提牵引电影叙事

[①] ［美］拉约什·埃格里（Lajos Egri）:《编剧的艺术》，高远译，北京联合出版公司，2013年，第23—24页。
[②] ［美］斯坦利·D.威廉斯（Stanley D. Williams）:《故事的道德前提：怎样掌控电影口碑与票房》，何姗姗译，北京联合出版公司，2013年，第7页。
[③] ［美］罗伯特·麦基（Robert O. Mckee）:《故事：材质、结构、风格和银幕剧作的原理》，周铁东译，天津人民出版社，2016年，第116—117页。

二、主人公：有道德缺陷目标明确的故事主宰者

故事本质上是主人公实现自己诉求的过程。因此作为故事的核心元素，塑造合乎故事主线发展的主人公便显得极其重要。纵观所有成功的动画电影，主人公都按一个基本结构来构建，那就是将生理、社会和心理这三个维度形象融为一体。其中最直观的是生理维度上的形象。《西游记之大圣归来》的美猴王展现给观众的生理维度形象是个"雷公嘴""孤拐脸"，长相难看，身体带有缺陷（被某种力量所约束，经常无法施展他的神力）的中年猴子。这种生理维度形象展现了一个和江流儿口中所描述的相差甚远的孙悟空。影片中为我们展示的社会维度的形象是一个非人非妖的野猴，曾经被如来佛压在五行山下500年，力量超凡、桀骜不驯（曾经打上凌霄宝殿），有侠气（屡次救朋友于危难中）的英雄角色。生理维度形象和社会维度形象决定了孙悟空侠肝义胆，期望解除封印恢复与大众所期待一致的大圣身份的心理维度形象。三个维度构建出的角色形象为主人公后面的欲望和困境做好了铺垫，匹配了电影"英雄回归"的故事主线。《白蛇：缘起》一片也首先在生理维度上展现女主人公的与众不同——一位人蛇共体的成熟少女。这一形象的设置为故事的矛盾冲突埋好了伏笔，为她和人类少年相恋但必然一路坎坷预设了一个合理的逻辑起点。小白社会维度上的形象则是视人类为死敌的蛇族中一个刚修炼成人形的底层小妖，受命并受制于蛇母。生理维度形象和社会维度形象决定了小白"对人类保持戒备之心，行动时常受蛇母思想牵引"的心理维度形象，表现出独立的性格切面。相比前面两位主人公，《大鱼海棠》中主角椿在生理上没有什么奇特之处，但她在社会维度上和其他动画电影中的角色有着明显的差异——被设定为非人非神的"其他人"，这便既不同于人类少年，又有别于湫的神族身份。前两个维度的结合在一起催生了椿的第三个维度——对人类世界充满好奇且只考虑个人愿望。这为她和族人后面陷入险境做了合理的铺垫。《哪吒之魔童降世》中的哪吒在生理维度上的缺陷十分显著，邪魔附身而具有的特异能力让他被大家疏离，这一设定也为其后面的行动埋下了伏笔。

基于生理维度、社会维度和心理维度构建人物，其目的是揭示主人公的价值观念、愿望和目标，即悉德·菲尔德所述的："人物就是观点——即我们

看待世界的方式。这是一种来龙去脉。"① 小白的心理特质决定了她面对和阿宣的合与离，她会选择后者。失意的孙悟空渴望解除封印，回归大众心目中的英雄形象，但当朋友受难时，他毅然抛弃个人的顾虑勇敢地挺身而出。刚刚成年但心理年龄还未成熟的非人类少女椿为报恩而不顾族人的安危，偷养着化身为鱼的人类少年。而哪吒作为一名未成年的少年，在封闭的个人空间中，无疑将会融入大众生活，将和同龄人一起嬉戏娱乐作为自己的阶段性目标。

三、行动：受道德前提引导的英雄之旅

美国神话研究学者约瑟夫·坎贝尔研究发现，每一个神话都是一次英雄之旅，它们背后有着相同的叙事模式，即神话中英雄历险的标准路径是成长过程的放大：分离—启蒙—回归，它或许可以被称作单一神话②的内核。进入具体的故事环境后这一模式就被丰富成："一个英雄从平凡的世界出发，冒险进入一个超自然奇观的地方；在那里遇到了神奇的力量，并赢得了决定性的胜利：英雄带着能够为他的同类造福的力量从这个神秘的冒险中归来。"③

《西游记之大圣归来》《大鱼海棠》《白蛇：缘起》《哪吒之魔童降世》四部神话题材的动画电影并没有背离坎贝尔描述的叙事模式。它们分别通过描画被压在五指山下500年失魂落魄的孙悟空重新找回自我的成长之旅（孙悟空完成了从落魄英雄到齐天大圣的转变）、少女椿让死去的男孩复活的报恩之旅（男孩复活，同时收获了爱情）、人类少年阿宣和蛇妖少女小白冲破人妖对立的禁忌结为恋人的爱情之旅（一段刻骨铭心的人妖之恋，让小白消除了对人的误解）、生而为魔的少年自我认知觉醒之旅（哪吒在亲人、朋友的感召下，从混世魔童蜕变为拯救苍生的英雄）完成了各自的叙事。

克里斯托弗·沃格勒以影视作品为切入点，在约瑟夫·坎贝尔研究的基础上通过"正常世界→冒险召唤→拒斥召唤→见导师→越过第一道边界→考

---

① ［美］悉德·菲尔德（Syd Field）：《电影剧本写作基础》（修订版），钟大丰、鲍玉珩译，世界图书出版公司、后浪出版公司，2012年，第16页。

② Joseph Campbell: *The Hero with a Thousand Faces*, Princeton: Princeton University Press, 2004, p.28.

③ Joseph Campbell: *The Hero with a Thousand Faces*, Princeton: Princeton University Press, 2004, p.28.

验、伙伴、敌人→接近最深的洞穴→磨难→报酬（掌握宝剑）→返回的路→复活→携万能药回归"12个阶段，构建了英雄之旅的模型（见图2）。①他认为："英雄之旅的那些阶段在所有类别的故事当中都能找得到，不是仅限于那些'英雄式'的激烈行动和冒险。每一个故事的主角都是旅途中的英雄，即便路途只是延伸在他的脑海里，或者只在人际关系的空间里。"②

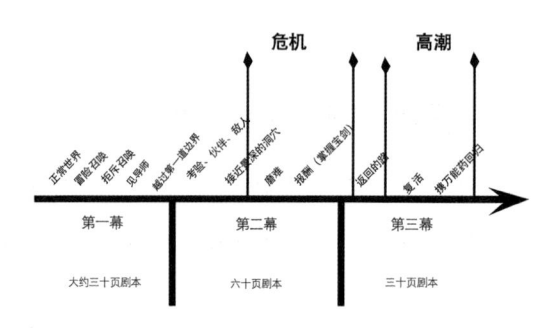

图 2　英雄之旅的模型

沃格勒构建的英雄之旅模型同样贯穿四部影片始终。由于创作者知识结构的差异和思维的不同，12阶段英雄之旅便能产生丰富的变化，形成不同的编码结构；当那些有血有肉的角色进入这个模型或者它的变体后，仍旧能够产生一个个让人信以为真的故事。

在《西游记之大圣归来》这部动画影片里，江流儿和师傅法明所在的长安城是个正常世界，随后，山妖进入长安城掳掠童男童女，将正常世界的平静打破。随着傻丫头被妖王混沌掳走，故事便进入第二阶段：冒险召唤。由于孙悟空没有解除封印，无法与混沌抗衡，他开始拒斥召唤。随后江流儿担任了导师的角色，以孩童的纯真化解了孙悟空的冷漠。紧接着孙悟空联合猪八戒、白龙马和混沌进行了第一次强劲的交锋，被封印制约的孙悟空在打斗中屡受折磨，但受到江流儿的激励后，孙悟空忍受巨大的疼痛解除了封印，恢复了自己齐天大圣的身份（复活），挥舞金箍棒消灭了强敌（携万能药回

---

①　［美］克里斯托弗·沃格勒:《作家之旅：源自神话的写作要义》(第三版)，王翀译，电子工业出版社，2011年，第7—8页。
②　［美］克里斯托弗·沃格勒:《作家之旅：源自神话的写作要义》(第三版)，王翀译，电子工业出版社，2011年，第7页。

归）。《大鱼海棠》内部隐藏着高度相似的故事情节设计。这部影片让主角椿从一个正常的"其他人"世界进入一个崭新而陌生的人类世界，渔家少年深深地吸引着椿（冒险召唤），但不能和人类接触的祖训让椿始终保持和渔家少年的距离（拒斥召唤），不过最终悲剧还是发生。灵婆以导师的身份让死去的男孩变成鱼，并和椿灵魂相连，但灾难也慢慢逼近。为保护鲲顺利长大，湫和椿想方设法隐藏鲲，最后湫冒险为椿和鲲打通到人间的通道。因为人间信物被鼠婆子所偷，椿和鲲返回人间计划失败，洪水却淹没了村庄（磨难）。面对着内心的诘难，椿跳入洪水和爷爷化为一体，长成参天大树，救了洪水中的族人。灵婆用湫的生命让椿起死回生（复活）。湫把椿送回了人间，鲲和椿在人间相遇（携万能药回归）。《白蛇：缘起》尽管是一部爱情主题的影片，但它仍旧是小白 12 阶段的英雄之旅。《哪吒之魔童降世》中的主角也按照这一设计展开行动，哪吒在经历诸多磨难以后最后被大众接纳，改写了自己"魔丸"的身份。

四、冲突：基于价值观的对立人物

"没有冲突就没有戏剧"这一在戏剧界备受推崇的法则同样适用于注重叙事的动画电影。正义与邪恶、背离与遵循、牺牲与成就、报复与拯救这四对对立统一的词汇分别表明了《西游记之大圣归来》《白蛇：缘起》《大鱼海棠》《哪吒之魔童降世》四部影片中包含的矛盾冲突。《西游记之大圣归来》中，看到山神逃跑，躲着江流儿企图卸下封印，白龙口下救朋友……影片前期小情节中铺垫的外在冲突引发的孙悟空前期一系列的举动为我们勾勒了一个神力受限却不失侠肝义胆的角色，反映着其崇尚正义的内在精神价值观；反之，反面主角混沌依靠吃童男童女维持妖身妖术，掳掠残害童男童女的恶劣行径折射出其贪婪嗜血的精神价值观。两种相互对立的价值观最终引发了剧烈的外部冲突，孙悟空和混沌的终极搏斗将故事推向了高潮。《白蛇：缘起》表面上看似蛇族和国师之间的矛盾，实质上是通过一种障碍的设置，让小白和阿宣在困境面前做出选择，而这种选择的背后是基于双方思维感官之上而做出的认知、理解、判断。小白从开始的"人妖两途天道无情"认知到在与阿宣的接触中消除了对人类的误解并对少年阿宣产生情愫，阿宣从更高的哲学层面表达了自己对妖的理解："人间多的是两条腿的恶人，长了条尾巴又怎么样？"小白和阿宣的抉择显示出他们共同的爱情观念：爱情可以超越种族。在这一共同价值观驱动下，小白和蛇母，小白、蛇村少年和国师、蛇族站在了不同的价值观阵营，形成了两种对立的力量，构建了故事的外部冲突，完成了叙事。和前两部作品双向、多项的冲突不同，《大鱼海棠》一片则是由女主人公椿单向产生的内在心理冲突。影片给平静的"其他人"世界设定了一个保持和谐的前提条件——不能有人类进入，这种前提条件的铺设和想方设法让来自人类世界的鲲复活的椿的愿望构成了强烈的矛盾冲突。在个体愿望和集体利益发生矛盾时，刚刚完成成年礼，但心智尚未成熟的椿选择了满足前者，从而给族人带来了灭顶之灾，将矛盾冲突拉到了高潮。当然，随着椿对问题的认识有所改变，她以牺牲自己的代价来挽救危难中的族人时，影片的冲突得到了缓和。《哪吒之魔童降世》中的矛盾冲突聚焦在哪吒的身份上。原本可以消解的矛盾因为民众的偏见被触发，而心智尚没有完全成熟的哪吒激化了这一矛盾。

四部影片矛盾冲突升级的过程，也是角色价值观转变的过程。《西游记之大圣归来》中的美猴王经历了从一个自信心受挫的精神萎靡者转化为一个勇敢挑战邪恶的侠士。《白蛇：缘起》导演表示："小时候，每年暑假都看《新白娘子传奇》，总觉得白素贞那么完美，许仙并没有那么好，是什么让白素贞这么义无反顾呢？是不是之前发生过什么事情？所以想做一个年轻版白素贞。……她是真实的，是不完美的，对爱情是犹豫的，就像现在的女孩子。"[①] 观众不难发现影片中小白经历了从遵循蛇族以人类为敌的戒律到背离戒律和人类少年阿宣交往的转变。《大鱼海棠》中的椿则从一个以自身愿望为中心的懵懂少女成长为一个不惜牺牲自己挽救族人的成熟少女。《哪吒之魔童降世》中的哪吒关键时刻摒弃前嫌，挺身而出化解了危机，从一个睚眦必报的孩子转变成一个努力改写自己命运的勇敢少年。

五、结局：遵循道德秩序的真理

电影的结局是对影片矛盾冲突的回应，表明了导演的价值选择，并连接

[①] 陆芳：《国漫电影〈白蛇：缘起〉评分一路走高 记者独家专访两位导演》，浙江在线—钱江晚报，http://zjnews.zjol.com.cn/201901/t20190114_9238652.shtml。

着观众的价值观，如果结局与观众的价值观匹配，观众与影片之间的连接就建立了。但观众认同的往往是与道德秩序相一致的价值观。库珀·多纳做了这样一段阐述：关于戏剧公式（道德前提）还有一个重要的问题——正直性。用于你故事中的表述（必须）是绝对正确的。即便是一部搞笑的动画片，也要有着和所有的戏剧一样正确的价值观。①《西游记之大圣归来》影片中孙悟空在江流儿的感召下，封印获得解除，唤醒金箍棒，在和混沌终极一战中获得了胜利，正义战胜了邪恶，这是影片所揭示的道德真谛。《白蛇：缘起》故事的高潮是阿宣、小白与国师、蛇母的大战，国师、蛇母因为行为背离道德而最终走上了不归路，小白和阿宣遵循道德秩序得以存活和转世。虽然正义的一方以牺牲阿宣身体为代价（魂魄被小白保住），但邪恶一方终究双双吃下了自己种的恶果。影片描绘的道德前提"勇于牺牲的爱终可以打破一切戒律"与观众熟悉的道德秩序相一致。相反，如果影片结局设计成小白和阿宣愿望落空，但蛇母和国师却实现了各自的理想，显然背离了自然的道德秩序，观众无法在精神层面上接受电影。《大鱼海棠》以人类少年复活并回到自己的世界为影片结局，和影片主人公椿的目标相一致，符合观众熟悉的道德秩序，实现了和观众共情的目的。

结　语

电影叙事本质上是作者价值观的自我论证。《寻梦环游记》阐释了导演对死亡的理解："死亡并不是生命的终点，遗忘才是。"《千与千寻》表达了宫崎骏一贯的观点："面对困难，只要激发自己的潜能，终会走出困境。"《疯狂动物城》则表达了行动终能抵达梦想的价值理念。因此，"每一部深受市场欢迎的动画电影都必然隐藏着一个精心构思的道德前提。当道德前提没有很好地贯彻在电影中，或者电影的道德前提与观众熟知的自然法则并不一致，那么观众就无法在精神层面上融入电影"②。《西游记之大圣归来》《大鱼海棠》《白

---

① ［美］多纳·库珀:《创作伟大的电影电视剧本》，第77页（Dona Cooper. *Writing Great Screenplays for Film and TV*. New York: ARGO Prentice Hall, 1994）。转引自［美］斯坦利·D·威廉斯：《故事的道德前提：怎样掌控电影口碑与票房》，何姗姗译，北京联合出版公司，2013年，第99页。

② ［美］多纳·库珀:《创作伟大的电影电视剧本》，第77页。转引自［美］斯坦利·D.威廉斯（Stanley D. Williams）:《故事的道德前提：怎样掌控电影口碑与票房》，何姗姗译，北京联合出版公司，2013年，第95页。

蛇：缘起》《哪吒之魔童降世》等作品喜人的票房成绩和深埋于故事线之下的道德前提紧密相关。失意的孙悟空在解救朋友的壮举中完成了大圣身份的回归；懵懂的少女以付出一半的生命为代价换取救命恩人回归人间，最后夙愿得偿；蛇妖小白在和人类少年阿宣的接触中，消除了对人类的误解，创造了一段曲折离奇的旷世恋情；被贴上"邪恶"标签的少年以壮举回应歧视，最后找回自我，并得到大家的认同。这些道德前提构建观照了中国观众的价值追求，并将其贯穿于主人公塑造—角色行动—矛盾冲突—结局这一叙事闭环中，这些元素合力展示证据服务于影片预设的道德准则。

乡村文学家园图景的裂变与重塑*
——以《陌上》《圐圙记》等为例

赵 娜**

摘 要：重塑乡村家园图景，是新时代乡村文学创作的重要使命。长篇小说《陌上》《圐圙记》等作品呈现了多层次立体的家园图景。从中原到边疆，作家满怀乡愁和忧患在诗意世界发现了裂变，在裂变中关注乡村发展以及社会转型中人的命运和内心世界。这是乡土文学回到原点之后的再出发，是实现新的意义阐释和家园图景塑造的创作实践。

关键词：乡村文学；家园图景；《陌上》；《圐圙记》

中华文明根植于农耕文化，乡村是中华文明的基本载体，更是精神归属和生存现实双重意义的家园所在。现代社会以来，从鲁迅到孙犁、赵树理的乡土文学作品，反映了乡村家园与传统文化断裂、重建新生活的进程。进入21世纪，中国大规模城镇化进程继续推进，从现实到精神改写着中国人的家园图景。传统的乡村世界正在被商业消费文化、信息文明冲刷，在文学书写中，乡村本土的书写充满焦虑、价值批判的困惑，在此背景下，重塑新时代的乡村家园图景，是乡土文学的重要使命。付秀莹的小说《陌上》塑造了河北大平原上的"芳村"在传统节序和风俗画中的世事人情，是新时代乡村世情小说。小说呈现了多层次立体的家园图景以及新时代乡村转型中家园图景的裂变。作家带着忧患意识，对乡村做情境式的呈现，以家园情怀观照乡土经验和现实，试图重塑家园图景。李平的长篇小说《圐圙记》、阿来的《蘑菇

---

* 本文系内蒙古哲学社会科学规划项目"内蒙古21世纪西部长篇小说中的地域多元文化研究"（项目编号：2016NDB056）阶段性成果。

** 赵娜，博士，南京财经大学新闻学院副教授，研究方向为中国现当代文学。

圈》等，也是在探寻中国当下乡村精神家园的重塑，是乡土文学回到原点之后再出发，是实现新的意义阐释和图景描绘的创作实践。

一、家园与诗意——多层次立体图景建构

乡村小说"家园图景"包含三个方面，一是文本中在场之"场景"，二是文学想象的"图式"，三是作者和文本精神向度之"家园"。食物和庭院，是文本叙事在场之"场景"，是空间层面的建构；方言带着时间记忆，是乡村家园的存在之家；风景描写运用"赋比兴"的手法，塑造了一个虚虚实实充满象征意味的村庄。《陌上》承接了乡土文学传统，从吃食、庭院、方言、风景描写等方面，建构了时间、空间、精神立体而诗意的家园图景。《陌上》中的家园图景是象征也是镜像，映照着现实里的乡村。

芳村世界，以乡村民间美食和庭院风景画为底子。付秀莹写到："最不能忘记的，是那个薄霜满天的清晨，秋风吹过院子，厨房里传来擀面杖在案板上'碌碌'的声响，喜悦的，轻快的，有一种跳跃的明亮在里面。母亲在包饺子。我即将到县城读书，家里要为我送行。"[①] 12岁清晨这一幕，连同童年世界，是她所有故乡书写的原型。父母佑护、贫穷自守的乡村生活，就是回不去的家园。芳村的吃食，还保持着河北地区的老传统，时代在变，人的口味却还有乡土记忆。比如增产家的早饭："不过是熬的二米粥，加了一把豇豆，一把芸豆，一把赤小豆……增产吃着香香软软的豆粥，一面吃，一面暗自得意。"[②] 这些描写集中勾勒了芳村几种特色吃食。加了豇豆、芸豆、赤小豆的豆粥，黄米红枣糕等特色食物，人们都快吃不上了，人们无心侍弄这些没有经济收入的庄稼，种地跟赚钱直接挂钩。而增产的得意，不仅仅是口腹之欲的满足，而且是对传统乡村农作物、特色吃食的守护，是对有滋有味的传统生活的坚持和品味。这是乡村家园图景不可或缺的构成。

农家庭院，是家园图景的文化空间在场。《陌上》一家一户地写下去，家家户户的院子、房子，是时代变迁、悲欢离合的载体。老院子和新院子的对照，既是生命代序的必然规律，也是转型期的社会变革在乡村家园的投影。

---

① 付秀莹：《中国村庄的日日夜夜》，《光明日报》2017年1月6日，第13版。
② 付秀莹：《陌上》，北京十月文艺出版社，2016年，第401页。

村长建信家盖了三层楼,是权力和经济结合的产物。大片明晃晃的二层楼,对比着老房子的寒碜。乡村贫富差距在房子上体现得很明显。院子是人的性情外化,是人身体的一部分。做了曾祖父的乱耕对院子里的树发出感叹:"没有树的村子还叫个村子?没有树的院子还能叫个院子?他真是不懂。如今的人们怎么做人都这么干燥,一点滋味也没有了。"①老人的那句话,是对乡村自然生态和生活环境最朴素的坚守。"干燥"一词,是对新院子新的生活方式的尖锐批判。近年来,国家提倡乡村文化建设,就是要保留乡村自然生态、民俗文化,避免乡村建设现代化之后的自然生态和文化生态沙漠。

作品用具有浓郁方言特点的叙述语言建构了"芳村"这一河北方言的"存在之家"。作者从河北大平原考到北京,毕业后在京做编辑,一直保持和故乡对话的姿态。她运用方言不是嵌入几个词、几句对话,而是渗透在叙述语言中,用方言观察、感受和思想,方言成为叙述心理图像的重要存在。河北方言的语气词、习惯用语、俗语、土话渗透到行文中。河北方言多用"哩"做语气词,"哩"在小说中出现近300次,句子节奏和情感有特殊的地方色彩。河北方言里的习惯词句、俗语,在《陌上》中比比皆是,像"碎嘴子""老实疙瘩""媳妇迷""事儿娘儿们""大汉们家"这类地方用语,整体上形成了河北地域方言的氛围。小说中还多处用了方言里常见的动词,比如:"胡沁个啥""置了楼房""心里盘算着""这红公鸡是给大坡许的""忒多""剜了他一眼""趿拉上鞋"等。拟声词也用得特别丰富,有些字是作者独创,根据方言的话音转化成文字,有些根据方言的语音来叠词,十分活泼。例如"风箱呱嗒呱嗒响""擀面杖在案板上碌碌碌碌响着""红喜字索索索索响着"等,就像创造了一个文字的"响器",记录了人、动物、自然、机器的声音。

《陌上》化用了"赋比兴"手法写现代乡村的风景画。风景、场景、情境,交相辉映,浑然一体,成为人物出场和情节发展、转换、起伏跌宕的诗意意境空间。作者喜欢中国文学的抒情传统,她说:"中国文学就整体而言,是一个抒情传统。置身于这样一个伟大的传统中,对于我,好像是一种本能的选择。"②在21世纪,文学创作向西方学习是必然的,然而不断汲取传统文

---

① 付秀莹:《陌上》,北京十月文艺出版社,2016年,第371页。
② 王春林、付秀莹:《乡村、短篇、抒情以及"中国经验"》,《创作与评论》2015年第12期。

学中的审美精神，也将是中国文学独立于世界的必经之路。她秉承的是沈从文、汪曾祺、孙犁散文化的诗意小说一脉，在创作中不断探源，把古典美学的追求含蕴在叙事文本中。其"风景"的叙事性——赋法的运用，用风景描写代替平铺直叙，实际上却实现了叙事功能；风景的起兴和比喻——"比兴"的运用，用风景描写比喻人物心理状态，景象变成心象，大多数时候，用风景描写起兴，引起所要讲的人和事。作品语言接近乡村口语却自有诗意，传承了《诗经》"蒹葭苍苍，白露为霜"营造的乡村古典审美氛围。

　　《陌上》给不宁静的乡土文学空间带来了新鲜宁静的空气，虚构了一个诗意立体的家园图景。作者自觉地用四季24节气、中国传统节气民俗贯穿整部小说。但也应看到：从细微处来说，小说尚未达到乡村风景缩微图长卷的效果，应该上升到对乡村自然节令的文化人类学的思考和反思；从自然与人的关系来说，小说对乡村自然生产生态与农民的当代生活、命运发展之间的联系，揭示尚不够深刻。当代小说向内转，注重对内部精神世界的建构，如何实现外部自然、生产生活世界与内部精神世界的整体关联，是长篇小说必须面对的问题。

　　中国21世纪以来地域乡村小说在新时期文学文化思考的基础上，探索得更加深远。2017年出版的内蒙古作家李平的长篇小说《圐圙记》，写了四方圐圙（kū lüè）从"土圐圙"变成"菜圐圙"再变成"城圐圙"的过程。"圐圙"，蒙古语音译词，又译为"库伦"，意思是指土围墙。"圐圙"本身就是河套乡村的一种特殊存在形式，这两个字的内部是四方八面，也就是四面八方，象征着这个特殊的村庄的文化意味，形式上是一个封闭的村庄，实际上又与时代的四面八方都有着联系，四方圐圙的变化，是圐圙外的四面八方变化的一个触角。内蒙古河套文化，是北方草原文化的重要组成部分，也是中华黄河文化的重要构成。《圐圙记》写了一个村子，映照出整个河套文化的内核，紧贴着河套平原的土地和命运。这是一部在《白鹿原》《平凡的世界》《红高粱家族》《活着》等经典作品之后，写出了内蒙古河套平原的地脉，塑造了中国当代文学"河套地域文化"典型模式的长篇小说。对比而言，在地域文化的质感和人物命运的深刻关联方面，它比《陌上》有典型性。

二、焦虑与困惑——转型发展中的家园图景裂变

乡村小说"家园图景"的裂变,一方面指向 21 世纪乡村小说创作的转型与新变,小说中日常生活场景的种种裂变,一方面又指向家园意识、家园图式、家园命运等精神维度的探索。《陌上》写出了乡村的诗意,也写出了乡村的"心事"——精神心理的内在需求、涌动的生生不息的欲望、转型时期价值观变革后的焦虑和困惑。孟繁华指出:"如何从'历史'与'当下'两个角度看待乡土中国的变革和问题,如何将乡土中国的变革用文学的方式讲述等。所谓'历史',就是从小说与乡土文学的历史脉络中,看它提供的新视野和新经验;所谓'当下',就是《陌上》在大众传媒或主流文学一片'还乡''怀乡'等陈词滥调中透露出的情感矛盾。或者说,《陌上》既是一个与历史和现实有关的小说,同时也是一部面对乡村变革犹豫不决、充满阐释焦虑的小说。"① 阐释的焦虑,就是因为直面转型发展中的裂变,主要包括生产生活方式及伦理秩序的转型、性情关系的乱象、女人们的生存焦虑等。

芳村的生产方式发生转型。传统自给自足的小农经济,三四十年来逐渐被以皮革工业为主,养殖、耕地为辅的生产方式取代。芳村还保留了部分耕地,各家都在务工之余种地。老板们则雇人种地。不懂种庄稼的年轻人,在新的经济形势下,开拓了新的生产方式。皮革加工污染了地下水,威胁着人们的健康,治理污染、整治企业生产方式已经迫在眉睫。富裕起来的乡村,生活方式也发生了变化。工厂老板成了村里的富裕阶层,引领生活潮流。乡村原有的农耕生活受到轻视,甚至鄙视。经济利益几乎成为价值评判的唯一杠杆。

年青一代已经远离了农耕,被市场经济和消费文化吸引。比较典型的是爱梨和大坡这一对新婚夫妇。大坡是打工者,新婚有房有车,爱梨却渴望着更好的生活模式:"爱梨说,你就打算一辈子给人家打工?你就不想也开个厂子,叫大人孩子体体面面的一辈子?……爱梨说,你满村子去问问,谁不想这个?谁不想穿金戴银,吃香喝辣的?……他们那些个人,大全,还有你小姨父,他们就长着两个脑袋?我就不信了!爱梨噌一下把手机拿出来,扔到

---

① 孟繁华:《历史合目的性与乡土文学实践难题——谈乡土文学叙事的局限与合理性》,《光明日报》2017 年 3 月 27 日,第 12 版。

大坡枕头上，说这破手机坏了，我要苹果的。"① 这一段小夫妻的对话，细腻地表现了少妇爱梨对开工厂挣大钱、买苹果手机的向往。

由于转型期生产方式的新变，乡村普遍出现了"重心向下"的状况，年轻人占主导，老年人成为边缘，费孝通总结的中国传统乡村"差序格局"几乎被颠倒。农耕文化尊重老人的经验传承，老人是权威。工业生产进入乡村之后，老人的经验无法进入市场经济，不能产生经济效益，"重心向下"越来越普遍。其体现在婆媳关系颠倒："不是婆婆使媳妇，倒是媳妇使婆婆。"老人养老成了普遍问题。"尴尬人遇见了尴尬事"一章，写了曾祖父乱耕、孙媳妇、重孙在一个院儿里生活的种种心事。四代三个人一起生活，老爷爷没了老伴，学着做饭收拾家。老人的身心都面临挑战甚至折磨，所谓"乱耕"，是乱了辈分，乱了秩序，农耕旧的家庭模式被打破后的心乱。这是典型的社会转型期产生的留守老人、留守儿童、留守妇女问题。乡村老人无人养老，是一味"重心向下"，奔向有经济利益的新生活酿造的悲剧。

可以定位《陌上》为乡村世情小说，人情往来、言语行动、曲折关系、复杂心事，无不毫发毕现，与《金瓶梅》对世情的表现有相似之处。鲁迅评《金瓶梅》："作者之于世情，盖诚极洞达，凡所形容，或条畅，或曲折，或刻露而尽相，或幽伏而含讥，或一时并写两面，使之相形，变幻之情，随在显见，同时说部，无以上之。"② 鲁迅认为《金瓶梅》不仅仅写"市井间淫夫荡妇"，而是"著此一家，即骂尽诸色"。《陌上》大量写到乡村男女的性关系，批判性地描写了当下乡村情性关系和性道德现状。

社会转型，乡村与城镇的距离缩短，城市文明、消费文化涌入，乡村由原来的性禁忌走向性解放。性解放是现代文明的标志，性解放的前提是主体性独立人格的建立。而乡村被市场经济裹挟，人的个体价值观还没有完全建立，性关系成了金钱利益的附庸。村民传统的道德观念还普遍存在，又对以性谋利的关系被动接受或默许。在《夏村社会：中国"江南"农村的日常生活和社会结构（1976—2006）》③这样的社会学调查著作中，能够看到当下现实

---

① 付秀莹：《陌上》，北京十月文艺出版社，2016年，第182—183页。
② 鲁迅：《中国小说史略》，浙江文艺出版社，2000年，第140页。
③ 萧楼：《夏村社会：中国"江南"农村的日常生活和社会结构（1976—2006）》，生活·读书·新知三联书店，2010年。

的乡村性关系有了非常大的变化，比《陌上》有过之而无不及。《陌上》以文学的形式，用审美的、有温度的文字表达，写出了乡村的性关系乱象、性道德困惑，是对乡村伦理观念、人心裂变的深度反映。

芳村的心事，尤其体现在女人们的生存焦虑上。焦虑和困惑是个体觉醒、价值重塑的前提。女人们的心事一类停留在自我焦虑挣扎状态，一类去求村里的"识破"破解。春米和小鸾在焦虑中觉醒，寻找着自己的出路。芳村绝大部分心事，集中在小别扭媳妇银花那里。"小别扭媳妇"夹在自己的生存困境和众人心事以及仙家神谕之间，是芳村来自传统又充满解构意味的象征形象。作者第一次用"识破"两个字指称村里的巫婆，河北方言里"识破"的音，本也可以写成"筮婆"，就是从事占卜的人，用"识破"二字，既符合方言的口音，又捅破了这个身份的意义，是有意义的命名和创新。"谁能把世事识破呢？／诸神不答／诸神不答。"银花无法算计出自己的二女儿竟然早孕还自杀，也要求助于神仙。她似乎提供了一种神人沟通的可能，本质上还是人和人的沟通。孟繁华认为："芳村的女性没有任何精神生活，没有任何可以皈依的精神宿地。这与传统的乡土中国的世情小说一脉相承，和《红楼梦》以及明清白话小说里讲述的女性几乎完全一样。这是付秀莹无意中最有价值的发现。"[①] 女人们以"识破"为精神寄托，正是无所寄托的表现。《圐圙记》中也写了一对母子大神，母亲李姒和儿子李立业，是一对与神鬼人对话的人物。母子俩是圐圙村民和死去的祖先对话的使者，母子俩也沉淀了古老的黄河河套民俗的朴素智慧。相对来说，这对母子对中国乡村变革大潮中的世事人心裂变，比"识破"银花更具有文化觉醒、精神象征意义。从现实到象征，需要融入对精神困境深层次的探测。

芳村所出现的家园图景的裂变，是乡村转型期的文学缩影。写出这个村庄的心事，是作家有意识的命运同构，她用心体验笔下的人物："在时代剧变中，他们那些卑微的心事，琐细的哀愁，那些心灵的风暴，如何慢慢酝酿、累积，终至于爆发。在命运的泥泞之地，他们如何安放有洁癖的道德，在生活的重围中，他们如何满怀困惑，寻求突围之路。"[②] 写出了时代变革中人物命

[①] 孟繁华：《历史合目的性与乡土文学实践难题——谈乡土文学叙事的局限与合理性》，《光明日报》2017年3月27日，第12版。
[②] 付秀莹：《在虚构的世界里再活一遍》，《新文学评论》2018年第1期。

运的种种裂变。长篇小说巨制需要对人物性格命运进行历史的、现实的还原。裂变是发展的前提，是发展的一个阶段。只有经历过裂变，才能重塑新型人格模式。《陌上》有以小见大的长处。但是把人的发展遇到的问题更多地归于社会变革，导致了作品对人的主体性、人的意志的能动性挖掘得不足。鲁迅批判国民性，深入人的无意识中去，比如《故乡》《祝福》《阿Q正传》。作家负有唤醒主体意识的责任，应当写出发挥主观能动性创造生活、改变命运的可能性。《陌上》充满感伤的乡情，有乡愁之美，但对村民多维度发展的可能，表现尚有不足。

三、忧患与反思——乡土文学家园图景的重塑

转型期乡村的复杂现状，作家该怎样来书写？社会学家吴毅提到："我们所做的田野研究应该兼具乡土性、情境性和叙事性。"①回看《陌上》，作者是将自己的童年记忆和乡村体验，变成创作经验的源头，以情境性、日常生活叙事为特征，以家园情怀、家园重塑为情感和思想动力，以"虚构之眼"观照当代乡村。乡村家园图景在裂变中追求重塑，"在虚构的世界里再活一遍"，是人的复活，也是乡村图景的复活，是特定历史时空的镜像存留。

作者有意识地将人物还原到一定情境中，让文学情境呈现世态人心，对当下乡村转型期发展保持接纳和期待，提供开放性探讨。黑格尔把情境看作是各种艺术共同的对象，情境就是特定个人、群体和诸多环境因素共同组合而成的某种典型的人生境遇。付秀莹早就开始情境化的小说创作，发表于2010年的《旧院》，就是在旧院的特定环境中，写了没有儿子的姥姥执着追求男嗣，给女儿女婿带来的一系列人生境遇。郭艳评价："《旧院》用诗意的回望重建了已经远逝和坍塌的乡村伦理世界。"②付秀莹一直以乡土经验叙述取胜，而对比可见，《爱情到处流传》《旧院》的主观性、伦理性更强，她的想象被童年记忆里的乡村伦理牵制。而到了《陌上》，强大成熟的认知相对摆脱了伦理的束缚，开始进入乡土经验的当下日常生活，又以情境设置呈现的方式，书写着芳村的悲欢和裂变。小说类似空间立体结构，在一个个特殊情境中人

---

① 萧楼：《夏村社会：中国"江南"农村的日常生活和社会结构（1976—2006）》，生活·读书·新知三联书店，2010年，第4页。
② 郭艳：《〈旧院〉：流传的记忆》，《中国青年报》2012年12月25日，第10版。

物命运和心理冲突集中呈现。老莲婶子独居,勇子那个女人出外打工的家,银花祭拜代神言说的情境,建信媳妇的梦境,小梨一家从北京回来没有买车带来的困扰等。《陌上》每一章的结尾,大都结在一个情境之中。有的是安静的田园景象,更多的则是突发事件,至于什么事,结局如何,后文也并不交代,在叙事上呈现开放性。这种未完成的开放性叙事,正是当下乡村生活不断裂变的隐喻。"建信站在了楼顶上"一章写建信村长位置不保,而村庄的命运又不知将由谁来掌舵,他站在房顶上,"他心里一凛,脚下一滑,径直跌下去了",是一个寓言式的情境。村庄的变革呼之欲出,是谁都阻挡不了的。

  作家以家园情怀观照乡土经验和乡土现实,写出来的文字是切入内部的,带着生命温度,做体验在场式呈现。"家园"意识,是一种家园的追溯叩问,是有根柢探源精神、有图景想象可能的。一个民族的历史的展开,其实就是特定时空人情世事综合现状的展开。乡土文学到了新时代,要处理的根本问题是新的乡土经验和乡土现实。丁帆提出:"乡土文学作家创作在面对乡土社会生活发生了巨变和主流意识形态指挥棒仍在舞动时,所呈现出的传统乡土经验的失灵而导致的价值游移与失语,成为乡土小说创作内在的巨大悖论!"①在这个巨大悖论里,贾平凹、莫言、阿来、刘震云等老一辈作家在困惑和忧思中,不断进入乡村的当下生活,不断创作出新。而"70后"一批青年作家,陈仓、魏微、梁鸿、付秀莹、李平等人,则调动自身不同于老一辈作家的乡土经验,加上新的城乡之间不断转换的生命体验,书写着新时代的家园图景。哲学家阿格妮丝·赫勒说:"回家是最古老、最基本的快乐之源。回家也是拯救。思乡病意味着一个人渴望回家。但它也可以意味着一个人在家里待出了病。"②在乡村出生长大的一代人,内心总是保留着一个乡村家园的图景。文学创作是对心灵图景的再现,也是对当下乡村现实和现代人精神困惑的观照。陈仓的《后土寺》③以陕西他出生的村庄为原型,写农民父亲对田园的不舍、白领儿子对城市的迷恋、留守孙女的两难处境,写出当代人从农村到城市,从故乡到他乡,时空转换中的人生悲欢。作者紧扣对土地的感情,把人物的命运种进了土地,把灵魂的修行种进了文字。乡村回不去了,所以

---

① 丁帆:《对转型期的中国乡土文学的几点看法》,《文学教育(上)》2010年第2期。
② [匈]阿格妮丝·赫勒:《现代性理论》,李瑞华译,商务印书馆,2005年,第267页。
③ 陈仓:《后土寺》,作家出版社,2018年。

要在城里扎根；城里没有土，就培养土，滋养灵魂和生命；乡村彻底放空之后，再重新建构，房子、树、先人、神灵——在笔下鲜活；只有将肉体和精神种在大地上，无论乡村还是城市，才有完整的生命和生长性。精神家园重塑，既是对离乡人"回家"愿望的拯救，也是对当代乡村各种精神和现实问题的文学回应。

2015年徐坤在访谈中说："莫言获得了诺贝尔文学奖，在我看来这是一个终结。是一个什么终结？就是中国乡土文学的一个终结。以后世界关注中国的目光会关注一个传统的农业社会如何由乡土中国迈进一个现代化和后现代中国。"[①]她强调的重心在于以后将会"关注一个传统的农业社会如何由乡土中国迈进一个现代化和后现代化中国"。中国农村，处在完善小康社会、走向现代化的进程中，乡土文学创作的新变，一定与现实乡村的新变有关。李平的《圐圙记》与付秀莹的《陌上》不同，它在历史的维度里关注乡村的精神世界，写出了河套地区一个村庄从20世纪70年代到90年代末的历史变迁历程。一个家族、一个乡村圐圙的集体记忆，是具有普遍性、文化共通性的记忆，回到故乡是在一种本源意义上实现与地域的重聚。作品结束于一个诗意的场面："我还是时常想起一九七六年的四方圐圙七队，偌大田野无边无际，我虽然由于小儿麻痹禁缩在一个人的背上，但心宽泛得能跑开一匹野马。"[②]家园何在？这部《圐圙记》，不仅仅是过去的家园记忆，更蕴含着对乡村农民精神归属、存在方式、个体命运的深层次探寻。如何实现从经验到体验、超验的突破，如何以小说的"虚构之眼"创造性重塑精神家园图景，是乡土文学未来面临的挑战。

当下乡土文学创作中，有一些作家在虚构之上，提供了具有精神生长原型的形象。阿来的小说始终有一种精神救赎、自新的力量。"蘑菇圈"，是一个生生不息化育生命的符号，以自然的生长力，拯救现代文明中日益枯槁的人性。曹文轩评价付秀莹集中写一个芳村："实验室自然不大，但它研究的却

[①] 马戎戎:《作家徐坤：莫言获诺奖意味着乡土文学终结》，腾讯文化，https://xw.qq.com/amphtml/20150120013388000。

[②] 李平:《圐圙记》，远方出版社，2017年，277页。

是全部人性，折射的却是无比大的空间。"① 一个芳村，见出了当代农村的家园诗意和发展裂变。当人们被这个虚构的世界代入之后，随之而来的反思，便是小说介入现实的意识萌动之初。《陌上》受到河北平原乡村百姓的喜爱，受到读者的广泛关注，也是虚构的家园图景建构的现实影响。相比而言，《陌上》仍然是一个更注重经验的文本，相信付秀莹未来的创作，将会在从经验到超验的路上，走得更远。

乡土文学要面向中国乡村现代化建设进程而创作，要求文学在个性经验与共性规律之间博弈，在历史传统、当下时空、未来憧憬的三维空间舞蹈。作家回到中国广袤的民间乡下的精神大地，面向乡土生活，是对中国人的精神和现实家园图景的真正重塑。《陌上》带着时代过渡阶段的敞开性、经验性，是对过去乡土文学面貌的继承和发展，也包含着文学创作新变的艺术因子。乡土文学需要更加关注现代农民的主体性和精神世界，不断从现实走向时代与文化的思考，一个新的创作阶段或许已经到来。

---

① 曹文轩：《付秀莹长篇小说〈陌上〉：富有灵性的个人创造》，《文艺报》2016年11月16日，第3版。

先秦言意观与中国传统艺术精神谫论

胡远远*

摘　要：广义地讲，"言"泛指日常语言、书面语言以及具有某种意味的行为举止等。先秦言意观的核心问题是言能表意，但不能尽意，并由此产生"立象尽意"的言说策略。又认为，"言"这一外在现象，是内在"德"的表征，并由此萌发了中国传统美善观。在言意观的影响下，先秦时期，以诗、史、礼乐为代表的社会文化艺术形态，普遍使用"比兴""象征"的手法"言说"，其"立象尽意"的言说策略，促使"象"参与了人的思维方式（"尚象"）、表达方式（"立象"）和理解方式（"观象"）。对中国传统艺术精神而言，先秦言意观通过影响早期社会文化形态和群体话语习惯，促成了中国传统文化艺术以"象"为主要艺术语言的话语传统，格外注重对"意"、意境、"象外"的追求，以及美善相乐的审美境界。同时，中国传统艺术精神对当前部分艺术创作僭越审美规律、抛却责任意识和人文精神具有正本清源的意义。

关键词：言意观；立象尽意；中国传统艺术精神

中国古代美学思想的现代阐释，是中华优秀传统文化创新性发展和创造性转化的迫切要求。言意的辩证关系是中国传统美学的基本问题之一，对中国古代的艺术理论和实践都产生了深刻的影响。如：徐复观关于心性论的阐述，以及对中国道德精神和中国艺术精神的深刻见解；朱立元、王文英[1]等学者对言意关系、"言、象、意"问题及其与文学艺术思维和意境论的关系等做了较为深入的探讨。然而，先秦言意关系的基本观点如何在早期各类艺术理论

---

* 胡远远，博士，郑州航空工业管理学院讲师，主要研究方向为中国美学、文艺理论。
[1]　朱立元、王文英：《试论庄子的言意观》，《上海社会科学院学术季刊》1994年第4期。

和实践中具体化，形成了怎样的艺术精神，对此研究得尚不充分。研究这一问题，不仅可以以此为切入点考察中国传统美学和艺术实践的互动关系，深化对中国传统艺术特质的理解，推动当前中国传统文化艺术的传承创新，而且可以以传统为"镜"，照鉴当今艺术理论和创作的得失。

一、言意观与艺术精神的会通点

概括地说，"言"是一个广义的概念，泛指日常语言、书面语言以及具有某种意味的行为举止等。"言"既是表"意"（"道"）的工具，又是主体精神境界的表征，这两点是它与艺术精神会通的基础。

（一）"言"与"象"

言意观"言不尽意、立象尽意"的核心思想，始于对世界最高本体"道"的认知和把握，是影响中国传统艺术精神的主要方面。先秦诸子对言意关系的探讨颇多，认为，言能表意，但不能尽意，因此要"立象尽意"。《论语》："诗，可以兴、可以观、可以群、可以怨"[1]"不知言，无以知人也"[2]，充分肯定了语言在交往应对、认知方面的功能。墨子，他的语言观第一要义就是"致用"。"以言为尽悖，悖"[3]，墨子认为语言完全不能反映现实的观点，是错误的。又："执所言而意得见，心之辨也"[4]，语言具有摹取物象、承载意义的功能，因此，能够透过语言参悟心中之意，也肯定了语言具有表意的功能。在"言不尽意"方面，庄子把世界万物分为"物之粗者""物之精者""不期粗精"[5]三种存在，而管子也将事物分为"可谕""不可谕"两种："发于名声，凝于体色，此其可谕者也。不发于名声，不凝于体色，此其不可谕者也。"[6]二者一致认为，"言"在"形而下"的名声体色等具象、显性范围内，是可以表意的，而抽象无形名的"形而上"境域则是语言不能达到的。

---

[1] （三国）何晏注，（宋）邢昺疏：《论语注疏》，载（清）阮元校刻《十三经注疏》，中华书局，1980年，第2525页。
[2] （三国）何晏注，（宋）邢昺疏：《论语注疏》，载（清）阮元校刻《十三经注疏》，中华书局，1980年，第2536页。
[3] 吴毓江撰，孙启治点校：《墨子校注》，中华书局，1993年，第542页。
[4] 吴毓江撰，孙启治点校：《墨子校注》，中华书局，1993年，第481页。
[5] （清）郭庆藩撰，王孝鱼点校：《庄子集释》，中华书局，1961年，第572页。
[6] 黎翔凤撰，梁运华整理：《管子校注》，中华书局，2004年，第802页。

语言能表意但是又不能尽意，呼之欲出的是"立象尽意"的言说策略。在如何言说的问题上，"立象尽意"是"三玄"（"易""老""庄"）及诗、礼、乐普遍运用了的言说策略。如《周易·系辞上》："圣人立象以尽意，设卦以尽情伪"[①]，其"--"和"—"就是以抽象的符号排列组合成八卦、六十四卦，以象征万事万物以及之间的联系，是典型的"立象尽意"的言说策略。而《庄子》所谓大鹏、蝼蚁、六合之外、广漠之野等称述，亦非单纯地指称所立之象本身，而是以形象、生动、夸张的方式，使人获得超以象外的无限意味。就连中庸雅正的儒家也说"言之无文，行而不远"[②]，以比喻、象征等修辞（"文"）提升语言的表意效果。可以说，"立象尽意"的言说策略突破了语言在表意方面的局限性，使语言获得了无限的意域和阐释的可能性，生成意蕴深远的审美感受。

（二）"言"与"德"

先秦言意观将"言"（"行"，尤其是作为"礼仪"的行为举止，其实也是具有语言性的）这一外在现象，视为内在"德"的表征。如孟子"以意逆志"说，主张通过语言或者文字去判断一个人的志向、情感、道德等主观精神方面的境界，充分说明了"言"与"德"互为表里的关系。孔子有"不学诗，无以言"的观点，教导弟子要"学诗""立言"，通过言行举止的修养，提升、彰显自己的道德境界。儒家视言行为修身，并且以言行为"德""仁"之表征。

"言"与"修身""象德"的关联性，使言说方式和策略的重要性在社会政治文化生活中呈现出来。孔子说"片言可以折狱""一言可以兴邦，一言可以丧邦"，非常直观地表明了对"言"的敬畏之心，实际上也是对"言"背后所代表的"德""仁""道"的敬畏之心。所谓"君子欲讷于言而敏于行"的语言观，也是基于"言"在"表意""体道"功能之外，又成为表征个体道德修养是否达到与天地同参的"德""仁"之境的判断标准。即通过语言表意、体道、彰显主体身心秩序与"道"以及由"道"决定的社会秩序的一致性：

[①] （三国）王弼、（晋）韩康伯注，（唐）孔颖达疏：《周易正义》，载（清）阮元校刻《十三经注疏》，中华书局，1980年，第82页。

[②] （春秋）左丘明撰，（晋）杜预注，（唐）孔颖达疏：《春秋左传正义》，载（清）阮元校刻《十三经注疏》，中华书局，1980年，第1985页。

物我、内外同一的主体精神境界,并由此萌发了中国传统美善观。

总之,考察先秦时期的言意观对传统艺术精神的价值,不可忽略"言不尽意,立象尽意"和"言"是"德"的表征两个方面。语言有效性的探讨决定了先秦时期使用语言的态度和策略,同时,当言意观不再停留在理念、思辨的理论层面,而是具有正身、象德的实践意味的时候,它就被应用在广泛的社会文化生活中,包括交往应对和礼乐文化等方面,进而影响中国艺术的传统和精神。

二、言意观影响艺术精神的路径

言意观通过影响早期文化艺术"立象尽意"的言说方式,影响中国传统艺术精神的形成。同时,"立象"("象"的创构)也以主体的道德修养为基础,即艺术的境界与主体的精神境界密切相关,由此"德"成为"艺"的灵魂。

(一)"比兴"与"象"

"比兴"言说策略的核心在于"比托于物"。《毛诗正义·诗大序》有言:"比者,比托于物,不敢正言,似有所畏惧。故云:见今之失,不敢斥言,取比类以言之。"[1]这里交待得很清楚,"比"即"比托于物",是在看到政治社会之"失"又不敢直接抨击的情况下,取类譬喻、托物言志、迂回曲折地表达自己的政见的一种方式。又郑玄云:"比者,比方于物。诸言如者,皆比辞也。""兴者,托事于物。则兴者,起也,取譬引类,起发己心。"[2]据此可见,无论"比方于物"还是"托事于物",都体现了"比""兴"在"托物"("立象")寓"意"方面具有深刻的一致性。无独有偶,章学诚也曾以《庄子》《列子》之寓言、《离骚》之抒情为例,说明"比兴"与"象"的关系,并强调如《庄子》《列子》之寓言和《离骚》中的"香草美人"等"愈出愈奇"的"象"在兴寄胸臆方面无能出其右。

"象"的象征性、符号性,能够使言说行为获得最大意域,因此被普遍

---

[1] (汉)郑玄注,(唐)孔颖达疏:《毛诗正义》,载(清)阮元校刻《十三经注疏》,中华书局,1980年,第271页。

[2] (汉)郑玄注,(唐)孔颖达疏:《毛诗正义》,载(清)阮元校刻《十三经注疏》,中华书局,1980年,第271页。

应用在文学抒情、历史纪事中，"春秋笔法"亦是如此。《文史通义》引孔子作《春秋》的态度："夫子自述《春秋》之所以作，则云：'我欲托之空言，不如见诸行事之深切著明'。"①众所周知，孔子一贯"述而不作"的原因，在于"性与天道"幽微难言，一旦形成文字，难免其促狭固化，与"道"生息变幻、流动不居的特征相悖。而《春秋》何以作得？孔子的策略是"见诸行事"，"事"即言行、事件甚至历史典故等"事象"。这一言说策略，章学诚概括为："《易》以天道而切人事，《春秋》以人事而协天道，其义例之见于文辞，圣人有戒心焉。"②"以……而切""以……而协"的句式，揭示了《易》取象于自然物象而譬喻人事的做法和《春秋》以社会人生的"事象"而比诸天道写作方法，以及史学、诗学对比兴"托物""立象"寓意这一言说策略的自觉运用。

（二）"礼乐"与"象"

礼乐的实质是立象尽意，通过象征完成意义传达，它显而易见地具有"象内""象外"两个层面，这就使得礼乐作为一个意义结构具有隽永深邃的意蕴性。具体而言，"礼"的一系列行为、动作规范和"乐"的宫商之音调等是具象形式符号并具有一定的象征意义。如《礼记·曲礼（上）》记载："凡为长者粪之礼，必加帚于箕上，以袂拘而退，其尘不及长者。"③为长者打扫的时候，一定要用簸箕挡着扫帚，以衣服遮挡灰尘退着扫，目的在于灰尘不会扬及长者。再如："三揖""三让"表示尊敬；盥手、洗爵表示祭祀时的庄重；拜至、拜洗表示相接相处时的诚敬；尊让、絜敬则表示不慢不争，远于争斗。这些礼仪动作本身就是"有意味的形式"，是具有象征意义的"象"，礼乐象征的作用机制就在于"礼"作为"符号""具象"所对应的"意义"以及人们对这种意义的感知和认同。

不仅"礼"是"有意味的形式"，"乐"以更加感性形象的形式发挥作用，达到"合情饰貌"的教化目的，其实质一样是以"立象"的方式言说。"故

---

① （清）章学诚著，叶瑛校注：《文史通义校注》，中华书局，1985年，第132页。
② （清）章学诚著，叶瑛校注：《文史通义校注》，中华书局，1985年，第20页。
③ （汉）郑玄注，（唐）孔颖达疏：《礼记正义》，载（清）阮元校刻《十三经注疏》，中华书局，1980年，第1239页。

乐者，审一以定和，比物以饰节。"①"审"和"比"的动作性，尤其形象地说明"乐"对天地万物之象审慎观取的结果。《礼记·乐记》："故钟鼓管磬，羽龠干戚，乐之器也。屈伸俯仰，缀兆舒疾，乐之文也。簠簋俎豆，制度文章，礼之器也。升降上下，周还裼袭，礼之文也。"②又及《荀子·乐论》："治俯仰、诎信、进退、迟速，莫不廉制，尽筋骨之力，以要钟鼓俯会之节。"③这里向我们呈现了一个生动的歌舞场面："钟鼓管磬，羽龠干戚"是乐器，"屈伸俯仰，缀兆舒疾"是舞蹈动作和节奏，"簠簋俎豆，制度文章"是礼器礼服，"升降上下，周还裼袭"以及"俯仰、诎信、进退、迟速"都是具体的舞蹈动作。之所以极尽身体之能事与音乐配合，都是在模仿"天之清明、地之广大、四时之周旋"，"取象"的意识昭然若见。再如《礼记·乐记》："故歌者，上如抗，下如队，曲如折，止如槁木，倨中矩，句中钩，累累乎端如贯珠。"④"上""下""曲""止""倨""句""累累"描述声音长短、高低、曲直、疏密的状态，而声音的这种表达也是取象槁木、矩钩、贯珠之类的具体事物。总之，"乐象"取象于天地万物、立象以尽意，这是《礼记·乐记》《荀子·乐论》等文献的基本观点和实践。

（三）"德"与"艺"的辩证关系

前文已经说过，言意观的一个观点是，"言"是"德"的表征。孔子称"有德者必有言，有言者未必有德"，《礼记·乐记》提出"德成而上，艺成而下"，把"德""艺"关系问题凸显了出来。二者的辩证统一，要从言意问题的发生说起。我们知道，言意问题是基于"道"是否可"说"以及如何"说"而产生的。中国传统美学把"道"作为认知和审美的最终目的，并有"大美不言"的思想。《老子》称"道不可言，言而非也""道可道，非常道"，《庄子》称"象罔得珠"，都主张"言"不尽"意"。但是，人们对语言以及言说策略的探讨并没有停止过，使用非常规的语言言说超验之物，在《庄子》表

---

① （汉）郑玄注，（唐）孔颖达疏：《礼记正义》，载（清）阮元校刻《十三经注疏》，中华书局，1980年，第1545页。
② （汉）郑玄注，（唐）孔颖达疏：《礼记正义》，载（清）阮元校刻《十三经注疏》，中华书局，1980年，第1530页。
③ （清）王先谦撰，沈啸寰、王星贤点校：《荀子集解》，中华书局，1988年，第384页。
④ （汉）郑玄注，（唐）孔颖达疏：《礼记正义》，载（清）阮元校刻《十三经注疏》，中华书局，1980年，第1545页。

现为"三言"、在《周易》表现为卦象符号、在《礼记》表现为有意味的仪式和礼仪、在《乐记》表现为创构音乐意象、在《诗经》表现为"赋比兴"、在《离骚》表现为香草美人等。概括地说,诗、史及礼乐等早期艺术形态,其"立象尽意"的言说策略,共同的目的在于"尽意",即"得道"。德,得也,能"得道",具有"道"的境界,就是"有德"。

"立象尽意"解决的是如何说的问题,"道"作为言说的终极目标,要求言说主体具有较高的认知、审美和表现能力,比如虚己、坐忘、心斋等,既是主体进行艺术构思和想象时的心理状态,也是主体精神境界、个人修养的过程和表现。这就贯通了艺术的境界和人的精神境界,相应地说,主体修养("德")越高,越接近言说的对象"道",也就是"得道"。因此,早期艺术形态如诗、礼乐等能够以其美的形式调适人的情感心理,达到"天地与我共生,万物与我为一"的物我两化之境,即"道"的大美之境,也是人的最高精神境界。由此,艺术与审美具有教化人心、养德的作用,而高尚的心灵和修养也是进行艺术创作的前提,如周公制礼作乐,周公是圣人君子,实际上强调了艺术创作对主体应具有较高精神境界的要求。

由以上对诗、史及礼乐"立象尽意"的言说策略可见,它在早期文化艺术中的普遍性,恰如王夫之所说:"盈天下而皆象矣。《诗》之比兴,《书》之政事,《春秋》之名分,《礼》之仪,《乐》之律,莫非象也,而《易》统会其理。"[1]这种感性的、审美的言说方式,深入而细致地渗透在人们的话语习惯中,必然影响人们的形象思维和感知方式,而"德"与"艺"的辩证关系也成为实施诗教、乐教、礼教的依据。

三、言意观影响下的艺术精神

"立象尽意"的言说策略,促使"象"参与了人的思维方式("尚象")、表达方式("立象")和理解方式("观象"),形成了中国文化艺术以"象"为主要艺术语言的话语传统,格外注重对"意"、意境、象外的追求,以及崇尚尽善尽美、美善相乐的审美观念。

---

[1] (清)王夫之:《周易外传》,中华书局,1977年,第213页。

（一）立象尽意的表现方式

"象"作为"言"与"意"之间的媒介，具有强大的表意张力和阐释空间，促成了中国传统文化艺术含蓄隽永、意味深长的特征。《诗经》描写怀乡之情："昔我往矣，杨柳依依；今我来思，雨雪霏霏"，虽然没有直接笔墨描写"少小离家老大回，乡音无改鬓毛衰"的悲伤，但是昔之杨柳今之雨雪，景象变迁令人感怀。不但文学艺术作品，即使是文艺理论如《文心雕龙》《二十四诗品》之类，也惯用"立象尽意"的方式说明问题。如《二十四诗品》论"纤秾"："采采流水，蓬蓬远春。窈窕深谷，时见美人。碧桃满树，风日水滨。柳阴路曲，流莺比邻。乘之愈往，识之愈真。如将不尽，与古为新。"其并没有使用概念或者逻辑推理的科学语言说明"纤秾"的风格特征，而是呈现了一幅幽远、静谧、明丽的春日景象，让人"观"象"会"意。相比较而言，直切的表达反而失去"玩味"的可能性，恰如王夫之所说："舍象而无所征。"

传统音乐如小提琴协奏曲《梁祝》，开头就以"拟声"的方式奏出小溪流水的声音，创造了一个鸟语花香的情景，这种"铺叙"是典型的"兴"，目的在于引起情感和注意力关注。其中《梁祝·十八相送》这一段，是大提琴与小提琴的协奏曲，大提琴在质感厚重地咏叹，小提琴在幽怨低回地应和。这种构思取象于不同乐器的音色特征，以大提琴象征梁山伯，小提琴象征祝英台，而小提琴紧随大提琴以相同的旋律循环往复地演奏，象征着两人依依惜别、倾诉、挽留、一步一回头的情景。尤其是《梁祝·化蝶》一段，"乐象"以清凉、高古、婉约、寂寥的小提琴声为主，所言在于美好爱情的消逝和永恒的叹息。就《梁祝》而言，"乐象"是一个多层次的符号体系，包括不同乐器的音色、声音的高低缓急、旋律的快慢起伏等。"乐象"也同样具有强大的意义涵容量，在象征中获得意域的无限扩大，将我们个体的爱恨、别离、生死等人生体验，与全部人类的情感和经验贯通，带来千古之下知音犹存的审美感受。

（二）"以意为主"的艺术旨趣

中国传统艺术常以写意和"悟"的方式追求意境之美。《论语·阳货》在解释"天道"时，认为"天道"是"言"不能及，也不需要语言证明而自在的境界。"天何言哉？四时行焉，百物生焉，天何言哉？"①即"天道"、自然规律本身就是"无言而无不言"的，超越"言"的自然自在之物是不必用语言呈现的。《庄子·天道》提出"意有所随"，指作品的意义依据不同情境或接受者不同的生活经验、艺术修养是变幻不居、无法固化的，以此否定"言"，强调"悟"。其中"轮扁斫轮"的故事借轮扁之口，以砍削木材制作轮子为例，感慨"有数存于其间"，即使是父子也不能相传的尴尬，尤其生动地说明了"只可会意，不可言传"的特点。言意观"言"不能"尽意"的主张，形成了"言无言""不言之言"的倾向。由此，中国传统文化艺术重意轻言、重心灵感悟的艺术创作和鉴赏趣味就埋下了伏笔，与画论、乐论、诗论等艺术理论中的写意、意境以及妙悟等范畴具有深远的联系。

对"意"的追求，使中国传统艺术创作不以科学、客观地表现事物为目的，而是在"不言""少言""贵言"的观念影响下，以极简的笔触呈现物象，国画中常见的计白当黑、有无相成、虚实相生即是如此。宗炳在《画山水序》中讲到，以"昆仑山之大，瞳子之小"的矛盾而言，如何在尺幅之间将"嵩、华之秀，玄牝之灵，皆可得之于一图"呢？宗炳提出"妙写"的观点，强调绘画艺术要将"形上"与"形下"相结合，把画家体验到的"形而上"的"道""理""神"等观念，与"形而下"的摹写形貌、远近大小、绢素笔墨等物质材料巧妙融合。《画山水序》

清　石涛《烟树涨村图》　宣纸水墨

---

① 程树德撰，程俊英、蒋见元点校《论语集释》，中华书局，1990年，第1227页。

有言:"竖划三寸,当千仞之高;横墨数尺,体百里之迥。是以观画图者,徒患类之不巧,不以制小而累其似,此自然之势。"①意思是说,只要能够捕捉到"神似"之处("类之不巧"意为不得"意"),三寸可当千仞,数尺可作百里,不受尺幅笔墨多少的影响。由此可见,所谓"妙写",意为以简单的笔墨和造型写意、传神,寓繁于简,在有无、虚实中生成意境之美。

(三)美善相乐的艺术境界

尽善尽美、美善相乐的传统美善观念的形成与言意观有着潜在的因果关系。我们知道,"比兴""立象尽意"的言说策略,初衷在于"见今之失以讽喻之",是"不直言""不斥言"的"谲谏"智慧。一方面,立象尽意凭借象征、譬喻获得无限的意蕴,因此,强调"所立之象"的外在形式美,以引起审美注意;另一方面,立象尽意作为言说策略,它的目的就是对现实的批判、赞美或改造,体现了"善"的伦理道德价值,具有内在美的特征,使艺术与生俱来带有关注现实的人文精神。"尽善尽美"之说语出《论语·八佾》,孔子称《武》乐"尽美矣,未尽善也",称《韶》乐"尽美矣,又尽善也",立论的依据在于《武》表现的是通过武功实现统一,而《韶》表现的是通过仁政实现统一。《武》《韶》两种礼乐,在形式上都是"美"的,但是后者不止于审美,而且是建构一种美美与共、和谐共生的天下图式。《礼记·乐记》:"礼乐刑政,其极一也;所以同民心而出治道也。"②对此,聂振斌先生说:"先王作乐并不是为了审美享受,而是为了治国平天下。"③此言对礼乐本质的认识极为精道,在审美中实现治国平天下的理想,或者说,就是通过礼乐教化建构起天、人及社会政体的和谐关系,这就为中国传统艺术精神注入了社会担当和人文主义理想,即尽善尽美的艺术精神。

尽善尽美、美善相乐的艺术观念,还体现在以美引德,审美的目的在于道德教化,即天人、物我、自我和谐一致的"善"。礼乐教化以其本身的感性形式实现教化人心的目的,"乐以象德",礼乐作为"德"的具象符号,是通过声音、形象、舞蹈等场景的创设,赋予鉴赏者"乐观其深"的审美体验,

---

① 叶朗主编:《中国历代美学文库》(魏晋南北朝卷上),高等教育出版社,2003年,第392页。
② (汉)郑玄注,(唐)孔颖达疏:《礼记正义》,载(清)阮元校刻《十三经注疏》,中华书局,1980年,第1527页。
③ 聂振斌:《礼乐文化与儒学艺术精神》,《江海学刊》2005年第3期。

并由此形成对礼乐制度所承载的价值观的体认。《荀子·乐论》："先王恶其乱，故制雅颂之声以道之。"① "夫声乐之入人也深，其化人也速，故先王谨为之文。"② 就是说，当人性的七情六欲有违社会秩序的时候，可以通过礼乐"导情"，礼乐有声有形，诉诸人的视听官感，在时间的延续和空间的转换中，把鉴赏者的注意力吸引到礼乐所立之"象"上，在参悟"象"的过程中，释放情感情绪，消解其有违天地"大一"的不雅不正之欲。这正是礼乐以审美的方式，通过调整主体的心理、情感和精神状态，实现"同民心而出治道"、建构和谐社会秩序的路径，这一路径是审美的、诗性的、乐感的，所谓"乐以象德""以象事行""皆形见于乐"，都是对礼乐以诗性的方式传达价值观的直接表述。以审美的方式实现道德教化的目的，也说明了中国传统艺术观念中，美和善是一体两面的关系。

四、对当代文艺创作和文艺理论的启示

中国传统文艺思想是新时代文艺话语体系建设的重要资源，王一川说："有必要依托中国的感兴修辞范畴即兴辞并参酌西方有关理论而建立一种中国式艺术理论构架。"③ 创新和转化中国传统文化艺术资源，有助于鉴别、纠正当前文化艺术怪象。

首先，在所谓"纯形式""纯表现""纯抽象"的现代主义、后现代主义的遮掩下，当下部分艺术创作僭越审美规律，打破艺术与生活的界限。在艺术形式上，表现为不知所云、看不懂的艺术；在内在精神上，表现出一种玩世不恭、个人化写作倾向，消解了文艺社会责任感和崇高精神。言意观影响下的中国传统艺术精神，有着强烈的家国情怀和人文精神。它昭示着，艺术单凭自身不足以构成艺术，艺术总是"关于什么"的艺术。诗之"比兴""立象尽意"的言说方式，就是源于"美刺"的现实需要。"美刺"是文化艺术在他律和自律的罅隙中，对时代和社会的自觉在场。相比较而言，这种为艺术而艺术、以一己悲欢为旨趣之作，没有了对现实的关注和批判，也不能与时代发展的强音相称。

---

① （清）王先谦撰，沈啸寰、王星贤点校：《荀子集解》，中华书局，1988年，第379页。
② （清）王先谦撰，沈啸寰、王星贤点校：《荀子集解》，中华书局，1988年，第380页。
③ 王一川：《构建中国式艺术理论的若干思考》，《中国文艺评论》2019年第8期。

其次，要把美育、艺术教育和德育内在地结合起来，不能靠理论规训、说教或者以脱离实际的理论观念，而是要按照艺术和审美的规律，针对受众的特点，锤炼艺术语言，做到"润物细无声"。以"兴""象"的言说方式为例，早期的艺术形式诸如诗乐舞，强调"动情""动心"的创作原则，把人与世界和现实的关系情感化、审美化，发挥文学艺术的社会影响和话语权力。没有"兴"的指摘现实，是人与世界紧张对立；没有现实寄托的"兴"，是艺术放弃自身改造社会的价值。所谓"情深而文明，气盛而化神"，指的就是诗乐舞等艺术具有情感深厚、文采鲜明、气氛浓烈、潜移默化的教化作用。相比较而言，当前的文化艺术作品要走进人们的心坎里，更要摒弃旧话、洋话、鬼话，以时代、生活和人民为中心，重拾中国传统艺术尽善尽美的精神气质，提升艺术语言的形象性、意蕴性和表现力，以美的形式、善的内容"动己而天地应"，做到"合同而化"。

电影《孔子》中，孔子见南子的一段令人印象深刻。其中：南子问"仁"，质疑像她一样名声不好的女人是否也在"爱人"之列，孔子不语，表明在中国传统观念中，"美"是以"善"为前提的；南子问"关雎"，孔子答以"君子爱美求之以礼"，表明以"礼"制"欲"、"思无邪"的理性精神；南子问"治国"，孔子答以君子齐家治国平天下的决心。孔子频频拒绝了南子的表白，令人对其道德境界望之敬畏的时候，孔子的解释是"吾未见好德如好色者也"，坦诚地肯定了自己的七情六欲以及克服欲望成仁成己的艰难。南子深受感动，由爱生敬，感慨修行本身虽是痛苦，也是境界。这段影片，从艺术语言上讲，不仅成功塑造了人物形象，而且从剧本内容上，极好地表现了传统士人的道德观，寓教于情景之中，堪称经典。

结　语

本文从先秦时期的言意观念说起，概述了言意观的基本内涵，并以此为观测点，揭示"言不尽意""立象尽意"的言说策略。而这一策略广泛存在于先秦时期的社会文化生活和礼乐制度中，尤其是诗之比兴、礼乐之象征，在意义传达和接受方面，是感性的、诗意的、充满乐感的。由此管窥中国传统文化艺术精神，可以发现，在比兴、象征等一切言说行为的表象背后，寄寓着深沉的人文化成意识、清醒的自我与家国、世界和谐共处的理想图式，以及尽善尽美的境界追求。较之当前的艺术理论和创作实践，以上这些，重申了中国文化艺术精神对社会的责任和担当意识，以及实施审美教育和道德教育的基本规律，由此启发我们，艺术不能仅仅是为艺术而艺术，而要以其对真美善的追求，回应我们民族、社会和时代的沉疴与伟大。

《文心雕龙》批评陆云研究*

胡 辉**

摘 要:《文心雕龙》在《明诗》《章句》《养气》《时序》《序志》等8篇共9次,对陆云展开批评。本文梳理散见于《文心雕龙》上述各篇的关于陆云的批评,做总体观照、综合考述后认为:《文心雕龙》是中国早期全面批评陆云的最权威、最生动的著作;刘勰指出陆云创作雅好清省而敏于短篇,首重情感,尚势而不忽视悦泽,比较符合陆云作品实际,并以历史的眼光审视陆云的文学成就和地位,准确而精当,突出显示了他对陆云的熟稔和重视,也为后世的陆云研究提供了足资研味的独特视角。

关键词:《文心雕龙》;陆云;文学批评

引 言

陆云(公元262—303年),字士龙,吴郡华亭(今上海松江)人,文才与兄陆机齐名,时称"二陆"或"二俊";又曾任清河内史,故世称"陆清河"。自西晋以来,关于陆云的研究颇受世人关注[①],成书于南朝齐时期的《文

---

* 本文系国家社会科学基金项目《文心雕龙》'依经立义'研究"(项目编号:16XZW001)研究成果。

** 胡辉,硕士,滇西科技师范学院文学院副教授,主要从事先秦两汉魏晋南北朝文学史、中国古代文学理论及《文心雕龙》的研究和教学工作。

① 古代陆云研究基本附于陆机之后,以文本分析、评价为主。南北朝时期,刘勰、钟嵘,机、云并评,并独标陆云"雅好清省"的文学观,具有重大意义;亦有学者指出:"关于陆云的研究,较乃兄机要逊色得多……明清以降,其论不出齐梁窠臼,而其研究思路由整体评论向具体作品推进,亦不失为一种学术开拓。"(详参陈家红《六朝吴郡陆氏家族文化与文学研究》,上海师范大学2013年博士学位论文,第17—18页。)近代以降,伴随着研究思路的拓展、文献分析的深入以及学术方法的更新,加之学界对陆云研究用力甚勤,在陆云"文贵清省"的文学思想、个别作品篇目来源、考释及写作基调等方面的研究都取得了丰硕成果。凡此种种,都为本文的写作导夫先路。

心雕龙》就在《明诗》《定势》《熔裁》《章句》《养气》等 8 个篇目中 9 次论及陆云,可视为较早对陆云展开全面批评的文本之一。由是,本文以《文心雕龙》批评陆云为研究对象,分《文心雕龙》批评陆云条目汇编、详情、得失三个部分,深描《文心雕龙》视野下批评陆云的全貌,以期对整个陆云的研究稍有增益。

一、《文心雕龙》批评陆云条目汇编

《文心雕龙》[①]全书 50 篇,其中《明诗》《章句》《养气》《时序》《序志》等 8 篇共 9 次论及陆云,视角囊括陆云的文学成就、才华、文学观等,详见表 1。

表 1 《文心雕龙》批评陆云条目一览

序号	评论	篇目出处	备注
1	晋世群才,稍入轻绮。张潘左陆,比肩诗衢,采缛于正始,力柔于建安;或析文以为妙,或流靡以自妍:此其大略也	《文心雕龙·明诗》	文体论
2	又陆云自称:"往日论文,先辞而后情,尚势而不取悦泽;及张公论文,则欲宗其言。"	《文心雕龙·定势》	创作论
3	士龙思劣,而雅好清省 及云之论机,亟恨其多,而称"清新相接,不以为病":盖崇友于耳	《文心雕龙·熔裁》	创作论
4	陆云亦称,四言转句,以四句为佳	《文心雕龙·章句》	创作论
5	陆云叹用思之困神,非虚谈也	《文心雕龙·养气》	创作论
6	机云标二俊之采	《文心雕龙·时序》	文学评论
7	士龙朗练,以识检乱,故能布采鲜净,敏于短篇	《文心雕龙·才略》	文学评论
8	又君山公斡之徒,吉甫士龙之辈,泛议文意,往往间出,并未能振叶以寻根,观澜而索源	《文心雕龙·序志》	文学评论

---

① 本文所引《文心雕龙》内容皆出自周振甫《文心雕龙今译(附词语简释)》(中华书局,1986年),未说明者同,不一一标注。

《文心雕龙》全书分"上篇"和"下篇",各25篇。"上篇"自《明诗》至《书记》对所有的文体做全面的研究,即文体论,其中《明诗》篇论及陆云,详情及得失如下。

《明诗》是整部《文心雕龙》的第六篇,文体论的开篇,黄侃先生认为:"古昔篇章,大别之为有韵无韵二类,其有韵者,皆诗之属也。其后因事立名,支庶繁滋,而本宗日瘠削,诗之题号,由此隘矣。彦和析论文体,首以《明诗》,可谓得其统序。"① 因此,《明诗》是文体论部分最具有代表性的一篇。

《明诗》篇概括历代诗歌发展情况,从四言诗讲到五言诗,对发展历史、基本特色、历代不同风格类型的作家的不同成就、写作特点,都做出了比较客观公正的评价。在论及西晋诗坛时,刘勰说:"晋世群才,稍入轻绮。张潘左陆,比肩诗衢,采缛于正始,力柔于建安;或析文以为妙,或流靡以自妍:此其大略也。"刘勰认为陆云在西晋诗坛是可以与"张"(即张载、张协、张亢)、"左"(即左思)、"潘"(即潘岳、潘尼)及胞兄陆机并驾齐驱的人物,是符合实际的,至于说"晋世群才,稍入轻绮"很能概括西晋诗坛的文采特点,而非单论陆云个人的诗歌风格。

首先,"张潘左陆",都是西晋太康(公元280—289年)前后的作家,即张载、张协、张亢,潘岳、潘尼,左思,陆机、陆云,当时称为"三张、二陆、两潘、一左",见钟嵘《诗品·序》:"太康中,三张、二陆、两潘、一左,勃尔俱兴,踵武前王,风流未沫,亦文章之中兴也。"② 有学者主张以张华代张亢,但陆侃如先生等认为:"那是不对的,因为张华和他们不是一家人,当时人也从没有谁拿张华和他们并称'三张'(参看《晋书·张亢传》)。"③ 宋本《太平御览》引《文心雕龙》辑校"晋世群才,稍入轻绮,张左潘陆,比肩诗衢"。而唐写本同,至正本、《训故》、黄本作"张潘左陆"。杨明照先生《拾遗》"按《诠赋》《时序》《才略》三篇所叙西晋作者,皆左先于潘,此亦应尔"④。无论究竟是"张潘左陆"还是"张左潘陆",都可"足知晋代名贤于文

---

① 黄侃:《文心雕龙札记》,上海古籍出版社,2000年,第25页。
② (南朝梁)钟嵘著,周振甫译注:《诗品译注》,中华书局,1998年,第1页。
③ 陆侃如、牟世金:《文心雕龙译注》,齐鲁书社,1982年,第67页。
④ 黄叔琳注,李详补注,杨明照校注拾遗:《增订文心雕龙校注》,中华书局,2000年,第78页。

章各体研核至精,固非后世所能及也",因此,刘永济先生说:"于西晋称张左潘陆,于江左举景纯以概袁孙,皆权衡至当。"①

其次,"比肩诗衢",是指"三张、二陆、两潘、一左"在作诗之路上并驾齐驱。将陆云与"张"(即张载、张协、张亢)、"左"(即左思)、"潘"(即潘岳、潘尼)及胞兄陆机并举,是符合实际的。一方面《文心雕龙》共论及西晋文士22位,陆云赫然在列;另一方面《诗品》共品评西晋诗人29人,将陆云列入中品,陆机、潘岳、张协、左思列在上品,无论是《文心雕龙》还是《诗品》均囊括了西晋文学成就较高的主要作家,加之作为西晋的代表文人,"陆云存诗22题,共134章,在西晋诗人中数量仅次于陆机"②,都说明刘勰对陆云与胞兄及"张""潘""左"比肩而立的论断可谓精当。

最后,不论是"轻绮""缛"还是"流靡""绮靡""繁缛",都是说西晋诗坛的总体情况,表现出晋人独特的审美取向,并非是对"张""潘""左""陆"的具体分析,也不是对他们的创作风格、特点做对比阐释,事实上"陆云的诗虽不及陆机之典丽,却亦无其繁缛"③,也没有具体分析陆云诗歌在内容、诗境、风格、文气上的特点和独特的审美个性,但鉴于《明诗》的写作旨归,笔者认为并非刘勰批评陆云有失偏颇,而是行文之故罢了。

可见刘勰关于陆云在西晋诗坛地位的概括,是符合实际的,而囿于《明诗》篇的写作目的,并未对陆云具体作品展开评析,也是合乎情理的。

二、《文心雕龙》创作论批评陆云详情及得失

《文心雕龙》的创作论,是从文体论归纳来的,其中《定势》《熔裁》《章句》《养气》4篇5次批评陆云,详情及得失如下。

(一)《文心雕龙·定势》批评陆云详情及得失

《定势》是《文心雕龙》的第三十篇,"把'势'作为一个重要的文学层面来讨论,我们所见到的最早文献就是刘勰的《定势》篇"④。刘勰通过《定

---

① 刘永济校释:《文心雕龙校释附征引文录》,中华书局,2007年,第18页。
② 丁太勰、刘运好:《士龙朗练,布采鲜净——陆云诗歌审美个性论》,《江淮论坛》2016年第4期。
③ 曹道衡编著:《魏晋文学》,安徽教育出版社,2001年,第171页。
④ [美]宇文所安:《中国文论:英译与评论》,王柏华、陶庆梅译,上海社会科学院出版社,2003年,第238页。

势》综论文章创作中颇有意味的即体成势、因势而动的问题，旨在说明不同体裁形成不同风格定式，各种风格是顺着势而自然形成的，定式就是文章要写得体裁同风格相适应，顺着某种体裁所需要的某种风格来写。

《定势》评陆云说："又陆云自称：'往日论文，先辞而后情，尚势而不取悦泽；及张公论文，则欲宗其言。'"这里"又陆云自称"句，见他给陆机的《与兄平原书》，载："昔日论文，先辞而后情，尚洁而不取悦泽。尝忆兄道张公父子论文，实欲自得，今日便欲宗其言。"①

陆云说：从前讨论文学创作，总把文辞放在前头，首先注重语言，然后考虑思想感情，崇尚看重体势，却不看重它的藻采，抛弃了美好的色泽，不注意润色的功夫。直到听了张华谈论创作，才想到要尊崇他的意见，改变自己过去的看法。对此，刘勰有非常客观的评价，他说陆云此举"可谓先迷而后能从善矣"，认为文章首重思想感情而后是语言表达，重文势亦需润色，所以对陆云能够纠正"先辞而后情""尚势而不取悦泽"的创作倾向，十分赞赏，而"先迷而后能从善矣"，论断十分确切而精准。究其原因，有以下几点。

首先，刘勰认为"情""体""势"是相继相生、始末相承的，而"情"居首要位置。刘勰在《定势》开篇就阐述"情"和"体"的关系："夫情致异区，文变殊术"，需"因情立体，即体成势也"，而"势"是一种格调，即"势者，乘利而为制也"。所谓"因情立体"就是要根据作者所要表达的"情致"，来确定文章的体裁样式，"即体成势"则是就着体制来形成一种文势；虽情趣各异，创作万变，但依照情思来确定体制是不变的。

其次，刘勰强调"情"是作品的媒介，就如同"色"是绘画的媒介，故说："是以绘事图色，文辞尽情，色糅而犬马殊形，情交而雅俗异势。"他认为文辞重在表达感情，就像绘画要讲究着色一样重要，只有感情交错，才能使作品的雅俗具有不同体式，如同调配颜色，使画出的狗马构成不同形状，而"情"赋予作品"势"，这里"我们在这一段顺便读到了《文心雕龙》关于文学的一个最惊人的假定：正如'色'是绘画的媒介，'情'而非'言'是文学

---

① （晋）陆云著，刘运好校注整理：《陆士龙文集校注》，凤凰出版社，2010年，第1056页。

作品的媒介。……你读的不是'言'而是'情'。"①加之,《文心雕龙·物色》有"辞以情发"之说,《文心雕龙·体性》有"情动而言形,理发而文见"之论,皆是强调"情"在创作中的主导地位。

最后,陆云在创作实践中,确实把"情"放首要位置,强调"既然文章'先情而后辞',具有深情远旨的情感特质,那么,可以在'深情'的统摄下,'为情而造文'"②。如:其在《与兄平原书》中说《九愍》"此是情文,但本少情,而颇能作汜说耳"③,"汜说"意为无病呻吟,认为《九愍》抒发情感不够真切感人。故彭鸿程先生说:"陆云的赋作浸染着浓郁的悲情和深沉的生命意识。这种用情的创作倾向,正是陆云对自己'先情而后辞'(《与兄平原书》)文学主张的实践。"④同时,刘勰主张美好的文学风格是包含着"文采"因素在内的。他在《文心雕龙·情采》中说:"圣贤书辞,总称文章,非采而何?"还言:"言以文远。"他主张文学风格必须有文辞修润之美,即势须悦泽之旨也。

综上,"云论文主'先情而后辞',一方面承接着屈原氏'发愤以抒情'(《九章·抽思》)的诗骚精神,一方面又开启着刘勰氏'为情而造文'(《文心雕龙·情采》)的主情诗论"⑤。因此,当陆云改"先辞后情"为"先情后辞",且"势""采"并重后,刘勰赞为"先迷后善",也就在情理之中了。

(二)《文心雕龙·熔裁》批评陆云详情及得失

黄侃先生认为"辞之患二:曰枯,曰繁。枯者,不能求达;繁者,徒逐浮芜。枯竭之弊,宜救之以博览;繁杂之弊,宜纳之于镕裁。舍人此篇,专论其事"⑥,指的就是《文心雕龙》第三十二篇《熔裁》。该篇主要论述怎样熔意(内容的规范)和裁辞(文辞的剪裁)问题,而黄侃先生也认为"作文之术,诚非一二言能尽,然挈其纲维,不外命意修词二者而已"⑦,刘勰自己解释

---

① [美]宇文所安:《中国文论:英译与评论》,王柏华、陶庆梅译,上海社会科学院出版社,2003年,第241—242页。
② 陈家红:《六朝吴郡陆氏家族文化与文学研究》,上海师范大学2013年博士学位论文。
③ (晋)陆云著,刘运好校注整理:《陆士龙文集校注》,凤凰出版社,2010年,第1086页。
④ 彭鸿程:《试论陆云的文学创作》,《湖北社会科学》2008年第1期。
⑤ 陈家红:《六朝吴郡陆氏家族文化与文学研究》,上海师范大学2013年博士学位论文。
⑥ 黄侃:《文心雕龙札记》,上海古籍出版社,2000年,第114页。
⑦ 黄侃:《文心雕龙札记》,上海古籍出版社,2000年,第114页。

说"规范本体谓之熔,剪截浮词谓之裁","熔""裁"都是提高作品内容与形式的重要手段,最终目的是写出"情周而不繁,辞运而不滥"的作品。

刘勰在《熔裁》中对陆机、陆云并论,说:"至如士衡才优,而缀辞尤繁;士龙思劣,而雅好清省。及云之论机,亟恨其多,而称'清新相接,不以为病',盖崇友于耳。"刘勰对陆云"雅好清省",以及机、云兄弟不同禀赋才性特征,导致二人文学思想的差异的评语是正确的,但说陆云称机"清新相接"是"盖崇友于耳",值得商榷。

首先,由于作家创作个性、观察事物的精细程度、对事物概括的能力等方面存在差异,以及作者语言表达"繁""略"的喜好、体裁不同,有些作者的创作容易陷入思想繁杂及语言繁杂的误区,对此,刘勰提出的具体方案是"适分"。"适分"从"适分所好"句中截取而来,有随着作者的个性和爱好来创作之意,并指出"思赡者善敷,才核者善删",意思是说文思繁复的作者善于铺陈、扩展,才思精要的作者善于简化。机、云兄弟才藻、性格不同,使二人在文学理论、创作实践上有差异。《晋书·陆云传》曰:"(云)性清正,有才理,少与兄机齐名,虽文章不及机,而持论过之。"[1]徐公持先生则说:"陆机外向好逞才,陆云内向喜静思。"[2]另将萧统《文选》所收陆氏兄弟诗比对阅读,亦可佐证刘勰对他们的评语是正确的。

其次,西晋时期崇尚繁缛、绮丽达到了顶峰,刘勰本人也说"去圣久远,文体解散,辞人爱奇,言贵浮诡,饰羽尚画,文绣鞶帨,离本弥甚,将遂讹滥";而以"清"为审美理想的陆云,逆时代潮流,将"清"看作核心,另辟蹊径,反复阐释"清"及其概念[3],倡导清新流畅的文辞和明朗自然的风格。具体说来,"清省"有两层含义:一是文意的"省",二是用词的"省"。在陆云看来,无论文意还是文辞,都应"精而不芜,约而不繁,透明澄澈,雅而不俗"[4],并躬身垂范,故陆云作品,文明晰省净、繁而不缛,诗新颖清新,赋丰赡而超脱尘俗,冲破崇尚了繁缛文学审美的桎梏,为后世的文学批评提

---

[1] (唐)房玄龄等撰:《晋书》,中华书局,1974年,第1481页。
[2] 徐公持编著:《魏晋文学史》,人民文学出版社,1999年,第383页
[3] 《陆士龙文集校注》详细信息——(晋)陆云著,刘运好校注整理,凤凰出版社(原江苏古籍出版社),2010年第1版。第1049、1056、1060、1063、1079、1095、1111、1115、1125、1132页。
[4] 郁沅、张明高编选:《魏晋南北朝文论选》,人民文学出版社,1996年,第161页。

供了一个新的角度。宗白华先生说:"魏晋六朝是一个转变的关键,划分了两个阶段。从这个时候起,中国人的美感走到了新的方面,表现出一种新的美的理想。那就是认为'初日芙蓉'比之于'镂金错彩'是一种更高的美的境界。"①而陆云"雅好清省"可视为"初日芙蓉"的先声,并对刘勰"熔意裁辞""风清骨峻"概念的提出,产生深远影响。但令人遗憾的是,萧统对陆云"雅好清省"的审美倾向认识不足,加之《文选》"综辑词采""错比文华"的选辑准的,故《文选》收录陆云作品不多,这也间接影响了后世对陆云作品的接受。

最后,"及云之论机,亟恨其多,而称'清新相接,不以为病',盖崇友于耳",出自陆云《与兄平原书》:"兄文章之高远绝异,不可复称言,然犹皆欲微多,但清新相接,不以此为病耳。"②刘勰认为,陆云谈及陆机的时候,常嫌其辞采过多,然而又夸赞他文辞清新、前后衔接,算不得缺陷,或许是看重兄弟的情谊吧。笔者认为,陆云评胞兄陆机"清新相接"是十分精辟的,詹锳先生说:"今观士衡文之作法,大致不出'清新相接'四字。'清'者,毫无蒙混之迹也;'新'者,惟陈言之务去也。士衡之文,用笔甚重,辞采甚浓,且多长篇。使他人为之,稍不检点,即不免蒙混,或人云亦云。蒙混则不清,有陈言则不新。既不清新,遂致芜杂冗长。陆之长文皆能清新相接,绝不蒙混陈腐,故可免去此弊。"③而刘勰之所以认为陆云是"盖崇友于耳",大概是刘勰批评的要点是文辞过繁的倾向,于是陆机成为例证而已。

(三)《文心雕龙·章句》批评陆云详情及得失

黄侃先生认为:"一切文辞学术,皆以章句为始基。"④《章句》就是讲写作中的分章造句与措辞的调节问题,其中也有较多的篇幅讲字数、用韵、虚词,在讨论如何用韵时,刘勰提出"若乃改韵从调,所以节文辞气",认为依从情调,改换韵脚,是为了调节文辞的气韵,并引用陆云"四言转句,以四句为佳"为例证,此句见陆云《与兄平原书》第九篇"文中有'于是''尔乃',于转句诚佳,然得不用之益快,有故不如无。又于文句中自可不用之,便少

---

① 郁沅、张明高编选:《魏晋南北朝文论选》,人民文学出版社,1996年,第30页。
② (晋)陆云著,刘运好校注整理:《陆士龙文集校注》,凤凰出版社,2010年,第1056页。
③ (南朝梁)刘勰著,詹锳义证:《文心雕龙义证》,上海古籍出版社,1989年,第1204—1205页。
④ 黄侃:《文心雕龙札记》,上海古籍出版社,2000年,第127页。

亦常。云四言转句，以四句为佳"①。本篇是陆云评论前人（王粲）、陆机与自己作品的得失，论及文章结构，认为必须注意转句、对偶、韵律，提出"云四言转句，以四句为佳"的观点，被刘勰引述，但陆云今存的四言诗，没有四句一转的，大都是八句一转韵，为何此处还引述陆云观点为佐证呢？笔者认为——

首先，陆云非常看重对偶和韵律，常"思不得韵"，多次与兄探讨具体文章用韵是否准确②，指出四言诗转韵，以四句一转韵为好，但主要是针对赋而言的。范文澜先生作《章句》注时，对此有过精彩见解，他说：

陆云《与兄平原书》："文中有'于是''尔乃'，于转句诚佳，然得不用之益快，有故不如无。又于文句中自可不用之，便少亦常。云四言转句，以四句为佳……《喜霁》：'俯顺习坎，仰炽重离'，此下重得如此语为佳，思不得其韵，愿兄为益之。"详士龙此文，所论者乃赋也。③

其次，刘勰对用韵主张"折之中和"，通过适当转韵调节语气，不至于重复和单调，黄侃先生高度赞誉说："其云'折之中和，庶保无咎'者，盖以四句一转则太骤，百句不迁则太繁，因宜适变，随时迁移，使口吻调利，声调均停，斯则至精之论也。"④但折中调和究竟应以几韵几句为佳，刘勰没有做出明确的回答。但范文澜先生以实际作品为根据，推论出刘勰主张四韵（八句）一转，具体如下：

《玉海·词学指南》引魏武论赋作论诗，诗赋亦得通称。资代作贸代，是。贸，迁也。《南齐书·乐志》：永明二年尚书殿中曹奏定朝乐歌诗云："寻汉世歌篇，多少无定，皆称事立文，并多八句，然后转韵。时有两三韵而转，其例甚寡。张华、夏侯湛亦同前式。傅玄改韵颇数，更

---

① （南朝梁）刘勰著，范文澜注：《文心雕龙注》，人民文学出版社，1958年，第585页。
② 详参刘运好校注整理《陆士龙文集校注》，凤凰出版社，2010年，第1075、1136、1142、1143页。
③ （南朝梁）刘勰著，范文澜注：《文心雕龙注》，人民文学出版社，1958年，第585页。
④ 黄侃：《文心雕龙札记》，上海古籍出版社，2000年，第147页。

伤简节之美。近世王韶之、颜延之并四韵乃转，得赊促之中。颜延之、谢庄作《三庙歌》，皆各三章，章八句，此于序述功业详略为宜，今宜依之。"观此文知彦和所谓折之中和者，是四韵乃转也。①

以上皆说明陆云虽提出"云四言转句，以四句为佳"的观点是针对赋作而言的，但陆云今存的四言诗大都是八句一转韵，与范文澜先生推论"观此文知彦和所谓折之中和者，是四韵乃转也"，即刘勰主张四韵（八句）一转相契合，故被刘勰引证也是很自然的事情了。

（四）《文心雕龙·养气》批评陆云详情及得失

《养气》是《文心雕龙》的第42篇，"养"有保护、修养的意思，"气"则和人的精神密不可分，"养气"即养神气，主要论述保养精力，保持旺盛的创作精神问题，及使创作活力常在的原则、方法，反对劳神苦思、呕心沥血来写作，就是黄侃先生说的："养气，谓爱精自保，与《风骨》篇所云诸气字不同。"②

《养气》所讲的"气"，旨在表达顺应自然的创作态度，和人的精神密不可分，故常"神""气"并称，而陆云《与兄平原书》："兄文章已自行天下，多少无所在，且用思困人，亦不事复及以此自劳役。"③因此刘勰引述道："陆云叹用思之困神，非虚谈也。"刘勰对陆云感慨运思会损害精神的观念十分认同故引之，但刘氏的认识，显然比陆云深刻得多，这是刘勰的贡献，详情如下。

首先，刘勰"神"和"气"同举并列："则神疲而气衰""气衰者虑密以伤神""于是精气内销，有似尾闾之波；神志外伤，同乎牛山之木""玄神宜宝，素气资养"，这都清楚表明，刘勰十分强调创作时应保养好精神，使文思畅通，要避免过度导致"神疲而气衰"及"用思困人"，这一点刘、陆二人有共同之处。

其次，"困人"即"困神"，至于"亦不事复及以此自劳役"④，都是讲为

---

① （南朝梁）刘勰著，范文澜注：《文心雕龙注》，人民文学出版社，1958年，第585页。
② 黄侃：《文心雕龙札记》，上海古籍出版社，2000年，第203页。
③ （晋）陆云著，刘运好校注整理：《陆士龙文集校注》，凤凰出版社，2010年，第1044页。
④ （晋）陆云著，刘运好校注整理：《陆士龙文集校注》，凤凰出版社，2010年，第1044页。

文之辛苦如劳役，刘勰则说"曹公惧为文之伤命"，刘、陆二人对写作构思过程中因"钻砺过分"对"神"的伤害认识是一致的，但刘勰的认识显然比陆云要更深刻，毕竟在命意、修辞上工力劳苦，尚是其次，"销铄精胆"的精神痛苦，其影响于身体才是最大的。

四、《文心雕龙》文学评论批评陆云详情及得失

《文心雕龙·序志》云"崇替于《时序》，褒贬于《才略》，怊怅于《知音》，耿介于《程器》"，这四篇包括文学史、作家论、鉴赏论、作家品德论，合称文学评论。其中，《时序》《才略》均论及陆云，详情如下。

（一）《文心雕龙·时序》论陆云详情及得失

《时序》从文学史的角度立论，按照历史的顺序阐释历代文学创作的发展变化，核心是探讨时代和世情与文学之间的关系。《时序》在分析西晋文学发展概况时，关于陆云，刘勰将机、云并评："机云标二俊之采。"刘勰称陆机、陆云兄弟为"二俊"是有源可溯的。

"二俊"是张华对陆氏兄弟的美称，《晋书·陆机传》载："至太康末，与弟云俱入洛（吴亡后，入洛），造太常张华。华素重其名，如旧相识，曰伐吴之役，利获二俊。"[1] 西晋统一全国10余年之后，在太康年间，吴地士人群体入洛求仕形成高潮，但北人优越的心理，使得他们视南人为蛮荒之地而来，但"性好人物，诱进不倦，至于穷贱侯门之士有一介之善者，便咨嗟称咏，为之延誉"[2]的张华作为当时中原文坛领袖，对南人相当友善，他是机、云兄弟步入北方世族圈的关键人物。此外，张华还是陆机、陆云文学上的挚友，"张华不仅以自己的创作，且通过赞誉和批评，在对左思、陆机、陆云诗赋创作所进行的美学导向中，见出他自己的审美趋向和诗学观点，显示了他在西晋文坛上领袖群彦的地位"[3]，而二陆也"钦华德范，如师资之礼焉"[4]。

但囿于西晋前治后乱的政局，如张华、陆机、陆云、潘岳等文士的人生充满悲剧色彩，像陆云这样恪守儒家伦理道德的文士因兄长连坐被处死，故

---

[1] （唐）房玄龄：《晋书》，中华书局，1974年，第1472页。
[2] （唐）房玄龄：《晋书》，中华书局，1974年，第1074页。
[3] 曹旭：《论西晋诗人张华》，《上海师范大学学报》（哲学社会科学版）1990年第4期。
[4] （唐）房玄龄：《晋书》，中华书局，1974年，第1077页。

刘勰感叹"运涉季世,人未尽才","二俊"的命运多少证明《时序》开头所说的"时运交移"的"运",亦能回应《时序》篇创作主旨,所以祖保全先生说:"作者是一个熟悉史料而又善于写作的人,如真的想写文学史,决不会指望用 1536 个字来写完一部贯通古今的大著;他只是借助于史的叙述,论证一下文学与时代的关系罢了。"①

(二)《文心雕龙·才略》批评陆云详情及得失

《文心雕龙·序志》说:"崇替于《时序》,褒贬于《才略》。"《才略》与《时序》互为表里,"才"指作家创作才能,"略",即作家创作中所显现的认识能力;本篇按略远详近的原则,从文学才力上评论先秦、两汉到魏、晋时期的作家的主要成就、基本特点、创作上的优缺点,共涉及 90 余人。刘永济先生说:"舍人比论文家长短异同之处,每具卓识,学者由之以考核前贤之文,亦学海之南针也。篇中论二班两刘,不同旧说;论子桓子建,亦异俗情。以遗论命诗,分属嵇阮;以深广朗练,区判机云。论张蔡孙干,则由异以见同;评建安群彦,则各标其所美。谓仲宣弁冕七子,称景纯'足冠中兴',皆特识所存,足资后学研味者也。又论两汉群才,而总断之曰:'卿渊已前,多役才而不课学,雄向而后,颇引书以助文。'尤于一代得失之林,知所取裁。"②

其中"以深广朗练,区判机云"句,《才略》如是说:"士龙朗练,以识检乱,故能布采鲜净,敏于短篇。"刘勰认为陆云文风明朗简练,明快练达,并以这方面的认识为指导自觉地避免繁杂,因此作品文采鲜明、省净,以写作短篇见长,可谓措辞精当,给予了陆云较高的评价,下文就此做详细梳理。

陆云在《与兄平原书》中反复强调文章须"清省""清约""无繁长"等,所以刘勰说他"识检乱";"布采鲜净"是在刘勰看来,陆云的诗歌清省而不繁缛,意象清丽而质感鲜明,理不枯淡,在西晋诗风中独树一帜;而"敏于短篇",陆云本人也说"才不便作大文……大文难作"③"有作文唯尚多,而家多猪羊之徒……作文章实自不当多"④"文章诚不用多"⑤等,而翻检《陆清河

---

① (南朝梁)刘勰著,祖保泉解说:《文心雕龙解说》,安徽教育出版社,2009 年,第 859 页。
② 刘永济校释:《文心雕龙校释附征引文录》,中华书局,2007 年,第 164—165 页。
③ (晋)陆云著,刘运好校注整理:《陆士龙文集校注》,凤凰出版社,2010 年,第 1054 页。
④ (晋)陆云著,刘运好校注整理:《陆士龙文集校注》,凤凰出版社,2010 年,第 1089 页。
⑤ (晋)陆云著,刘运好校注整理:《陆士龙文集校注》,凤凰出版社,2010 年,第 1122 页。

集》，确实大文极少。但张溥在《汉魏六朝百三家集题辞注·陆清河集》中认为：" 集中大文虽少，而江汉同名。刘彦和谓其'布采鲜净，敏于短篇'，殆质论欤？"① 对此，笔者认为刘勰在1400余字的短文里，对"九代之文"加以批评，后世对其评语有所质疑，也是情理之中，但刘勰批评陆云的意见是基本可取的。

（三）《文心雕龙·序志》批评陆云详情及得失

《序志》是《文心雕龙》的最后一篇（第50篇），唐代以前著作的序言大都置于全书的末尾，作者通过这篇书序来述说志向，表达写这部书的基本原则、抱负、心理动机、目的，介绍全书的主要内容、结构安排，是全书的总序，所以篇名为《序志》。

在《序志》篇评论魏晋以来文学理论著作的得失时，刘勰有这样一段论述："又君山公幹之徒，吉甫士龙之辈，泛议文意，往往间出，并未能振叶以寻根，观澜而索源。"这里提到陆云，认为他和桓谭、应贞一样泛泛地论述文章的内涵，时断时续，偶尔才有所发现，且他们都未能从枝叶追求到根本，从观察波澜而探究及源头。笔者认为刘氏对陆云文论观"泛论文意""间出"的评论还是值得玩味的，理由如下。

诚然文学理论方面，陆云仅有35札《与兄平原书》传世，并没有像陆机《文赋》那样专门的著述，但"士龙与兄平原书牍，大抵商量文事"②。郭绍虞先生认为："晋初文学首推二陆，即就文学批评而言，二陆亦较为重要。"③ 而刘勰把陆云的文学观评为"泛议""间出"，也许是在他看来"陆云《与兄平原书》凡数十通，大率讨论文事，但过涉琐碎，无关宏旨"④ 的缘故吧。而事实上刘勰的《文心雕龙》是在前代"论文者"的启发下撰写的，并建立了自己的文学理论体系，他说"详观近代之论文者多矣"，并对"魏文、陈思"至"吉甫、士龙之辈"，指出他们论文的得失所在。刘勰撰写《文心雕龙》借鉴"近代"文论是不言而喻的，譬如，刘勰"搦笔和墨，乃始论文"时，旨在"弥纶群言"的他，就有意识地规避"泛论文意""间出"这样的"错误"，

---

① （明）张溥撰，曾肖点校：《七录斋合集》，齐鲁书社，2015年，第468页。
② 黄侃：《文心雕龙札记》，上海古籍出版社，2000年，第203页。
③ 郭绍虞：《中国文学批评史》，商务印书馆，2010年，第99页。
④ （南朝梁）刘勰著，詹锳义证：《文心雕龙义证》，上海古籍出版社，1989年，第1923页。

所以"尽管刘勰不主张'好辩',可他处在一个好辩的时代。为了给他自己的文论之作留一个位置,刘勰感到有必要把所有的前辈之作都打发干净(大约一千年之后,叶燮也在他的《原诗》里做了同样的事情,他指控所有的前辈之作都缺乏系统,其中包括刘勰,见第十一章)。尽管刘勰主张独创,可是读《文心雕龙》,你无时无刻不在倾听刘勰的前辈发出的声音。"[①]

结 语

刘勰在《文心雕龙》中对陆云所做的评述,散见于文体论、创作论、文学评论各篇,高度评价了陆云的文学成就、文学地位、审美个性、文学观等,大都权衡至当,虽有值得商榷之处,但基本能以历史的眼光予以评论,措辞精当,充分体现了他在《序志》篇中所说的"擘肌分理,唯务折衷"的原则,在"弥纶群言"的基础上,真正做到了"平理若衡,照辞如镜",也为我们研究陆云提供了足资研味的独特视角,正如刘永济先生所言:"舍人比论文家长短异同之处,每具卓识,学者由之以考核前贤之文,亦学海之南针也。"[②]

[①] [美]宇文所安:《中国文论:英译与评论》,王柏华、陶庆梅译,上海社会科学院出版社,2003年,第241—242页。

[②] 刘永济校释:《文心雕龙校释(附征引文录)》,中华书局,2007年,第164页。

观念创新、范式变迁与话语建构

——新中国成立 70 年来戏曲评论的总结与展望

夏 强*

摘 要： 近 70 年来我们的戏曲评论坚持以马克思主义为指导，结合戏曲发展现状，坚持"古为今用、推陈出新"原则，不断更新、重构戏曲评论观念，研究、剖析中国戏曲在继承中转化、在创造中发展、在借鉴中超越等过程中的得失，为弘扬中国精神、营造和谐的文化环境发挥了应有的作用，为建树起中华民族独特的艺术风格、审美品格与价值体系进行了有效的探索。

关键词： 戏曲变迁；多元评介；审美建构

戏曲艺术是中华民族的宝贵文化遗产，在陶冶人民的情操、传播优秀传统文化、弘扬社会公平正义等方面都起到了不可磨灭的作用。700余年来，戏曲在神州大地生根发芽、茁壮成长。虽然历经多次发展高峰，也经历多次低谷，甚至面临灭亡的危机，但在新中国成立后，党和政府将戏曲艺术作为社会主义文化建设的重要内容，不断出台新的方针政策，努力恢复戏曲生态，力争促进中国戏曲艺术的健康发展。安葵先生指出：70 年来，（中国戏曲）走过了曲折的道路，当我们发现了失误，便认真纠正，经过广大戏曲工作者的艰苦奋斗，现在戏曲园地确已呈现出万山红遍、层林尽染的绚丽景色。[①]

中华人民共和国成立 70 年来，我国戏曲艺术的发展大致经历四个阶段："文化大革命"前的 17 年、"文革" 10 年、改革开放 30 年和新时代强国建设阶段。"十七年时期"（1949—1966）在党的戏曲改革思想和"百花齐放，推

---

* 夏强，杭州市文联创作研究室一级编剧。
① 安葵：《新中国戏曲 70 年——看万山红遍，层林尽染》，《文艺报》2019 年 8 月 26 日，第 4 版。

陈出新""三并举"等方针政策的指导下，戏曲艺术取得显著的成就；"文革"时期，"样板戏""三突出"盛行，戏曲艺术受到严重破坏；改革开放以后，在邓小平理论、"三个代表"重要思想和科学发展观的指导下，戏曲艺术取得前所未有的发展；进入新时代强国建设以来，用高度的文化自信、自觉与担当，激发出全民族的文化创新创造活力，开启戏曲发展新征程。70年来的戏曲评论，伴随着中国戏曲艺术的发展一路走来，与时代同行，在艺术理论上提倡不同观点和学派的自由讨论，不断创新观念、改变范式，建构起新的评论模式，为繁荣戏曲艺术贡献出非常重要的力量。

中华人民共和国成立之初，按照"百花齐放，推陈出新"的文艺方针，根据《政务院关于戏曲改革工作的指示》精神，开展"改戏、改人"的戏曲改革；至20世纪60年代初，形成整理改编传统戏、创作现代戏和新编历史剧"三并举"的创作政策；党的十一届三中全会以后，提出"文艺为人民服务、为社会主义服务"的"二为"方向，再次强调百花齐放、推陈出新、洋为中用、古为今用的方针，明确在艺术创作上提倡不同形式和风格的自由发展，在艺术理论上提倡不同观点和学派的自由讨论；进入21世纪新时代以来，党的十八大后，多次出台新的戏曲行动计划和扶持政策，《关于支持戏曲传承发展的若干政策》的发布，对于紧紧围绕文化自信，用戏曲艺术来铸造中国精神，讲好中国故事、传播中国故事起到了非常重要的作用。

新中国70年来的戏曲评论，在正确处理创作与演出、交流互动上不断进取，通过以马克思主义为指导，坚持不忘本来、吸收外来、面向未来的导向，在继承中转化，在借鉴中超越，在寻找发展中国特色社会主义文化的道路上耕耘。戏曲评论既坚持"古为今用、推陈出新"，深入挖掘中国戏曲蕴含的核心思想理念、传统美德、人文精神，又继承"五四运动"以来形成的革命文化传统，始终保持中国戏曲的民族性，体现时代性，坚持"以我为主、为我所用"，以此来丰富中国戏曲的"创造性转发、创新性发展"。

一、新中国70年来戏曲评论的观念创新

在戏曲艺术的发展中，理论与评论起着重要作用。人们常说，创作与评论如同"车之两轮，鸟之双翼"。创作给评论以研究的基础，评论给创作以思想的启迪与推动。

在新中国戏曲研究的主流学派"前海学派"的创始者张庚的戏曲理论体系中,他认为戏曲评论是戏曲理论五个层次的最高级,他指出戏曲资料、志书、历史、理论研究等方面"还只是解决一个基本理论问题,最重要还是拿它来解决艺术创作上的实际问题",而"评论是运用基本规律解决当前文艺上的具体问题"。①

在新中国成立之初,在党的统一领导下,广大戏曲评论家用"现实主义""人民性"等概念来阐释传统戏曲的价值,阐述"百花齐放,推陈出新"的方针和"三并举"政策的意义,保护了民族文化传统,推动了戏曲艺术的改革和发展。但不能忽视的是,此阶段由于过分强调批判,"破字当头",影响了戏曲评论的健康发展。"文革"10年一切以"阶级斗争"为先,破坏了正常的文艺评论路径,更是让戏曲评论步入"死胡同"。改革开放后,随着与国内外各种戏剧理论的广泛交流,戏曲评论与理论研究的视野日益开阔,既重视对古典戏曲理论的学习,努力阐述戏曲艺术的特点,又借鉴西方现代戏剧理论,让创作和评论重新回归到正常轨道。

进入 21 世纪,特别是新时代以来,随着层次清楚的戏曲创作与研究体系的逐步建立,中国戏曲理论评论研究进入一个新的阶段。与创作上的"百花齐放"得到更好的贯彻一样,理论评论上的百家争鸣和自由讨论的学术气氛也越来越浓。此时,戏曲评论与理论对戏曲创作的影响逐渐深入:一是表现在戏曲人敢于进行各种实验,不同风格、流派的戏曲作品越来越多;二是表现在对传统戏曲美学的探讨越来越深刻,力求探寻更深的意蕴。

张之薇在《当代中国戏曲批评概览(1949—2000)》一文中详细概括了新中国戏曲评论在半个世纪里的发展轨迹。她指出:对于中国戏曲来说,1949 年既是一个承前启后的界点,更是开启当代戏曲的起点,在之后半个世纪的时间跨度里,中国当代戏曲经历了受波谲云诡的政治政策左右的 17 年,经历了完全被政治绑架的"样板戏"10 年,经历了受"解放思想"和西方现代思潮熏染下亢奋而激进的 10 年,也经历了在市场经济大背景下踯躅而低迷的 10 年。看得出,半个世纪的当代中国戏曲的发展变化远远抵得上几个世纪的发展变化,

---

① 张庚:《关于艺术研究的体系:在全国艺术研究工作座谈会上的发言》,载《张庚自选集》,中国戏剧出版社,2012 年,第 233 页。

不过，稍加研究就会发现万变不离其宗，对20世纪下半叶中国当代戏曲进行审视，"改革""创新""出新"一定是那每个阶段人们挥之不去的心结。①

傅谨在《戏曲评论的三个维度》一文中指出：20世纪后半叶以来的戏曲评论，其功能与性质出现了根本性改变……我们今天的戏曲评论，从根本上是20世纪50年代初全新开启的模式的延续。②他认为该时期的戏曲评论的勃发，最主要的动力是源于有关传统戏存废的两种不同意见，最初除少量如张庚、马彦祥、杨绍萱和郭汉城等前辈学者发掘传统戏中的积极意义的评论外，绝大多数评论文章的主旨在寻找并批判戏曲剧目里的"糟粕"……所以在这一时期，戏曲评论中最为多见的关键词就是"封建性"和"人民性"。即使在评论新创作剧目时，基本的评论话语框架，也依然为传统批判的方式所限。在京剧《皇帝与妓女》的大讨论中，评论家几乎都是从该剧思想性着手，指出其所包含的封建残余思想，围绕阶级分析这一维度进行或褒或贬的评论，其评论范式与批评语汇的单调，也到了不可正视的地步。直到20世纪80年代，才开启真正意义上的戏曲评论。

进入20世纪80年代，在改革开放的时代潮流下，小说、电影、诗歌、话剧、音乐等艺术形式越来越受到人们的喜爱，而戏曲艺术则受到冲击，"戏曲危机论"的警示长期存在。市场经济大潮下的20世纪90年代，戏曲艺术面临整体滑坡，电视传媒成为大众娱乐的消费主体，绝大部分戏曲剧团生存堪忧，如何让戏曲跟上时代需要，陈多指出，戏曲兴盛衰败的更替都与戏曲的群众性、娱乐性、通俗性有关，戏曲艺术已经成为了文化市场的商品。③如何在市场危机中寻找到新的出路，始终是当时戏曲界的一个重大课题。进入21世纪，戏曲艺术渐渐回归艺术本源，即娱乐和欣赏，中国戏曲开始了对"人"的前所未有的关注，戏曲评论进入新的时代语境。

二、新中国70年来戏曲评论的范式变迁

一切文艺理论与文艺批评，都有自己独特的范式，而且是随着时代的发展而不断变化、改变的。戏曲评论作为指导、推进戏曲艺术发展并与戏曲

---

① 张之薇：《当代中国戏曲批评概览（1949—2000）》，《戏曲艺术》2012年第4期。
② 傅谨：《戏曲评论的三个维度》，《戏曲研究》2017年第3期。
③ 陈多：《戏曲美学》，四川人民出版社，2001年，第15页。

创作相互增益的一种文艺样式，在其评论本体上具有三个不同层面的评论范式。① 首先是直观的评论，如观看戏曲作品、阅读戏曲剧本以后的观后感、读后感等，即所谓第一印象阶层的评论，包含提纲挈领和普及两个方面。其评论语言简洁明了，充满感悟，同中国古代传统中的夹注、夹批等类似。其次是技术性评论，主要针对戏曲艺术的编、导、演及舞台美术等技术性工作进行研究与批评。每一次表演、每一部作品，在每一个评论家眼里，得出来的结论可以完全不同，能够呈现出戏曲评论的多样性。而戏曲评论的最高范式是灵魂评论，从戏曲艺术引申到对生命的终极关怀，从广义的人生去阐释有关剧作原理、人物原型、精神分析等问题，包含社会学、人类学、神话学、宗教学等范畴，是一种高级的戏曲评论。

而新中国70年来戏曲评论的范式变迁则是随着时代的发展而不断变化的，重点体现在戏曲评论观念的更新上。新中国成立之初，戏曲评论的重心就是"改戏"，戏曲评论重点在对传统戏曲进行甄别、整理和加工，从不同程度、不同角度指导戏曲的新社会改造；到1961年形成传统戏、新编历史剧和现代戏"三并举"的局面后，才逐渐深入戏曲本体艺术评论。但随之而来的是"文革"10年，从孟超改编的昆曲《李慧娘》受到政治化批判开始，到姚文元对京剧《海瑞罢官》进行恶意构陷，直接导致戏曲评论进入"三突出"范式。20世纪80年代中后期发生戏剧危机，对戏曲尤其是城市戏曲影响很大，戏曲包括其他剧场艺术都陷入萎顿，但此刻的戏曲评论开始与西方现代戏剧理论结合，无论是围绕戏曲舞台表现形态的争论，还是聚焦戏曲与政治、伦理等的研讨，大致形成了具有官方色彩的"协会派"批评和以大学相关专业教师为主的"学院派"批评两支队伍互为掎角的格局。②

进入互联网时代，戏曲评论家既要正视互联网时代给戏曲带来的深刻变化，又要充分意识到专业的戏曲评论不但不能弱化，反而应背负更大的责任，按照习近平总书记在文艺工作座谈会上的重要讲话精神，积极追踪戏曲艺术发展动向，坚持以人民为中心、以中国精神为灵魂的评论导向，大力弘扬优秀戏曲作品，为营造良好和谐的戏曲生态环境发挥应有的作用，密切配合国家文化创新发展的大战略，实现中华民族的伟大复兴。

---

① 郑千山：《文艺批评的三种范式》，《文艺报》2010年9月1日，第3版。
② 施旭升：《戏剧批评：知识分子的"在场"与"表演"》，《戏剧与影视评论》2017年第3期。

当前的戏曲评论，无论是作为专业的学院派还是网络大众评论，普遍都存在着评论家对戏曲缺少必要的艺术感悟与人格尊重，既缺乏丰富感性经验和独特的审美感悟，又缺少良好互动。要特别注意的是，当下的戏曲评论对戏曲艺术的本体发展还缺少前沿性、指导性引领，对戏曲发展史论的研究大于对作品本身的研究，缺乏对戏曲作品的艺术阐释与评判，且"非戏曲化"倾向严重。当前大部分戏曲评论都侧重于分析主题、人物、语言等文学元素，而对戏曲的"戏曲性"评论，如表现手法、语言韵律等缺少细致入微的探讨，对不同戏曲剧种的表演、音乐、舞美的独特性更是缺乏专业而深入的分析。戏曲评论要立足在戏曲艺术的特定美学规律上，不断提高戏曲鉴赏能力。

在新媒体快速成长的今天，戏曲评论的主体、范式与话语体系正在发生巨变。戏曲评论家面对现实应该在价值观、艺术观以及方法论上进行自我调整，借助各种数字媒介平台，以科学的精神来实现分众化评论，用精当、新锐而有说服力的评论来发挥引领作用，引导大众提升戏曲审美品味，遏制恶俗评论趋势的蔓延。

建构具有中国特色的三个不同层次的戏曲评论范式，能够激发民族的文化自信与精神自信，逐步建树中国戏曲评论的独特话语风格、审美品格与价值体系，推动我国戏曲文化走向互联网、走向更多观众。

三、新中国 70 年来戏曲评论的语境建构

自唐代的《踏摇娘》作为中国戏曲的开端起，评论研究就跟随发展，而后到唐、宋、元三代及明清时期，出现了许多如李卓吾、王骥德等对戏曲进行系统理论阐述与评论的学人。[1] 古代戏曲理论者或批评家所运用的表述方式各种各样，不仅有规模较大且自成体系的理论专著，也散见于各类评点、序跋（题词、凡例、引言等）、尺牍、诗词曲、小品、杂文、日记中。[2]

新中国 70 年来戏曲评论的历史告诉我们，要想做好戏曲评论，不仅需要评论者具备戏曲理论知识与评论方法，具备一定的艺术鉴赏能力，还需要具备构建适宜语境的能力。那么新中国 70 年来的戏曲评论究竟应该如何构建自

---

[1] 夏写时：《中国戏剧批评的产生和发展》，中国戏剧出版社，1982 年，第 103 页。
[2] 俞为民、孙蓉蓉编：《历代曲话汇编：新编中国古典戏曲论著集成》，黄山书社，2009 年，第 216 页。

己的语境？这是一个伴随着新中国戏曲发展70年的命题。

戏曲评论是针对戏曲文本、音乐创作及演出实践的产物，它不仅要关注在舞台上演出的作品，还必须了解演出和作品背后的作者、演员、剧团，以及剧种历史和属性。在传播途径多元化、自由化的时代，评论一经发表，就形成对作品的永久定性，评论的语境就会被各种功利性所左右，原本需要保持中立的戏曲评论就会受到各种情面的阻碍，从而丧失客观和公正的立场，从客观、主观上不自觉地破坏评论语境，阻碍戏曲艺术的健康发展。

相对于剧场观众的众声喧哗而言，戏曲评论已经不是众说纷纭的感性言说，而应该成为一种理性的分析和讨论。理想的戏曲评论应该在推动创作、引导欣赏和社会文化舆论上发挥更积极的作用。它既应该包含着对戏曲文本现象深刻的感悟，更应该体现为某种精神尺度下的合理与中肯的评价。在此基础上，我们需要探讨的是戏曲评论的主体究竟是谁，是普通观众还是戏曲从业者，或者是介于两者之间的某个特定的社会群体或个人，即戏曲评论家？如果戏曲评论离不开评论家，那么他们又该具备怎样的素质以及他们又该用怎样的语境来进行尽职尽责的评论呢？

品评本民族的艺术作品，特别是戏曲作品，并不能完全参照来自现代发达国家异质文化的评论标准，因为那不吻合我国文艺的发展轨迹，有可能于无声处销蚀中国文艺的民族特征，特别是导致戏曲艺术本体的丧失。在20世纪80年代的戏曲危机中，就有部分戏曲理论和评论家试图用"拿来主义"来改造中国戏曲，但无功而返。随着近年来我们对民族文化、传统文化认识的进一步提升，文化走向自觉，建立中国文艺评论理论体系就成为当下学界的一种共识，其核心是以本国文化主体性为基础，从固有的传统艺术的元素中展开中国式的叙述，不可脱离孕育民族艺术生长的文化土壤，丢失中国艺术的创发性与本质性，当然也必须以开放和包容的视界，借鉴人类一切先进思想和理论，在研究方法上兼采众长，打开评论更为广阔的天地。为此，戏曲评论界苦练"内功"，加强评论的学理性就显得极其重要。评论者不是裁判，也不是法官，评论是研究，是分析，有评论者的判断，但不应以简单褒贬、判断为目的。[1]

---

[1] 刘祯：《戏曲评论的内功与立场》，《中国文化报》2018年9月17日，第3版。

构建戏曲评论新语境是当代戏曲评论人实现文化自觉的一种体现。成熟的戏曲评论不应只停留在浅显层面，应穿过表象深入本质。一个作品就是一个独立世界，不管它是有问题的、残缺的，还是较好的和很好的，都是创作者构建的一个世界。世界有外部也有内部，外部是表相，内部是本质。戏曲也有内外部，评论者对一个作品，首先看到的只是作品外部，而创作动机、创作状态、创作心理和相应的创作追求等作品内部，还需要评论者深入研读解析，然后在更广阔的"特定情境"中构建多方视角、全面研究，进而考察和深究创作它的创作主体，坚持史论结合、史论互通、纵横开合。戏曲评论要构建起从纵的方向，看其在历史、时间长河中的位置；从横的方向，看其在大格局、大视野中价值的新语境。此外戏曲评论还应该把各种学术养分化成自己的思想、学识，形成自己的艺术观和理论系统，进而形成自己看戏剧的见解和眼光，用真诚、理性、高级的审美眼光去触摸作品肌理、内在创作冲动，然后进入严格意义上的审美追求。

四、数字时代中国戏曲评论的未来展望

数字时代不仅改变了文艺的创作形态和审美方式，更重要的是改变了人类的文学艺术观念。不容否定的一个事实是，全球文化都在愈来愈倾向于虚拟的、非现实的娱乐文化产品，包括网络文学、游戏动漫、奇幻影视等。这些文化艺术产品借助各类数字新媒体得到了广泛的传播并日益走向大众化，换言之，新媒介、数字化的文艺语境已然形成。在这样的背景下，文艺的生产、传播、消费出现了前所未有的变化，这意味着传统的文艺评论机制和话语体系亟须转型与创新。

在高速发展的数字时代，具有专业性质的戏曲评论家与那些分散的、零星的网络戏曲评论者成为了当今戏曲评论的主体，如何准确把握社会主义文艺发展规律，如何准确把握戏曲评论新媒体的意识形态属性与职责性质定位，如何深刻认识互联网文艺发展规律，守住、守好网络戏曲评论阵地，如何用科学方法去推动网络时代的戏曲评论工作等问题都摆上历史日程。

2018年11月18日，中国戏曲评论高峰论坛由中国文联文艺评论中心、中国戏曲学院在北京共同主办，就当前戏曲评论现状、各地戏曲评论组织情

况及当下戏曲评论的发展趋势进行分析和研讨。[1] 大家认为新时代为新型戏曲评论人才提供了发展机遇，创造了发展条件。新型戏曲评论人才要在思想道德和创新能力上融入、引领新时代，全社会要为新型戏曲评论人才创造新环境。新时代戏曲评论出现升温回暖迹象，进入新的活跃期。组建中国文艺评论家协会是改革开放的重大成果，对中国文艺的健康发展意义重大。而中国文艺评论家协会在短期内就孵化训练出一支支戏曲评论"新军"，如"西湖论坛""'戏聚青评'陕西青年剧评团""广州青年剧评团""成都青年剧评团""宁波有戏""太原有戏""盛京戏曲论坛"，等等。他们年轻活跃、意气风发、遍布全国；他们有各种组织，各种活动，有生机有活力；他们以青年为主，如大学生、研究生、大学教师、白领、专业评论家；他们占据网络、自媒体、新媒体和传统媒体；他们渗透进社会舆论场、公共舆论场、艺术主流舆论场，使文艺批评开放化、社会化、年轻化、现代化；从生态到结构，这些新军在主流媒体和网络平台上不断出现的评论文章，正在影响甚至构造新的戏曲评论，正给中国文艺评论和戏曲评论带来深刻变化，让戏曲评论达到前所未有的热度。[2]

如今，虽然主流媒体上的许多戏曲批评依然带有体制化特点，持官方立场，受各种现实权利关系、传统伦理道德观念所制约和支配，但多元化、多层次的戏曲评论已是大势所趋。在一个学术分工日益专业化的时代，如何重构当代戏曲的文化生态系统，如何构建戏曲评论的公共场域，也就成为新时代戏曲评论发展所不可回避的新问题和使命。互联网时代，戏曲离我们每个人不再遥远，戏曲评论也不再是个别人的专利。越来越多来自一线城市演出市场的信息表明，微博、微信等新媒体已经成为时下观众获取、分享各种戏曲演出信息、戏曲资源的重要载体。新媒体在日益拓展人们交流方式的同时，也在悄悄改变着戏剧评论的受众范围、写作方式、存在形态。来自新媒体的戏剧评论与大众媒体上的戏剧时评、学术刊物上的专业评论一起，构成了当下戏剧评论的"三国时代"，形成了戏曲评论范式上的专业评论、媒体时评及

---

[1] 《2018年中国戏曲评论高峰论坛举行 共商戏曲评论前景》，国际在线，http://arts.cri.cn/20181123/c7b1eeaa-d873-6c50-521e-b440d3e46562.html。

[2] 马也：《中国戏曲四十年的"十个一"》，《中国艺术报》2019年1月16日，第6—7版。

网络评论三个类型。①

　　面对新媒体时代多元化的评论环境，有人认为不再需要专业评论，严肃的评论已经失位。对此，在其他戏剧评论领域，丁罗男认为，新媒体剧评（话剧剧评）的出现，其主要意义并不在于他们所表达的内容，也不在于他们如何改变评论的载体、扩大评论的影响，而是预示着戏剧评论正在或已经发生变化：专业和非专业的界限模糊；传统媒体与新媒体的界限模糊；批评的权威性正在消解。②由此看来，此三方面的逐步融合也带来了戏曲评论理念的全新变化。这些变化虽然符合后现代语境下文化发展的总体趋势，但不可否认的是，在传统权威的戏曲评论退出中心位置，难以用精英姿态重现在大众面前时，中国戏曲其实更需要强化专业化评论，去引领戏曲艺术全面发展。

　　在新媒体语境下的中国戏曲评论首先是要跟上新媒体传播环境和受众的急剧变化，其次是对戏曲评论的评价要考虑新媒体的语境，最后是要为网络时代的戏曲评论营造有传播力、影响力的新平台。

　　2017年4月29日，"数字时代文艺评论的转型与创新"学术研讨会在武汉大学隆重召开。该论坛由中国文艺评论家协会和武汉大学主办，武汉大学中国文艺评论基地等承办。来自全国近20所高校、科研机构的专家学者参加会议。大家围绕大会"转型与创新"主题展开深入交流与探讨，为我国文艺评论事业建言献策。③与会学者对当前我国戏剧在发展中存在的问题寻找症结，并就如何实现戏剧批评的转型与创新提出了如下一些构想。一是重构戏剧评论观念，开展真正的戏剧批评。谭霈生认为当代戏剧批评应以人为对象和目的，应对传统的戏剧观念进行大胆的重构。二是正视戏剧批评空间的巨大变化，建立新的批评标准。吴卫民认为在信息爆炸的网络时代，多媒体、全媒体带来的文艺生态多元化及批评空间的拓展，使得批评主体由原来的文化先驱、政策阐释人、权威学者转移到大V、公众号等自媒体，专业评论者应放下权威专家的架子，走向大众批评，迷恋权威身份会妨碍戏剧批评的健康发展。三是要探索移动互联网时代戏曲传媒的优势与存在问题。赵建新从国内

---

　　① 徐健：《戏剧评论需要真诚有力的声音》，《文艺报》2014年5月30日，第4版。
　　② 丁罗男：《重建批评的信心——论新媒体时代的戏剧批评》，《戏剧艺术》2014年第4期。
　　③ 杨谷：《探索网络文艺评论蓬勃发展的机制体制》，光明网，http://about.gmw.cn/2017-10/28/content_26642847.htm。

最早、最大的两家戏曲网站"咚咚锵中华戏曲网""宇扬评剧苑"的生存、运营现状谈起,分析移动互联网时代戏曲传媒的优势与存在问题,如专家、主流媒体与自媒体、观众对文艺作品评价体系的差异,戏剧批评中异见文章难以生存,碎片化、情绪化而非体系化、理性化的批评大量存在等。

面对时代发展的新趋势,戏曲评论家既要正视互联网带来的深刻变化,又要充分意识到专业戏曲评论不但不能弱化,反而应背负更大的责任,按照习近平总书记在文艺工作座谈会上的重要讲话精神,积极追踪戏曲动向,坚持以人民为中心、以中国精神为灵魂的批评导向,大力弘扬优秀文化,为营造良好和谐的生态环境发挥应有的作用,密切配合国家文化创新发展的大战略,实现中华民族的伟大复兴。在新媒体快速发展的今天,戏曲评论的主体、范式与话语体系正在发生巨变,这其中既有危机亦有转机。评论家面对现实需要将价值观、艺术观以及方法论进行自我调整,用精当、新锐而有说服力的评论吸引大众,提升审美品味,要善于借助融媒体平台,在评论范式上将专业评论、媒体时评及网络评论等类型有机结合,共筑新的戏曲评论平台、新的评论范式和新的评论共同体。[①]

面对数字时代的戏曲评论,不仅要对不断涌现的大量戏曲作品和演出以及对戏曲历史和基本规律进行深入了解和研究,还需要对世界艺术,至少是对世界各主要文化圈的表演艺术具有基本了解和认识。从整个人类文明史的角度看,中国戏曲是非常杰出且极为罕见的艺术。尤其是当我们有机会和世界上许多民族国家的表演艺术进行程度不同的交流,甚至同台竞技,在丰富多彩的交流和比较中,更有可能得出这样的结论。所以笔者认为对戏曲艺术的高度评价是经得起时间的检验和历史的检验的。只有加快建设我国当代戏曲评论体系,尤其是逐步建树起中华民族独特的话语风格、审美品格与价值体系之要义,才能推动我国文化更好地走向世界。

---

① 张珏:《戏曲艺术百花齐放,文化都会引领风尚——专访中国戏曲学院中国文艺评论基地主任谢柏梁》,光明网,http://culture.gmw.cn/2019-08/16/content_33083603.htm。

管窥新中国成立70年来新编昆曲剧目评论

倪金艳*

摘 要：新中国成立70年来，昆曲经历了衰落—复苏—低谷—平稳发展的过程，新编昆曲剧目数量也出现了剧增与速减再到平稳增加的变化历程。相应地，70年间对新编昆曲剧目的评论不仅数量迅速增加，而且评论主体、评论话语也因受不同时代的文艺政策、审美习惯的影响，发生了明显的转变。为了推动新时代新编昆曲更加稳健地发展，学术界有必要回顾新中国成立70年来新编昆曲的创作与研究成果，总结70年来昆曲评论范式的变化历程，为构建新时代评价话语体系建言献策。

关键词：新编昆曲；剧目；戏曲评论

有600余年历史的昆曲艺术，集文学、音乐、舞蹈、表演、舞美等要素于一体，被誉为中华戏曲的典范。然而，"清代乾隆、嘉庆以后，昆曲逐渐走向衰落。到清代末年，昆曲全面衰败"[①]。中华民国至中华人民共和国成立后的50年代，昆曲发展也每况愈下，甚至是奄奄一息，直到1956年《十五贯》这出戏救活了昆曲这个剧种，昆曲才出现了短暂的复兴。然而，"文革"十年，昆曲艺术却沦为批判对象，成为演出"禁忌"。改革开放以来，全国各大昆剧院团逐步恢复演出，并新编了《关汉卿》《钗头凤》《雾失楼台》《南唐遗事》《少年游》等一批艺术水平高、观众叫好又叫座的昆曲。进入21世纪后，特别是2001年5月18日，昆曲被联合国教科文组织列为第一批"人类口述和非物质文化遗产代表作"，我国政府加大对昆曲的支持、保护、传承力度，

---

* 倪金艳，博士，河北师范大学文学院讲师，主要研究方向为戏剧戏曲学、中国俗文学。
① 柯凡：《昆曲在当代的传承和发展》，中国艺术研究院2008年博士学位论文。

为剧团提供了较充裕的资金支持，并创造了全国昆曲优秀中青年演员评比展演、中国昆剧艺术节、中国戏剧节等演出条件，通过展演和评比，鼓励昆曲剧团创演。各大昆剧院团在传承传统戏之外，新编演了数以百计的历史剧和现代戏，移植、改编其他剧种或国外经典剧目。为了继往开来，有必要回顾一下新中国成立70年来新编昆曲剧目及其评论，总结该领域取得的成果和存在的偏颇，使新时代的昆曲事业更加稳健地发展。

一、新中国70年来新编昆曲剧目概述

目前，学界对"新编"昆曲的概念尚未达成一致，笔者结合顾聆森、丁盛、任淼[①]等研究者的分类方法及新中国70年来昆曲演出实际情况将新编昆曲剧目分为四类：第一类是整理改编自传统剧目的昆剧剧目，如新编昆曲《牡丹亭》《长生殿》《红梅记》《红楼梦》；第二类是以历史人物、历史故事、民间传说和古典小说为素材编创的新剧目，如《司马相如》《孟姜女》《李清照》《湘妃梦》《孔子之入卫铭》；第三类是反映现当代生活的现代戏，像根据石评梅和高君宇的爱情故事编演的《陶然情》，革命历史题材的《红霞》《飞夺泸定桥》，改编自鲁迅同名小说的《伤逝》，等等；第四类是将国外名著和西方经典戏剧演绎成昆剧，如改编自雨果的小说《巴黎圣母院》的《钟楼记》，改编自莎士比亚的戏剧《罗密欧与朱丽叶》的《醉心花》、改编自《哈姆雷特》的《我，哈姆雷特》。按照此种标准统计，70年间新编创的昆曲剧目有500余部，进入21世纪后，平均每年有5部新作问世。新编剧目极大地拓展了昆曲原有的表现范畴，对昆曲艺术的保护、传承起着积极作用。其作用主要有以下几方面。

其一，新编昆曲有助于积累剧目。昆曲传承固然重要，但传承不是目的，创新才是宗旨。古人虽然留下数以百计的经典剧目，但我们不能只排演传统剧目，忽视新剧目的编创。这是因为"老戏老演"和"老演老戏"是以不变的剧目艺术来应对不断变化的审美趣味，久而久之，势必造成审美疲劳、观众流失。从昆曲发展史的角度来看，若没有万历之后的"词山曲海"，昆曲也

[①] 参见顾聆森《昆剧的编剧现状及思考》(《艺术评论》2004年第3期)、丁盛《当代昆剧创作研究》(上海古籍出版社，2017年)、任淼《论作为现象的"新编昆曲"——以1978—2000年间新编剧作为中心》(南京大学2014年硕士学位论文)。

不能走向全国，雄踞菊坛200多年；而乾隆之后，昆曲逐渐衰弱也与"南洪北孔"之后少有精品之作有关。

其二，编演新剧有助于培养优秀演员。戏曲演员与其他表演艺术的演员一样，只有有了自己的代表性作品，才会被广大观众认可。反过来说，即使将传统的折子戏演得再好，人们也不过是夸赞演员的表演像极了"传字辈"艺人。

其三，新剧能够培养当代观众。假如没有青春版昆曲《牡丹亭》在大学的巡演，今日昆曲就不可能有一定数量的高学历观众。当然，其他新编优秀剧目也吸引了不少观众，比如，有观众说"《景阳钟》让我爱上了昆曲"。众所周知，戏剧是观众的艺术，没有了观众，就没有了戏剧，而培养观众的一个重要途径就是编演出表现时代精神、反映新的美学风貌的优秀剧目。[1]

"一部昆曲史就是一部昆曲的发展史，而发展的动力，就是新编剧目。"[2]为此，新时代的编剧们力争让剧目贴近当下观众的审美趣味，反映普通人的情感、愿望甚至精神痛苦；昆曲曲师们也要像魏良辅那样革新昆曲音乐，在保持昆曲音乐或民族音乐审美特征的情况下，融合当今为人们所喜爱的旋律、乐素，创造出受观众欢迎，且立得住、传得开、留得下的经典剧目。

二、多角度、全方位的新编昆曲评论

与新编昆曲创作热潮相对应，研究方面的文章亦呈井喷式发展。据统计，在全国范围学术期刊上公开发表的有关昆曲研究的论文，2017年共计317篇[3]，2016年达480篇[4]，2015年度达466篇[5]，相比2014年度的537篇[6]，虽然数量有所减少，但研究热度不减。这些作品聚焦于剧作家研究、史料整理研究、剧目评论、音乐研究、舞台表演研究、跨文化研究和昆曲传承等多角度。本文仅就新编剧目的评论加以论析。

---

[1] 倪金艳：《"固本"才能"开新"——观新世纪昆曲新编剧目的得失》，《中国艺术报》2019年2月18日，第4版。
[2] 程友伟、窦笑智：《首届紫金京昆艺术节论坛会议综述》，《艺术学界》2017年第1期。
[3] 朱栋霖主编：《中国昆曲年鉴（2017）》，苏州大学出版社，2017年。
[4] 朱栋霖主编：《中国昆曲年鉴（2016）》，苏州大学出版社，2016年。
[5] 朱栋霖主编：《中国昆曲年鉴（2015）》，苏州大学出版社，2015年。
[6] 朱栋霖主编：《中国昆曲年鉴（2014）》，苏州大学出版社，2014年。

"十七年时期"（1949—1966），对昆曲的评论延续1942年《在延安文艺座谈会上的讲话》精神，即"文艺界的主要的斗争方法之一，是文艺批评。……文艺批评有两个标准，一个是政治标准，一个是艺术标准。"①"任何阶级社会中的任何阶级，总是以政治标准放在第一位，以艺术标准放在第二位的。"②像对誉满京华的昆曲《十五贯》的评论，关于思想上凸显人民性的讨论颇多，如《十五贯》"揭露与批判官僚主义和主观主义，提倡了实事求是的工作作风"③。这是十七年时期典型的评论话语体系。"文革"时期，昆曲成为众矢之的，对其评论以严肃批判为主。新时期以来，中国文学艺术工作者第四次代表大会重申了"百花齐放、推陈出新、洋为中用、古为今用"的文艺方针，新编昆曲尤其是历史剧成为舞台宠儿，像上海昆剧团的《班昭》、浙江昆剧团的《公孙子都》《大将军韩信》、北方昆曲剧院的《南唐遗事》等，都注重刻画历史人物之"人"的本性，表达编剧对人性和历史的思考，呈现出强烈的现代精神追求。

进入21世纪，网络的普及改变了昆曲评论的面貌，普通观众获得了"评论的权利"，凡是对剧作感兴趣的人都可以进行或专业或业余的评论。在当下，昆曲批评主体主要包括戏曲专家、"昆虫"（指"昆曲戏迷"），甚至包括一些并不是很了解昆曲艺术的局外人。他们的观点可以在期刊杂志发表、研讨会上宣读，或者将评论文章结集成册出版，也可以通过博客、微博、论坛、QQ空间、微信及一些自媒体空间发表，极大地拓宽了评论传播的途径。这也使很多观者抛开顾忌和限制，以自由网友的身份进行批评，于是一些态度激进、观点新颖的评论被酣畅淋漓地表达出来。如：批评《川上吟》"描绘虽然美好，呈现却有落差——人物空洞、表演夸张、灯光艳俗、台词肉麻。一时愤感之后，是满心的悲凉"④，"南北昆"评价青春版《牡丹亭》的舞美设计采用名家书画和人工刺绣"都是和昆曲舞台节奏毫不相干的东西，只能无可救药地把观众的注意力从演员表演上不断转移，令他们无从体会昆曲固有的表

---

① 毛泽东：《在延安文艺座谈会上的讲话》，载《毛泽东选集》（第3卷），人民出版社，1991年，第868页。
② 毛泽东：《在延安文艺座谈会上的讲话》，载《毛泽东选集》（第3卷），人民出版社，1991年，第869页。
③ 刘祯主编：《戏曲鉴赏》，上海音乐出版社，2013年，第85页。
④ 冷自如：《高脚凳削成小马扎 看昆剧〈川上吟〉》，《上海戏剧》2015年第2期。

演节奏带来的真正美感"①。

网友们不做掩饰地表达好看或者不好看,凸显评论的自主性。或许此种评论在理论上欠缺火候,但直接代表了戏曲观众最真实的呼声,其率真之言堪称为评论界的一股清流。

专家学者的专业评论与网友的观后直言多聚焦于挖掘剧目的主题思想、内容是否与历史吻合、人物塑造方式及情节结构安排、曲牌曲律唱腔的使用、舞美制作、"非遗"传承等方面。

其一,关于主题思想内容的深入挖掘的评论。探讨新编剧目的主题,阐释潜在意蕴是最常见的评论视角。如罗丹的《昆曲〈长安雪〉:态度、角度、温度值得咂摸》②指出《长安雪》表达的主题多义而复杂,涉及男女情感关系、内心欲望、生命价值、个人尊严与生离死别等深刻议题,于反思中引发观众共鸣。

21世纪以来新编昆曲呈现出注重对人物内在精神和客观世界本质的把握,运用象征、意识流、荒诞、幻觉、独白等手法揭示人物心灵和现实内涵,相应的昆曲评论也在此方面进行了耕耘。昆曲"独角戏"《我,哈姆雷特》是以个人内心独白的方式展现对生与死的思考。《伤逝》的主题侧重于对"五四"时期"个性解放"的反思。但也有不少剧目创作观念陈旧,如2006年中国昆曲艺术节上演的《折桂记》宣传了善恶终有报的思想,《一片桃花红》"煞有介事"地讨论了什么是女性"美","结论是心灵美重要,忠贞最好"。③

其二,关于新编内容是否与原著或历史吻合的评论。张红武的《历史叙事与文学叙事之间的"修辞术"——浅论〈大将军韩信〉的假定性真实》④客观地指出文学性的《大将军韩信》和历史性的《淮阴侯列传》有诸多出入,像前者增加了戏剧性情节,如"雪夜对饮"一幕展现了君臣间的无奈和猜忌。关于历史剧《班昭》的评论:叶长海指出《班昭》"对人物精神历史感的把握

---

① 丁盛:《论白先勇的"昆曲新美学"》,《文艺理论研究》2017年第3期。
② 罗丹:《昆曲〈长安雪〉:态度、角度、温度值得咂摸》,《中国文化报》2018年2月9日,第5版。
③ 刘红庆:《昆曲艺术节,创新还是灭杀?》,《南风窗》2006年第15期。
④ 张红武:《历史叙事与文学叙事之间的"修辞术"——浅论〈大将军韩信〉的假定性真实》,《大舞台》2016年第Z2期。

以及对现代感的寻找"方面做得很好;但赵锡淮却认为该剧编导痕迹过重①,如"夜雨离别"这场戏设置了曹寿悔恨自杀、大师兄马续不告而别和屋焚书毁的戏剧冲突,可谓过于巧合,真实性令人质疑。

其三,关于人物塑造方式、情节结构安排的评论。邱雪惠的《论新编昆曲〈绿牡丹〉戏剧冲突的安排》②指出郭启宏将两条并行的线索改为一主一副,通过立主脑、密针线,使结构精简凝练,而且还能在连锁式的剧情中时不时安排一些小冲突,调节戏剧节奏。李颖对《景阳钟变》评论道:该剧集中叙写了帝王将相的故事,成功塑造了帝王将相的复杂形象,且结构紧凑、风格突出,是一部难得的佳作。③新编历史剧《孔子之入卫铭》以首尾呼应的倒叙形式展开,讲究冷热场面穿插与细节前后呼应,颇有"草蛇灰线、伏延千里"的意思。当然,很多剧目存在情节牵强与不合逻辑的现象。如:《西施》中"西施应和范蠡情感深厚,却又安排她爱上夫差,使情节中应保持的一致性遭到破坏"④,在人物塑造时,借"美眉""帅呆了""酷毙了"等现代流行的话语入戏,尽管是丑角的话语却并没有体现出丑角的诙谐和幽默,反而不伦不类,让观者如鲠在喉。

其四,关于曲牌曲律、唱腔方面的评论。刘志宏的《"水磨调"情牵两岸——评新编昆剧〈孟姜女〉》⑤评论道:《孟姜女》按照传统昆曲传奇和曲牌联套体式结构全剧音乐,体现出婉转细腻的"水磨"风格。

笔者观永昆版《孟姜女送寒衣》后,就《哭城》的曲牌言及:其曲牌改调而歌,采用了"九搭头"编曲艺术。该段锦搭用了曲牌【端正好】【胜如花】【江儿水】【脱布衫带叨叨令】【刷子芙蓉】【朝天子】,在遵循"依旧曲填词"的传统时,突破传统曲牌的词格限制,将南北曲同时融合于一段锦中,其句数、句式、韵格与传统剧目不同。比如"九搭头之一"【端正好】:"叹巍峨,长龙舞,浩浩地叹巍峨,绵绵的长龙舞,望不尽直上穹庐。任凭大雪西

---

① 赵锡淮:《昆曲〈班昭〉的舞台创造》,《戏曲艺术》2009 年第 2 期。
② 邱雪惠:《论新编昆曲〈绿牡丹〉戏剧冲突的安排》,《文化学刊》2017 年第 8 期
③ 李颖:《传统戏剧艺术的现代生态传播——从新编历史剧〈景阳钟变〉谈起》,《戏剧文学》2012 年第 12 期。
④ 施德玉:《大陆新编剧的危机——第三届中国昆剧艺术节观后》,《福建艺术》2006 年第 6 期。
⑤ 刘志宏:《"水磨调"情牵两岸——评新编昆剧〈孟姜女〉》,《上海戏剧》2008 年第 7 期。

凤鸣,岿然高耸矗。"① 又如"九搭头之三"【朝天子】,此曲牌南北曲都有,南曲属南吕宫,北曲属中吕宫,押姑苏韵,委婉低沉,多表达感叹悲伤的情感,比较绵密沉重,于悦耳动听的唱腔中哭诉内心的痛苦。永昆"九搭头"编曲技法的运用既能增加此段唱腔的流畅性,加快叙事节奏,同时也保持了永昆的特色。除了《哭城》外,永昆版《孟姜女送寒衣》曲牌选用与内容融合巧妙。如:孟姜女家中做衣时用【卜算子】唱"残叶对空愁,摇曳星如豆",表现她对丈夫的深深思念;初上征途用【人月圆】唱"途路奔走江山广,远看烟尘尽苍茫";老婆婆出场时以【山坡羊】唱述她形单影只、孤苦无依,独自过活的凄凉;遭遇强盗用【搅筝琶】唱"恰怎生扑腾腾地把凶蛮动,俺与恁拼得个怒火熊"来表现危险;山洞养伤时用【霜天晓角】唱"哀怨病残,生死难分辨";等等。曲牌和唱词内容贴切吻合。

其五,对舞美制作的评论。新编昆曲舞美的评论涉及音乐、服装、灯光、道具。传统戏曲道具是一桌二椅,受话剧影响,新编昆曲的道具一度呈现华丽倾向。施德玉在《大陆新编昆剧的危机——第三届中国昆剧艺术节观后》一文中谈到昆曲《西施》的背景排场"华而不实,五光十色,令人眼目缭乱,大大破坏了戏曲艺术表现虚拟象征性的基本原理,有安排过度的情形"②。事实上高成本的舞美制作,观众并不认可,而且"以豪华和拥塞为特征的舞台,从来都是戏剧史上的败笔"。网友对此批评道:"一桌二椅是一门学问,弄不好就把一出戏给毁了,从开始捅破窗户留下的画面好看吗?难道改动一下龙套的站门,取消锣鼓的打上打下就叫创新吗?"③

彭丁煌的《谈昆曲〈红楼梦〉服装设计》④从服装入手,指出昆曲演员的服装要力争传达人物之魂,回归《红楼梦》中人的心境。裁剪方面,适当融入西式立裁法,有选择地突出人体曲线美,这样既有古典雅韵又不失时尚气息。此剧巧妙地使用色彩传达情感,由暖色为主渐转而为冷色调,暗示剧情的转变。新编昆剧《绿牡丹》坚持一种淡雅写意的舞台美学风格,赢得观众的喜爱。永昆版《孟姜女送寒衣》的舞美打破了时空界限,把分散两地的情

---

① 俞妙兰:《孟姜女送寒衣》,内部资料。
② 施德玉:《大陆新编昆剧的危机——第三届中国昆剧艺术节观后》,《福建艺术》2006年第6期。
③ 王永恩:《戏曲生态与戏曲批评》,《戏剧艺术》2014年第4期。
④ 彭丁煌:《谈昆曲〈红楼梦〉服装设计》,《戏曲艺术》2012年第1期。

景同构在一个画面中。比如：孟姜女想象丈夫筑城时，布景上就会呈现民夫筑城的画面；孟姜女和老太太话家常、整理衣物时，也呈现出其他女子为丈夫缝衣的情景；范父去世时，杞梁与征夫们长城劳作也构成"一台两戏"。此是一种对称美学，在对比中强化主题。该剧用褶皱的条带加上灯光装点，既能展现山峦、洞窟、塞外、长城等景致，又能增强视觉审美。

虽然常有批评"大舞美"背离传统戏曲写意精神的声音，但我们也应看到恰当的舞台美术能烘托气氛、点明主旨。

其六，从"非遗"视角思索昆曲的传承与创新的评论。赵蝶的《从非遗的显隐二重性看新编昆剧〈大将军韩信〉》[1]指出，该剧大致遵循了昆曲的传统范式，但也呈现出话剧化倾向，使昆曲特质被弱化与遮蔽。李阳评论《陶然情》综合运用了多媒体投影、双人舞、独白、对白、录音伴唱，违背了戏曲虚拟性特征，且二人激情澎湃的对白缺少了韵律和节奏，与昆曲委婉的曲风相背离，这些都不利于昆曲的传承。[2]如何使昆曲在保持昆曲本原的前提下得以创新发展已成为时代的呼唤。

对昆曲传承中存在的问题，网友们给予了犀利的批评。譬如指责《春江花月夜》节目册制作不走心："需知观众是花了钱买的，花点心思好吗？样式平庸大众化且商业味道浓，是商演不假，但也别那么多广告。""若让我来做，首先做成古色古香的折页，《春江花月夜》这首诗一定突出，编剧作剧缘起，导演心得，演员心得，历次演出花絮与剧照……"[3]这不失为好的建议。

还有一部分评论，既指出剧目存在的问题，又给出中肯的修改建议。《精品还需细打磨——昆剧〈公孙子都〉观后》[4]一文指出《公孙子都》一剧还需要进一步清晰化、节奏化，为此，龚和德建议重新设定部分故事情节和人物关系、性格，以达到震撼心灵的艺术效果。黄静枫观《浣纱记传奇》后批评此剧对皇亲权贵、贩夫走卒的处理仅停留在制造矛盾、简单对抗，忽略了反面行为对魏良辅和梁辰鱼探索昆曲艺术的催化作用，且若耶、魏良辅和张野

---

[1] 赵蝶：《从非遗的显隐二重性看新编昆剧〈大将军韩信〉》，《文化遗产》2018年第2期。
[2] 李阳：《从小剧场看当代戏曲的探索——以小剧场京剧〈浮生六记〉和昆曲〈陶然情〉为例》，《周口师范学院学报》2010年第6期。
[3] 驯鹿望月：《我看〈春江花月夜〉》，豆瓣网，http://www.douban.com/location/drama/review/8438702/。
[4] 龚和德：《精品还需细打磨——昆剧〈公孙子都〉观后》，《中国戏剧》2009年第1期。

塘也有些符号化，这些人物的内心戏均可深挖。①

三、拓展新编昆曲剧目的评论视角

纵观新中国70年来关于新编昆曲的评论，虽然成果颇丰，但依然存在诸多不足。首先，评论失衡。对经典剧目像《大将军韩信》《班昭》《景阳钟变》的批评远远超过对《爱无疆》《大中华史诗》《旧京绝唱》等影响力小的剧目的批评。其次，对昆曲曲牌、唱腔、表演程式的探讨仍不够丰富。最后，除了增加了"非遗"研究方向外，其余多延续以往的评论视角，突破性不足。

鉴于此，有如下几点建议。其一，新时代对新编昆曲剧目的评论，既要关注精品剧目，又要兼顾影响力小的作品，思考优秀剧目成功的原因，总结艺术性欠佳的作品的"弊端"，取长补短，以提高总体的艺术价值，而不应满足于剧目数量上的增多。其二，专业人士可加大对曲牌、曲律、唱腔方面的评论，让观众认识到昆曲曲律到底美在何处。其三，戏曲是表演的艺术，加大对演员台上表演的评论力度，譬如演员演哪些、怎样演才能在短短几个小时中满足观众的期待视野，让剧目受到欢迎。其四，拓展昆曲剧目评论的视角，除了我们已经熟悉的角度外，可以从传播、演出运作模式、同一剧目不同剧种的比较等方面给予关注。同时，力争让昆曲剧目的批评呈现昆曲特色。其五，进一步鼓励自媒体传播的戏曲评论，以调动更多的戏曲观众投入评论之中。充分发挥自媒体评论的优势，真正做到"还戏于民"，让自媒体评论助力于打造昆曲精品剧目。②

总之，从事昆曲新编剧目的评论要秉承客观公平公正的态度，将专业研究者的批评和网友评论相结合，站在时代前沿，立足于如何更好地传承发展昆曲艺术这一立场，"推陈出新"，多角度、全方面、有重点地提升评论水平，为昆曲艺术在新时代的平稳发展提供可资借鉴的经验。

---

① 黄静枫：《〈浣纱记传奇〉：寻根访源 致敬先贤》，《文学报》2019年6月6月，第7版。
② 杨玉：《自媒体戏曲批评：助力剧目精品打造》，《戏剧文学》2019年第6期。

现代性的发掘与民族性的坚守

——论当代剧作家陈涌泉的美学思想和淑世精神

徐芳芳*

摘 要： 陈涌泉怀着对豫剧艺术的热爱和责任，承继被誉为"现代豫剧之父"的樊粹庭的改革精神，创作了大量优秀剧作，开创了一条以优秀剧作打造优秀演员、激活困境剧团、扩大剧种影响、提升观众鉴赏水平、输出中国文化的戏剧改革之路。其剧作涵括了对传统文化当代性、普通百姓尤其是农民工的内心情感与处境、新时期婚恋价值观念、反腐倡廉等的理解，融入了他对传统文化、民族精神与当下社会现象的认识与批评，体现了剧作家对戏剧题材、戏剧功能、戏剧美学的严肃思考，彰显了剧作家能动干预现实的淑世精神和批判意识。

关键词： 陈涌泉；豫剧；平民情怀；剧作题材；美学思想

20世纪三四十年代，经过被誉为"现代豫剧之父"的樊粹庭的大力改革，豫剧摘掉粗俗鄙俚的帽子；逮至五六十年代，编剧与导演兼备的杨兰春担当起豫剧现代戏开拓者的重任，在全国掀起豫剧《朝阳沟》的热浪。到了21世纪90年代，豫剧由于没有精品剧作等种种原因再次陷入困境。在戏曲低谷中，在豫剧最不景气之时，陈涌泉适时出现，他像樊粹庭先生一样，大学本科毕业后义无反顾地投身剧团，在困顿窘迫的现实处境与对豫剧的热爱之中艰难地支撑。而今，经过以陈涌泉为代表的第三代剧作家的不懈努力，加上李树建等诸多豫剧表演艺术家对舞台实践的不断探索与革新，河南戏剧再

---

* 徐芳芳，博士，河南大学音乐学院戏剧系主任，副教授，硕士生导师，主要研究领域为中国戏剧史、近代戏剧及河南地方戏。

次迎来了春天。回溯这段漫长艰辛的历史，笔者不禁为陈涌泉先生对戏剧的执着精神而感动。应该说，陈涌泉为河南戏剧的发展做出了巨大贡献，在河南戏剧史上留下了鲜明而清晰的印记。"他在传统戏曲现代化、民族戏曲世界化、戏剧观众青年化、戏剧生态平衡化方面取得的成就，得到了大家的充分肯定。"① 从其剧作中，笔者不但可以感受到他高度的文化自觉意识，他对戏曲创作的驾驭能力，还可以看出他对传统文化、当下社会现象的反思，以及他知其不可而为之的儒家济世精神。②

随着陈涌泉剧作数量的迅速增加，对其剧作的学术研究亦纷至沓来。其中，对陈涌泉剧作的研究，有河南大学的张大新教授，河南省文化艺术研究院的刘景亮、贺宝林等。同时，对陈剧进行关注与研究的还有时任中国文艺评论家协会主席仲呈祥、时任中国剧协副主席季国平、著名剧作家罗怀臻、评论家毛时安、青年评论家穆海亮、在读研究生等。这些论文均为本文的撰写提供了颇有意义的参照。本文从作家个人经历、价值观来探索作家品格与素养对其创作的积极影响与能动因素，试图从作家与作品、作品与时代、作品与艺术等多维立体视野来解读剧作成为经典的秘籍与其所蕴含的长远价值。

一、发掘传统文化价值

读史明智，观剧净心。历史剧用再现的艺术手法达到揭示历史发展规律、预见未来的功效。"写人的困惑，但要使人超越困惑；表现价值选择的多元，但又不能使人面临选择时无所适从。对于人类，对于我们这个时代，最需要的，应该是那类能够引领人的精神走向圣洁的戏剧作品。"③《程婴救孤》体现了剧作家对程婴"舍我其谁"的牺牲精神和担当意识的礼赞。"如今赵家只剩这一个小小婴孩，屠岸贾还不放过，定要斩草除根，因而才冒死相救。"从程婴这段念白可以看出，他冒死搭救的不仅是小婴儿，而是忠良之后，是正义骨血。这是由忠贞之气凝结而成的正义力量对权奸势力的最大抗争。

程婴身为一个人微言轻的草泽医生，却为素不相识的小遗孤及全国婴儿而牺牲自己唯一的骨血。他的妻子也因此事命丧黄泉。支撑义举的动机不仅

---

① 李树建：《德艺双馨的剧作家陈涌泉》，《光明日报》2015 年 9 月 14 日，第 15 版。
② 陈涌泉：《"孤儿热"中的冷思考》，《中国戏剧》2004 年第 4 期。
③ 陈涌泉：《"孤儿热"中的冷思考》，《中国戏剧》2004 年第 4 期。

是对蠹国奸贼屠岸贾的憎恨，更有对忠奸是非曲直的拨正。"我在改编中着重突出的是正义与邪恶的较量，善良与残暴的比拼，是一个民族在大是大非面前应有的态度。程婴等人冒死历险，用生命救下的，决不是一个复仇的种子，而是一种民族的精神和良知。"①在屠岸贾一手遮天，对忠臣赵家斩草除根时，程婴、公孙杵臼、韩厥、彩云、程婴之子、程婴之妻等众人非亲非故，甚至素不相识，却在营救孤儿时达成一种默契，自觉为孤儿献出宝贵性命。这种舍己为人、义无反顾、前赴后继的牺牲精神与担当意识，给多灾多难的中华民族带来了一次次转机。

同时，该剧还尤为注重颂扬朋友之间的忠诚与信守承诺。"通过死，他才能实现最后的心愿，将完成使命的消息报给地下亡灵。那时，亡灵们肯定会露出欣慰的笑容，而他，也才会真正闭上眼睛。从某种意义上说，只有理解了程婴的死，才能彻底理解春秋那段历史、古人的那种精神。"②其实，在元杂剧中，程婴与公孙杵臼曾有过谁生谁死的争执。陈剧则指出"活着更比死了难"的残酷现实。其实，程婴的死也是其重然诺的一种表现。在完成救孤、育孤的重任之后，他只有通过死来坦然面对先他而去的公孙先生。此时，程婴以血肉之躯再次护孤，就是对公孙先生当年诺言的再次践履。程婴忍辱含诟一生只为践履一个诺言，信守承诺就是最好的诚信。

"在改编原则上，我所遵循的是忠实于原著的路子，即在精神实质上的高度忠实，而非亦步亦趋、机械地'复印'原著的忠实。"③陈涌泉改编纪君祥之《赵氏孤儿》，又创造性地设计了新的情节，譬如屠岸贾最后剑刺孤儿时程婴为其挡剑等。剧作家有意设计了忠奸斗争的长期性与残酷性，从戏剧本体上增加了戏剧冲突的尖锐性，突显了程婴视死如归、一心护孤的伟大品格。这种有意设计的残酷情节与阿尔托的残酷戏剧理论不谋而合，实现了改编传统戏剧、弘扬传统文化价值的双重意义。

剧作家从现代性的视角重新反思程婴舍子的情节，"别人的孩子是孩子，我程婴的孩子也是孩子啊"。讲究道义的春秋时代，程婴舍子的伟大性淹没了个体生命的重要性。而今，社会提倡人人平等，更提倡带有互利互惠色彩的

---

① 陈涌泉:《"孤儿热"中的冷思考》，《中国戏剧》2004年第4期。
② 陈涌泉:《"孤儿热"中的冷思考》，《中国戏剧》2004年第4期。
③ 陈涌泉:《〈阿Q与孔乙己〉的成因》，《剧本》2002年第9期。

"人人为我、我为人人"之思想。因此，在当今社会宣传程婴舍子的义举多少会受到质疑，甚至受到人权主义者的诟病。陈涌泉秉持剧作家的良知与责任，通过塑造程婴的形象，深挖程婴的深层心理，揭示其舍子救孤的根本动力，在剧情的展开与矛盾的加剧中消除观众对此产生的疑虑，不仅塑造出程婴形象的伟大，还实现了其形象的艺术真实。剧作家还在反思当下社会中个人利益最大化对个体心灵的异化和扭曲，试图发掘传统文化的道义内核，表现市场经济对传统美德的巨大冲击。从这一角度讲，对传统题材的现代性解读，亦是对当下文化与精神信仰的重构。"历史剧某种意义上都是现代戏，对此观点我深有同感。改编《程婴救孤》的过程中，确实贯穿着我对现实的观照意识，借助历史事件，历史人物，抒发着我对现实中某些现象的感愤之情，呼唤着人类良知和道义的回归。"[①]

《李香君》一剧，通过在朝代更替、山河易主的社会变革中，李香君对侯方域的爱慕之情与对误国奸党的痛恨之情，突显青楼歌姬李香君的远见卓识和民族气节。对爱情，她纯粹；对魏党，她切齿；对故国，她忠诚。李香君这种爱憎分明、敢爱敢恨的程度远远超越了关汉卿塑造的赵盼儿。李香君和赵盼儿同出青楼，但是李香君的可贵品格超越了她的周身环境。赵盼儿虽然光鲜亮丽同样有主见，却免不掉脂粉气与青楼女子的俗气。李香君像一个小家碧玉一样温婉美丽，又像一个大家闺秀一样知书达理，还像一个绿林英雄一样嫉恶如仇。她以柔弱之躯承担起国家危亡之际个体应该承担的责任，这种见识和责任超越身份与性别。应该说，陈涌泉一改"商女不知亡国恨"的格调，塑造了歌姬忧国忧民的新形象。

李香君是在阉党迫害东林党人的过程中，逐渐成长起来的一名女英雄。逃亡不忘救国，香君乃"青楼花木兰"。她对阉党的恨，激发着她对侯方域的爱。但是，当李香君跟随侯方域回到商丘老家，发现侯方域所坚持的操守发生变化，欲参加清廷科考，在不能改变侯方域的选择时，李香君依然选择出家以明志。在侯、李的围城中，侯无法摆脱对家族的责任，只能收敛以往的战斗激情，淡忘出生入死、浴血奋战、抗清复明的志向来委曲求全。此时，李香君看不到侯方域的政治理想，看到的是其屈从于现实的无奈，自己只能

---

① 陈涌泉：《"孤儿热"中的冷思考》，《中国戏剧》2004年第4期。

以出家的方式来安慰惊魂甫定的灵魂,来对抗清廷的统治,来延续她对故国故土的一片眷恋之情与忠贞之心。身处乱世,出身低微,眷恋故国故土,具有浓郁的家国情怀和责任意识——这大抵是陈涌泉先生费尽心思编创该剧的重要旨意吧。

《两狼山上》开篇就是宋军与辽军恶战时杨大郎、杨二郎、杨三郎等壮烈殉国的悲壮场面。剧作家塑造杨业时,主要从两个方面:其一,在丧子的大悲痛中去参战;其二,在忠而被疑、奸臣离间、君心叵测时依然带上仅存的两个儿子奔赴战场。剧作家跳出崇信奸佞、忠而被疑的既定思维格局,改变杨家将命丧奸佞的英雄末路,赞美其捐躯报国的牺牲精神与民族情操。该剧展现的是个人性命与国家危亡之间的冲突,对杨家将的众勇士来说,在国家大局面前,一切都是虚无的,国家尊严与民族大义高于个人性命,这是对国家的严正捍卫。

二、关注下层民众处境

除了剧本结构、人物形象之外,陈涌泉还思考着更加深层的东西——人性。他对人性的探索,使他的剧作境界自高一等。为了揭示时常被扭曲的人性,陈涌泉将关注的目光锁定在中下层社会。他出身于农民,更能理解农民的处境,对这一群体有着深厚的感情。在《阿Q与孔乙己》中,无论是阿Q、孔乙己还是吴妈,陈涌泉先生均是带着真挚的感情来塑造的。或者说,他这种带有亲情的善意批判,似乎更寄托着他对这一阶层的某种希望,有批判,更有含泪的微笑。笔者认为,从鲁迅与陈涌泉的不同出身,不难看出二者对农民的不同见解。鲁迅出身于没落的乡绅贵族家庭,他对他的阶层有批判有不满,但是他还是属于这一阶层。同样,陈涌泉出身于贫苦农民,自幼他就感受着这一阶层所付出的辛劳和处于底层社会的农民兄弟的不易。他目睹父辈的艰辛,深刻感受到面朝黄土背朝天的恶劣生存环境与邻里百姓之间的淳朴厚道,对农民有着天然的感情与高度的认同。因此,他在描写阿Q、孔乙己、吴妈等下层人物时,几乎是用泣血颤抖的笔锋来完成的。

应该说,鲁迅是以批判嘲讽揭露的笔调来塑造阿Q的。因此,他笔下的阿Q是一个受人揶揄嘲讽的角色。陈涌泉笔下的阿Q保留了原作中的"精神胜利法",具有更多现代普通人所共有的特征,甚至有一些小智慧和对幸福的积极追求。他勇敢地去追求吴妈，还灵活巧妙地给其买一些小礼物，来获得吴妈的欢心。陈剧中，阿 Q 是一个渴望改变却没能改变、深陷困境而不能自拔的小人物形象。阿 Q 对吴妈是真诚的，有了与吴妈相恋的细节，其形象显得更真实，甚至有几分可爱。阿 Q 最迫切的需求就是温饱和娶吴妈。温饱问题在当时是全国性的、普通民众都面临的问题。而娶吴妈未遂的原因根本就不是吴妈不同意，而是："身上披着铁锁链，你可知女人难吴妈更难！"①封建伦理道德犹如铁锁链，已经完全钳制了吴妈的身心自由。因此，阿 Q 关于婚姻的渴望注定是失败的。如此，阿 Q 的精神胜利法也找到了现实的社会根源。在暗无天日、冷酷无情的封建社会里，精神胜利法是阿 Q 自我满足和内心安慰的唯一法宝。

20 世纪 90 年代伊始，以农为本的乡土中国正在逐渐远去，代之而起的是机器时代与工业文明的腾空而来。此时，浩浩荡荡的进城农民工，成为城市建设的主体。但是，时代在进步，农民工的素养与见识还不高，以往纯朴敦厚的乡村伦理也面临着结构性瓦解的危险，带有不土不洋、非中非西特质的城乡复合化风俗正在酝酿。《阿 Q 与孔乙己》中，阿 Q 仍然是现代农民的真实写照。农民朴实真诚、勤劳善良，但是小农意识深入骨髓，代代遗传。农民是社会的基础，也处于最辛苦的底层。因此，陈涌泉带着关切与怜悯来审视这一群体，"自始至终，我只是在用一颗真诚的心，尽可能地去把握鲁迅先生的创作思想，贴近原著的精神实质，体验人物的生命状态，并从中寻找与当代人心灵的契合"②。鲁迅塑造了阿 Q 的经典形象，陈涌泉则融合当下思维，进一步诠释了新时代农民的某些特征。同样，改革开放的经济大潮滚滚而来，文人知识分子与传统文化在市场经济面前显得唯唯诺诺、捉襟见肘。

孔乙己有"窃书不算偷书"的荒谬，也有"抬人需用轿"的可笑。仔细反思，他无非是看重书和封建伦理道德。孔乙己身上不仅有迂腐，还有理性和人性。陈剧其实已经指出：孔乙己的迂腐是封建社会造成的，科举的失败与身份的沦落使得孔乙己的人格受到极大扭曲。鲁迅冷峻的批判，在陈涌泉笔下转换成含泪的微笑、对下层群体深深的同情和怜悯。因此，他笔下的阿

---

① 陈涌泉：《阿 Q 与孔乙己》，《剧本》2002 年第 2 期。
② 陈涌泉：《〈阿 Q 与孔乙己〉的成因》，《剧本》2002 年第 9 期。

Q和孔乙己形象显得可悲可怜之外又增添几分可亲可爱。观剧之后，笔者对其不再是嘲讽，而是怜惜其悲剧命运，悯宥其悲剧性格，忧思其困窘艰难的生活处境。

随着对下层社会的关注，陈涌泉对这一群体充满了同情，也给予了希望。《王屋山的女人》就是他对新时期农民寄托的希冀。彩云身上凝聚了中原女性吃苦耐劳、忍辱负重的品格。她和故事发生在开封陈留地区，与高明的《琵琶记》中赵五娘的性格有着诸多相似。这些下层的普通民众，即便有这样那样的性格缺点，但是他们身上依然保留着人性的本真与善良、诚恳与真挚。不论是从人性的角度，还是出于道义的责任，我们都应该对其多一份关怀。对此，评论界有不约而同的评价，即陈在创作中所体现的平民情怀。

《都市阳光》以农民进城务工为题材，旨在关注农民工进城后的现实处境和情感需求，是一部同情农民工处境、反映农民工心声、关注农民工发展的优秀剧作。"我们在城市迷失，又难以亲近村庄"，高天唱出了多少在城市打拼的农民工的心声。剧作家不仅关注农民工的处境，还关心他们的精神世界。农民工也是人，有物质需求，也有精神追求。在艰苦恶劣的建筑工地环境中，他们挥汗如雨，换来的却是微薄的收入。结束一天的劳动后，他们忘却辛劳坚持梦想。以高天为代表的民工，不畏脏与累，为生活和梦想打拼，历经艰难，终于收获了爱情和歌唱的荣誉。此时，笔者想到了老舍笔下的祥子与鲁迅笔下的孔乙己，在当时的社会，他们的挣扎注定了失败。而高天不一样，虽然他从事的一样是繁重的体力劳动，但是社会和时代给他提供了发展的空间。在"明日之星"年终总决赛中，尽管有灿灿等人的蓄意阻碍，观众、评委以及组委会还是将神圣而公正的选票投向了高天，使他成为年度总决赛的冠军，成就了高天的歌唱梦想。

该剧揭示了城市物质生活与精神世界的不协调性。煤窑小老板黑壮壮发迹变泰后，金钱异化了他对婚姻的认知，他陷入了富则易妻的婚姻套路，恬不知耻地追求明明已经有男朋友的朵朵。肥肥经历与黑壮壮的失败婚姻后，丧失了对人的基本信任，心理变态似的将全部情感倾注在宠物狗上。失去了婚姻的温情，肥肥也显得有些冷血。剧中还涉及顽劣的富二代、官二代。青年甲、青年乙沾染纨绔子弟的恶习，丧失道德底线，玩弄女性，为富不仁，用区区50块钱对困境中卖唱的街头歌手高天进行挑衅并殴打。在"明日之星"年终总决赛中，青年甲的富商父亲试图操控比赛结果，斥资对电视台进行赞助。在他们看来，在权力和金钱面前，法律道德、尊严权益似乎都可以随意践踏，正如青年甲所言"没有钱、没有权就不配谈尊严"。剧作家发现并指出现实生活中的种种问题，但他没有像鲁迅先生那样进行鞭挞和揭露，而是给予更多的期待。农民企业家梁朝阳的正面奋斗事迹，高天获得年度总决赛冠军，黑壮壮和肥肥复婚，肥肥对高天勒索事件的坦率认错，高天与朵朵、柱子与芳芳个人问题的圆满解决，这些都体现出剧作家对城市发展的希望，对新时期道德文化的复归和城市信仰的期许。

该剧还触碰到农民进城所遭遇的深层冲突——厚重淳朴的乡土文化与利益至上的城市价值观念二者形成尖锐对峙。肥肥对宠物犬的畸形看重与对高天看似残酷的勒索反映出城市人的冷漠自私。与之形成鲜明对比的是，那群农民工却对凭借汗水打拼攒下的血汗钱毫不吝惜，在工友有难时慷慨解囊。此时，小市民的自私冷漠与农民的憨厚善良形成巨大反差。民工在离开乡村、建设城市过程中，也遭遇了种种难以预料的状况。无数的农民工建设美化了城市，却被城市人所鄙弃。甚至，农民工被看作引发社会问题的"危险分子"。城市化进程与商品经济埋葬了太多农业社会孕育的本真与善良品格。此时，挎着包袱、背着行囊进城的农民工还较少受到市场经济的影响，其身上依然凝聚着农民的朴实厚道与刚毅坚韧等优秀品质。陈涌泉塑造的农民工形象如高天就是这一类人的代表。

农民工进城时，他们带着离开家乡的无奈与对新生活的向往。他们想改变面朝黄土的辛劳处境，渴望留在城市，能够有尊严地活着。但是，习惯了乡村文化与封闭小农思想的农民，既有融入城市的渴望，又对城市生活无所适从。正如高天所唱："哦，进不了的城市，哦，回不去的家乡。""城市化进程中，相对于把人的'身体'赶进城市，人的'灵魂'的融入要困难得多，也许是穷其一生都难以实现的，他们的灵魂只能在'进不了的城市'与'回不去的故乡'间飘荡，以一生的迷茫和煎熬，等待下一代的降临——当儿辈们彻底切断了与乡村母体联系的脐带，他们也许才可以变成真正的'城里人'。"[①]尽管他们有迷惘与彷徨，却并未泯灭其善良的本性与处事的基本原则。

---

① 陈涌泉：《我的农民工兄弟〈都市阳光〉创作谈》，《剧本》2017年第6期。

如剧中的朵朵：其父沉疴病榻的巨额医疗费与其弟的高额学费、生活费使她对钱的需求特别强烈；然而，物欲横流、霓虹闪烁的繁华都市与土豪黑壮壮的极力追求并没有让她迷失自我，善良本分的朵朵不忍连累高天，无奈之下偷偷去给别人代孕（立上舞台时改为做保姆）。

另外，农民工从事的高楼建设很多都是带有高危性的高空作业，每一座现代化城市都是以吞噬多少农民工的健康甚至性命为代价的。剧中的王大河从事的还是相对安全的送水职业，但是整日奔波于送水路上的他遭遇车祸，成了植物人。应该说，农民工的微薄收入与高风险的辛劳付出是极不对称的。反映农民工的真实生活，为改善农民工的命运与处境而呐喊，也是陈涌泉先生苦心孤诣的一个编创动机吧！

近年来，万众创业成一股时代潮流，农民工也在抢抓时代机遇，剧作中塑造了以梁朝阳为代表的农民企业家，以高天为代表的农民工歌手，以朵朵为代表的农村新女性。在构建和谐社会、弘扬社会主义核心价值观的当下，农民工对梦想的守望、对城市的渴望都不再是遥不可及。阿Q与祥子（老舍《骆驼祥子》）注定成为旧时代的牺牲品，新时代的下层民众和农民工在城市化进程中担任中坚力量，发出自己的光与热。该剧让笔者强烈感受到剧作家对农民工的高度关注与寄托的殷切希望。

三、解密自由婚恋密码

尼采说："悲剧不但没有因为痛苦和毁灭而否定生命，相反为了肯定生命而肯定痛苦和毁灭，把人生连同其缺陷都深化了，所以称得上是对人生的'更高的神化'，造就了'生存的一种更高可能性'，是'肯定生命的最高艺术'。"[①] 从其言语中，可以看到尼采用悲剧艺术拯救人生的深刻见解。在这一点上，陈涌泉先生与古希腊人、尼采一样，他通过对鲁迅个人悲剧的探析，实现用悲剧艺术拯救人生、关怀女性的宗旨。

《风雨故园》呈现出剧作家对包办婚姻的温和批评与对自由婚恋的由衷肯定，对鲁迅与朱安的怜悯，尤其是对鲁迅与许广平的结合给予更多理解。陈涌泉从现代自由婚恋的视角来审视鲁迅的悲剧婚姻，揭开作家和思想家闪耀

---

① ［德］弗里德里希·尼采：《悲剧的诞生》，周国平译，北京联合出版公司，2013年，第20页。

光环背后的心理苦楚，还原鲁迅的真实生活和真实情感。实际上，鲁迅与朱安的婚姻开始就是错误的，给鲁迅和朱安都带来了一生挥之不去的阴影。所不同的是，这桩婚姻就像死人身上的寿衣，为朱安带来临死前最荣耀的美丽。对朱安而言，找个从东洋留学归来的大才子结婚是非常体面的。对鲁迅来说，只有维系着与朱安的婚姻，才能保住朱安的名分和地位。如果说鲁迅与朱安的婚姻还能给朱安些许身份地位等虚无的安慰的话，那么鲁迅则只能独自咽下这无尽的苦果。"我多想对她敞开内心世界，告诉她早作打算另嫁人。却怕骤然风波起，话到嘴边难出唇。又看到母亲那双期待的眼睛，盼望我接受下这桩婚姻。我只得暂且忍、忍、忍，（叹气）唉！忍不住泪水湿衣襟！（拭泪）"[1] 他之所以从日本回来，是因为母亲病危。他之所以与朱安结婚，是怕违拗母亲。鲁迅作为新旧思想交替时代的文人，他有的是冲破旧社会旧制度的勇气，却找不到违抗母亲使其伤心的理由。

剧作家从人性视角走进鲁迅的内心世界，体会他心中的酸楚和苦寂。众所周知，鲁迅是新文化运动的倡导者与反封建的斗士，但是此时的他就像一个溺水之人，自己要奋力挣扎，还要拯救与他一起落水的无辜的女人朱安。陈涌泉从责任与道义的角度，来诠释鲁迅对包办婚姻的抗拒与妥协，揭橥造成他悲剧婚姻的沉重原因。如果说母亲当初的错误是为他安排了婚姻，后来鲁迅自己却不愿意走出这桩无情的婚姻。因为他谙熟当时的封建礼教与婚姻习俗，一旦离婚，被休的朱安要面对的人生何等晦暗。因此，他企图通过外在完好婚姻的维系袒护朱安，实际上却再次伤害了朱安。

在封建礼教氛围中成长的少女朱安压根就没有意识到包办婚姻的不合理，反倒是对父母包办的婚姻充满期盼和无限的幻想："大红花轿忽闪闪，一颗心早已飞外边。夫君从东洋回家转，择定佳期娶朱安。几年来心中把他描绘千遍，魂里梦里把他牵。"[2] 在封建思想与习俗的支配下，朱安对她这位留洋归来的夫君充满了好奇。正如鲁迅所言，朱安是母亲送给他的一样礼物。其实，朱安更像一个祖传的宝物，期待着她的新主人。因此，在封建家长制与封建习俗对人性的遏制与摧残下，朱安一直是封建婚姻中的一枚螺丝钉，在希望

---

[1] 陈涌泉：《风雨故园》，《剧本》2006年第1期。
[2] 陈涌泉：《风雨故园》，《剧本》2006年第1期。

中等待,在等待中绝望,没有任何选择权。

鲁迅性格倔强,桀骜不驯,加之他留学日本,受到欧风美雨与东洋自由婚恋思潮的影响,显得离经叛道、标新立异,因此五次三番推托婚姻。然而,"寡母抚孤"的艰辛与伟大,让执拗的周树人对母亲的婚姻安排难以违抗。无论是鲁迅听从母意的被动接受,还是婚后与朱安名誉婚姻关系的维持,均体现了鲁迅超强的责任意识。听从母愿与朱安结婚是对母亲最大的安慰,若与朱安离婚则是对朱安最大的羞辱。最为妥善的办法就是维持与朱安的名誉婚姻。如此之举,满足了鲁迅对母亲的孝心,也以妥当的方式尽到了对朱安的责任与义务。鲁迅当时是社会名流、大学教师,任职教育部,有着颇丰的薪水,这样一位有着体面身份、尊贵地位、丰厚学识的名流,却长达20年之久地过着苦行僧式的生活。这本身彰显了他身上所具有的顽强意志与超强的自控能力。在没有爱情的婚约里,朱安却活出了坚韧和执着。鲁迅和朱安的结合,是可悲可怜的,二人的可悲恰恰源于当时落后愚昧的封建社会与新潮时尚的新文化思潮之间的尖锐对峙。根深蒂固的封建思想,尤其是包办婚姻让新文化运动的舵手对其深恶痛绝却自缚其中。

与朱安的守旧妥协形成巨大反差的是陈涌泉塑造的李香君(《李香君》)。虽为青楼女子,但她不自轻自贱,一心等待着心上人的到来。当遇到一见倾心的侯方域后,在国破家亡的危急关头,李香君教导夫君。遇到田仰、阮大铖的迫害,她宁折不弯,宁为玉碎不为瓦全,最终保住其清白。但是,她所眷恋的国家灭亡之后,她折回老家河南商丘,她又鼓励夫君保持气节,不出仕清廷。在爱情和婚恋面前,李香君有着清醒的认识,她追求的婚姻是以爱情为基础的,双方有着共同的信仰和追求。李香君有着坚定的政治立场和明确的择偶观念,并且用实际言行来捍卫她的选择。这样一个冰清玉洁、迎风傲雪的女性赢得了孔尚任、欧阳予倩、陈涌泉等很多剧作家的青睐,她的坚贞品格才是侯、李二人历经江山易主、山河破碎却仍能惺惺相惜的关键。

在不可阻挡的历史潮流下,李香君尽最大能力保持自己的人格操守。陵谷变迁,她毅然劝说侯方域远离名利纷争,不为俗世所扰,归去田园,宁守庄户白丁的清贫之乐。陈涌泉跳出凤冠霞帔的婚恋模式,其塑造的李香君不贪恋荣华、不追求门第,生逢乱世,却积极入世。古往今来,妓女无情,李香君却对侯方域专情。妻子盼望丈夫蟾宫折桂,李香君却果断劝说侯方域不出仕清廷。试想一下，李香君让那些"悔叫夫君觅封侯"的女子多么羡慕呀。

围城里的朱安苦闷麻木，李香君辗转忧思，均无法超越时代的悲剧格局。《婚姻大事》带给人清新自由的婚恋气息。该剧中，伦理道德准绳富有人性的张力，充分尊重个体意愿，自由恋爱成为追求个人幸福的重要内容。为弟弟操心而耽误婚姻大事的大哥大狗在两个弟弟均找到幸福后，竟然闹出啼笑皆非的"婚外情"。很快，他结束了与无爱的凤春的婚姻，娶了贤惠的惠娟。实际上，凤春当初看上的根本不是大狗，而是其弟银山。他们兄弟三人的婚姻是真正意义上的自由恋爱。该剧与李渔的《风筝误》有异曲同工之妙，以喜剧的风格为观众展现了改革开放后农村人追求爱情的现代感情生活。从封建家长包办，到媒妁之言，再到自由恋爱，这是农村人主体意识的自我觉醒，也是其步入现代化的重要标志。陈涌泉先生对农村题材的创作，已经由生活的现代化深入农村人灵魂的现代性。因此，其剧作具有发掘农村现代精神、引领农民主体意识的特性。

四、聚焦反腐倡廉主题

文章合为时而著。在关乎社稷发展与民心所向的当今反腐形势下，陈涌泉有着积极改良社会的济世情怀，撷取古典戏曲公案剧和社会剧的教化功能与艺术手法，创作出反贪腐、顺民意的优秀剧作。[1]

陈涌泉是一位颇有骨鲠之气的剧作家，他的剧作散发着浩气长存的光芒和古典戏曲的馨香。首先，这与他坚毅顽强、上下求索的可贵品格有着必然联系。他不戚戚于贫贱，靠着对戏曲尤其是编剧的爱好，担负起新时期改革豫剧的重任，在戏曲不景气的漫长岁月里坚守着自己的信仰。其次，这与其深厚的古典文学尤其是古典戏曲功底密不可分。元杂剧中大量出现的社会问题剧、水浒戏、绿林戏、包公戏均对其创作产生了潜移默化的影响。基于上述两个原因，他的剧作才有厚度和广度。陈涌泉独具慧眼，蹈扬公案剧的优良传统，利用戏剧艺术美轮美奂的舞台形式，融摄切合民心的反腐主旨，创作了《张伯行》《陈蕃》等经典剧作。

---

[1] 参见陈涌泉、李小菊《持中守正 固本求新——专访著名剧作家陈涌泉》，《戏曲研究》2016年第3期。

《张伯行》的戏剧冲突紧张，矛盾突出，主题鲜明，所有事件均围绕着反贪这一中心展开，戏剧结构紧凑，采用符合中国观众审美习惯且备受民众青睐的线性结构，戏剧情境真实，注意对张伯行内心世界的深层剖析，是当之无愧的精品戏剧。陈涌泉充分挖掘本土历史文化资源，择取河南兰考人张伯行的相关事迹，在《清史稿》中汲取营养，倾注他本人的创作才华，塑造了"义士不欺心，廉士不妄取"的典型形象。宋代周敦颐的《爱莲说》为我们点明了为官与做人的至高境界。为官者理应恪守本分，克己奉公，胸怀社稷，情系民众，公正廉明，用公共权力来服务人民。陈涌泉塑造的张伯行就是这类官员的典型代表。在与贪腐势力噶礼的较量与对峙中，他不惧皇亲国戚之淫威，誓死惩贪，给人留下了唯求正气满乾坤的正义形象。张伯行有着超强的道德自律意识，坚守原则，彰显出"出淤泥而不染，濯清涟而不妖"的可贵品格，其行为准则也为当下的政府官员树立了极好的榜样。

该剧深挖人物心理，在细微处有意彰显张伯行的高尚品格与洁净操守。身居高位、勤政为民、主持正义的张伯行，在精神追求与人生信仰层面上都显得较为富足。他甘于清贫，追求平淡，对物质几乎没有要求，唯有"名节"让他过分看重。"一丝一粒，我之名节。一厘一毫，民之脂膏。宽一分，民受赐不止一分；取一文，我为人不值一文。谁云交际之常，廉耻实伤，倘非不义之财，此物何来？"他恪守人生准绳，真正做到不越雷池一步，最终获得"天下第一清官"的美名。

尤其要指出的是张伯行反腐的决心和勇气。面对贪官，他心底无私，无所畏惧。身为"巡行天下，抚军按民"的抚台大人，他手里握着行政、军事、监察大权，却克己奉公，两袖清风。两江总督噶礼贪婪无厌，虐吏害民，专横跋扈，炙手可热。他早年曾随康熙西征噶尔丹，立下赫赫战功。此时，他不仅身居高位，还是有着高贵血统的满洲正红旗人。另外，噶礼之母还是康熙的乳娘。从这角度来说，噶礼和康熙同为满清皇室中人，不仅有君臣关系，还有亲情维系。张伯行想要扳倒噶礼难上加难。此刻，张伯行与噶礼构成尖锐对峙，二人形成互参的危险局面。就在邪恶与正义的两方难分胜负之时，皇帝派张鹏翮来审理此案。张鹏翮曾为张伯行的老师，张鹏翮之子还在噶礼手下任职。这种复杂的关系将张伯行的命运卷入宦海沉浮的危机之中。这种异常凶险的政治环境时刻灼烧着张伯行那颗固执而充满正义的心灵。

《陈蕃》是陈涌泉创作的另外一部公案剧，该剧创造了东汉时期宦官干政、政治黑暗的历史时空背景。宦官是中国历史上一种独特畸形的现象，有着位极人臣的显赫地位。由于其身份的独特，其与外戚一道构成干涉朝政的重要力量。剧中，汉桓帝年间外忧内患并存，西羌、鲜卑同时犯境，边疆告急，宦官及其党羽嚣张，百姓官逼民反。在山民谋反一案中，百官惧怕宦官王甫、曹节的淫威，不敢作声。在窦皇后的保举下，原本因"党锢之祸"被革职的陈蕃不得已被重新启用。至此，一场反宦官、反贪腐的公案剧帷幕拉开。

《陈蕃》作为传统公案剧的一种，沿袭了传统戏曲的编剧艺术。其一，该剧结构紧凑。围绕陵桂山民谋反一案展开，以田水娟为线索，展开了陈蕃与贪官王桀的殊死争斗。其二，冲突迭起。王甫、曹节玩弄权术，蛊惑圣上，王桀大肆侵吞救灾款项。陈蕃作为正义的化身，与其展开了正义与邪恶、反腐与贪腐的一次又一次较量。其三，情节离奇曲折。田水娟在汉桓帝选美时得到陈蕃金殿抗争而获救归家，时隔数年，在为丈夫喊冤呐喊时恰巧遇见恩公陈蕃。这种巧合式的情节安排带来一种传奇之感。其四，剧作家尤为注重艺术真实的营造。他通过心理真实来营造艺术真实。剧中揭示了汉桓帝对宦官祖护的真实心理和矛盾心理。在表现陈蕃的胆识和正义之外，并没有回避陈蕃内心的矛盾，尤其是面对被皇帝加封"百官典范"并且有贵戚宦官撑腰的王桀时，他的内心世界一度掀起了层层波浪。

文献典籍中对陈蕃的描述不多，《世说新语》《后汉书》略微提到，文学作品中偶有提及，譬如《滕王阁序》。陈涌泉尊重历史，还原历史，重塑陈蕃为惩巨贪与宦官斗争、与君王周旋的耿介公明形象。首先，兼济天下的责任感。这是儒道互济的文人士大夫的品性。剧中，东汉时期，朝野动荡，民不聊生，王甫、曹节等宦官佞臣玩弄权术，致使民怨沸腾。此时，陈蕃带领的"党人"集团与宦官展开了一场激烈的斗争，他本人因"党锢之祸"被废除太尉之职。其后，由于王桀一案无人敢接手，陈蕃临危受命，义无反顾地加入山民造反的肃贪案中。其次，犯颜直谏的胆识。他知其不可为而为之，源自舍我其谁的担当意识。在仅仅是说了几句牢骚话就被抓的高压管控下，民众丧失话语权。陈蕃无所畏惧，迎头直上。他金殿直谏解救宫女，正法王桀反贪，直面上奏王甫、曹节罪行。"陈蕃我生就直秉性，才落得六起六落上法绳",彰显出陈蕃宁愿触怒龙颜也要直谏的诤臣品格。唐代魏征与唐太宗是庭争面折,陈蕃对汉桓帝则是冒死直谏。再次,舍身饲虎的反腐勇气。王甫、曹节、王桀等奸贪一体,巧舌如簧,善于在汉桓帝面前搬弄是非,陈蕃在"党锢之祸"中已经深受其害。百官对王桀案避之不及,他却毅然接受皇命,负责接手陵桂山民造反案。正是上文提到的他对百姓的体恤之情,才激起他对贪官的极大仇恨,"陈蕃宁舍一身剐,执行国法惩巨贪"。即便是被圣上亲封为"百官典范"的王桀,他毅然敢于将其就地正法。汉桓帝听说处决王桀后恼羞成怒,陈蕃不顾个人安危,继续揭发君王崇信的近臣王甫、曹节的累累罪行。最后,体恤民众、亲民爱民特征尤为显著。到达陵桂后,陈蕃微服私访,及时营救被王桀府上管家曹虎追赶的田水娟。

上述这一切行动,均源于陈蕃对民众的博爱之情和对社稷的责任之心。陈涌泉不仅塑造了陈蕃行为的真实性,而且诠释了其行动的伟大性。"陈蕃正是以'忠清直亮'的风骨,挺起了伟岸的脊梁,为东汉筑起一座抵挡溃败的堤坝。这是我们民族宝贵的精神财富,也是这个时代稀缺的品质。"[1]陈蕃为了大汉江山社稷,不顾个人安危直谏汉桓帝,与宦官斗争,与贪腐势力斗争,堪称东汉江山的擎天柱,支撑着风雨飘摇的东汉王朝。随着曹节等劫持幼帝,东汉王朝大厦倾覆。陈蕃虽然与东汉一道走向毁灭,其誓死惩贪、拼死抗争的精神却得到了世人的敬仰,他向往的公正廉明、河清海晏的政治期许恰恰为中华民族的后世子孙带来了不竭的动力源泉,从而使该剧实现了"帮助当代观众从陈蕃这个历史人物的廉洁风貌和人格操守中获取精神动力,从历史的镜鉴中获取政治智慧"[2]。

这两个反腐题材的剧目,再次阐述了戏剧净化人心、惩前毖后的教化功能。作为公案戏的一种,陈涌泉笔下的清官戏体现出他对传统公案戏创作技巧的极好把握和较好展示,体现了中国传统戏曲尤其是公案戏的创作三昧,是他关心国家发展、关注民众需求的具体表现,是他对屡禁不止的贪腐问题的沉重反思,显现了剧作家的时代感与责任感。

---

[1] 陈涌泉:《穿越历史,烛照时代——新编历史剧〈陈蕃〉创作札记》,《光明日报》2015年5月11日,第15版。
[2] 仲呈祥:《仲呈祥谈新编历史剧〈陈蕃〉:历史风云的镜鉴》,《人民日报》2015年6月19日,第24版。

结　语

陈涌泉怀着对豫剧的珍惜之情与对广大观众的高度责任感，传承近代以来的文化启蒙思想，怀着超强的道德自律与涤荡人心的教化意识，承担起戏剧改革的神圣使命，以满腔热情从事戏剧创作，尊重戏剧本体与观众审美，发掘传统题材内涵来发扬具有普世性的民族精神，拓展现代题材以烛照时代潮汐，回归人性以寄托人文关怀，关注当下婚恋思潮与女性情感，秉持公心着意反腐主题。激荡在其剧作中的能动参与意识与戏剧改良社会的淑世精神，使其剧作彰显出闪亮的人文光辉和浓郁的家国情怀，体现出剧作家对人类命运走向与精神家园的多重关注。

一次被忽视的本土西行*

——张大千对西康山水的发现与表现

唐 波**

摘 要：20世纪40年代，张大千有敦煌与西康两次本土西行。相较于"敦煌之行"而言，其"西康之行"的研究几乎无人问津。通过对张大千"西康之行"的研究发现，此次西行是张大千基于历代山水画家止步于青城、峨眉、嘉陵江一带而对西南山水空间之美的发现与表现的一次重要推进。在图式上整体呈现出了西康山水独特的"邃远"之美，在笔墨上初步形成了呼应其雄厚深邃、清丽绚烂的"浅淡青绿薄染法"。由此，初步形成了既不同于北派山水也不同于南派山水的第三种山水空间的审美表达。

关键词：张大千；西康山水；《西康游屐》册页；浅淡青绿薄染法

现代艺术史上誉满中外的张大千，在20世纪40年代有两次重要的"本土西行"。第一次是"敦煌之行"（1941年3月—1943年10月），第二次是"西康之行"（1947年6—8月）。"敦煌之行"在当时就引起美术学界、考古学界、历史学界的高度关注，其后也成为了张大千艺术研究的一个重点和热点。然而，关于他的"西康之行"，"当事人没有留下太多的资料。研究者也寥寥，难以深入这一课题"。[①] 所幸的是，当年张大千送给同行友人杨孝慈，由李秋君

---

* 本文系四川张大千研究一般项目"张大千对中国画的技法梳理及其意义研究"（项目编号：ZDQ2017-05）阶段性成果。

** 唐波，艺术学博士，四川师范大学艺术研究院副教授，研究方向为中国美术史论（含书法史论）。

① 四川博物院编：《书画成都：张大千西康纪游册》，四川美术出版社，2014年，第1页。

题款的《西康游屐》册页①（原册页 12 幅）出版物被保留了下来，并且其中 8 幅流传至今，并馆藏于四川博物院（以下简称"川博"），这为我们研究张大千的第二次西行留下了方便法门。

一、被遗忘的西南山水

中国绘画从表现题材而言，大致可以分为人物、山水、花鸟三大类。如果说人物画的审美理想是传神，花鸟画的审美理想是情趣，那么，山水画的审美理想则是对空间之美的发现与表现。从自然山水的空间特质的角度而言，我国自然山水大致可以分为北方山水、南方山水和西南山水三大体系。由于明代莫是龙、董其昌等人提出"南北宗论"，至此我国山水画的表现被梳理为北方山水和南方山水两大体系和画家阵营，在美术史上影响深远。由于种种原因，长期以来西南山水的发现与表现在绘画史上极其有限。这与西南山水作为我国三大山水体系的地位严重不匹配。

原因何在呢？从绘画史的角度而言，唐朝张彦远在《历代名画记》（画史鼻祖）卷一"论画山水树石"中曾明确指出"国初二阎，擅美匠学，渐变所附"以及"山水之变，始于吴，成于二李"②。这两句话从美术史角度，交代了山水画在初唐才逐渐从作为人物画背景的附庸中摆脱出来。后历经盛唐吴道子皴法的开创，通过李思训、李昭道对皴法的运用才算走上独立发展之路。五代时期，随着荆浩隐居太行山写生创作及《笔法记》的诞生，至此荆浩"在中国山水画的转型时期，开创并发展了雄奇的北方山水画派"③。继张彦远之后，我国第二位伟大的美术史家——北宋郭若虚在《图画见闻志》中明确指出"若论佛道人物仕女牛马，则近不及古；若论山水树石花竹禽鱼，则古不及近"④，并进一步指出"画山水唯营丘李成，长安关仝，华原范宽。智妙入神，才高出类，三家鼎峙，百代标程"⑤，并正式在美术史上确立起北宋山水

---

① 《西康游屐》册页 12 幅，其中 10 幅山水、2 幅人物，分别是《雅州高颐阙》《飞仙关》《多功峡铁索桥》《瓦寺沟》《五色瀑》《日地》《沙坪独木桥》《两河口瀑布》《二郎山》《御林宫雪山》《跳锅庄》（人物）、《金刚大喇嘛无极》（人物）。册页第 1、3、6、7 幅下落不明。
② 于安澜编：《画史丛书》（一），上海人民美术出版社，1963 年，第 16 页。
③ 王小菲：《再读荆浩——荆浩国际学术论坛综述》，《美术》2013 年第 3 期。
④ 于安澜编：《画史丛书》（一），上海人民美术出版社，1963 年，第 14 页。
⑤ 于安澜编：《画史丛书》（一），上海人民美术出版社，1963 年，第 12 页。

的"三大家"。营丘为今天山东淄博一带，长安为今天西安一带，华原为今天陕西铜川一带。在美术史上"三大家"所表现的陕西至山东一带的自然山水，被归入"北派山水体系"。随着山水画在北宋取得巨大发展，山水画审美理论也取得较大发展，有研究者指出："在山水画中，则是要体现出适当的视觉空间的远近距离关系，其中景物的展开就关乎'远'的空间表现。"[①]这一理论认知，被北宋中后期山水画大家郭熙在《林泉高致集》中总结为"三远"，分别是高远、深远和平远。至此，"山水画从南朝宗炳提出的'近大远小'理论，到宋代郭熙提出的'三远'理论，画面空间建构开始成熟"[②]。

郭熙山水画，既有荆浩山水画的雄强大气，又有文人山水画的诗性文心。因此，有学者指出郭熙既是古典山水集大成者（即北方山水体系），同时又是古典山水向文人山水过渡的关键性人物。随着北宋中后期"士夫画"崛起，绘画审美开始转向文人士大夫，并逐渐成为后世主流。譬如"士夫画"领袖苏轼曾写诗云"吴生虽妙绝，犹以画工论。摩诘得之于象外，有如仙翮谢笼樊。吾观二子皆神俊，又于维也敛衽无间言"。米芾在《画史》中公开宣称"董源平淡天真多，唐无此品，在毕宏上，近世神品，格高无与比也"[③]。与此同时，韩拙也在《山水纯全集》中提出了"新三远"，分别是迷远、幽远和阔远。至此，由郭若虚、郭熙等确立起来的北宋全景式的山水空间表现，开始转向由苏轼、米芾、韩拙等所确立的诗意、平淡和"新三远"的山水空间审美表达。巧合的是，随着北宋的灭亡，南宋的建立，整个政治中心、文化中心南移，北宋"士夫画"所确立的新山水审美观，在南宋得以全面发展。至此，中国山水画正式由"北派山水"走向了以江南为中心的"南派山水"。由于元、明、清三代文化中心和经济中心基本集中在江南一带，至此以江南为中心的"南派山水"的发现与表现一直占据中国山水画的主流。换言之，尽管西南山水与北方山水和南方山水并称为我国三大山水体系，但西南山水在美术史上的发现与表现，却一直处于严重缺位状态。

---

① 高源：《北宋郭熙〈早春图〉的空间构建研究》，《南通大学学报》（社会科学版）2018年第6期。
② 高源：《北宋郭熙〈早春图〉的空间构建研究》，《南通大学学报》（社会科学版）2018年第6期。
③ 沈子丞编：《历代论画名著汇编》，文物出版社，1982年，第96页。

反溯美术史，历代山水画家对于西南山水的发现与表现，一般都止步于青城山、峨眉山、嘉陵江一带。譬如唐代的吴道子、李昭道、王宰，五代的李昇、黄荃、孙知微，宋代的苏过等。现代入蜀的黄宾虹、齐白石、陆俨少、傅抱石、李可染、吴一峰等，无不如此。众所周知，青城山素有"天下幽"之称，峨眉山素有"天下秀"之称。因此，纵观历代画家笔下的西南山水，其表现的主要是一种幽静与秀美，这实与"南方山水"的审美表现差异不大。换言之，历代画家对西南山水的发现与表现，并没有真正反映出西南山水独特的空间之美。

历代山水画家为什么对西南山水的发现与表现，都止步于青城山、峨眉山、嘉陵江一带，而并未向西南山水的纵深方向，即西康山水继续探索呢？大致有以下三点原因。

第一，因为青城山、峨眉山、嘉陵江一带，紧靠成都平原，基本属于"天府之国"的地理范畴，文化、经济、交通都很发达，人员进入方便安全。

第二，由于西康地区位于我国地貌的第二级紧靠第一级的青藏高原地带，在古代堪称典型的蛮夷之地，几乎无人敢进入。即使在新中国成立前的近现代时期该地区也是匪患丛生，再加上民风民俗与内地迥异，以及山高谷深，人烟稀少，道路凶险，故仍然很少有人敢独自或小众前往。

第三，由于山水画家的观看山水方式主要是徒步漫游，更多时候要驻足"驰目游怀"，鉴于西康特殊的地理与人文不便于徒步漫游，西南山水中最有地域特点的西康山水便长期被画家们遗忘了。

二、西康山水的发现与表现

据史料记载，20世纪上半叶，到西康进行采风创作的艺术家，先后有1944年的吴作人、1945年的叶浅予以及摄影家庄学本。由于吴作人是油画家、叶浅予是漫画家、庄学本是摄影家，因此，这三位艺术家的"西康之行"对西康山水的发现与表现，与山水画家相比不可同日而语。

由于叶浅予和张大千私交甚笃，他从西康归来寓居成都张大千住处。叶先生曾撰写了《西康履痕》[①]一篇长文，详细记载了自己西康之行的各种逸闻

---

① 叶浅予：《西康履痕》，《风土什志》1948年第2期。

趣事、自然山水、民风民俗、宗教信仰等。据说叶先生讲话幽默风趣，曾对张大千生动地讲述了自己西康之行的所见所闻，听得张大千热血沸腾。由于张大千生性好古尚奇，据史料记载："一九四七年六月大千从上海返回成都，正值成都遭受水患，无法参与其他艺事。想到画家吴作人、叶浅予都曾往西康写生并在成都举办了专题画展，于是邀请好友杨孝慈及门人王永年等作康巴之旅。"① 由于当时国内形势复杂，西康地处偏远，匪患严重，"大千之行是受到西康省主席刘文辉的邀请，由二十四军副军长陈耀伦负责接待事宜。他们从成都到雅安，先至金凤山，后去考察了汉代高颐阙，再过飞仙关经沙坪到天全，在两河口作短暂停留后翻二郎山来到泸定，在铁索桥、瓦寺沟、日地写生，最后来到康定，游金刚寺、无极寺、御林宫等地"②。因此，从张大千这条西行路线来看，他无疑是从古代至近现代第一位进入西康山水腹地最深处的山水画大家。

据前述可知，我国山水画成熟鼎盛于北宋，表现的是以自然丘壑为对象的全景式山水，对山水空间之美的表现方法是郭熙的"三远"。众所周知，张大千虽然起家于石涛，但随着20世纪对"四王"（重笔墨，轻丘壑）的批判，40年代开始，他一路回溯，学习宋元，进而直追晋唐（敦煌之行），一探中国山水画的发展源头。在这一不断回溯式的学习中，张大千见证了传统山水画的写实精神和巨大制作的扎实功夫，有力地回应了当时中国画的"衰败论"和全面"海外西行"的"革命论"及"改良论"。

换言之，张大千正是在全面了解和学习中国传统绘画写实精神的过程中，开启了自己的"西康之行"。

值得一提的是，两宋山水画之所以成为中国山水画的巅峰，可以说与宋人对自然山水空间美的发现与表现紧密相关。以郭熙"三远"（高远、深远、平远）理论总结为成熟标志，而后韩拙又增加了"三远"（迷远、幽远、阔远），分别对应着"北派山水"的刚硬雄强与"南派山水"的温润迷蒙。实际上，韩拙的"三远"，虽然"主要描述的是江南自然山水的特点，其实也是对郭熙'平远'的进一步阐释"③。

---

① 四川博物院编：《书画成都：张大千西康纪游册》，四川美术出版社，2014年，第1页。
② 四川博物院编：《书画成都：张大千西康纪游册》，四川美术出版社，2014年，第2页。
③ 李永强：《从高到远：宋元山水画空间表现的嬗变》，《中国书画》2019年第10期。

那么，西康山水的空间到底有何特质呢？从我国地貌分级角度而言，西康山水属于第二级紧靠第一级。这里大山连绵不绝，且又地处西南横断山脉，山陡、谷深，且道路基本处在谷底，或中部偏下。正如张大千在《西康游屐》的一则题记中写到："西康景物虽无危峦奇峰之胜，然丛山万重，急湍奔逝，亦复雄伟深邃，有拍塞天地之概。"①众所周知，张大千一生好游历，他在《西康游屐》另一则题跋中写到："老夫足迹半天下，北游溟渤西西夏。南北东西无此奇，目悸心惊敢模写。四山雷动蛟龙吼，万里西行一引手。"②换言之，西康山水带给张大千的是与南北山水完全不同的、一种全新的视觉体验。一些研究者指出《西康游屐》册页"这组画在结构上多采用'全景式'的构图。所谓全景式构图一般指中心全景式布局，即以主峰为中心，用云霭烟岚断白，衬托出中景与前景，五代至宋，画家们为表现大山巨壑的雄奇、巍峨……宇宙造化之壮观"③。如前述这种"全景式"构图，正是北派山水的典型图式，彰显的是"三远"的山水空间之美。

那么，面对全新的西康山水，正从宋代重视自然丘壑的精神中走来的张大千，还会用传统的"三远"之法来表现西康山水吗？抑或说，宋代的"三远"，还适合用来表现他所发现的西康山水吗？到底合不合适，还要对"三远"理论产生的背景做进一步分析。

首先，何谓"高远"呢？郭熙说："自山下而仰山巅，谓之高远。高远之色清明。高远之势突兀。"④从空间而言，"高远"的关键在于"高远之势突兀"。所谓"突兀"，关键的视向在"仰"，即要有一座突出的、相对独立的主体山峰，这是北方山水的典型特质。很多人认为，既然"山高"那一定也可以称为"高远"。殊不知，"高远"的关键不在简单的"高"，而在主体山峰的"突兀"。范宽的《溪山行旅图》被认为是"高远"的范本，可作为参考。西康山水，由于地处第二级紧靠第一级的青藏高原，虽然堪称绝对的高山，但这里的山正如张大千所言都是"丛山万重"。这意味着这里的山没有相对独立的主体山峰。因此，显然不能将这里山水的空间之美称为"高远"。

---

① 四川博物院编：《书画成都：张大千西康纪游册》，四川美术出版社，2014年，第40页。
② 四川博物院编：《书画成都：张大千西康纪游册》，四川美术出版社，2014年，第28页。
③ 四川博物院编：《书画成都：张大千西康纪游册》，四川美术出版社，2014年，第6页。
④ 沈子丞编：《历代论画名著汇编》，文物出版社，1982年，第71页。

其次，何谓"深远"呢？郭熙说："自前山而窥后山谓之深远。……深远之色重晦……深远之意重叠。"①从空间的角度而言，"深远"的关键在于"深远之意重叠"。所谓"重叠"，关键的视向是"窥"，即需要整体山的海拔不会太高，观照主体（画家）容易游走到山的山巅，以此而窥视重叠连绵的后山。王蒙的《具区林屋图》一向被认为是"深远"的范本，可兹参考。有人会说西康之山，既然如张大千所谓的"丛山万重"，那一定可以称为"深远"。事实上，西康山水，虽然"丛山万重"，连绵不绝，殊不知，由于西康地处第二级紧靠第一级的青藏高原，平均海拔都在3000~4000米。与此同时，西康之地又地处西南横断山脉，山势陡峭，正如张大千在《西康游屐》的题记中指出："自瓦寺沟至康定六十余里，行山谷中，溪流湍急，银涛掀腾，不数海门潮也。"②由此可知，张大千西康之行大部分路段都是在"谷中行"。因此，这里的山水显然不能给人带来"深远"的审美体验。

最后，何谓"平远"呢？郭熙说："自近山而望远山谓之平远。……平远之色有明有晦。平远之意冲融而缥缥缈缈。"③从空间的角度而言，"平远"的关键在于"平远之意冲融而缥缥缈缈"。何谓"冲融而缥缥缈缈"？"冲融"即是要四周的自然物象，譬如山水、树石、草木、人烟、鸟禽、畜兽等，就像以物冲水一样，完全融合在一起。而"缥缥缈缈"实际上应是地面上升起的薄雾水汽。因此，"平远之意冲融而缥缥缈缈"，其实是一个形象比喻。这好比说地上的山水、树石、草木、人家、鸟禽、畜兽等物象，就像冲融在薄雾水汽之中，完全融合在一起的那种美妙的视觉之感。《图画见闻志》记载："烟林平远之妙，始自营丘李成。"④也就是说北宋理论家对"平远"的山水空间认知，其地理依据主要是"营丘"（今山东淄博一带）。事实上，就客观地理而言，这种"冲融而缥缥缈缈"的视觉美感，确实必须是平原地带才能形成。一般而言，云雾水汽缭绕本属于十分常见的自然现象，无论是北方山水、南方山水还是西南山水都会有。只不过，要周围的山水、树石、草木、人烟、鸟禽、畜兽等，完全能"冲融而缥缥缈缈"在一起，也许除了山东、江南一

---

① 沈子丞编：《历代论画名著汇编》，文物出版社，1982年，第71页。
② 四川博物院编：《书画成都：张大千西康纪游册》，四川美术出版社，2014年，第28页。
③ 沈子丞编：《历代论画名著汇编》，文物出版社，1982年，第71页。
④ （宋）郭若虚著，俞剑华注释：《图画见闻志》，江苏美术出版社，2007年，第32页。

带的山水外,其他地方很难形成如此的视觉之美。譬如,高山之地云雾升腾之后,一般都是部分地缠绕在山间,其他物象仍然各自清晰,绝不可能"冲融"在一起,譬如(传)李昭道的《明皇幸蜀图》就堪称典型。西康山水与剑门山水(即《明皇幸蜀图》中的山水)相比,海拔更高,断不能形成万物"冲融"的视觉效果。

尽管中国山水画追求"步步移,面面观"的移动透视,但是从郭熙对"三远"的解释来看,"高远"视向在"仰","深远"视向在"窥","平远"视向在"望"。这表明北宋山水画确实存在一个以画家为中心驻足观看的视点。只不过,由于山水画家强调视觉记忆,会把前后游历所见,以最后的"仰""窥""望"的视点为基础,展开对景物的配置。这显然是一种客观之景与主观之景的结合,且是客观之景带动主观之景的生发。总之,北宋山水整体给人的感受是画家对自然山水的一种视觉记忆。因此,北宋山水基本上是采用立轴和横卷的形式进行呈现,给人非常强烈的现实主义感受。只不过,"元代之后复古风气渐起,由自然观照创造山水意境受到侵蚀,'三远'之境遂演变为后学者模仿的图像模式"[①]。

有学者指出,张大千《西康游屐》"这组画在结构上多是采用'全景式'的构图",并进一步指出譬如《瓦寺沟》"此画同纳高远、深远、平远于一图"[②],这种结论显然与我们对郭熙所谓的"三远"理解相去甚远,已经陷入了套用"图像模式"的陷阱。因此,郭熙的"三远",显然不能表现西康山水的空间之美。

西康山水与北派山水和南派山水确实不同,且地貌特征相差巨大。那么,西康山水的空间之美到底是什么呢?解铃还需系铃人,也许从张大千的写生游记中能找到答案。

首先,张大千一生酷爱游历名山大川,在西康之行前,南北名山大川,他几乎游历殆尽。

其次,张大千作为山水画大家,每作画几乎皆有题跋的习惯,因此,有关张大千在西康游历的视觉记忆的文字记载,也许为我们留下了解开西康山

[①] 孟宪平:《作为山水意境的"三远"——对传统山水画空间概念之反思》,《美术观察》2013年第5期。

[②] 四川博物院编:《书画成都:张大千西康纪游册》,四川美术出版社,2014年,第24页。

水的空间特色的钥匙。

查张大千《西康游屐》册页，每幅画均有题跋，其中《金刚大喇嘛无极》《五色瀑》的题跋，为我们解读西康山水的空间之美，留下了重要依据。

《金刚大喇嘛无极》中题跋（部分）：

> 西康景物虽无危峦奇峰之胜，然丛山万重，急湍奔逝，亦复雄伟深邃，有拍塞天地之概。

《五色瀑》中第一首题跋诗：

> 马头耀旭日，鞭影乱霞彩。天悬云锦衣，绚然绝壁挂。

《五色瀑》中第二首题跋诗：

> 银河忽如瓠子决，泻向人间添春热，跳珠委珮未足拟，碾破月轮成琼屑。老夫足迹半天下，北游溟渤西西夏。南北东西无此奇，目悸心惊敢模写。四山雷动蛟龙吼，万里西行一引手，山神梦泣海翻澜，十六巨鳌载山走。自瓦寺沟至康定六十余里，行山谷中，溪流湍急，银涛掀腾不数海门潮也。①

根据郭熙"三远"的理论可知，山水空间美的发现与表现，首先是基于画家驻足点的"仰""窥""望"为视向而产生的。据前述西康山水，山高山大、万重连绵、谷深势陡，张大千自己明确写到"自瓦寺沟至康定六十余里，行山谷中"，这说明张大千西康之行游览的驻足点始终都处在山谷中，因此，西康山水整体视向感正是张大千所谓的"深邃"，姑且将这种视觉空间称为"邃远"。

特别值得注意的是，对于西康山水，由于画家的驻足观看的视点在山谷中，因此能形成整体视像和强烈视觉感受的，并不是万重连绵的大山，而是

---

① 四川博物院编：《书画成都：张大千西康纪游册》，四川美术出版社，2014年，第28页。

谷底奔逝的急湍。因此，《五色瀑》第二首题跋诗基本上就是对西康山水中溪流湍急的形、声、色、势所形成的奇特景象的经典描写。该诗中的银河、跳珠、月轮、琼屑、雷动、蛟龙吼、翻澜、银涛、海门潮等用词，与张大千曾经游历的所有山水感受都不同，从而生成了一种完全不同的陌生化审美体验，这是理解"邃远"的空间之美的关键内容。

其次，从郭熙"三远"可知，自然山水的空间之美还涉及两个具体视觉感知，一个是色彩感，一个是形势感。《五色瀑》第一首题跋诗堪称对西康山水色彩清丽绚烂的经典描写。《金刚大喇嘛无极》题跋中"有拍塞天地之概"，堪称是对西康山水地处西南横断山脉形势感的准确把握，这也与叶浅予的"高山壁立"描述吻合。

基于以上分析，我们不妨仿效郭熙的"三远"的定义，将"邃远"概括为：在高山峡谷中探急湍奔逝谓之邃远。邃远之色清丽绚烂，邃远之势拍塞天地。反观张大千的《西康游屐》册页中山水画，其中《飞仙关》《瓦寺沟》《五色瀑》《两河口瀑布》《二郎山》《日地》《御林宫雪山》，堪称这种"邃远"之美的发现与较好表现。

如果说山水画的关键在于自然丘壑空间美的发现与表现，那么，其色彩与笔墨的运用，则是彰显其山水神采的具体落实。譬如，源于北方山水的斧劈皴，源于南方山水的披麻皴，都是依据地域特点的笔墨提纯。斧劈皴彰显的是北方山水的雄强硬朗，披麻皴彰显的是南方山水的温润柔和。

那么，西康山水该如何进行笔墨色的转化与表现呢？一些研究者因为张大千是摹古高手，尤其对董源、巨然、王蒙下过足够的功夫，因此，当谈到张大千的笔墨时，就不假思索地认为他一定会运用披麻皴、牛毛皴、解索皴等。但是，正如美术史家林木先生谈到西南山水时所言"当我们面对这种超大格局的大山川的时候，我们如果还用披麻皴、斧劈皴，或者古代的其他皴法，那就不一定准确了"[1]，也正如巴东所言"大千画山水必亲莅实境，看云观海，记录写生，非笔墨技法之套弄者可比"[2]。事实上，张大千自己也曾说道：

---

[1] 管苠棡、唐波编著：《巴蜀山水画叙论：巴蜀山水审美与山水画传承变革研究》（第三卷），人民美术出版社，2018年，第175页。

[2] 台北历史博物馆编辑委员会编：《万里江山频入梦：两岸张大千辞世三十周年纪念展》（精装），台北历史博物馆，2014年，第56页。

"画山水一定要求实际,多看名山大川、奇峰峭壁、危峦平坡、烟岚云霭、飞瀑奔流。宇宙大观,千变万化,不是亲眼看过,凭着想象是上不了笔尖的。"[1] 由于 20 世纪 40 年代张大千"学古"正是从北宋山水画所强调自然丘壑的精神中走来,因此,详观张大千的《西康游屐》册页,基本找不出非常明显的斧劈、披麻、解索、牛毛等皴法。

由于《西康游屐》册页属于写生创作,而西康山水万重连绵不绝,十分雄厚深邃,与此同时植被丰茂,倒影谷底急湍,无比清丽绚烂;因此,纵观《西康游屐》册页中现存的 6 幅山水画,张大千全部使用了浅淡的青绿色进行薄染。关于这一笔墨特点,魏学峰指出"浅淡青绿薄染,这种清透的渲染,……他(张大千)似乎并没有刻意地去显露绘画材料的色相感觉,反而更侧重于绘画语言的层次,这种淡设色似乎更接近自然山川本身的色相而少人工修饰,既华滋浑厚又平淡天真"[2],基本上表现出了西康山水"雄厚清丽"的特质,正式拉开了与北派山水以斧劈皴表现的雄强硬朗、南派山水以披麻皴表现的温润柔和的距离。因此,可以说张大千西康之行,对西康山水"邃远"之美进行了富有成效的表现。

值得一提的是,《西康游屐》册页只是张大千送给同行好友杨孝慈的"草稿"[3]之作。遗憾的是,西康之行的精品力作,因 1947 年 10 月在成都举办"张大千康巴西游纪行画展",当年已经全部被人收藏,至今散佚民间,不知所踪。若不如此,我们也许会看到更多张大千表现西康山水"邃远"之美的精品佳作。

结 语

众所周知,20 世纪绘画领域在全面掀起"海外西行"的浪潮中,张大千在 40 年代的"本土西行"显得弥足珍贵。事实上,20 世纪 40 年代张大千先后有两次"本土西行",第一次是众所周知的"敦煌之行",第二次却是几乎不被学界关注,抑或是学界不太知道的"西康之行"。实际上,张大千的"西

---

[1] 张大千:《张大千画》,华正书局,1982 年,第 38 页。
[2] 四川博物院编:《书画成都:张大千西康纪游册》,四川美术出版社,2014 年,第 7 页。
[3] 张大千在《西康游屐》册页最后题记中写到:"孝慈索予画久,阙然无以报,游罢归乡,检点草稿,为图成斯册归之。"关于该册页是草稿还是精品,笔者另有撰文讨论。

康之行"是他进一步推进以青城山、峨眉山为代表的西南山水的空间美学的表现与认知的重要尝试。由于西康山水位于我国地貌第二级紧靠第一级,以及又地处西南横断山脉的特殊性,张大千以游屐写生的方式敏锐地捕捉到了西康山水独特的"邃远"之美,并初步探索出了展现西康山水雄厚深邃、清丽绚烂的"浅淡青绿薄染法",从而呈现出了一种与北派山水、南派山水不同的山水空间美学样式。遗憾的是,由于张大千20世纪50年代初便离开了中国内地,他对自己发现与表现的西康山水的"邃远"之美,并没有进行进一步的完善与发展。

底层叙述、人民性与文学良知
——许春樵长篇小说论

彭正生 *

摘　要：许春樵是一位入世色彩浓厚的当代小说家。他的长篇小说以当代社会的历史转折和时代变化为对象，聚焦底层人物的悲欢离合和喜乐哀愁，呈现出社会转型过程中人的生存状态和精神处境，具有强烈的现实精神和当下意识。许春樵以切近体验和主动介入的方式进入小说世界，对底层人物的命运给予凝神注视和深度关切，显示出鲜明的人民性价值立场。在许春樵的长篇小说中，他似乎刻意放大和泛化小人物的精神亮点和优良品性，并以此抵抗日益离散的社会和沉坠的人心，在带有妄想色彩的道德救世观念中彰显出知识分子的文学良知。

关键词：许春樵；长篇小说；底层叙述；人民性；文学良知

21世纪之前，许春樵的创作主要为中短篇小说，且先锋色彩明显，如《季节的景象》等小说。21世纪以来，许春樵的小说创作开始出现明显的转向，不仅体式由中短篇向长篇转变，而且叙事向现实主义回归。更重要的是，其小说在题材关注、情感态度和精神指向等方面也均有不同程度的转移，慢慢转向普通的人物和底层的世界，并逐步将这种底层叙述稳固化和常态化，变成他独特的小说标记。

十年来，许春樵以强劲和勃发的姿态创作完成了《放下武器》《男人立正》《酒楼》《屋顶上空的爱情》四部长篇小说。在这些作品中，许春樵持续

---

* 彭正生，硕士，巢湖学院文学院教授，主要从事中国现当代文学研究。

而坚定地将底层世界、底层人物和底层文化作为其关注和关切的对象，以贴近体验和主动介入的方式进入人物心理和文本世界，展开小说叙事。

一、底层叙述与人民性价值立场

新时期以来的长篇小说，以底层生活为题材和书写对象的作品并不鲜见，但在新时期以来的小说家中，能够始终坚持底层立场、关注底层人物、叙述底层故事的小说家，许春樵当属其中的代表。许春樵的长篇小说为人们呈现了20世纪80年代以来中国社会改革转型过程中底层人物的生存状态，并以强烈的现实关怀意识，主动介入被叙述人物的精神世界，与他们共同体验、感受。

首先，许春樵精心营造了作为当代中国底层社会缩影的典型环境，建构出自己独立的小说世界，并将小说人物安放于自己的想象空间。如《男人立正》里的三圣街76号大院，《酒楼》里的荷叶街，它们就像鲁迅笔下的鲁镇、莫言小说里的高密东北乡、苏童文学世界中的香椿树街一样，是文学想象里的中国社会的标志性场域。只是，许春樵虚构的小说世界和话语空间是纯粹的底层社会。其次，许春樵似乎是英雄情结最为薄弱的当代小说家，他执着关心的是生活在社会底层的平民和穷人，如保安、收银员、搓澡的、杀猪的、卖卤菜的、蹬三轮的、修自行车的、卖老鼠药的等，这些从事最卑微职业的人生活于许春樵的小说世界中。最后，许春樵凭借令人难以置信的开阔视野和丰富体验再现了底层社会的真实景象。如《放下武器》中基层官场的游戏规则、《酒楼》中商场里的残酷搏杀、《屋顶上空的爱情》中知识分子的尴尬处境等。

许春樵的底层叙述有两个特点。其一是现实性即当下性、即时性和时代感。他长篇小说的时间背景均为20世纪80年代以后，比如《放下武器》的结尾——郑天良被处决的时间是2000年，《男人立正》的时间跨度是从1994年到2003年，也就是说，虚构的故事时间与实际的叙事时间几乎同步与重叠。正是这种同步与重叠，使得许春樵的底层叙述获得了强烈的现实感，彰显出作家直面现实、正视当下的魄力和勇气。其二是体验性、参与性和代入感。许春樵说过，"小说真正的目标是重建一种体验的生活"，作家应完全走进"人物的内心深处和情感中枢地带","与小说中人物同命运共呼吸"[1]。他自觉进入人物的精神世界，从人物的立场和视角来讲述故事，主动与人物建立同情（same feeling）关系，是一位典型的体验型小说家。正是这种融合而非割裂、亲近而非疏远的体验型叙事，使许春樵的小说与新写实小说零度情感、放弃介入的冷漠叙述不同。在叙事学理论中，小说的叙述方式有"'讲述（telling）'与'展示（showing）'"两种："就其与所描述对象的距离而言，前者的距离比后者更大，后者比前者更为直接"[2]；就作者的情感态度而言，前者"冷观"，后者"同情"。在当代作家中，余华属于前者，许春樵则属于后者。以《活着》《放下武器》为例：在《活着》中，"我"纯粹只是福贵故事的"旁观者"，"我""冷眼旁观"福贵的自我讲述；相反，在《放下武器》中，"我"则始终试图进入并感受郑天良的内心世界，意图体验并呈现郑天良的精神状态。

在呈现底层社会的生存状态时，许春樵自觉担当起底层人物的精神代言人和道德守护者的角色，对他们的挫折、苦难和悲剧总是投以同情和悲悯的目光，进而让小说带有鲜明的价值取向和人民性立场。人民性，就其广义来说，它是一个关涉历史学、社会学、政治学的概念，在不同时代、不同语境下具有不同的内涵与意义。作为文学范畴的狭义人民性，主要指向的是文学作品所体现或隐含的作家的情感态度与价值立场。因为知识分子特殊的代言人身份，文学作品的价值内涵必然是知识分子的自我表达与想象，不同个性、经历和思想倾向的作家决定着文学创作不同的题材关注、思想寄托和风格特征。所谓"为民间写作""作为民间写作"等口号，看似存在着"for"（为了）与"as"（作为）的不同，且二者在语义上也确有"俯视"和"平视"的态度之别，但是，它们终究都还是作家的立场与姿态。因此，试图强行虚拟或构造一个属于民间自身的写作，并将其抬高或上升至独立的主体性的企图或愿望恐怕是虚妄的、空洞的，也是无意义、不可能的。正如有学者指出的那样，文学的人民性，不过是"指文学作品中表现出来的对待人民的态度问题。同情人民大众，表现人民大众的情感、愿望，代表他们的利益"[3]。质言之，文学

---

[1] 许春樵：《乱说小说》，《名作欣赏》2009年第11期。
[2] 罗钢：《叙事学导论》，云南人民出版社，1994年，第189—190页。
[3] 方维保：《人民性：危机中的重建之维》，《文艺理论与批评》2004年第6期。

中的"人民性，只是知识分子的价值立场"①。总览百年中国新文学，以民间、底层为表现对象的人民性叙事在价值取向、情感态度上主要可区分为启蒙主义和浪漫主义。以鲁迅为代表的启蒙主义作家们倾向于以审视、批判和否定的态度揭示底层社会与民间世界，20世纪20年代的乡土文学、80年代的寻根文学皆秉持这样的一种叙事伦理；相反，以沈从文为代表的浪漫主义作家们则以欣赏、认同和肯定的态度对底层社会与民间世界予以美化，如20世纪30年代京派作家、80年代的汪曾祺和贾平凹皆是如此。

由于时代和文化语境的变化，许春樵长篇小说的人民性既承接前述两种人民性的部分内涵，又与之有细微差异，主要表现在：其延续了浪漫主义人民性对底层（民间）道德的认同，但削减了它的牧歌似的幻想性，更具有现实性；其改变了启蒙主义人民性对底层（民间）的审判和反思，却保留了它的人道主义的同情态度。《放下武器》中悲悯地写出了作为一个普通人的郑天良在官场的挣扎，以及人性面对权力和金钱的挤压而逐步沦陷的过程；《男人立正》则展示了消费时代卑微人群的生活情态，极大地彰显了底层人物的道德力量；《屋顶上空的爱情》则书写出底层知识分子在商品社会里艰难生存，且顽强抵抗沉沦、守护良知的境遇。在此，许春樵似乎希望"借助于人民性重新唤醒消费社会、权力社会中知识分子的道德良知，唤醒他们内心中的人道主义同情，唤醒他们作为社会的精英所应该具有的社会责任感"②。

二、故事的戏剧性与小说的结构艺术

许春樵是一个学者型的小说家，他不仅清晰地阐释着自己的小说创作与批评思想，而且通过小说创作以及对潘军、季宇、赵昂等人的批评将他的小说思想付诸实践。虽然许春樵在对小说文本"意图"的阐释中，存在着观念与行动、理论与实践的不完全一致性，如他主张"意图"退出小说文本，认为"作者的'意图'在文本中无法实现"③，因此，放弃"意图"植入才是作者

---

① 方维保：《资本运作时代的人民和人民性思考》，《文艺理论与批评》2005年第6期。
② 方维保：《人民·人民性与文学良知——对王晓华先生批评的回复》，《文艺争鸣》2005年第6期。
③ 许春樵：《"意图"的非可靠性与文学阐释的自由原则》，《安徽教育学院学报》（社会科学版）1991年第2期。

明智的选择；但同时，他又在赵昂的散文里寻找意图并表示"不能因为上帝发笑，人就放弃思考的权利"①，并且坦承"在写《找人》《放下武器》等小说时，我自己创作意图非常明确"②。

尽管如此，许春樵对小说艺术形式的重视始终如一，且给予戏剧性以很高地位，尤其是对于戏剧性的叙事结构，他甚至认为"戏剧性结构垮塌意味着整部小说报废"③。在他的长篇小说中，戏剧性的小说叙事结构主要表现在以下三个方面。

其一，套盒结构与复调叙事。在《放下武器》中，如同戏剧的"戏中戏"结构，小说让本就是虚构人物的"我"作为叙事者来讲述"我舅舅"郑天良的故事，使被叙述的对象成为叙述的主体。这样，小说就不纯粹是郑天良的故事，它还有一个"我"的故事。于是，小说呈现为"两条以上的线索"，并且"线索之间并不构成时间或因果性方面的联系和从属关系"④的复调小说。如果说"通过变化叙述者（即：时间、空间和现实层面的变换），在故事里插入故事"⑤的套盒结构作为一种叙事的物理形态，它本身并具备价值（意图）创造功能；然而，伴随套盒结构而生的复调叙事却往往赋予小说多种"声音"，让多种价值（意图）彼此对话。《放下武器》中，第一层的故事是"我"的故事。"我"是一个生活窘迫的作家，为了养家糊口与出版商协议，打算将郑天良的故事写成小说。不过，"我"的意图是探寻郑天良"为何腐败"，而出版商想得到的是占90%篇幅的关于"性与女人"的官场腐败小说。在此矛盾中，我未能写出合乎出版商需要的小说，为此，也未能得到报酬，继续穷困潦倒……"我"的故事充分展示了知识分子道德良知与金钱欲望的博弈，在力量对比悬殊的较量里，道德良知悲壮地取得了胜利。于是，叙事者（隐含作者）的"声音"便"水落石出"，即充分肯定了知识分子在面对金钱诱惑、权力挤压时坚决而顽强的抵制态度，高度赞赏了知识分子的道德操守和精神品格。第二层的故事是郑天良的故事。郑天良曾经是耿直、清廉和原则

---

① 许春樵：《拷问灵魂的〈冷言热语〉》，《文学自由谈》1999年第2期。
② 汪杨、许春樵：《救世的妄想——许春樵访谈录》，《小说评论》2012年第5期。
③ 许春樵：《我们离真正的小说很远》，《艺术广角》2014年第1期。
④ 格非：《小说叙事研究》，清华大学出版社，2002年，第75页。
⑤ ［秘鲁］巴·略萨：《中国套盒：致一位青年小说家》，赵德明译，百花文艺出版社，2000年，第87页。

的化身，最后却成为贪婪、腐化和欲望的代表。小说中最能体现这种"折断性"转变的关键细节是郑天良对待万源行贿的态度变化：先是断然拒绝、异常愤怒；后是欣然接受、互称朋友。耐人寻味的是，故事结尾的补充使小说的指向变得复杂。一方面是对郑天良案发原因的推测：有人告诉"我"说是沈汇丽与黄以恒的"圈套"，"我"先是"怀疑"，继而又以"难道纯属巧合"来自我释疑。这样，我等于是认可了"阴谋"说。因此，这就消解与削弱了郑天良堕落、沉沦的主动性。另一方面是郑天良被处决前的心态："没有恐惧只有迷惘。"这也是一个很微妙的细节，郑天良并没有像主流媒体叙述中的腐败分子那样痛悔并哭诉着"辜负了党和人民的培养"，而是喊出了："周玉英，我对不起你！"为此，人们自然会问：他为什么没有"恐惧"？如果说"恐惧"源自有罪感，那么，"没有恐惧"则等于"宣判"了郑天良的"无罪"。于是，作为郑天良故事叙述者"我"的"声音"也就"凸显"了出来，它不是对郑天良的谴责，而是对郑天良的同情（sympathize），将其视为悲剧，为其解罪和赎罪，但是这并不是小说中的全部"声音"，因为除了文本内部的隐含作者，还有文本外部的真正发声者即作者。虽然，叙事学理论表明小说的隐含作者与真正作者的意图有时是重合的，但是，在许春樵那里，他似乎更倾向于认同二者是分离的。他这样写到："真实作者（即现实生活中的作者）常常对隐含作者（文本实际写作时的作者）失去控制。"[1]也是在一次访谈中，许春樵表达了他所理解的郑天良形象："欲望和权力纠缠在一起时，人更容易堕落。"[2]这似乎表明不是郑天良主动选择了腐化，而是权力和欲望导致并促进了他的人性的异化。

其二，经典结构与对称叙事。在对《失而复得的情人的礼物》进行分析之后，华莱士·马丁发现在传统故事叙事当中，存在着"整个情节开始于一个初始问题并结束于该问题的解决"[3]的经典结构，格非将其表述为"它是由一条提出悬念，寻找办法，消释悬念的线索组成"。也即："故事的产生（性欲

---

[1] 许春樵：《"意图"的非可靠性与文学阐释的自由原则》，《安徽教育学院学报》（社会科学版）1991年第2期。
[2] 汪杨、许春樵：《救世的妄想——许春樵访谈录》，《小说评论》2012年第5期。
[3] [美]华莱士·马丁：《当代叙事学》，伍晓明译，北京大学出版社，1990年，第109页。

与付钱的要求）—故事进展（借钱）—故事的结尾（还钱）。"①这种经典叙事结构避免了情节松散，而呈现出封闭的"整一性"。在许春樵的长篇小说中，也暗含着这种经典结构和对称叙事模型。《男人立正》中，"还债"行动是小说的情节中心，它构成了陈道生的存在方式和生命价值。整部小说的基本情节表现为："无债—有债（女儿吸毒涉案，为救女儿向街坊借款）—还债（刘思昌骗款逃亡，陈道生先后蹬三轮、卖糖葫芦、卖血、做护工、当背尸工、养猪等挣钱还债）—无债（偿清债务，死亡）"，从"无债"到"无债"构成了封闭的"圆圈"结构。在"还债"的核心情节中，各叙事单元由"冰糖葫芦""串珠式"的情节链构成，并且占据整部小说的绝对主体地位，由此将"还债"行为仪式化。这种叙事结构能较为理想地彰显出陈道生坚忍刚毅的精神品格。《放下武器》的对称性叙事结构则以隐喻方式存在。之所以如此，乃与标题中"武器"的象征有关。"武器"喻指什么？显然并非物理意义上的武器，在我看来，"武器"似乎喻指"欲望"。在小说中，从郑天良的生命轨迹来看，恰好构成"无欲望（耿直、清廉和原则）—欲望（追求并享受权力、金钱和性）—无欲望（被处决而死）"的过程。这种对称性叙事以及"放下武器"的劝谕（而非恫吓）使小说带有类似传统小说的劝世和警世意味，比如在《金瓶梅》《红楼梦》等小说里，也都暗含着"无欲"—"欲起"—"欲灭"的对称结构，只是在传统小说当中，对称结构常与佛教文化诸如色空、轮回观念相对应。在《酒楼》中，对称结构则以"愿望受阻（齐立言努力拼搏却屡遭挫折）—愿望达成（齐立言的餐饮产业越做越大，直至创立光复集团，吞并天德酒楼）—愿望消解（光复集团倒闭，齐立言以失败告终）"的形式出现。

其三，巧合结构与发现叙事。在《诗学》里，亚里士多德将"突转"和"发现"视为古希腊悲剧情节结构的典型形态，是推动戏剧情节流转的关键因素②。许春樵在长篇小说的创作中，似乎自觉地将"突转"和"发现"作为小说构思的基本思维模式，使小说情节戏剧化。在小说《酒楼》里，齐立言在送餐时巧遇独守空宅的张慧婷；在《男人立正》里，陈道生在送货时巧遇钱

---

① 格非：《小说叙事研究》，清华大学出版社，2002年，第69页。
② ［古希腊］亚里士多德：《诗艺》，罗念生译，人民文学出版社，1962年，第32—35页。

家珍；而在《屋顶上空的爱情》里，郑凡更是在一次聚会上，居然遇到曾在上海时为狗而发生纠纷的贵妇人莉莉，更为巧合的是她现在竟然是同学黄杉的情人。凡此种种，情节之巧合安排，在许春樵的小说中随处可见。正是在这种巧合和意外的结构里，戏剧性的小说故事变得紧凑，节奏变得有韵律。这种戏剧性结构一方面使小说充满一种命运意味，另一方面，小说情节发生转折、推动情节发展并使故事跌宕起伏和曲折动人，这也正好印证了许春樵关于长篇小说的一个判断："长篇小说写命运，命运靠跌宕起伏的故事来演绎。"[①] 此外，许春樵小说的戏剧性还表现在诸如情节的场景化、人物关系的纽结以及语言的张力等方面。

三、叙事的倾向性与道德救世理想

"写什么"与"怎么写"曾是当代小说理论与创作界广为关注并广泛争论的话题，甚至有人将其视为区分传统小说与现代小说的界标。"写什么"关涉的是小说的倾向性与"意图"，"怎么写"关注的则是小说的叙事形式，包括叙事话语、叙事方式和叙事结构等。在恩格斯看来，优秀的作家是"有倾向的作家"，好的作品应当在"现实关系的真实描写"中"自然而然地流露出"作者的倾向[②]。作为一位具有理论自觉的小说家，许春樵秉持"形式是完成了的内容"的基本观点，辩证统一地处理了形式和内容的关系，其既注意形式探索，又注重价值开掘。

许春樵是重视小说标题的小说家，他的每一部长篇小说的题目都颇费思量、颇具深意，他总是试图通过命名来含纳价值取向。在《命名的思考》一文里，他认为池莉《有了快感你就喊》的命名体现和代表了她的创作动机和文化态度，甚至批评这种命名本身是"对文学精神的毫不犹豫的放弃"[③]，足见他对小说命名的重视。确实，命名本身也是一种内容，如何命名意味着一种倾向和态度，小说的命名某些时候会成为小说精神内涵和主旨思想的重要喻指符号。如前所述，《放下武器》实质上是"放下欲望（权力）"，这种祈使句

---

① 许春樵：《在想象的世界里奔跑》，《艺术广角》2013年第2期。
② 纪怀民、陆贵山、周忠厚等编著：《马克思主义文艺论著选讲》，中国人民大学出版社，1982年，第250页。
③ 许春樵：《命名的思考》，《文化时空》2003年第4期。

形式本身也以无可争辩的口气赋予此部小说劝世和警世的意味。"立正"虽是体育术语，却也可代表精神状态——既可代表"站着永远都比跪着高尚"的"站立"人格，也可代表"不义之财，一分钱都不留下"的"端正"品行。正是这样，《男人立正》的标题既有警醒消费时代人格瘫痪、精神坍塌的意思，也有呼唤刚毅人格、刚硬精神的意思。在中国文化语境和话语体系里，"酒楼"具有丰富的能指性。在农耕文明时代，它与"茶楼""米行"一样，是商业文化的标志性符号。如同老舍将"茶馆"视为旧社会的公共空间，许春樵的《酒楼》则用"酒楼"指涉消费时代的文化场域，作者以"酒楼"的命运变化来镜像历史的沧桑变化，用天德酒楼的衰亡象征传统商业道德的覆灭，因此，《酒楼》的命名喻世之味浓郁、含义深远。《屋顶上空的爱情》标题的中心词是"爱情"，既指郑凡与韦丽的爱情，也指舒怀与悦悦的爱情。可是，"爱情"附有修饰语"屋顶上空"，则"爱情"关联着精神体验，"屋顶"则与物质有关。"屋顶上空的爱情"所表现的正是物质与精神的矛盾。有意味的是，小说之名还有另一种读法，即"屋顶上，空的爱情"。屋顶之上，是高蹈之爱，然而高蹈之爱的命运在实用主义思想弥漫的消费时代似乎注定是"空"的，这样，《屋顶上空的爱情》的命名本身似乎就流露出小说家的反讽态度与无奈之情。

  同时，许春樵还喜欢借由小说中的人物形象、人格特征来象征和标示他的道德情怀和价值理想。在人们的文学记忆中，令人难忘的人物形象构成了人们对小说的想象，在那些穿通历史时空的经典人物形象里，小说获得了永生。一般情况下，人们虽可能不熟悉巴尔扎克、司汤达、福楼拜或托尔斯泰的作品，但一定听说过吝啬的葛朗台、有野心的于连、绝望的爱玛·包法利和安娜·卡列尼娜，这是现实主义小说持久生命力的体现，而现代主义小说则不同，小说家们更倾向于对抽象的"人"及"人的存在"进行哲学思考，如卡夫卡、萨特等，但是现代主义小说在凸显"人"的时候却消解了"人物形象"，使人物形象从现实主义小说丰满的生命沦落为现代主义小说中抽象的符号。

  许春樵采用开放的现实主义手法，精心刻画和塑造了陈道生、齐立言、郑天良等一批具有丰富内心世界、丰满个性气质的人物形象，这无疑是他留给中国当代文学史宝贵的精神文化财富。在这些人物形象之上，许春樵表达了对当代社会的深入思考，也寄托了他的文化理念和价值理想。有意味的是，许春樵所着力塑造的理想人物大都是秉承传统道德伦理和文化品性，具有合乎儒家人格标准和伦理规范的人物，而不是那些崇尚自由、追求平等、主张民主，具有西方化色彩和现代性精神的人物。《男人立正》里塑造出来的陈道生形象，可以说是许春樵小说中最为闪亮的人物形象，是一位儒家理想人格的集合式人物。第一，他诚实守信。陈道生为了救出女儿陈小莉而向街坊邻居借款30万元，当刘思昌携款逃跑之后，几乎所有人对落难的他所欠下的债务已不抱有偿还的希望，然而陈道生却坚守信约，立誓还款，以实际行动践行着"人而无信，不知其可也"①的人格信条。第二，他重义轻利。"君子喻于义，小人喻于利"②，儒家文化区分了"君子"人格与"小人"人格。陈道生虽非大人物，下岗后的他靠卖衣服艰难度日，在"世道全颠倒"的年代，他却执拗地"坚决不卖东莞、石狮等地的'世界名牌'"，不唯利是图，可谓标举了"义"旗。第三，他刚毅坚忍。在小说中，陈道生还债过程之艰辛是常人难以想象更难以承受的，命运就像一个恶作剧的孩子不断地作弄着他。可是，他在"还完钱才能死"的信念支撑下，顽强地清偿债务，体现出"刚毅木讷，近仁"③的人格以及"士不可以不弘毅"④的不屈精神。第四，他具有受难精神。"活着的本身就是灾难"的感慨就是陈道生的生存写照：刘思昌携款逃离，妻子的侮辱谩骂，女儿受辱蒙冤……他简直既像是孟子笔下"天将降大任于斯人也"的圣人，又像是背负十字架的宗教徒，承受着来自命运和苦难的试炼和考验。在此，许春樵没有像先锋小说作家（比如残雪和余华）那般将现实苦难导向存在主义"他人即地狱""生存虚无"的哲学体验，而是彰显出其受难精神。第五，他安贫乐道。陈道生，"承道而生"，他与于文英艰辛而温暖地活着。从生命和生活的惨淡境遇里寻找反抗绝望的希望和微渺的快乐。《论语·雍也》里这样赞美颜回之贤："一箪食，一瓢饮，在陋巷，人不堪其忧，回也不改其乐。"⑤陈道生不也正是如此？在这个意义上，陈道生简直

---

① 杨伯峻译注：《论语译注》，中华书局，2012年，第28页。
② 杨伯峻译注：《论语译注》，中华书局，2012年，第54页。
③ 杨伯峻译注：《论语译注》，中华书局，2012年，第198页。
④ 杨伯峻译注：《论语译注》，中华书局，2012年，第114页。
⑤ 杨伯峻译注：《论语译注》，中华书局，2012年，第82页。

可以说是许春樵塑造出来的"当代的颜回"。

在《酒楼》里，有一个极容易被忽略和遗忘的人物，但在笔者看来，却可能是许春樵苦心孤诣塑造的，他就是齐修仁。齐修仁的话语是文言式的，他告诫"立德""立功""立言"遵承儒商的商业道德，将"几百年人家无非积善，第一等好事唯有读书"视为家风的理想与典范。他在齐立言身处困境之时支持他的追求和理想，在齐立功被挤压失败时又试图平衡和化解兄弟矛盾。凡此种种，齐修仁真可谓言行一致地在"修行"与"践仁"。小说中，齐修仁死在光复集团气势汹涌、天德酒楼黯然衰退之际，这显然是一种象征。这个传统道义化身的死去宣告了资本时代的来临，许春樵则不无同情地以齐修仁的形象为不可逆转的逐步衰退和逝去的传统道德哀悼！

在许春樵的自述性或访谈性文字中，多次提到《马太福音》中的话"为灵魂活着，按上帝说的去做"，并将其视为托尔斯泰小说的价值核心，同时透露自己"每次写长篇小说前，要读一遍托尔斯泰的小说"[①]。在《屋顶上空的爱情》中，以许春樵为代言人的知识分子郑凡，就像《放下武器》中的"我"一样，虽然生活拮据，为买房而承受着较大的经济和精神压力，但面对赵恒提供的给龙飞写传记便能获得 2 万元报酬的机会时，他还是抵制了金钱的诱惑，守住了自身内心的良知和道德底线。许春樵通过"我"和郑凡的形象塑造，维护了知识分子作为社会良心的崇高价值。结合前述分析可以看出，许春樵也是一个"为灵魂活着"的作家，他可能也是当代作家中最为坚定的道德守护者和守望者。

有学者曾深刻地指出当代文学的危机："知识分子被普遍地中产阶级化了，文学艺术粉饰着深刻的危机，风花雪月呈现着富足安康。"[②]许春樵则用他的长篇小说创作对抗着这种危机和潮流，他让"处于失语和噤声状态"的底层人物从"深渊状态"中走出。在长篇小说的底层叙述中，许春樵一方面以人民性立场悲悯与同情着这些卑微的生命，另一方面，许春樵不断挖掘出底层人物身上附有的传统道德，并以此彰显小说的文学良知。

---

① 汪杨、许春樵：《救世的妄想——许春樵访谈录》，《小说评论》2012 年第 5 期。
② 方维保：《人民·人民性与文学良知——对王晓华先生批评的回复》，《文艺争鸣》2005 年第 6 期。

陕西鲁迅文学奖作品获奖原因和问题探究 *

韩红艳 **

摘　要：本文以陕西作家的鲁迅文学奖作品为例，从三个方面分析了其获奖的原因和存在的问题：从作品的思想性与艺术性统一的角度而言，作品基本是关注社会民生的现实主义之作，书写了普通民众的悲欢离合，但是作品缺少理性批判与现代意识；从艺术品位的角度而言，作品用朴素平实的语言对民俗风情和地域文化进行了生动的呈现，但是艺术表达方式单一，缺乏多元性；从社会影响力的角度而言，作品对社会和文坛产生了积极的影响，但是缺乏经典文本。

关键词：鲁迅文学奖；陕西作家；现实主义；评选标准

每一届"鲁迅文学奖"（以下简称"鲁奖"）评选结果，都能引起文坛的激烈争论，其中主要包括质疑获奖作品水平、贿选事件等。这一系列的事件让鲁奖的公正性受到质疑和损害，让人直接抨击鲁奖与"鲁迅精神"无关。有人从鲁奖的评奖机制、获奖作品质量方面进行了批评，认为："该奖不但在继承和弘扬鲁迅精神方面还有很远的路要走，也远没有达到其应有的文学声望和预期的社会影响，而且负面和质疑之声越来越大。"[①] 针对这种纷争复杂的获奖现状，获奖作品是否实至名归，获奖作品有哪些特质让其独占鳌头，这些问题需要得到澄清和说明。

基于这样的考虑，本文以陕西历届共 9 篇鲁奖作品为例进行分析，试图

---

* 本文系陕西省社会科学院 2015 年度重点研究课题"陕西历届鲁迅文学奖作品研究"（立项号：15ZD012）研究成果。

** 韩红艳，博士，陕西省社会科学院助理研究员，研究方向为文学评论和文化研究。

① 万安伦：《对"鲁迅文学奖"的若干思考》，《鲁迅研究月刊》2010 年第 12 期。

对以上问题进行解答。这 9 篇获奖作品是：第一届为冷梦的报告文学《黄河大移民》，刘成章的散文《羊想云彩》；第二届为红柯的短篇小说《吹牛》，叶广芩的中篇小说《梦也何曾到谢桥》；第三届为贾平凹的散文《贾平凹长篇散文精选》；第五届是吴克敬的中篇小说《手铐上的蓝花花》；第六届为阎安的诗歌《整理石头》，穆涛的散文《先前的风气》；第七届为弋舟的短篇小说《出警》。从获奖的名单可以看到，作家在小说、散文、诗歌方面有成绩，但是杂文、文学理论、文学评论和文学翻译方面空缺。2007 年 9 月 18 日修订的鲁奖具体评奖标准有三条：第一是坚持思想性与艺术性统一的原则；第二是重视作品的艺术品位；第三是获奖作品的社会影响力方面。[1] 前两条标准和茅盾文学奖（以下简称"茅奖"）的标准基本相同，缺乏自身的独特性。其后鲁奖评选标准在 2014 年 2 月 27 日修订、2018 年 3 月 6 日再修订，在修订标准中去掉了 2007 年"重视作品的社会影响力和听取读者意见"的评选标准，加上了"关注文学理论评论作品和翻译作品"的评选标准，由每 3 年评选一次改为每 4 年评选一次。本文对照鲁奖各个时期的评选标准，分析陕西鲁奖作品获奖原因及存在的问题。

一、从作品的思想性与艺术性统一的角度分析

从陕西鲁奖作品可以看到，其在题材、主题、风格上有鲜明的地域文化特色，基本是关注民生的现实主义之作，且现实与历史相互映衬，呈现出厚重而沉郁的底蕴。获奖的题材一般是产生过重大影响的社会事件和普通民众的悲欢离合，从中展示了故乡的风土人情，呈现了普通民众的生活境遇，非常重视真善美的传统价值观念。

有些作品敢于直面现实，勇于批判社会现象，表现出作家的人文精神与悲悯情怀，表达了对人生命运的反思和观照。冷梦的报告文学《黄河大移民》为读者讲述了一段被历史掩盖的苦难移民史：1956 年，国家为了修建三门峡水库，让 28 万多名陕西农民背井离乡，他们生活贫困潦倒。38 年后，他们中的一部分人重返家园，却依然生活在贫困和苦难中。这本书直面历史的痛楚

---

[1] 《鲁迅文学奖评奖试行条例（2007 年 9 月 18 日修订）》，中国作家网，http://www.chinawriter.com.cn/2007/2007-10-08/33976.html。

和现实困顿,成为了移民的"搬迁教科书",体现出作家心系苍生的情怀和风骨,充满了批判精神,这应该是其获奖的最主要原因。红柯的短篇小说《吹牛》展现了西部草原雄浑野性的牧民生活场景:牧民卖牛挣了一大笔钱,相约朋友喝酒聊天,但内心很难割舍自己的牛。作品将经济大潮对草原生活的影响和人们心中淡淡的失落展现出来。叶广芩的中篇小说《梦也何曾到谢桥》讲述了一个贵族家庭的儿子六儿病逝,老爷认为家中裁缝谢娘的儿子谢顺针是自己儿子的重生,并与谢娘之间有了感情。他带着女儿经常去探望谢娘。谢顺针长大后成了一名裁缝,多年后相聚,谢顺针送给此女一件旗袍。故事题材新颖,展现了北京一个大宅门中没落贵族无法言说的家族命运,展现出对人与人之间情感的追寻,读后令人叹息。吴克敬的中篇小说《手铐上的蓝花花》讲述了陕北女子阎小样新婚之夜误伤致死了丈夫,被判死缓。她在被警察押往西安监狱的途中,唱起那首陕北民歌《兰花花》,而且在公交车上她替警察勇敢挡刀。到西安后,她恳请警察先让她去拍婚纱照,了却她的心愿后再入监狱。作品在悲剧审美和苦难意识中,讲述了人与人之间的真挚情谊。

有的作品体现着传统文化与当下的对话,体现出传统文化对当下的启示意义。贾平凹获奖的商州系列散文引发了散文创作的热潮,他在作品的题记中说:"不是为了写过去而写过去,意在面对现实,旨在提高当今……不就事论事,而是历史地考察。"[1] 他的散文写作将历史和现实进行对照,突出了社会风云变幻中普通民众的生存状态。同样,穆涛的散文《先前的风气》对中国古代的文化历史与人物进行品读和阐释,又对当下时代如贾平凹等文人、文学和文化进行阐释,将文学放在文化的范围中进行了反思和回顾,以期寻找中国传统文化的精神气质,探讨当今社会存在的一些问题,观照今人的生活。鲁奖授奖词评价其将"历史的省思、世相的洞察与思想者的话语风度熔于一炉"[2]。唐小林在《穆涛获奖散文的"硬伤"》中指出了穆涛散文的问题所在,对其作品进行了严厉的批评,质疑作品的质量。阎安的诗歌《整理石头》获奖后也是争议不断。他的诗歌主要表达了对北方的歌颂,对秦岭的赞美,对生养自己的土地的热爱,同时描写了社会的现代化进程之变及其带来的环境

---

[1] 贾平凹:《贾平凹长篇散文精选》,陕西人民出版社,2003年,第135页。
[2] 《第六届鲁迅文学奖获奖作品授奖词》,中国作家网,http://www.chinawriter.com.cn/news/2014/2014-09-22/218988.html。

变化和复杂人性变化。阎安在作品《自序》中写道:"我们肯定不是仅仅生活在现实中,诗歌的维度也不单单在现实中,它必须从时间出发,用直接关联时间的那样一种浩大的观照体系,概括整个世界,然后才能把诗性意识对世界和人的关怀诚恳地落实在每一个时代。"[1] 按照他的意思,他力图在诗歌中表现一种人类"大爱"的情怀。弋舟的小说《出警》授奖词为:"弋舟的《出警》体现着对心灵辩证法的深入理解。不回避人性的幽暗和荒凉,更以执着的耐心求证着责任和疗救。在急剧扩张的城市边缘,在喧嚣的人群中,被遗忘的也被守望着,令人战栗的冷被一盏灯不懈地寻找、照亮。"[2]

以上分析了获奖作品的获奖原因。除了叶广芩的小说、穆涛的散文和弋舟的小说,其他获奖作品都诠释了农村的变化和农民(牧民)生存的状态,写城市题材、工业题材或者其他题材不擅长。从作品中可以看到,创作中有如下问题。

在对现实的书写中缺乏理性批判与现代意识。就整体而言,在剧烈的社会转型时期,社会生活和价值观念都发生了翻天覆地的变化,陕西文学创作触摸到了社会的变化,但并没有突破乡土文学传统的叙事模式,夹杂了对传统文化的固守和对乡土文化的溢美之情,以及在对现代文化的拒绝与否认中呈现出困惑和迷惘之感。这集中体现在贾平凹的散文中,在田园牧歌的"商州"和都市"西安",贾平凹在描写"乡村与都市"的冲突中体现出传统与现代的碰撞,流露出对传统价值观消解的忧虑,显示出对都市的抗拒以及都市人的价值缺失,反而衬托出农村的美好和农村人的淳朴。贾平凹以农村田园牧歌去救赎都市文明的心灵危机,却对传统文化的弊端视而不见,对农村存在的问题及农民身上的问题没有深入讨论,这导致了陕西作家作品中缺少理性批判,所以令人遗憾的是:"面对 20 世纪断断续续进入中国乡村社会的现代工业化潮流,乡土作家们很少有现代性的反思,很少去思考其中是否存在有积极的因素和必然性趋势。也就是说,从农民自身角度去看,这种社会发展的变局无疑是痛苦和残酷的,但它也许是历史发展不可避免的'阵痛',是中

---

[1] 阎安:《整理石头》,太白文艺出版社,2013 年,自序,第 3 页。
[2] 《第七届鲁迅文学奖授奖词:短篇小说奖》,中国作家网,http://www.chinawriter.com.cn/n1/2018/0918/c421452-30300404.html。

国农村社会发展的必然阶段。"①在对人物的塑造上,《手铐上的蓝花花》中的阎小样是个为他人活着的人,她缺乏为自己活着的独立主体意识和人格意识,她不具有现代的公民意识。在面对牢狱之灾时,她亦缺乏抗争的勇气和能力,她骨子里依然是一个旧式女性,而不是一个新女性。

二、从作品的艺术品位角度进行分析

就获奖作品的艺术品位而言,陕西作家秉持现实主义的写作手法,语言虽然朴素平实但生动传神,杂有民间俚语,对西部的自然环境、历史文化和民俗风情进行了真实的呈现,彰显了鲜明的地域特色,呈现出一副厚重沉郁的审美风格。冷梦的报告文学,真实地描写了三门峡搬迁移民的生活,为移民的权益发声;刘成章和吴克敬的笔下,陕北民歌热情泼辣;贾平凹笔下的陕南,乡野俚语中的故事引人入胜;红柯笔下的茫茫草原中,牧民活得粗犷洒脱;叶广芩家族小说中那浓郁的京腔味,展示了家族中的冷暖人生。

刘成章的《羊想云彩》和贾平凹的《贾平凹长篇散文精选》,陕北陕南相得益彰。《羊想云彩》中呈现的是作家的生活经历和旅行见闻,其中最精彩的是表现陕北人生存状态的篇章。在语言上,刘成章活泼生动的陕北地域方言,质朴幽默而又真情流露,读来亲切自然,宛如一位陕北人在面对面讲家乡的故事。喧闹的安塞腰鼓、米脂的婆姨、壶口瀑布等在他的笔下娓娓道来,如在读者眼前,让人感受到陕北热腾的生活。如《高跟鞋,响过绥德街头》体现了改革开放初期陕北人追求现代时髦的情景,在地域风情中点染出改革开放的时代特色。《贾平凹长篇散文精选》大多是关于陕南商洛的叙事,让陕南的人文历史、风土人情、自然风光以及奇闻轶事——展现在读者面前。他们在封闭中持有质朴,在改革开放大潮中思绪万千。其语言中夹杂俚语,朴拙自然天成,作品出版后当时引起了巨大轰动。

吴克敬的《手铐上的蓝花花》将陕北民歌蕴含其中,其获奖在于:"把悲伤留下,而施人以爱心,献社会以赤诚与真情,用生命的火花点燃了凄凉苦艾人生之路的一盏人性之灯,以一种恢弘的底气和无我的激情迸发出一曲经

---

① 贺仲明:《论中国乡土小说的现代性困境》,《南京大学学报》(哲学·人文科学·社会科学版) 2008年第5期。

久回响、让人景仰闻止的信天游'手铐上的蓝花花',从而形成悲剧中一种独特而神奇的悲柔之美的审美风格,使悲剧在人性美中得以深化与升华。"①他用朴素的语言塑造出一个敢爱敢恨的陕北女子,对牢狱之灾从容面对,危难时刻挺身而出救人。在陕北民歌信天游高亢悠长的节奏中,充分表达歌者内心最真诚的爱与恨,将日常生活的苦难化解为对抗生活困苦的歌声。叶广芩出身满清皇族,其描写的皇室家族故事在全国作家中独树一帜,作品讲述了一个老北京大家族在风雨飘摇中的悲欢离合。其语言俏皮幽默,优美流畅,在题材的开拓上与众不同,个人风格鲜明。同样,红柯因为有新疆的生活体验,其《吹牛》中描写的西北草原故事,在粗犷的语言中描绘出牧民的生活境遇。

鲁奖评选的艺术标准中要求要兼顾题材、主题、风格的多样化,"鼓励在继承中国优秀文学传统和借鉴外国优秀文化基础上的创新。尤其鼓励具有中国特色、中国风格、中国气派,人民群众喜闻乐见的富有艺术感染力的作品"②。2018年评选标准修订为:"推动文学创新,鼓励具有中国特色、中国风格、中国气派,富有艺术感染力的作品。"③固守很难,创新亦不易,这是摆在陕西作家面前的难题。

从整体上而言,陕西作家的创作方法单一,这让陕西文坛难以突破固有的创作模式。尤其改革开放以来,西方文学的各种流派在中国产生了影响,从创作方法、创作理念直到艺术表现形式,中国文学经历了一次次革新尝试。比如意识流、魔幻现实主义、荒诞派等,一些作家纷纷从西方文学的经典作家中学习"怎么写"。但是这些文坛变化对陕西文坛冲击力很小,陕西作家以"不变应万变"的方法进行创作,还是现实主义手法。不是说现实主义不好,而是说作家的表现方式上缺乏表达当下的"创新性"与"探索性"。路遥曾经在《早晨从中午开始》中为现实主义做过辩护与正名,他说:"现实主义在文学中的表现,绝不仅仅是一个创作方法的问题,而主要应该是一种精神……许多标榜'现实主义'的文学,实际上对现实生活做了根本性的歪曲。"④他认

---

① 徐祖明:《悲剧在人性美中升华——论〈手铐上的蓝花花〉中的悲柔之美》,《肇庆学院学报》2008年第4期。
② 《鲁迅文学奖评奖条例(2014年2月27日修订)》,《文艺报》2014年2月28日,第1版。
③ 《鲁迅文学奖评奖试行条例(2018年3月6日修订)》,中国作家网,http://www.chinawriter.com.cn/n1/2018/0314/c405053-29868088.html。
④ 路遥:《早晨从中午开始》,北京十月文艺出版社,2012年,第17页。

为现实主义最重要的价值体现在其是一种精神，关键在于作家要克服思想和艺术的平庸，直面和表达"真实的现实"而非"歪曲的现实"。路遥用生命写就的《平凡的世界》当时在文坛遭遇了滑铁卢，原因在于："可惜那是1986年春天，伤痕文学过去了，正流行反思文学、寻根文学，正流行现代主义。这么说吧，当时的中国人，饥饿了多少年，眼睛都是绿的。读小说，都是如饥似渴，不仅要读情感，还要读新思想、新观念、新形式、新手法。那些所谓意识流的中篇，连标点符号都懒得打，存心不给人喘气的时间。可我们那时候读者就很来劲，那就是那个时代的阅读节奏，排山倒海，铺天盖地。"[①]然而有意思的是，在对西方创作手法的新奇感退潮和食"西"不化之后，经历过几十年的创作沉淀，目前的创作又重新回归了现实主义，现实主义作品又开始占据主流地位。当然，这其中不乏意识形态话语的倡导。而现实主义在经过种种思潮的洗涤后，从中也拓展了自己的表现力、深度与广度。陕西作家应该不断地丰富现实主义的内涵，打破传统的创作模式，突破既有观念的束缚，在艺术表现上应该探求多元化。但陕西文坛囿于传统地域文化，加之地处西北不得风气之先，在艺术表现上缺乏自觉意识。创作理念与方法的更新，必定伴随着语言的更新。比如运用方言书写，恰当的方言描写可以增辉添彩，但是如果在方言上不能很好地把握尺度，会让一些作家的语言粗糙粗俗，缺乏审美性和诗性，在叙述语言、构思故事、描写细节上难以精细。同时，过度的方言运用，会给读者的阅读造成一定的障碍，反而会弄巧成拙。这会导致作品在艺术的提炼上、思想的深度上都有所欠缺。

三、从获奖作品的社会影响力角度分析

文学史上有影响力的作品，往往能在唤起民众意识、推动社会进步方面起到不可忽视的作用，鲁迅作品的魅力就在此。鲁奖有些作品渗透着对民族命运的关注，是介入现实生活的思考，是面向时代的思考，正因为如此才产生了极大的影响力。其主要表现在以下方面。

首先，对社会重大事件批判所产生的现实力量。比如冷梦的报告文学《黄河大移民》书写了三门峡移民搬迁的重大历史事件，呼吁关注三门峡搬迁

---

① 周昌义：《记得当年毁路遥》，《文艺理论与批评》2007年第6期。

移民的境遇。作者冷梦在接受记者采访时说，很多移民家家户户都在读这本书，这本书的出版让相关部门非常重视，采取了相应的措施，让移民的安置费增加了几亿元。文学在此铁肩担道义，为民众疾苦呐喊，才产生了巨大的影响力。

其次，对作家的创作形成了影响力，形成了陕西文坛的凝聚力。20世纪90年代初，"陕军东征"成为中国当时文坛的最大亮点，形成了具有鲜明地域特色的"陕西作家群"。贾平凹是其中一位非常有影响力的作家，其佳作不断出现，多部作品相继问世。贾平凹以自己散文的创作成绩，有力地践行了自己提倡的"大散文"理论，认为散文要有生活的真情实感，作品的题材要开阔，返璞归真而不事雕琢，让散文抛弃阴柔雕琢的文风，摆脱那个时代创作中的陈规陋俗。通过他的散文，全国读者尽知陕南商洛，还引发了陕南的旅游热潮。同时，他以其主编的《美文》杂志为阵地，让散文创作在陕西掀起了高潮，在全国产生了巨大的影响。叶广芩"家族小说"的影响力越来越大，其中有些小说被拍成影视作品。红柯以其西部风情浓郁的小说获得奖项，并以长篇小说《西去的骑手》和《乌尔禾》被国内文坛所瞩目。冷梦的长篇报告文学《高西沟调查——中国新农村启示录》，也影响广泛。获得鲁奖的作家厚积薄发，这些创作成就让他们成为陕西文坛的中坚力量。

但是，与茅奖作品相比，鲁奖作品的知名度并不高，缺少经典文本。鲁奖曾评选出一些优秀作品，如史铁生的小说《老屋小记》、池莉的《镇长之死》、阎连科的《年月日》等作品，在当时产生了很大的社会影响力。20世纪90年代的"文学热"中它们的身影赫然在列。随着时代的发展，不可否认的是，就全国范围而言，鲁奖作品越来越鲜为人知，在书店中也不是畅销类作品。大众媒体越来越关注茅奖长篇小说，而鲁奖是中短篇小说、报告文学、诗歌、散文、杂文、文学理论、翻译作品为重，杂而多，媒体对其宣传没有到位，导致很多作品无人知晓，只是文学圈中少数人的狂欢。

一部好作品需要时间和读者的检验。其不仅需要有温度的、关怀现实的情怀，也需要有思想的深度，能够体现出时代精神和时代本质。唯有这样，才能够让作品介入生活，成为引导现实生活的潜在力量，发挥文学浸润人心的影响力。当谈论陕西当代经典作品时，读者会不由自主地谈论起茅奖作品《白鹿原》和《平凡的世界》，而且充分肯定作品的思想性和艺术性。茅奖作品被人熟知，在于它们是厚重的长篇小说，每届获奖作品少，作品一般在书店都比较热销，而且被拍成影视剧等，不停地得到宣传。相比而言，鲁奖作品没有茅奖作品篇幅的厚重，获奖的作品众多，在书店一般很难买到，也很少被拍成影视剧进行传播，这导致鲁奖作品知名度不高。鲁奖的第三条标准中提出：要听取读者意见，提出具体要求。可是评奖中根本就没有读者的参与。同时，从获奖作品发布后引起的种种质疑可见评委和读者的欣赏差别也很大，尤其是第六届的获奖作品。这说明一点："这次评奖的标准里没有考虑文化市场、广大读者的因素。换句话说，是脱离广大读者、脱离文化市场的。"①而后修订的两次评选标准去掉了"作品的社会影响力和读者的意见"，这是鲁奖评选中特别需要反思的地方。作家要写民众关心的、喜欢看的和需要看的故事，要有读者与市场的观念。当初《平凡的世界》被评论界认为在艺术上比较粗糙，作品不被看好甚至被忽视，但是在读者中却赢得非常高的声誉，也使得这部评论界集体不看好的作品，在民众的口碑中获得长久的生命。

  提升鲁奖的公信力和社会影响力势在必行。其一，需要完善评奖标准和评奖的规则，突出鲁奖的"现实性与批判性"等特质，避免和其他评奖规则雷同，这样才能和鲁迅的精神相契合，才是对鲁迅精神的体现与继承。其二，尽量公开评奖的过程，让评审委员会对参评作品力图做到公正与客观，杜绝跑奖和贿选事件的发生。第六届鲁奖已经由无记名投票改为实名制投票，这一举动是一个进步，增强了评奖的"透明度"，但是依然有改进的空间。其三，除了文坛内的"推荐制"和评委进行投票选择，应该加入读者对参选作品的意见，广泛征求民意作为评奖的参考，否则会沦为少数人"圈子化"的评奖。其四，减少获奖作品的数量和人数。鲁奖设立了7个奖项，截至2018年，一共评选了7届，计有264篇获奖作品，获奖作品数量巨大，人数众多。相比而言，茅奖只评选长篇小说，数量较少，截至2019年，10届一共是46部（不包括荣誉奖）获奖，鲁奖作品是茅奖作品数量近6倍之多，但鲁奖的价值和影响无法媲美茅奖。因此，要对鲁奖每届获奖作品数量进行控制，以

---

① 曹宗国：《鲁奖作品为何大都鲜为人知？》，红网，http://hlj.rednet.cn/c/2014/08/14/3436897.htm。

少胜多来促进作品质量。其五，对一些优秀作品，相关部门可以推荐给影视公司等机构，通过影视剧提高其影响力。

综上所述，陕西鲁奖作品有自己独特的地方，为陕西作家的写作提供了借鉴之处，当然其中存在的问题也提供了反思之处。陕西鲁奖作品缺少有分量的经典文本，还需要提升作品本身的高度和厚度，才能更好地发挥文学的影响力。陕西作家在鲁奖中反映出的问题，在全国文坛上也普遍存在，可以"窥一斑而知全豹"。

杨绛散文中的生命哲学

黎秀娥 *

摘 要：2020 年春，人们被新冠肺炎疫情所困，在举国空巷的日子里思索人生，生命这个被忽略已久的、一切问题中的根本问题显得格外突出，也赋予了生命哲学这个旧视野以新光辉，以此为镜，更能照见旧文坛上的新景观。杨绛散文的一大魅力在于其涵摄的生命哲学。正是杨绛的生命哲学，从根本上决定了她一生的走向，也决定了其散文作品的内容与风格。

关键词：杨绛散文；诗意；生命哲学

2020 年春，人们被新冠肺炎疫情所困，在举国空巷的日子里思索人生，生命这个被忽略已久的、一切问题中的根本问题显得格外突出，也赋予了生命哲学这个旧视野以新光辉，以此为镜，更能照见旧文坛上的新景观。杨绛散文的一大魅力在于其涵摄的生命哲学。歌德说："你若要为你的意义而欢喜，就必须给这世界以意义。"[1] 杨绛执着于缔造意义、主宰自己的精神，恰与歌德诗中的精神内涵相契合，这一点集中体现在几乎贯穿其整个创作生命的散文写作之中。散文是杨绛克服时间流逝和命运侵蚀、不断回归生命最初诗意的见证，她从不曾因为在某个时候必须结束生命而畏惧，只怕不能像马可·奥勒留说的那样过"合乎本性的生活"[2]。

---

* 黎秀娥，博士，内蒙古师范大学文学院讲师，主要研究方向为中国现当代文学。
[1]［德］歌德：《格言诗二十六首》，载［德］海涅等著《德国，一个冬天的童话》，冯至译，人民文学出版社，2015 年，第 26 页。
[2]［古罗马］马可·奥勒留：《沉思录》，何怀宏译，中央编译出版社，2008 年，第 198 页。

一、生命的诗意

德国诗人荷尔德林最早提出了"诗意地栖居"这个说法,这位前半生受癫疾之苦、后半生受精神分裂折磨的诗人,在生前和身后的很长时间内都是寂寞的。然而,他却说:

> 充满劳绩,然而人诗意地
> 栖居在这片大地上。①

海德格尔用了 10 年时间在大学里讲荷尔德林的诗,极大地推动了 20 世纪的"荷尔德林热"。海德格尔的思与荷尔德林的诗形成一种"互释",分别成了当代哲学和诗学的重要论题,海德格尔把这里的"诗意"阐释为人类此在的"根基",切近"物之本质",这个阐释让荷尔德林的"诗意地栖居"震颤了无数世人的心。海德格尔认为"诗的本质必得从语言之本质那里获得理解""让万物进入敞开域的道说""从不把语言当作一种现成的材料来接受,相反,是诗本身才使语言成为可能。诗乃是一个历史性民族的原语言"②。诚然如此,诗意则是人类此在的原意义,偏离这个原意义就偏离了"根基"。

曾经有人从"喜剧精神"③的视角审度杨绛的散文,读出了她的机智与幽默,也有人进一步把"打破了 17 年散文的沉闷压抑,延续了五四时期幽默散文一路的发展,并具有自己的个性"视为杨绛散文在文坛上的"独特的价值"④。然而,我的感觉很不同,"幽默"或许在品评杨绛戏剧时更有用吧,其散文整体上则是一路长长的诗意还乡。这不仅切合杨绛善于思的本性,也切合中国民族的诗性本质。廿一行认为,在西方精神陷入黑夜的贫困、西方思想趋向解体的世界文化背景下,"诗与思的道路乃是一条最切近中华民族本质的道路,因此乃是一条最适合中国文学发展的道路","中国文学一旦觉醒,便最有希望承担诗与思的历史天命",会赢得不可限量的文学前途。

有人感慨说"每当我听到知识分子郑重其事地预言着中国文化在未来世

---

① [德]海德格尔:《荷尔德林诗的阐释》,孙周兴译,商务印书馆,2000 年,第 45 页。
② [德]海德格尔:《荷尔德林诗的阐释》,孙周兴译,商务印书馆,2000 年,第 46 页。
③ 黄科安:《喜剧精神与杨绛的散文》,《文艺争鸣》1999 年第 2 期。
④ 杨华轲:《杨绛散文的独特价值》,《南都学坛》2002 年第 4 期。

界的崇高地位时，我都禁不住热泪盈眶"，因为人只有"对自己的命运产生了疑惑的时候，他才去预卜未来"，事实上"中国文化还没有落到这样可悲的下场。只要我们努力，中国文化就不会衰落下去。并不必用未来的不可见的光明补偿我们现在的失落"①。可以肯定地说，小心的乐观与审慎的悲观都与杨绛不甚相干，她从不预言中国文化在未来世界的崇高地位，也很少因为文化的苦恼满含泪水，只是一生保持着对中国文化的深爱，诗意地栖居在这片古老的大地上，到老年更有一种"常记溪亭日暮，沉醉不知归路"的依恋，从容地走在诗与思的路上。这是一条还乡的路，艰辛而又诗香四溢。

　　杨绛不是哲学家，也不是思想家，却在散文中至情至性地阐述了文学与人，以及思考与存在之间的紧密关系。仿佛受诗的天命的召唤，她用生命阐释诗的本质。杨绛散文中贯穿着一种诗意的还乡，吸引着笔者和她的散文展开"一种思与一种诗的对话"②，通过运思的对话揭示文学史无力证明的一种历史唯一性，跟着她诗意还乡的脚步，逆时代精神的潮流而上，寻找诗意盎然的栖居之地，才明白诗意是从生活的残酷中提炼出来的。

　　杨绛深受广大读者喜爱，这或许竟是有些学者以为她媚俗（或者格调不高）的原因之一。事实上，杨绛的生活姿态和应对孤独的方式远不是大众能效仿的。大众喜欢她，那种感情近乎"高山仰止，景行行止。虽不能至，心向往之"。她的做法大众不仅做不来，也未必真正喜欢。即使在知识分子中，能与杨绛一般行止的也不多见。同样是无端遭受时代车轮的碾压，当众人感叹时代的列车耽误了一代人时，杨绛趁打扫厕所的机会读书，一旦尘埃落定就捧出皇皇译著《堂吉诃德》。杨绛之所以总能从困难和磨难中提炼出思想和力量，恰恰因为她有一个富饶的精神之乡。现实一次次逼她离开那里，却挡不住她在散文中一次次回归，她用文字搭建起充满诗意的栖居之所，吸引着路过的人们逗留、稍息，从中汲取抗拒诸事纷扰的力量。

　　杨绛新中国成立以前的散文，只有零星的几篇，保留了最初的诗意，是对人生此在状态的自然书写。写于1933年的处女作《收脚印》，最初是交给朱自清先生的课卷。那时杨绛正处在一生中判断力和抉择力形成的时期，她

---

① 王富仁：《呓语集》，中国文联出版社，2000年，第319页。
② ［德］海德格尔：《荷尔德林诗的阐释》，孙周兴译，商务印书馆，2000年，第2页。

以独特的构思,假设自己是回到人间收脚印的幽灵,借此省察自己生前走过的路,脚印是曾经的存在,收脚印是对逝去的存在的追寻,沿途所历的一切都渗透着凄惶、惆怅的情绪。凄惶因为失去了留不住的;惆怅因为就连这回忆也将终结了。深度的凄惶和惆怅都是假设,反衬出生命存在的美好,只需换一个相反的视角,就可还原出一种诗意的栖居,并且一开始就伴有淡淡的"思"。

三年后,杨绛写出一组脍炙人口的哲理散文。在1936年留学海外期间,她写过一篇《阴》,容易引人想到鲁迅的《影的告别》,她没有决绝地"在黑暗里沉没",却和鲁迅一样,不慕"天堂",不惧"地狱",也不期盼什么"将来的黄金世界"①,只注目于此在的人生,化身万物,一一体会它们的存在:一树,一木,一石,一山,一炷烟,一团云,乃至一片广袤的大地,各自有各自的"阴"。她对"浓阴不会持久;持久的是漠漠轻阴"的参悟,为早期散文中的诗意之乡增添了智性的成分,与老子的"飘风不终朝,骤雨不终日"有异曲同工之妙。类似的智识同样表现在她写于20世纪40年代的《风》中:"风呢,除非把它紧紧收束起来,却没法儿解脱它。"②正如接受收束是风唯一的解脱,接受不自由的现实是唯一可能通往自由人生的路。"拂拂的微风"是一个巧妙的隐喻,涵摄着一种诗意的存在:因为低调的平静而享有不受阻挠的自由。人的情感若同此风,就会有自然真纯的忧喜流露;人的生存姿态若如此风,便能免去俗世许多阻碍,保持生命本真的状态。这是杨绛诗意人生的自然书写,同时又是一个预言,预告了她在以后人生浮沉中的表现。

无独有偶,和《风》一样,同样写于20世纪40年代的《听话的艺术》和《窗帘》,也是杨绛哲理散文中的代表性作品,到《流浪儿》已经颇有哲学随笔的风范,开头轻松自然而又摄人心魄。她说:"古人往往用不同的语言,喻说:人生如寄,天地是万物的逆旅。我自己呢,总觉得我这个人——或我的躯体,是我心神的逆旅。我的形骸,好比屋舍;我的心神,是屋舍的主人。"③没有哪一具形骸不是简陋的屋舍,包藏的心神各不相同,有的喜欢宅在屋内,听从凡胎俗骨的驱使,有的醉心于跋山涉水的流浪,只把躯体当作休

---

① 鲁迅:《鲁迅全集》(第2卷),人民文学出版社,2005年,第169页。
② 杨绛:《杨绛全集》(第3卷),人民文学出版社,2014年,第234—235页。
③ 杨绛:《杨绛全集》(第3卷),人民文学出版社,2014年,第236页。

憩之所。屋舍是躯体之家，心神才是诗意的生息之地。

二、命运的逻各斯

古希腊哲学家认为命运是按照相反的途程创生万物的逻各斯。赫拉克利特说"一切都遵照命运而来，命运就是必然性"[①]。相反与相成，对立与和谐，在赫拉克利特的思想中是辩证统一的，说得生动一点："在我们身上，生与死，醒与梦，少与老，都始终是同一的东西。后者变化了就成为前者，前者变化，又成为后者。""疾病使健康舒服，坏使好舒服，饿使饱舒服，疲劳使休息舒服。"[②]

珍珠港事件后，上海租界也被日本控制，有轨电车路过日本兵把守的浦江大桥，每个乘客都得向日本兵鞠躬才能通过。肢体语言也是话语的一种，杨绛不愿行这个礼，低着头混过去，以示无声的反抗，被日本兵觉察，那人用力一抬她的下颔，杨绛登时怒斥："岂有此理！"[③] 此声一出，车上一片静默。爱看热闹的人一定又觉得杨绛的表现不够壮烈。人们可以赞赏史上的越王勾践卧薪尝胆，却没有胸怀接受现实中的人为了更好地活着做有限的忍让。他们不认为忍敌之辱也是一种高尚，他们更不认为诗意凋敝也是一种诗意的存在，远胜过轻松一死。

杨绛自知改变不了国家命运的逻各斯，就以泅出个人命运逻各斯的旋涡为目标，以读书为秘诀，把读书当成"隐身"地串门儿。"要参见钦佩的老师或拜谒有名的学者，不必事前打招呼求见，也不怕搅扰主人。翻开书就闯进大门，翻过几页就升堂入室；而且可以经常去，时刻去，如果不得要领，还可以不辞而别，或者另找高明，和他对质。""可以倾听前朝列代的遗闻逸事，也可以领教当代最奥妙的创新理论或有意惊人的故作高论。反正话不投机或言不入耳，不妨抽身退场，甚至砰一下推上大门——就是说，啪地合上书面——谁也不会嗔怪。这是书以外的世界里难得的自由！"[④] "'隐身'地串门

[①] 北京大学哲学系外国哲学史教研室编译：《古希腊罗马哲学》，商务印书馆，1961年，第17页。
[②] 北京大学哲学系外国哲学史教研室编译：《古希腊罗马哲学》，商务印书馆，1961年，第19、27、29页。
[③] 杨绛：《杨绛全集》(第3卷)，人民文学出版社，2014年，第103—104页。
[④] 杨绛：《杨绛全集》(第3卷)，人民文学出版社，2014年，第246—247页。

儿"这个生动的比喻，道出了书中世界独有的快乐与自由。然而文末对"追求享受"唯恐不及的躲避和澄清却有颇多与诗意异质的成分，在这里，杨绛出现了短暂的自我迷失。如果"追求享受"是存在之必然期待，有什么不可以呢？林语堂说："不知足是人性的。"① "不知足"不仅是人性的，还是一切发明创造的动力之源。如果人们满足于用双脚走路，就不会有交通工具的不断文明，如果人们满足于披挂树叶蔽体，也不会有源远流长的服饰文化。追求享受也是人性的，交通工具和服饰的发明都是追求享受的结果。

孔子说："知之者，不如好之者。好之者，不如乐之者。"② 以求知为乐，享受学以致知的乐趣，这原本是读书的极高境界，也是杨绛十分中意的事。杨绛知道怎样在一个诗意贫乏的时代捍卫自己的存在，她转向内心，保持自由的意志，一如既往，在"魂不守舍"的精神浪游中抗拒所有吞噬诗意的力量。

在20世纪五六十年代特殊的政治环境中，杨绛也曾表面上接受被社会强加的"牛鬼蛇神""资产阶级权威"等身份。50年代初在清华大学任教期间，别人捏造理由控诉杨绛，有家庭妇女不无得意地说："还不如我们无才无能的呢！"③ "才"与"能"偏偏是杨绛具备且不忍抛弃的。作为舆论的对象，也作为一个从来没有放弃过诗意的求索者，杨绛不能仅仅是听着，第二天"打扮得喜盈盈的，拿着个菜篮子到校内菜市上人最多的地方去招摇"④，让人莫之奈何。逻各斯话语霸权没能终止杨绛对诗意的执守，只是这时她不再金刚怒目，而是以"喜盈盈的"姿态反抗各种破坏诗意的力量，艰难地向着诗意回归。通过话语颠倒真假只是"相反的途程"的开始，"文革"时期，杨绛和钱锺书都被叫停教职，一个专职扫院子，一个专职扫女厕所，而且还要佩戴自制的写满"罪名"的牌子。即便写这段岁月，杨绛仍然能把捉到个中的诗意："像小学生做手工那样，认真制作自己的牌子""精工巧制；做好了牌子，工楷写上自己一款款罪名，然后穿上绳子，各自挂在胸前，互相鉴赏"。⑤ 颠倒真假的话语批判方式升级为戴着牌子和高帽子的现场批斗，又被剃了阴阳头，杨

---

① 林语堂：《生活的艺术》，江苏人民出版社，2014年，第70页。
② （三国）何晏注，（宋）邢昺疏：《论语注疏》，载（清）阮元校刻《十三经注疏》，中华书局，1980年，第2479页。
③ 杨绛：《杨绛全集》（第3卷），人民文学出版社，2014年，第142页。
④ 杨绛：《杨绛全集》（第3卷），人民文学出版社，2014年，第143页。
⑤ 杨绛：《杨绛全集》（第2卷），人民文学出版社，2014年，第57页。

绛反而觉得"小时候老羡慕弟弟剃光头，洗脸可以连带洗头"①，自己终于夙愿得偿了。当外在的世界风狂雨骤时，人们纷纷在外部力量的重压之下徒劳浩叹，杨绛依旧超然其外，惜命，司命。

三、生命的尊严

逻各斯话语霸权的禁锢一旦被解除，人们忙着打量、揣度、声讨曾经生活过的世界，杨绛只是从容而真诚地在文字中回顾那个世界，恢复被异化了的人性，致思精神之乡的重建，以散文的方式修复颓败的精神家园，恢复被沙尘暴覆盖的绿色，从两个不同的方面再现了那个时代中点滴的诗意。

一方面，杨绛写外国人在中国的存在。一个是放弃了美国国籍执意留在中国的温德先生，他执教于清华，最早向中国学生推荐英共理论家考德威尔的《幻象和现实》，他爱中国，爱中国文化，爱中国的人民，参加过中国师生的反美游行，在新中国成立前与张奚若、吴晗、袁震夫妇等守望相助，在中国命运的逻各斯中受了很多折磨，终于在党的十一届三中全会以后，出现在政府招待会上，得到了他热爱的国家的眷顾，享年百岁，无疾而终。另一个是日本人荻原大旭，他曾经对李健吾用过灌水酷刑，但无论别人怎么说、怎么看，杨绛如实地描述了他留给自己的好印象：守信守时，与人约时间，不让对方久等；知错就改，知道传错了人，就很客气地把人送到大门口。这些散文超越狭隘的国家观念，表达对每个生命应有的尊重。

另一方面，也是更主要的方面，杨绛写中国的人与动物。在杨绛散文中，在那个特殊的年代，尽管人与人的关系被逻各斯话语霸权极大地恶化了，人的生活中依然有别样的诗意，人与人之间的紧张关系越发衬托出人与动物的和谐共生。这里的猫是有原则有担当的，"三反"运动期间，清华大学每晚开会到十一二点，杨绛养过的一只名叫花花儿的郎猫总在她必经的大道旁边的树丛里迎候，接她回家，后来因为搬家而分散，钱锺书特意写诗作为纪念："应是有情无处着，春风蛱蝶忆儿猫"②。这里的狗也是重情守义的，干校一只名叫小趋的公家小狗，陪杨绛度过了几周漫长的巡夜时光，人走后小趋吃不下食，到处跑着叫着，寻找难再续的人狗情缘。

---

① 杨绛：《杨绛全集》（第2卷），人民文学出版社，2014年，第61页。
② 杨绛：《杨绛全集》（第3卷），人民文学出版社，2014年，第139页。

说猫道狗中随意点染沧桑往事中的诗意片段,真切可感而又引人深思。杨绛散文中的胡适曾和她的两位姑姑及一位曾经"北伐"的女校长相约一同骑驴游苏州城墙。三女一男,骑着毛驴绕城跑一圈,将城内城外的风景尽收眼底,同时凝定成了城外风景的一部分。杨绛散文用平易的文字和安静的心绪,从容地讲述变幻莫测的世事,同时捡拾和凝聚在风吹雨打中零零落落的诗意,这实在比一把鼻涕一把泪的控诉还要动人几分。

进入新时期以后,科技理性渐呈遮天蔽日之势,富有生命诗意的文学作品匮乏。迷失自我、无家可归的艺术像野草一样遍地生根,呈现出一种丰富的匮乏。

杨绛保持对诗意人生的信仰,努力抵挡庸俗真实——虚无主义、物质化等的侵蚀,重返精神之乡,在一片解构声中,建构生命的尊严。

杨绛很少写那个特殊的年代知识分子离开城市到农村后的心理落差,虽然痛苦和代价就在那里,但她更专注于人在被迫改变人生轨迹时该怎样重新安置自己的存在。"我们不能限制别人的自由意志",那就保护我们自己的自由意志不被别人限制;既然"我们没有不选择的自由"[1],那就努力地承负因自己的选择而纷至沓来的一切。杨绛散文中对社会现象的思考多以微言大义的方式生动有趣地呈现出来:"食堂邻近的大妈请我们去看她养的小猪。母猪小猪就养在堂屋里,屋子收拾得干干净净。母猪和一窝小猪都干净,黑亮黑亮的毛,没一点垢污。母猪一躺下,一群猪仔子就直奔妈妈怀里,享受各自的一份口粮。大妈说,猪仔子从小就占定自己的'饭碗儿',从不更换。我才知道猪可以很干净,而且是很聪明的家畜。"[2]猪有猪的存在,人有人的存在,每一种存在都各有各的路数,但又有相通处,即每个生命个体都有自己的"饭碗儿",吃自己碗里的饭才是正道儿,这一点连猪都知道,何况人呢?杨绛散文揭示了那个特殊的年代里知识分子痛苦不堪的根源:"饭碗儿"的错位。

人类开始向着智性自由生长的诗意之乡回归,这是一个辩证统一的过程。正是杨绛的生命哲学,从根本上决定了她一生的走向,也决定了其散文作品的内容与风格。

---

[1] [美]理查德·坎伯:《萨特》,李智译,中华书局,2002年,第27页。
[2] 杨绛:《杨绛全集》(第3卷),人民文学出版社,2014年,第164页。